U0846856

高等代数

主　编　陈　丽　温丹华　李先枝
副主编　徐继军　杨国增
　　　　程鹏丹　陈书燕
主　审　孟红玲　李青阳

河南大学出版社
·郑州·

图书在版编目(CIP)数据

高等代数/陈丽,温丹华,李先枝主编. —郑州:河南大学出版社,2019.9

ISBN 978-7-5649-3927-4

Ⅰ.①高… Ⅱ.①陈… ②温… ③李… Ⅲ.①高等代数—高等学校—教材 Ⅳ.①O15

中国版本图书馆 CIP 数据核字(2019)第 211030 号

责任编辑 付会娟
责任校对 阮林要
封面设计 郭 灿

出 版 河南大学出版社
地址:郑州市郑东新区商务外环中华大厦 2401 号 邮编:450046
电话:0371-86059750(高等教育与职业教育出版分社) 网址:hupress.henu.edu.cn
0371-86059701(营销部)
排 版 郑州市今日文教印制有限公司
印 刷 广东虎彩云印刷有限公司
版 次 2020 年 8 月第 1 版 **印 次** 2020 年 8 月第 1 次印刷
开 本 787mm×1092mm 1/16 **印 张** 14
字 数 332 千字 **定 价** 39.00 元

前　言

高等代数作为高等学校数学专业的一门专业基础课，其思想、内容和方法是以后学习专业课程的基础.编者根据教育部关于高校精品课程教材建设的要求，结合多年来积累的教学经验和对教学改革的积极思考和探索，编写了这本《高等代数》.

本书主要介绍了基本概念、多项式、行列式、线性方程组、矩阵、向量空间、线性变换、欧氏空间和酉空间以及二次型等内容.本书注重数学思想方法和整体系统知识主线的讲解，培养学生的综合素质能力.

本书有如下特点.

(1) 内容全面、结构严谨、推理严密、详略得当.

(2) 本书对所涉及的重要问题都有一个全面的阐述.

(3) 每一章节后附有一定量的习题，其中有一些是近几年来的考研真题，供读者练习和提高，也方便教师教学使用.

(4) 采用推理中的必然.清理出知识中的逻辑线，使学生掌握知识的最佳方案，变机械记忆为理解记忆，真正理解和掌握高等代数的基本概念、基本理论、基本方法.

本书的编写工作得到了院、系、教务处各级领导的大力支持，全书由陈丽、温丹华统稿.具体编写情况如下：李先枝编写第 1 章，杨国增编写第 2 章，徐继军编写第 3 章，陈书燕编写第 4 章，程鹏丹编写第 5 章，陈丽编写第 6、7 章，温丹华编写第 8、9 章，孟红玲和李青阳教授审阅了本书的内容并提供了很多建议和帮助，特在此表示真挚的感谢.

本书适用于理工科大学、综合性大学、师范院校数学系各专业，还可供高校教师以及数学工作者参考.

由于编者水平有限，书中难免存在疏漏之处，恳请广大读者和专家批评指正.

编　者

2020 年 7 月

目　　录

第1章 基本概念

高等代数是大学数学的基础课程之一，是中学数学的继续与提高.通过对高等代数的学习，我们将会发现，它与中学数学有很大的不同.这种不同不仅表现在内容的深度上，更重要的是体现在思维与方法上.

在高等数学里，每一个概念都是由具体事物经抽象而得到的.我们在学习这些概念时，就要寻找这些概念的背景，才能获得对这些概念的深刻认识.

§1.1 集合的概念

1.1.1 集合的定义

所谓集合就是指作为整体看待的一堆东西，组成集合的东西称为这个集合的元素.

用 $a\in M$ 表示 a 是集合 M 的元素，用 $a\notin M$ 表示 a 不是集合 M 的元素.

注：① 集合中的元素是确定的、互异的、无序的. ② 集合的表达方式有：列举法、特征描述法、图解法. ③ 不含任何元素的集合叫空集，记为 $\varnothing$.

集合的例子：

$$M_1=\{1,2,3\},M_2=\left\{(x,y)\left|\frac{x^2}{a^2}+\frac{y^2}{b^2}=1\right.\right\}.$$

1.1.2 集合间的关系

两个集合相等：若两个集合 M 与 N 含有完全相同的元素，则称它们是相等的，记为 $M=N$.即：$M=N\Leftrightarrow a\in M$ 当且仅当 $a\in N$.

包含：若集合 M 的元素全是 N 的元素，则称 M 包含于 N（也称 M 是 N 的子集或 N 包含 M），记为 $M\subset N(N\supset M)$.即：$M\subset N\Leftrightarrow$ 若 $a\in M$，则 $a\in N$.

当 $M\subset N$ 且 $M\neq N$ 时，称 M 是 N 的真子集.

规定：空集是任意集合的子集.

显然有：① 对任意集合 M，有 $M\subset M$.

② $M=N\Leftrightarrow M\subset N$ 且 $N\subset M$.

1.1.3 集合的运算

交集：既属于集合 M 又属于集合 N 的元素全体所成的集合叫 M 与 N 的交，记为 $M\cap N$. 即：$M\cap N=\{x\mid x\in M \text{ 且 } x\in N\}$.

例如：两个线性方程组的解的集合之交就是由这两个线性方程组联立所得到的线性方程组的解的集合.

性质：(1) $M\cap N\subset M$, $M\cap N\subset N$.

(2) 若 $S\subset M$ 且 $S\subset N$，则 $S\subset M\cap N$. 即：$M\cap N$ 是既含于 M 又含于 N 的集合中的最大者.

并集：属于集合 M 或者属于集合 N 的元素全体所成的集合叫 M 与 N 的并，记为 $M\cup N$. 即：$M\cup N=\{x\mid x\in M \text{ 或 } x\in N\}$.

性质：(1) $M\subset M\cup N$, $N\subset M\cup N$.

(2) 若 $M\subset T$, $N\subset T$，则 $M\cup N\subset T$. 即：$M\cup N$ 是既含 M 又含 N 的集合中的最小者.

(3) $R\cup(M\cap N)=(R\cup M)\cap(R\cup N)$, $R\cap(M\cup N)=(R\cap M)\cup(R\cap N)$.

§1.2 映射

1.2.1 映射的概念

设 M, M' 是两个非空集合，如果有一个对应法则 σ，使对 M 中的每一个元素 a，通过这个法则 σ 有 M' 中唯一确定的元素 a' 与之对应，则称这个法则 σ 是 M 到 M' 的一个映射，记为 $\sigma: M\to M'$.

如果映射 $\sigma: M\to M'$ 使元素 $a'\in M'$ 与元素 $a\in M$ 相对应，就记为 $\sigma(a)=a'$（或 $\sigma: a\mapsto a'$）. a' 称为 a 在 σ 下的象，而 a 称为 a' 在 σ 下的一个原象.

注：① 在 M 到 M' 的映射 σ 下，M 中的每个元素在 M' 中有且仅有一个象.

② 映射并不要求 M' 中每个元素都必须是 M 中某元素的象，也不要求一个象的原象只有一个.

③ 映射未必可用解析式表达出来.

按此定义，要验证一个对应法则 σ 是 M 到 M' 的映射，需要证明以下两点：

(1) $\forall a\in M$，有 $\sigma(a)\in M'$；（保证 M 中每个元素在 M' 中有象）

(2) $\forall a_1, a_2\in M$，若 $a_1=a_2$，则 $\sigma(a_1)=\sigma(a_2)$.（保证一个元素只能有一个象）

映射的例子：

例 1.2.1 $M=\{0,\pm1,\pm2,\cdots\}$, $M'=\{1,2,\cdots\}$,

$$\sigma: n\mapsto |n|\ (n\in M);\ \tau: n\mapsto |n|+1\ (n\in M),$$

则 σ 不是 M 到 M' 的映射，τ 是 M 到 M' 的映射.

1.2.2 映射的相等与乘积

设 σ,τ 是 M 到 M' 的映射，如果 $\forall x\in M$，有 $\sigma(x)=\tau(x)$，则称 σ,τ 是相等的，记为 $\sigma=\tau$.

映射的乘积：设 $\sigma:M\to M'$，$\tau:M'\to M''$，于是对每一个 $a\in M$，有 $\sigma(a)\in M'$，从而有 $\tau(\sigma(a))\in M''$ 且由 a 唯一确定. 这样对 M 中的每个元素 a，按照上述法则，有且仅有 M'' 中的一个元素 $\tau(\sigma(a))$ 与之对应. 因此我们就得到了一个 M 到 M'' 的映射，这个映射是由 σ 和 τ 完全确定的，称为此两个映射的乘积，记为 $\tau\sigma$.

注意：一般地，$\tau\sigma\neq\sigma\tau$. 首先，$\tau\sigma$ 有意义时，$\sigma\tau$ 未必有意义. 即使两个都有意义，它们也未必相等.

性质：(1) $\sigma:M\to M'$，则 $1_{M'}\sigma=\sigma=\sigma 1_M$.

(2) 映射的乘积满足结合律.

1.2.3 映射的分类

设 $\sigma:M\to M'$.

满射：令 $\sigma(M)=\{\sigma(x)\mid x\in M\}$，叫作 M 在 σ 下的象集. 如果 $\sigma(M)=M'$，则称 σ 是满射的. σ 是满射 $\Leftrightarrow\forall x'\in M'$，$\exists x\in M$，使 $x'=\sigma(x)$.

单射：若 M 中不同元素在 σ 下的象也不同，则称 σ 是单射.

σ 是单射 $\Leftrightarrow x_1\neq x_2\,(x_1,x_2\in M)\Rightarrow\sigma(x_1)\neq\sigma(x_2)$

$\Leftrightarrow\sigma(x_1)=\sigma(x_2)\Rightarrow x_1=x_2$.

双射：既是单射又是满射的映射叫作双射.

两个双射的乘积仍然是双射.

映射可分为单射、满射、双射和非单非满映射四种.

1.2.4 逆映射

设 $\sigma:M\to M'$ 是一个双射，则对 $\forall x'\in M'$，x' 在 M 中有且仅有一个原象 x（满射保证"有"、单射保证"仅有一个"原象），于是可定义一个 M' 到 M 的映射 $\sigma^{-1}:x'\mapsto x$，σ^{-1} 是 M' 到 M 的双射，叫作 σ 的逆映射.

注：① 只有双射才有逆映射，并且逆映射是唯一的.

② $\sigma^{-1}\sigma=1_M$，$\sigma\sigma^{-1}=1_{M'}$

§1.3 数学归纳法

数学归纳法是数学中一个非常重要的证明方法. 在中学的学习中，我们只知道用数学归纳法去证明有关正整数的命题,但不知道其原因.如果有人问:"为什么能证明有关正整数的命题?"回答只能是:"老师教的."进入大学后,我们可不能用这样的回答来应付,于是就应该寻求数学归纳法的依据.

由于数学归纳法论证的对象是有关正整数集 $\mathbf{N}^+=\{1,2,\cdots,n,\cdots\}$ 的命题,于是数学归纳法的依据就应该是正整数集的属性.

1.3.1 正整数集

什么是正整数呢?

正整数——从 1 开始,一个接一个地数,数出来的数称为正整数.

所有正整数构成的集合称为正整数集.

这是一个初浅的解释,其实质是:

(1) 正整数集有一个初始元 1;

(2) $\forall a\in\mathbf{N}^+$,a 有继元 $a+1$.

上面两条属性是皮亚诺总结出来的,所以称为皮亚诺公理.在我们给出的初浅解释中,"一个接一个"就体现了"有继元".

例如:如果集合 A 有初始元 1,且 A 中任一元素 a 的继元 $a+1$ 也属于 A,则 A 就是正整数集.

由此,我们通过"类比"的思维方法,就得到了下面的归纳原理.

归纳原理 如果正整数集 $\mathbf{N}^+$ 的初始元 1 具有属性 P,且当 $\mathbf{N}^+$ 中任一元素 n 具有属性 P 时,n 的继元 $n+1$ 也具有属性 P,则正整数集中的所有元素都具有属性 P.

为了证明归纳原理,我们先来介绍正整数集的公理与最小数原理.

自然公理 $\forall n\in\mathbf{N}^+$,数集 $\{1,2,\cdots,n\}$ 是有限集.

什么叫公理?在中学的解释是:大家公认的道理.这个解释不确切.为了解释公理,我们还得从数学的要求说起.

在数学王国里,有一个规定,即:不允许有循环的解释与循环的论证.

什么是循环的解释呢?例如在中文里:"多者,不少也;少者,不多也."

这就是一个循环的解释.由于不允许有循环的解释就产生了最基本的概念;由于不允许有循环的论证就产生了最基本的道理.我们把最基本的道理称为公理.

在这里,我们还有一个问题不能解决,即:什么叫有限集?可以说,我们对"有限集"的认识,还停留在"只可意会,不可言传"的阶段.只有在学习实变函数这门课程后才有深刻的了解.

定理 1.3.1(最小数原理) 正整数集 $\mathbf{N}^+$ 的任一非空子集 S 必存在最小数.

对一个定理的给出,我们首先要解读它,然后才能证明它.定理 1.3.1 指出,S 是 $\mathbf{N}^+$ 中的任意一个非空的子集,则 S 中必有最小的数 n_0.所谓最小数,必定在 S 中,而且 S 中所有数都不会比 n_0 小.用数学语言来描述就是:

$\forall S\subseteq\mathbf{N}^+,S\neq\varnothing$,则 $\exists n_0\in S$,$\ni$"$\forall n\in S,n\geqslant n_0$".

从这里,你可以看到,用数学语言描述的简洁性、准确性了.在高等数学的学习中,我们要学会说理，更重要的是，要学会用简洁的数学语言去描述，做到“天衣无缝，滴水不漏”.在下面的证明中，我们用日常用语与数学语言两种格式给出，让大家从日常用语的描述很快地转到数学语言的描述上来.

证：(日常用语) 对于正整数集 $\mathbf{N}^+$ 中的任一个子集 S，因为 S 不是空集，所以 S 中必定有一个数 m. 把 S 中不超过 m 的正整数汇集在一起构成一个集合并命名为 S_m，显然 S_m 是 S 的子集，而且集合 S_m 必定是一个有限集. 于是我们可以通过比较法获得集合 S_m 的最小数 n_0. 比较法可行吗？我们说是可行的，是因为只有有限个数，所以才可行. 就如我们班的所有同学的身高构成一个数集 A，我们可以通过比较找出最矮者，最矮者的身高就是数集 A 的最小数.

当找到 S_m 的最小数 n_0 后，n_0 是不是 S 的最小数呢？回答是肯定的. 因为 S 中的任一个数 n，要么在 S_m 中，要么不在 S_m 中. 如果在 S_m 中，则因为 n_0 是 S_m 的最小，所以 n 不会比 n_0 小. 如果不在 S_m 中，则 n 必定比 m 大，这是因为 S 中不超过 m 的数都在 S_m 中. 从而 S 中的所有数都不会比 n_0 小. 故正整数集的任意一个非空的子集必有最小数.

(数学语言) $\forall S \subset \mathbf{N}^+, S \neq \varnothing, \exists m \in S$. 于是数集 $S_m = S \cap \{1,2,\cdots,m\}$ 是有限集，从而通过比较可获得 S_m 的最小数 n_0. 所以 $\forall n \in S$，如果 $n \in S_m$，则 $n \geqslant n_0$；如果 $n \overline{\in} S_m$，则 $n > m \geqslant n_0$，故结论成立.

对照两种描述，我们可以悟出，要理解数学语言的证明，必须把证明中字里行间的道理挖掘出来，才能说你看懂了. 看懂后，我们还要理清证明的过程，即思维方法. 如这个定理的证明过程是：先构造一个有限集，从而获得这个有限集的最小数 n_0，再论证有限集的最小数 n_0 就是我们要找的数.

我们可以把上面的方法称为“先读厚，再读薄”. 读厚的实质是挖掘字里行间的道理，读薄的实质是总结思维的过程.

以后的证明我们不再像这样赘述，完全靠大家去“悟”，并在悟中一步一步地走向成熟.

1.3.2 数学归纳法

定理 1.3.2(数学归纳法原理) 设 P 是一个有关正整数 n 的命题，如果

(1) 当 $n=1$ 时，命题 P 成立；

(2) 假设 $n=k$ 时，命题 P 成立，能推出 $n=k+1$ 时，命题 P 也成立，则命题 P 对所有正整数都成立.

证：假设 $\exists k \in \mathbf{N}^+$，命题 P 对 k 不成立，则由已知条件知 $k \neq 1$，且命题 P 对 $k-1$ 也不成立. 继之推出命题 P 对 $k-2$ 也不成立.

由自然数公理知，数集 $\{1,2,\cdots,k\}$ 是有限集，所以我们可以一直推到 $k=1$ 时，命题 P 也不成立. 矛盾，故命题 P 对所有正整数都成立.

在定理 1.3.2 的证明中，我们用到了数理逻辑中“逆否命题”的结论，即

命题：P 对 n 成立 $\Rightarrow$ P 对 n 的继元 $n+1$ 成立.

逆否命题：P 对 n 的继元 $n+1$ 不成立 $\Rightarrow$ P 对 n 不成立.

结论：当一个命题为真时，其逆否命题亦为真.

在定理 1.3.2 中，"当 $n=1$ 时，命题 P 成立"称为归纳基础. 如果换为"当 $n=c$ 时，命题 P 成立"，则所得结论是：$\forall n \geqslant c$，命题 P 对 n 都成立.

例 1.3.1 证明：n 边形的内角和等于 $(n-2)\pi$.

证：当 $n=3$ 时，结论成立.

假设 $n=k$ 时，结论成立，则 $n=k+1$ 时，如图 1.1 所示，连接 A_1A_3，于是 $k+1$ 边形的内角和等于 k 边形的内角和再加上 $\triangle A_1A_2A_3$ 的内角和，即 $(k-2)\pi+\pi=[(k+1)-2]\pi$.

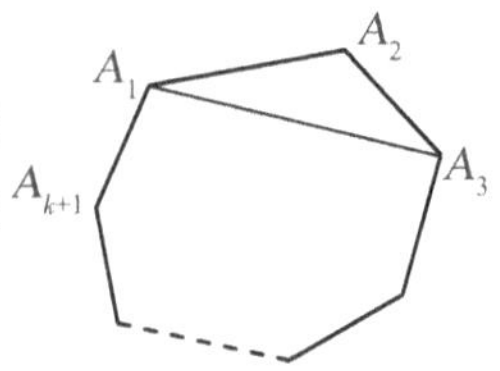

图 1.1

故结论成立.

例 1.3.2 证明：含有 n 个元素的集合的所有子集的个数等于 2^n.

证：当 $n=1$ 时，集合 $\{a\}$ 的所有子集为 $\varnothing$，$\{a\}$，所以结论成立.

假设 $n=k$ 时，结论成立，即集合 $\{a_1,a_2,\cdots,a_k\}$ 的所有子集为 $\varnothing$，$\{a_1\}$，…，$\{a_k\}$，…，$\{a_1,a_2,\cdots,a_k\}$，共 2^k 个.

当 $n=k+1$ 时，集合 $\{a_1,a_2,\cdots,a_k,a_{k+1}\}$ 的所有子集除上面的 2^k 个外，还有上面的集合中均增加 a_{k+1} 的集合 $\{a_{k+1}\}$，$\{a_1,a_{k+1}\}$，…，$\{a_k,a_{k+1}\}$，…，$\{a_1,a_2,\cdots,a_k,a_{k+1}\}$，所以集合 $\{a_1,a_2,\cdots,a_k,a_{k+1}\}$ 的所有子集个数为 $2^k+2^k=2^{k+1}$.

故结论成立.

在某些情况下，仅用归纳假设"$n=k$ 时，命题 P 成立"还不够，而需要更强的假设，这就是下面的第二数学归纳法.

定理 1.3.3（第二数学归纳法原理） 设 P 是一个有关正整数 n 的命题，如果

(1) 当 $n=1$ 时，命题 P 成立；

(2) 假设 $n\leqslant k$ 时，命题 P 成立，能导出 $n=k+1$ 时，命题 P 也成立，则命题 P 对所有正整数都成立.

证：假设 $\exists k\in \mathbf{N}^+$，命题 P 对 k 不成立，则 $k\neq 1$.

设 $S=\{n: n\in \mathbf{N}^+$，命题 P 对 n 不成立$\}$，则 $S\neq\varnothing$.

由最小数原理知 $\exists h\in S$，$\ni$"$\forall n\in S, n\geqslant h$".

于是 $n\leqslant h-1$ 时，命题 P 成立. 从而由(2)知命题 P 对 h 成立，此与 $h\in S$ 矛盾，故命题 P 对所有正整数都成立.

例 1.3.3 设 $a_1=1, a_2=5, a_3=2$，且 $a_{n+3}=2a_n+a_{n+1}-a_{n+2}$，证明：$\forall n\in\mathbf{N}^+$，$a_n\in\mathbf{Z}$.

证：当 $n=1,2,3$ 时结论成立. 假设 $n\leqslant k$ 时结论成立，即有 $a_{k-2}, a_{k-1}, a_k\in\mathbf{Z}$，则当 $n=k+1$ 时，$a_{k+1}=2a_{k-2}+a_{k-1}-a_k\in\mathbf{Z}$，故 $\forall n\in\mathbf{N}^+$，$a_n\in\mathbf{Z}$.

习 题 1.3

1. 设 $x>-1$，证明：$\forall n\in\mathbf{N}^+$，$(1+x)^n\geqslant 1+nx$.

2. 证明：$\forall a_k\in\mathbf{R}^+ (k=1,2,\cdots,n)$，$\sqrt[n]{a_1a_2\cdots a_n}\leqslant\dfrac{a_1+a_2+\cdots+a_n}{n}$.

3. 证明:二项式定理 $(a+b)^n=C_n^0a^n+C_n^1a^{n-1}b+\cdots+C_n^ka^{n-k}b^k+\cdots+C_n^nb^n$. 其中 $C_n^k=\dfrac{n(n-1)\cdots(n-k+1)}{k!}$.

4. 证明:Fibonacci 序列 $a_1=1,a_2=2,a_n=a_{n-1}+a_{n-2}(n\geqslant3)$ 的通项公式为

$$a_n=\frac{1}{\sqrt{5}}\left[\left(\frac{1+\sqrt{5}}{2}\right)^{n+1}-\left(\frac{1-\sqrt{5}}{2}\right)^{n+1}\right].$$

§1.4 数环与数域

1.4.1 数环与数域的概念

我们在讨论从实际问题中抽象出来的数学模型时,总要考虑这个数学模型与某个数集的联系.例如多项式是一个数学模型,如果多项式的系数界定在某一个范围 F,我们对数集 F 的要求就必须知道.由于多项式对和、差、积运算后的结果仍是多项式,我们当然要求数集 F 对数的和、差、积运算必须封闭,即和、差、积运算的结果仍在 F 中.在后面讨论的数学模型中,所涉及的数集还要求对除法运算封闭,这就得引入数环与数域的概念.我们知道,在整数集 $\mathbf{Z}$ 中,$\forall a,b\in\mathbf{Z},a+b,a-b,ab\in\mathbf{Z}$.即加、减、乘运算是封闭的.而在 $\mathbf{Z}$ 中,除法就没有封闭性了.但在有理数集 $\mathbf{Q}$ 中,$\forall a,b\in\mathbf{Q},a+b,a-b,ab,\dfrac{a}{b}(b\neq0)\in\mathbf{Q}$,即四则运算封闭.由此得到下面的定义.

定义 1.4.1 在复数集 $\mathbf{C}$ 中,$S\subseteq\mathbf{C},S\neq\varnothing$,如果 $\forall a,b\in S,a+b,a-b,ab\in S$,则称 S 是一个数环.

由定义 1.4.1 知,整数集 $\mathbf{Z}$,有理数集 $\mathbf{Q}$,实数集 $\mathbf{R}$ 以及复数集 $\mathbf{C}$ 都是数环,而自然数集 $\mathbf{N}$ 非数环.

另外,所有偶数构成的集合亦是数环,特别地,由零元素构成的单点集 $\{0\}$ 也是数环.这不是因为我们想说它是数环,它就是数环了,而是我们用数环的定义得到的结论.这告诉我们,在数学领域里,说话办事都必须做到有理有据,定义就是我们行动的指南.

例 1.4.1 设 $a\in\mathbf{Z}$,令 $S=\{x:x=na,n\in\mathbf{Z}\}$,则 S 是一个数环.

证:因为 $a\in S$,所以 $S\neq\varnothing$.又 $\forall x_1,x_2\in S,\exists n_1,n_2\in\mathbf{Z},\ni$“$x_1=n_1a,x_2=n_2a$”,于是 $x_1\pm x_2=(n_1\pm n_2)a\in S,x_1x_2=(n_1n_2a)a\in S$,故 S 是一个数环.

定义 1.4.2 设 $F\subseteq\mathbf{C}$,如果 $0,1\in F$,且 $\forall a,b\in F,a+b,a-b,ab,\dfrac{a}{b}(b\neq0)\in F$,则称 F 是一个数域.

例 1.4.2 设 $F=\{x:x=a+b\sqrt{2},a,b\in\mathbf{Q}\}$,则 F 是一个数域.

证:显然 $0,1\in F$,且 $\forall x,y\in F$,

$$\exists a,b,c,d\in\mathbf{Q},\ni \text{“}x=a+b\sqrt{2},y=c+d\sqrt{2}\text{”},$$

于是

$$x\pm y=(a\pm c)+(b\pm d)\sqrt{2}\in S,$$

$$xy=(ac+2bd)+(ad+bc)\sqrt{2}\in S.$$

又当 $c+d\sqrt{2}\neq 0$ 时，

如果 $d=0$，则 $c\neq 0$，即 $c-d\sqrt{2}\neq 0$；

如果 $d\neq 0$，因为 $c\in\mathbf{Q}$，所以 $c-d\sqrt{2}\neq 0$.

于是

$$\frac{x}{y}=\frac{a+b\sqrt{2}}{c+d\sqrt{2}}=\frac{(a+b\sqrt{2})(c-d\sqrt{2})}{(c+d\sqrt{2})(c-d\sqrt{2})}=\frac{ac-2bd}{c^2-2d^2}+\frac{bc-ad}{c^2-2d^2}\sqrt{2}.$$

因为

$$\frac{ac-2bd}{c^2-2d^2},\frac{bc-ad}{c^2-2d^2}\in\mathbf{Q},$$

所以 $\frac{x}{y}\in F$，故 F 是一个数域.

上面两个例子的证明告诉我们，证明的过程就是诉说条件到结论的过程，其中推导的依据是定义. 在生活中，我们常说："按章办事."在数学领域里，那就是"用定义说话".

数域有如下重要性质.

定理 1.4.1 任何数域都包含有理数域.

证：设 F 是一个数域，则 $0,1\in F$，用数 1 与自身相加而得自然数集 $\mathbf{N}$，所以由加法的封闭性知 $\mathbf{N}\subseteq F$；又由减法的封闭性而得整数集 $\mathbf{Z}$，所以 $\mathbf{Z}\subseteq F$；再由除法的封闭性而得有理数集 $\mathbf{Q}$，所以 $\mathbf{Q}\subseteq F$. 故结论成立.

定理 1.4.1 指出，有理数域 $\mathbf{Q}$ 是最小的数域.

上面两个结论的关系是：

任何数域都包含有理数域⇒有理数域 $\mathbf{Q}$ 是最小的数域.

你能悟出其中的道理吗？这可是学习数学的基本要求. 有人对这样的问题停留在"只可意会，不可言传"的阶段，这是不可取的. 要想获得这一推导的理由，只须用数学的反证法即可. 假设有理数域 $\mathbf{Q}$ 不是最小的数域，则必有比 $\mathbf{Q}$ 小的数域 P，看看"任何数域都包含有理数域"，不就得到 $P\supset\mathbf{Q}$ 吗，矛盾出来后，就得到推理是正确的.

总结定理 1.4.1 的证明，还可得到下面的结论.

自然数集是二元集 $\{0,1\}$ 赋予加法运算后，接纳运算结果而扩充得到的数集.

1.4.2 整数环的一些整除性质

为了学习多项式，有一个简单的类比对象，那就是整数环，我们在这里给大家介绍整数环的一些整除性质.

定义 1.4.3 设 $a,b\in\mathbf{Z}$，如果能找到一个整数 d，使得 $b=ad$，则称 a 整除 b（或称 b 被

a 整除)，记作 $a|b$. 这时称 a 是 b 的因数，b 是 a 的倍数.

也即是说 $a|b \Leftrightarrow \exists d\in \mathbf{Z}, \ni$"$b=ad$".

定理 1.4.2 整除有如下基本性质.

(1) 如果 $a|b, b|c$，则 $a|c$；

(2) 如果 $a|b, a|c$，则 $a|(b+c)$；

(3) 如果 $a|b$，则 $\forall c\in \mathbf{Z}, a|bc$；

(4) 如果 $a|b, b|a$，则 $a=\pm b$.

证：(1) 因为 $a|b$，所以 $\exists d\in \mathbf{Z}, \ni$"$b=ad$". 同理，由 $b|c$ 得

$$\exists e\in \mathbf{Z}, \ni \text{“}c=be\text{”}.$$

从而 $c=be=ade=a(de)$，故 $a|c$.

同理，可证(2)、(3)、(4).

推论 1.4.1 如果 $a|b_i, i=1,2,\cdots,k$，则 $\forall \lambda_i\in \mathbf{Z}, a|(\lambda_1 b_1+\lambda_2 b_2+\cdots+\lambda_k b_k)$.

定理 1.4.3(带余除法) 设 $a,b\in \mathbf{Z}, a\neq 0$，则

$$\exists q,r\in \mathbf{Z}, \ni \text{“}b=aq+r \text{ 且 } 0\leqslant r<|a|\text{”}.$$

证：令 $S=\{x: x=b-an\geqslant 0, n\in \mathbf{Z}\}$，则

$$S\subseteq \mathbf{N} \text{ 且 } S\neq\varnothing.$$

由最小数原理知

$$\exists q\in \mathbf{Z}, \ni \text{“}r=b-aq=\min S\text{”}.$$

从而 $b=aq+r$，且由最小性知 $0\leqslant r<|a|$.

假设还 $\exists q', r'\in \mathbf{Z}, \ni$"$b=aq'+r'$ 且 $0\leqslant r'<|a|$"，则 $a(q-q')+(r-r')=0$.

如果 $q-q'\neq 0$，则 $|r-r'|\geqslant a$，此与 $0\leqslant r<|a|, 0\leqslant r'<|a|$ 矛盾，故 $q=q', r=r'$.

所以唯一性得证.

在带余除法中，q,r 分别称为商与余数，且

$$a|b \Leftrightarrow r=0.$$

定义 1.4.4 设 $a,b\in \mathbf{Z}, d\in \mathbf{Z}^+$，$a,b$ 不全为零，如果

(1) d 是 a,b 的公因数，即 $d|a$ 且 $d|b$；

(2) a,b 的所有公因数都是 d 的因数，即 $\forall c|a$ 且 $c|b$，则 $c|d$，

那么称 d 是 a,b 的一个最大公因数，且把两个整数 a,b 的那个非负的最大公因数记作 $d=(a,b)$.

即：$d=(a,b)\Leftrightarrow\begin{cases}(1)\ d|a, d|b;\\(2)\ \forall c, c|a, c|b \Rightarrow c|d.\end{cases}$

在这里，你能悟出"最大"的数学描述吗？当你不清楚时，回头看看我们对"最小"的解释. 千万不要停留在"只可意会，不可言传"的阶段.

一般地，

$$d=(a_1,a_2,\cdots,a_n)\Leftrightarrow\begin{cases}(1)\ \forall k\in\{1,2,\cdots,n\}, d|a_k;\\(2)\ \forall k\in\{1,2,\cdots,n\}, c|a_k\Rightarrow c|d.\end{cases}$$

显然，$\forall a\in \mathbf{Z}, (a,0)=|a|$.

定理 1.4.4 任意 $n(n\geqslant 2)$ 个不全为零的整数 $a_1,a_2,\cdots,a_n$，必存在唯一的最大公

因数.

证:令

$$S=\{x:x=\lambda_1a_1+\lambda_2a_2+\cdots+\lambda_na_n>0,\lambda_1,\lambda_2,\cdots,\lambda_n\in\mathbf{Z}\},$$

则

$$S\subseteq\mathbf{N}^+\text{ 且 }S\neq\varnothing.$$

于是由最小数原理知

$$\exists d\in\mathbf{Z}^+,\ni\text{“}d=\min S\text{”}.$$

$\forall k\in\{1,2,\cdots,n\}$,由带余除法得

$$a_k=dq_k+r_k,0\leqslant r_k<d.$$

如果 $r_k>0$,因为 $d\in S$,所以 $r_k=a_k-dq_k\in S$,此与 $d=\min S$ 矛盾,故

$$\forall k\in\{1,2,\cdots,n\},r_k=0,$$

即

$$\forall k\in\{1,2,\cdots,n\},d|a_k.$$

又 $\forall c\in\mathbf{Z}^+,\forall k\in\{1,2,\cdots,n\},c|a_k$,则 $\forall s\in S,c|s$,所以 $c|d$,故 $d=(a_1,a_2,\cdots,a_n)$.

如果 $d'=(a_1,a_2,\cdots,a_n)$,则 $d|d'$,且 $d'|d$,即 $d'=d$.故结论成立.

推论 1.4.2 如果 $d=(a_1,a_2,\cdots,a_n)$,则 $\exists\lambda_1,\lambda_2,\cdots,\lambda_n\in\mathbf{Z}$,

$$\ni\text{“}d=\lambda_1a_1+\lambda_2a_2+\cdots+\lambda_na_n\text{”}.$$

证:因为 $d=\min S$,所以 $d\in S$,故结论成立.

定义 1.4.5 如果 $(a_1,a_2,\cdots,a_n)=1$,则称 $a_1,a_2,\cdots,a_n$ 互素.

定理 1.4.5 $(a_1,a_2,\cdots,a_n)=1\Leftrightarrow\exists\lambda_1,\lambda_2,\cdots,\lambda_n\in\mathbf{Z},\ni\text{“}\lambda_1a_1+\lambda_2a_2+\cdots+\lambda_na_n=1\text{”}$.

证:($\Rightarrow$)由推论 1.4.2 知结论成立.

($\Leftarrow$)设 $\exists\lambda_1,\lambda_2,\cdots,\lambda_n\in\mathbf{Z},\ni\text{“}\lambda_1a_1+\lambda_2a_2+\cdots+\lambda_na_n=1\text{”}$,

令 $d=(a_1,a_2,\cdots,a_n)$,则 $d|1$,所以 $d=1$.故结论成立.

最后给出素数的一些简单性质.

定义 1.4.6 如果大于 1 的整数 p 只有 $\pm1,\pm p$ 为其因数,则称 p 为素数.

性质 1 如果 p 为素数,则 $\forall a\in\mathbf{Z},(a,p)=1$ 或 $(a,p)=p$.

证:如果 $p|a$,则 $(a,p)=p$;

如果 $p\nmid a$,则 $(a,p)=1$,故结论成立.

性质 2 如果 p 为素数,$p|ab$,则 $p|a$ 或 $p|b$.

证:如果 $p|a$,则结论成立.

如果 $p\nmid a$,则 $(a,p)=1$,于是 $\exists s,t\in\mathbf{Z},\ni\text{“}sa+tp=1\text{”}$.从而 $sab+tpb=b$.因为 $p|ab$,所以 $p|(sab+tpb)$,即 $p|b$.故结论成立.

习 题 1.4

1. 证明:两个数环的交还是一个数环,两个数域的交还是一个数域,问两个数环的并是不是数环?

2. 证明 $S=\left\{x: x=\frac{n}{2^m}, m, n\in \mathbf{Z}\right\}$是一个数环，问 S 是不是一个数域？

3. 指定 $a,b\in \mathbf{Z}$，记 $a\mathbf{Z}+b\mathbf{Z}=\{x: x=ma+nb, m,n\in \mathbf{Z}\}$，证明：

(1) $a\mathbf{Z}+b\mathbf{Z}$ 是一个数环；

(2) $a\mathbf{Z}\subseteq b\mathbf{Z}\Leftrightarrow a\mid b$；

(3) $a\mathbf{Z}+b\mathbf{Z}=d\mathbf{Z}$，其中 $d=(a,b)$；

(4) $a\mathbf{Z}+b\mathbf{Z}=\mathbf{Z}\Leftrightarrow(a,b)=1$.

第2章　多项式

在中学我们已经学习过多项式.多项式作为代数的一个基本概念,在数学和实际应用中都常遇到,本章我们将系统地研究它.

§2.1　一元多项式与其运算

我们将在一个含有数1的数环 E 上讨论多项式.

2.1.1　一元多项式的概念

定义 2.1.1　设 E 是一个数环,x 是一个文字,表达式

$$a_nx^n+a_{n-1}x^{n-1}+\cdots+a_2x^2+a_1x+a_0$$

称为数环 E 上的一元多项式,其中 $n\in\mathbf{N},a_k\in E,k\in\{0,1,2,\cdots,n\}$. a_kx^k 称为第 $k+1$ 项,a_k 称为第 $k+1$ 项的系数,a_0 称为常数项.

我们规定,在多项式中,可以任意添加或去掉系数为零的有限项;除常数项外,系数为1时,可以不写系数.

一元多项式常用 $f(x),g(x)$ 等表示.因为一元多项式由其系数唯一确定,所以也可以用 $n+1$ 元有序数组 $(a_n,a_{n-1},\cdots,a_1,a_0)$ 表示.这种表示是由多项式到有序数组的抽象结果,也可以说有序数组的一个背景是多项式.

定义 2.1.2　在多项式 $f(x)=a_nx^n+a_{n-1}x^{n-1}+\cdots+a_2x^2+a_1x+a_0$ 中,如果系数全为零,则称多项式 $f(x)$ 为零多项式,记作0;如果 $a_n\neq 0$,则称 a_nx^n 为最高次项,自然数 n 称为多项式 $f(x)$ 的次数,记作 $\partial^0(f(x))$ 或 $\partial^0(f)$.

注:零多项式没有次数,零次多项式是非零常数.以后谈到多项式 $f(x)$ 的次数时,总假定 $f(x)\neq 0$.

多项式的表达式亦可按升次幂排列,即 $f(x)=a_0+a_1x+a_2x^2+\cdots+a_nx^n$.有时候,我们会把多项式 $f(x)=a_nx^n+a_{n-1}x^{n-1}+\cdots+a_2x^2+a_1x+a_0$ 表为 $f(x)=\sum\limits_{k=0}^{n}a_kx^k$.

数环 E 上的所有多项式构成的集合记作 $E[x]$.

2.1.2 一元多项式的运算

先给出两个多项式相等的概念.

定义 2.1.3 设 $f(x),g(x)\in E[x]$,如果 $f(x),g(x)$ 的同次项系数相等,则称 $f(x)$ 与 $g(x)$ 相等,记作 $f(x)=g(x)$,即:

$$f(x)=a_0+a_1x+a_2x^2+\cdots+a_nx^n,$$
$$g(x)=b_0+b_1x+b_2x^2+\cdots+b_mx^m,$$

则 $f(x)=g(x)\Leftrightarrow m=n$ 且 $(a_0,a_1,a_2,\cdots,a_n)=(b_0,b_1,b_2,\cdots,b_m)$.

定义 2.1.4 设 $f(x),g(x)\in E[x]$,

$$f(x)=a_0+a_1x+a_2x^2+\cdots+a_nx^n,$$
$$g(x)=b_0+b_1x+b_2x^2+\cdots+b_mx^m,m\leqslant n,$$

多项式 $f(x)$ 与 $g(x)$ 的和 $f(x)+g(x)$ 是指多项式 $(a_0+b_0)+(a_1+b_1)x+\cdots+(a_n+b_n)x^n$,其中当 $m<n$ 时,$b_{m+1}=b_{m+2}=\cdots=b_n=0$.

数 $\lambda\in E$ 与多项式 $f(x)$ 的数乘 $\lambda f(x)$ 是指多项式 $\lambda a_0+\lambda a_1x+\lambda a_2x^2+\cdots+\lambda a_nx^n$.

多项式的和与数乘具有下列运算律:

$$\forall f(x),g(x),h(x)\in E[x],\forall\lambda,\mu\in E,$$

1° 加法的交换律:$f(x)+g(x)=g(x)+f(x)$;

2° 加法的结合律:$[f(x)+g(x)]+h(x)=g(x)+[f(x)+h(x)]$;

3° 数乘对加法的分配律:$\lambda[f(x)+g(x)]=\lambda f(x)+\lambda g(x)$;

4° 数乘对数加的分配律:$(\lambda+\mu)f(x)=\lambda f(x)+\mu f(x)$;

5° 数乘结合律:$(\lambda\mu)f(x)=\lambda[\mu f(x)]$.

定义 2.1.5 设 $f(x),g(x)\in E[x]$,

$$f(x)=a_0+a_1x+a_2x^2+\cdots+a_nx^n,$$
$$g(x)=b_0+b_1x+b_2x^2+\cdots+b_mx^m,$$

多项式 $f(x)$ 与 $g(x)$ 的积 $f(x)g(x)$ 是指多项式

$$c_0+c_1x+c_2x^2+\cdots+c_{m+n}x^{m+n},$$

其中

$$c_k=a_0b_k+a_1b_{k-1}+\cdots+a_{k-1}b_1+a_kb_0,k=0,1,\cdots,m+n,$$

且

$$a_{n+1}=a_{n+2}=\cdots=a_{n+m}=0,b_{m+1}=b_{m+2}=\cdots=b_{m+n}=0.$$

即

$$f(x)=\sum_{k=0}^{n}a_kx^k,g(x)=\sum_{k=0}^{m}a_kx^k,$$

则

$$f(x)g(x)=\sum_{k=0}^{n}\big(\sum_{i+j=k}a_ib_j\big)x^k.$$

多项式的乘法具有下列运算律:$\forall f(x),g(x),h(x)\in E[x]$,

1° 交换律：$f(x)g(x)=g(x)f(x)$；

2° 结合律：$[f(x)g(x)]h(x)=f(x)[g(x)h(x)]$；

3° 分配律：$f(x)[g(x)+h(x)]=f(x)g(x)+f(x)h(x)$；

4° 消去律：若 $f(x)g(x)=f(x)h(x)$，且 $f(x)\neq 0$，则 $g(x)=h(x)$.

下面给出结合律的证明.

证：设

$$f(x)=\sum_{k=0}^{m}a_kx^k,g(x)=\sum_{k=0}^{n}b_kx^k,h(x)=\sum_{k=0}^{r}c_kx^k,$$

再设

$$f(x)g(x)=\sum_{k=0}^{m+n}d_kx^k,g(x)h(x)=\sum_{k=0}^{n+r}e_kx^k,$$

其中

$$d_i=\sum_{s+t=i}a_sb_t,i\in\{0,1,2,\cdots,m+n\},$$

$$e_j=\sum_{t+u=j}b_tc_u,j\in\{0,1,2,\cdots,n+r\},$$

于是$[f(x)g(x)]h(x)$的第 $k\in\{0,1,2,\cdots,m+n+r\}$次项的系数为

$$\sum_{i+u=k}d_ic_u=\sum_{i+u=k}\left(\sum_{s+t=i}a_sb_t\right)c_u=\sum_{s+t+u=k}a_sb_tc_u,$$

$f(x)[g(x)h(x)]$的第 $k\in\{0,1,2,\cdots,m+n+r\}$次项的系数为

$$\sum_{s+j=k}a_se_j=\sum_{s+j=k}a_s\left(\sum_{t+u=j}b_tc_u\right)=\sum_{s+t+u=k}a_sb_tc_u,$$

所以$[f(x)g(x)]h(x)$与 $f(x)[g(x)h(x)]$的同次项系数相等，故结论成立.

关于多项式在加法与乘法运算中的次数有下面的定理.

定理 2.1.1 $\forall f(x),g(x)\in E[x]$，$f(x)\neq 0$，$g(x)\neq 0$，则

(1) 当 $f(x)+g(x)\neq 0$ 时，

$$\partial^0(f(x)+g(x))\leqslant\max\{\partial^0(f(x)),\partial^0(g(x))\};$$

(2) $\partial^0(f(x)g(x))=\partial^0(f(x))+\partial^0(g(x))$.

证：由定义即知结论成立.

最后指出，在 $E[x]$上，我们赋予了加、减、乘运算，且皆封闭，所以 $E[x]$构成了一个环，故称 $E[x]$为一元多项式环. 另外，如果我们界定多项式的系数属于某数域 F，则记为 $F[x]$，并称为数域 F 上的多项式环. 例如：

$\mathbf{Q}[x]$——有理数域 $\mathbf{Q}$ 上的多项式环；

$\mathbf{R}[x]$——实数域 $\mathbf{R}$ 上的多项式环；

$\mathbf{C}[x]$——复数域 $\mathbf{C}$ 上的多项式环.

习 题 2.1

1. 设 $f(x),g(x),h(x)\in\mathbf{R}[x]$，证明：若

$$f^2(x)=xg^2(x)+xh^2(x),$$

则 $f(x)=g(x)=h(x)=0$.

2. 在 $\mathbf{C}[x]$ 中寻求一组多项式 $f(x),g(x),h(x)$ 满足

$$f^2(x)=xg^2(x)+xh^2(x).$$

3. 设 $\partial^0(f_1(x))\leqslant\partial^0(g_1(x)),\partial^0(f_2(x))\leqslant\partial^0(g_2(x))$,证明:

$$\partial^0(f_1(x)f_2(x))\leqslant\partial^0(g_1(x)g_2(x)).$$

问是否一定有 $\partial^0(f_1(x)+f_2(x))\leqslant\partial^0(g_1(x)+g_2(x))$? 举例说明.

4. 设 $f(x),g(x)$ 是两个非零多项式,且 $f(x)+g(x)\neq 0$,问 $f(x),g(x)$ 满足什么条件时,

$$\partial^0(f_1(x)+f_2(x))=\partial^0(g_1(x)+g_2(x))?$$

§2.2 多项式的整除性

2.2.1 整除的概念与性质

由于在一元多项式环中,除法不是皆可施行的,因此要研究多项式的整除性.我们限于讨论数域 F 上的一元多项式.

定义 2.2.1 设 F 为一数域,$f(x),g(x)\in F[x]$,如果

$$\exists\, h(x)\in F[x],\ni\text{“}g(x)=f(x)h(x)\text{”},$$

则称 $f(x)$ 整除 $g(x)$,记作 $f(x)\mid g(x)$.并称 $f(x)$ 是 $g(x)$ 的一个因式,$g(x)$ 是 $f(x)$ 的一个倍式.符号 $f(x)\nmid g(x)$ 表示 $f(x)$ 不能整除 $g(x)$.

例 2.2.1 因为 $x^3-1=(x-1)(x^2+x+1)$,所以

$$(x-1)\mid(x^3-1),(x^2+x+1)\mid(x^3-1).$$

又因为 $x^n-1=(x-1)(x^{n-1}+\cdots+x+1)$,所以 $x-1$ 是 x^n-1 的因式.同理,$x^{n-1}+\cdots+x+1$ 也是 x^n-1 的因式.

多项式关于整除具有下面的性质.

性质 1 如果 $f(x)\mid g(x),g(x)\mid h(x)$,则 $f(x)\mid h(x)$.

证:因为 $f(x)\mid g(x),g(x)\mid h(x)$,所以 $\exists\, u(x),v(x)\in F[x]$,

$$\ni\text{“}g(x)=f(x)u(x),h(x)=g(x)v(x)\text{”}.$$

从而

$$h(x)=f(x)(u(x)v(x)).$$

故 $f(x)\mid h(x)$.

性质 2 如果 $h(x)\mid f(x),h(x)\mid g(x)$,则 $h(x)\mid(f(x)\pm g(x))$.

证:因为 $h(x)\mid f(x),h(x)\mid g(x)$,所以 $\exists\, u(x),v(x)\in F[x]$,

$$\ni\text{“}f(x)=h(x)u(x),g(x)=h(x)v(x)\text{”}.$$

从而

$$f(x)\pm g(x)=h(x)(u(x)\pm v(x)).$$

故 $h(x)\mid(f(x)\pm g(x))$.

性质 3 如果 $f(x)\mid g(x)$,则 $\forall h(x)\in F[x]$, $f(x)\mid g(x)h(x)$.

证:因为 $f(x)\mid g(x)$,所以 $\exists u(x)\in F[x]$, $\ni$"$g(x)=f(x)u(x)$".

从而

$$g(x)h(x)=f(x)(u(x)h(x)).$$

故 $f(x)\mid g(x)h(x)$.

性质 4 如果 $\forall k\in\{1,2,\cdots,n\}$, $h(x)\mid f_k(x)$,则对 $\forall g_k(x)\in F[x]$,

$$h(x)\mid(f_1(x)g_1(x)\pm f_2(x)g_2(x)\pm\cdots\pm f_n(x)g_n(x)).$$

证:由性质 2 与性质 3 即知成立.

除了上面的性质,我们还有下面的结论.

性质 5 任一多项式都能整除其自身.

证:$\forall f(x)\in F[x]$, $f(x)=1\cdot f(x)$.

性质 6 零多项式是任意多项式的倍式,零多项式的倍式只有零多项式.

证:$\forall f(x)\in F[x]$, $0=0\cdot f(x)$.

性质 7 零次多项式是任意多项式的因式,而零次多项式的因式只有零次多项式.

证:$\forall f(x)\in F[x]$, $\lambda\neq 0$,则 $f(x)=\lambda(\lambda^{-1}f(x))$.

性质 8 相互整除的两个多项式只相差一个零次因式.

证:由 $f(x)=g(x)u(x)$, $g(x)=f(x)v(x)$,得

$$g(x)=g(x)u(x)v(x),$$

于是 $u(x)v(x)=1$. 所以 $u(x)=c$, $v(x)=c^{-1}$.

性质 9 数域扩大不改变多项式的整除性.

即:$F\subseteq\bar{F}$,在 $F[x]$里,$f(x)\nmid g(x)$,则在 $\bar{F}[x]$里,亦有 $f(x)\nmid g(x)$.

证:假设在 $\bar{F}[x]$里,$f(x)\mid g(x)$,则 $\exists u(x)\in\bar{F}[x]$, $\ni$"$g(x)=f(x)u(x)$",所以$u(x)$的系数是由 $f(x)$, $g(x)$的系数经四则运算而确定. 又

$$f(x),g(x)\in F[x],$$

于是 $u(x)\in F[x]$,即在 $F[x]$里

$$f(x)\mid g(x),$$

此与在 $F[x]$里 $f(x)\nmid g(x)$矛盾,故结论成立.

2.2.2 带余除法

在整数的整除性理论中有带余除法,在一元多项式环中,也有类似的带余除法.

定理 2.2.1(带余除法) $\forall f(x),g(x)\in F[x]$, $g(x)\neq 0$,则

$$\exists\,!\,q(x),r(x)\in F[x],\ni\text{“}f(x)=g(x)q(x)+r(x)\text{”},$$

其中 $r(x)=0$ 或$\partial^0(r(x))<\partial^0(g(x))$.

证:(存在性)设

$$S[x]=\{p(x):p(x)=f(x)-g(x)u(x),u(x)\in F[x]\},$$

则 $S[x]\subseteq F[x]$.

如果 $0\in S[x]$,则

$$\exists\, q(x)\in F[x],\ni\text{“}0=f(x)-g(x)q(x)\text{”},$$

于是 $f(x)=g(x)q(x)$,此时取 $r(x)=0$ 即知结论成立.

如果 $0\overline{\in}S[x]$,则取 $r(x)$ 为 $S[x]$ 中次数最小的多项式,于是

$$\exists\, q(x)\in F[x],\ni\text{“}r(x)=f(x)-g(x)q(x)\text{”},$$

于是 $f(x)=g(x)q(x)+r(x)$. 从而只需证明

$$\partial^0(r(x))<\partial^0(g(x))$$

即可.

假设 $\partial^0(r(x))\geqslant\partial^0(g(x))$,则

$$\exists\, u(x)\in F[x],\ni\text{“}\partial^0(r(x)-g(x)u(x))<\partial^0(r(x))\text{”}.$$

设 $r'(x)=r(x)-g(x)u(x)$,则

$$r'(x)=f(x)-g(x)(q(x)+u(x)),$$

即 $r'(x)\in S[x]$,此与 $r(x)$ 为 $S[x]$ 中次数最小的多项式矛盾,故

$$\partial^0(r(x))<\partial^0(g(x)).$$

(唯一性) 假设还 $\exists\,\bar{q}(x),\bar{r}(x)\in F[x]$,

$$\ni\text{“}f(x)=g(x)\bar{q}(x)+\bar{r}(x)\text{”},$$

其中 $\bar{r}(x)=0$ 或 $\partial^0(\bar{r}(x))<\partial^0(g(x))$,则

$$g(x)(q(x)-\bar{q}(x))=\bar{r}(x)-r(x).$$

如果 $q(x)-\bar{q}(x)\neq 0$,则

$$\partial^0(g(x))\leqslant\partial^0(r(x)-r'(x)),$$

此与 $\partial^0(r(x))<\partial^0(g(x))$,$\partial^0(\bar{r}(x))<\partial^0(g(x))$ 矛盾,故

$$q(x)=\bar{q}(x),r(x)=\bar{r}(x).$$

在带余除法中,多项式 $q(x)$ 与 $r(x)$ 分别称为 $g(x)$ 除 $f(x)$ 的商式与余式.

例 2.2.2 设 $f(x)=2x^4+4x^2-5x+6$,$g(x)=x^2-3x+1$,求 $g(x)$ 除 $f(x)$ 的商式与余式.

解:

$$\begin{array}{r|l}
2x^4+4x^2-5x+6 & x^2-3x+1 \\ \cline{2-2}
2x^4-6x^3+2x^2 & 2x^2+6x+20=q(x) \\ \cline{1-1}
6x^3+2x^2-5x+6 & \\
6x^3-18x^2+6x & \\ \cline{1-1}
20x^2-11x+6 & \\
20x^2-60x+20 & \\ \cline{1-1}
49x-14 &
\end{array}$$

由带余除法得 $g(x)$ 除 $f(x)$ 的商式 $q(x)=2x^2+6x+20$,余式 $r(x)=49x-14$.

注:若 $g(x)=0$,则 $g(x)$ 只能整除零多项式.

若 $g(x)$ 不为零，由带余除法，则 $g(x)$ 整除 $f(x)$ 等价于余式为零.

习 题 2.2

1. 求 $f(x)$ 被 $g(x)$ 除所得的商式与余式：

(1) $f(x)=x^4-5x^3+1, g(x)=x^2-2x-1$；

(2) $f(x)=x^5-4x^3+3x^2-1, g(x)=x^3-3x-1$.

2. 证明：$x \mid f^k(x) \Leftrightarrow x \mid f(x)$.

3. 已知 $(x^2+x-2) \mid (x^4+x^3+mx+n)$，求 m, n.

4. 证明：如果 $h(x) \mid f(x), h(x) \nmid g(x)$，则

$$h(x) \nmid (f(x)+g(x)).$$

举例说明：$h(x) \nmid f(x), h(x) \nmid g(x)$，不能得到

$$h(x) \nmid (f(x)+g(x)).$$

5. 证明：$(x^d-1) \mid (x^n-1) \Leftrightarrow d \mid n$.

§2.3 多项式的最大公因式

2.3.1 最大公因式与辗转相除法

定义 2.3.1 如果多项式 $h(x)$ 既是 $f(x)$ 的因式，又是 $g(x)$ 的因式，则称 $h(x)$ 是 $f(x)$ 与 $g(x)$ 的公因式. 显然，任意两个多项式都有公因式. 例如零次多项式就是它们的公因式. 在公因式中，最重要的是最大公因式.

定义 2.3.2 设 $f(x), g(x) \in F[x]$，如果 $d(x) \in F[x]$ 满足：

(1) $d(x)$ 是 $f(x)$ 与 $g(x)$ 的公因式；

(2) $f(x)$ 与 $g(x)$ 的所有公因式都是 $d(x)$ 的因式，则称 $d(x)$ 是 $f(x)$ 与 $g(x)$ 的一个最大公因式.

如果 $f(x)=g(x)=0$，则 $f(x)$ 与 $g(x)$ 的最大公因式 $d(x)=0$；如果 $f(x)\neq 0$，则 $f(x)$ 与 0 的最大公因式是 $f(x)$. 当 $f(x)$ 与 $g(x)$ 不全为 0 时，则 $d(x)\neq 0$.

显然，若 $d(x)$ 是 $f(x)$ 与 $g(x)$ 的最大公因式，则 $\forall a\in F, a\neq 0, ad(x)$ 也是 $f(x)$ 与 $g(x)$ 的最大公因式. 于是，我们约定 $f(x)$ 与 $g(x)$ 的最大公因式是指最高次项的系数为 1 的那一个，记作

$$(f(x), g(x)).$$

即 $d(x)=(f(x),g(x)) \Leftrightarrow \begin{cases} (1)\ d(x) \mid f(x), d(x) \mid g(x); \\ (2)\ \forall h(x) \in F[x], h(x) \mid f(x), h(x) \mid g(x) \Rightarrow h(x) \mid d(x). \end{cases}$

定理 2.3.1 $\forall f(x), g(x) \in F[x]$，当 $f(x)$ 与 $g(x)$ 不全为 0 时，

$$\exists\,|\,d(x)\in F[x],\ni\text{“}d(x)=(f(x),g(x))\text{”}.$$

证:(存在性)如果 $f(x)$ 与 $g(x)$ 有一个为 0 时,如 $f(x)\neq 0$,则

$$d(x)=af(x),$$

其中 a 让 $af(x)$ 的最高次项的系数为 1.

如果 $f(x)$ 与 $g(x)$ 都不为 0,设

$$S[x]=\{p(x):p(x)=f(x)u(x)+g(x)v(x),u(x),v(x)\in F[x]\},$$

于是 $S[x]$ 中必有次数最小的多项式. 设 $S[x]$ 中次数最小且次数最高项的系数为 1 的多项式为 $d(x)$,则

$$d(x)=(f(x),g(x)).$$

事实上:$d(x)=f(x)u(x)+g(x)v(x)$,如果 $d(x)\nmid f(x)$,则由带余除法得

$$f(x)=d(x)q(x)+r(x),0\leqslant\partial^0(r(x))<\partial^0(d(x)),$$

于是

$$r(x)=f(x)-d(x)q(x)=f(x)(1-u(x)q(x))+g(x)(-v(x)q(x)),$$

即 $r(x)\in S[x]$. 此与 $d(x)$ 是 $S[x]$ 中次数最小的多项式矛盾,故

$$d(x)\mid f(x).$$

同理可得 $d(x)\mid g(x)$,所以 $d(x)$ 是 $f(x)$ 与 $g(x)$ 的公因式.

又 $\forall c(x)\in F[x],c(x)\mid f(x),c(x)\mid g(x)$,由于

$$d(x)=f(x)u(x)+g(x)v(x),$$

所以 $c(x)\mid d(x)$,故 $d(x)=(f(x),g(x))$.

(唯一性)如果还 $\exists h(x)\in F[x],\ni\text{“}h(x)=(f(x),g(x))\text{”}$. 则

$$h(x)\mid d(x)\text{且 }d(x)\mid h(x),$$

故 $h(x)=d(x)$,唯一性得证.

推论 2.3.1 设 $f(x),g(x)\in F[x]$,若 $d(x)$ 是 $f(x)$ 与 $g(x)$ 的最大公因式,则

$$\exists\,u(x),v(x)\in F[x],\ni\text{“}d(x)=f(x)u(x)+g(x)v(x)\text{”}.$$

证:若 $d(x)=0$,则取 $u(x)=v(x)=0$ 即可. 若 $d(x)\neq 0$,则由 $d(x)\in S[x]$ 即知结论成立.

注意:推论的逆不成立. 即由 $d(x)=f(x)u(x)+g(x)v(x)$ 不能得到 $d(x)$ 是 $f(x)$ 与 $g(x)$ 的最大公因式. 例如:

$$f(x)=x,g(x)=x+1,u(x)=x,v(x)=x+1,$$

则 $f(x)u(x)+g(x)v(x)=2x^2+2x+1$,显然不是 $f(x)$ 与 $g(x)$ 的最大公因式.

定理 2.3.1 中只给出了最大公因式的存在性,并没有给出求最大公因式的方法. 要求出两个多项式的最大公因式及推论中的 $u(x)$ 与 $v(x)$,得应用辗转相除法.

辗转相除法求两个多项式的最大公因式的方法如下.

用次数不超过 $f(x)$ 的 $g(x)$ 去除 $f(x)$,即

$$f(x)=g(x)q_1(x)+r_1(x),$$

若刚好除完,即 $r_1(x)=0$,则 $g(x)$ 就是 $f(x)$ 与 $g(x)$ 的最大公因式. 若 $r_1(x)\neq 0$,则用 $r_1(x)$ 去除 $g(x)$,即

$$g(x)=r_1(x)q_2(x)+r_2(x),$$

若 $r_2(x)=0$，则 $r_1(x)$ 就是 $f(x)$ 与 $g(x)$ 的一个最大公因式. 若 $r_2(x)\neq 0$，则用 $r_2(x)$ 去除 $r_1(x)$，即

$$r_1(x)=r_2(x)q_3(x)+r_3(x).$$

因为辗转相除后，次数会越来越小，所以这个做法一定会终止，即 $\exists k$，

$$\ni \text{“}r_{k-2}(x)=r_{k-1}(x)q_k(x)+r_k(x),\ r_{k-1}(x)=r_k(x)q_{k+1}(x)\text{”}.$$

于是 $r_k(x)$ 就是 $f(x)$ 与 $g(x)$ 的一个最大公因式.

事实上，$r_k(x)\mid r_{k-1}(x)$，于是

$$r_k(x)\mid r_{k-2}(x),\cdots,r_k(x)\mid r_1(x),r_k(x)\mid g(x),r_k(x)\mid f(x),$$

所以 $r_k(x)$ 就是 $f(x)$ 与 $g(x)$ 的公因式.

又 $\forall\, c(x)\in F[x]$，$c(x)\mid f(x)$，$c(x)\mid g(x)$，则 $c(x)\mid r_1(x)$，于是 $c(x)\mid r_2(x)$，继之 $c(x)\mid r_k(x)$，故 $r_k(x)$ 就是 $f(x)$ 与 $g(x)$ 的最大公因式.

如果要求出满足

$$d(x)=f(x)u(x)+g(x)v(x)$$

的 $u(x)$ 与 $v(x)$，则由

$$d(x)=r_k(x)=r_{k-2}(x)-r_{k-1}(x)q_k(x)$$

反推到 $f(x)$ 与 $g(x)$ 的表达式即可.

例 2.3.1 设 $f(x),g(x)\in\mathbf{Q}[x]$，

$$f(x)=x^4-2x^3-4x^2+4x-3,$$

$$g(x)=2x^3-5x^2-4x+3,$$

求 $f(x)$ 与 $g(x)$ 的最大公因式 $d(x)$，并找出满足

$$d(x)=f(x)u(x)+g(x)v(x)$$

的 $u(x)$ 与 $v(x)$.

解：(在除法运算中，为了避免系数为分数，可将被除式乘以一个零次因式.)

$$\begin{array}{r|l}
2x^4-4x^3-8x^2+8x-6 & 2x^3-5x^2-4x+3 \\ \cline{2-2}
\underline{2x^4-5x^3-4x^2+3x\quad} & \qquad\qquad x+1 \\
x^3-4x^2+5x-6 & \\
2x^3-8x^2+10x-12 & \\
\underline{2x^3-5x^2-\ \ 4x+\ 3} & \\
-3x^2+14x-15 &
\end{array}$$

这样就得到 $q_1(x)=x+1$，$r_1(x)=-3x^2+14x-15$. 又

$$\begin{array}{r|l}
2x^3-5x^2-4x+3\qquad & \\
6x^3-15x^2-12x+9 & -3x^2+14x-15 \\ \cline{2-2}
\underline{6x^3-28x^2+30x\quad} & \qquad -2x-13 \\
13x^2-42x+9 & \\
39x^2-126x+27 & \\
\underline{39x^2-182x+195} & \\
56x-168 &
\end{array}$$

因为 $56x-168=56(x-3)$，又 $(x-3)\mid(-3x^2+14x-15)$，所以 $d(x)=x-3$ 为所求.

反推：

$$\begin{aligned}
56(x-3)&=56x-168\\
&=(39x^2-126x+27)-(39x^2-182x+195)
\end{aligned}$$

$$
\begin{aligned}
&=3(13x^2-42x+9)+13(-3x^2+14x-15)\\
&=3[(6x^3-15x^2-12x+9)-(6x^3-28x^2+30x)]+13(-3x^2+14x-15)\\
&=9g(x)+6x(-3x^2+14x-15)+13(-3x^2+14x-15)\\
&=9g(x)+(6x+13)(-3x^2+14x-15)\\
&=9g(x)+(6x+13)[(2x^3-8x^2+10x-12)-g(x)]\\
&=(6x+13)[(2x^3-8x^2+10x-12)+(-6x-4)g(x)\\
&=(12x+26)(x^3-4x^2+5x-6)+(-6x-4)g(x)\\
&=(12x+26)[2f(x)-xg(x)]+(-6x-4)g(x)\\
&=f(x)(24x+52)+g(x)(-12x^2-32x-4),
\end{aligned}
$$

所以 $u(x)=\frac{3}{7}x+\frac{13}{14}$，$v(x)=-\frac{3}{14}x^2-\frac{4}{7}x-\frac{1}{14}$为所求.

2.3.2 两个多项式互素

定义 2.3.3 设 $f(x),g(x)\in F[x]$，如果 $f(x)$与 $g(x)$除了零次多项式，再没有其他的公因式，则称 $f(x)$与 $g(x)$互素.

即：$f(x)$与 $g(x)$互素$\Leftrightarrow(f(x),g(x))=1$.

定理 2.3.2 $f(x)$与 $g(x)$互素$\Leftrightarrow\exists u(x),v(x)\in F[x],\ni$“$f(x)u(x)+g(x)v(x)=1$”.

证：($\Rightarrow$)设 $f(x)$与 $g(x)$互素，则$(f(x),g(x))=1$，于是

$$\exists u(x),v(x)\in F[x],\ni“f(x)u(x)+g(x)v(x)=1”.$$

($\Leftarrow$)设 $f(x)$与 $g(x)$满足：

$$\exists u(x),v(x)\in F[x],\ni“f(x)u(x)+g(x)v(x)=1”.$$

于是$\forall d(x)\in F[x]$，$d(x)\mid f(x)$，$d(x)\mid g(x)$，则 $d(x)\mid 1$，从而 $d(x)=1$，故$(f(x),g(x))=1$.

两个多项式互素有如下性质.

性质 1 如果$(f(x),h(x))=1$，$(g(x),h(x))=1$，则$(f(x)g(x),h(x))=1$.

证：因为$(f(x),h(x))=1$，$(g(x),h(x))=1$，所以

$$\exists u_1(x),v_1(x)\in F[x],\ni“f(x)u_1(x)+h(x)v_1(x)=1”,$$

$$\exists u_2(x),v_2(x)\in F[x],\ni“g(x)u_2(x)+h(x)v_2(x)=1”.$$

于是两式相乘得

$$f(x)g(x)(u_1(x)u_2(x))+h(x)k(x)=1,$$

其中

$$k(x)=f(x)u_1(x)v_2(x)+g(x)u_2(x)v_1(x)+h(x)v_1(x)v_2(x).$$

故$(f(x)g(x),h(x))=1$.

性质 2 如果 $h(x)\mid f(x)g(x)$，$(f(x),h(x))=1$，则 $h(x)\mid g(x)$.

证：因为$(f(x),h(x))=1$，所以

$$\exists u(x),v(x)\in F[x],\ni“f(x)u(x)+h(x)v(x)=1”,$$

从而

$$f(x)g(x)u(x)+h(x)g(x)v(x)=g(x).$$

又 $$h(x)\mid f(x)g(x)，所以\ \exists k(x)\in F[x]，$$
$$\ni“f(x)g(x)=h(x)k(x)”.$$

于是

$$h(x)[k(x)u(x)+g(x)v(x)]=g(x),$$

故结论成立.

性质 3 如果 $g(x)\mid f(x)$，$h(x)\mid f(x)$，$(g(x),h(x))=1$，则 $g(x)h(x)\mid f(x)$.

证:因为 $g(x)\mid f(x)$，$h(x)\mid f(x)$，所以 $\exists u(x)\in F[x]$，$\ni$“$f(x)=g(x)u(x)$ 且 $h(x)\mid g(x)u(x)$”.

又 $(g(x),h(x))=1$，所以 $h(x)\mid u(x)$，即 $\exists v(x)\in F[x]$，$\ni$“$u(x)=h(x)v(x)$”.

从而

$$f(x)=g(x)h(x)v(x).$$

故结论成立.

最大公因式的定义可以推广到 $n(n>2)$ 个多项式的情况.

定义 2.3.4 设 $f_k(x),d(x)\in F[x]$，$k=1,2,\cdots,n$，如果 $\forall k$，$d(x)\mid f_k(x)$，则称 $d(x)$ 是 $f_1(x),f_2(x),\cdots,f_n(x)$ 的公因式.

定义 2.3.5 设 $f_k(x),d(x)\in F[x]$，$k=1,2,\cdots,n$，如果 $d(x)$ 是 $f_1(x),f_2(x),\cdots,f_n(x)$ 的公因式，且 $\forall h(x)\in F[x]$，$h(x)\mid f_1(x),h(x)\mid f_2(x),\cdots,h(x)\mid f_n(x)\Rightarrow h(x)\mid d(x)$，则称 $d(x)$ 是 $f_1(x),f_2(x),\cdots,f_n(x)$ 的最大公因式.

$f_1(x),f_2(x),\cdots,f_n(x)$ 的最高次系数为1的最大公因式记作 $(f_1(x),f_2(x),\cdots,f_n(x))$.

求 $(f_1(x),f_2(x),\cdots,f_n(x))$ 的方法是:

先求 $(f_1(x),f_2(x))=d_1(x)$;

再求 $(d_1(x),f_3(x))=d_2(x)$;

继之求 $(d_{n-2}(x),f_n(x))=d_{n-1}(x)$，则 $(f_1(x),f_2(x),\cdots,f_n(x))=d_{n-1}(x)$.

定义 2.3.6 设 $f_k(x)\in F[x]$，$k=1,2,\cdots,n$，如果 $(f_1(x),f_2(x),\cdots,f_n(x))=1$，则称多项式 $f_1(x),f_2(x),\cdots,f_n(x)$ 互素.

值得注意的是，n 个多项式 $f_1(x),f_2(x),\cdots,f_n(x)$ 互素，并不能得到它们两两互素.

例如

$$f_1(x)=x+1,f_2(x)=x+1,f_3(x)=2x-1,$$

则 $(f_1(x),f_2(x),f_3(x))=1$，但 $(f_1(x),f_2(x))=x+1$.

习 题 2.3

1. 求下列多项式 $f(x)$ 与 $g(x)$ 的最大公因式.

(1) $f(x)=x^4-2x^2-4x+1$，$g(x)=x^3-3x^2+1$;

(2) $f(x)=2x^4-5x^2+2$，$g(x)=2x^4-6\sqrt{2}x^3+4\sqrt{2}x-2$.

2. 设 $f(x)$ 与 $g(x)$ 不全为零，且 $f(x)=d(x)f_1(x)$，$g(x)=d(x)g_1(x)$，证明:$d(x)=(f(x),g(x))\Leftrightarrow(f_1(x),g_1(x))=1$.

3. 设 $f(x),g(x)\in F[x]$，$a,b,c,d\in F$ 且 $ad-bc\neq 0$，证明：

$$(af(x)+bg(x),cf(x)+dg(x))=(f(x),g(x)).$$

4. 设 $(f(x),g(x))=1$，证明：

$$(f(x),f(x)+g(x))=(g(x),f(x)+g(x))=1,$$

且 $(f(x)g(x),f(x)+g(x))=1$.

5. 设 $f_1(x),g_1(x),f_2(x),g_2(x)\in F[x]$，证明：

$$(f_1(x),g_1(x))(f_2(x),g_2(x))=(f_1(x)f_2(x),f_1(x)g_2(x),f_2(x)g_1(x),g_1(x)g_2(x)).$$

6. 求多项式 $f(x)=x^4-2x^2-4x+1$，$g(x)=2x^3-3x^2+1$ 的最大公因式 $d(x)$，以及满足等式 $f(x)u(x)+g(x)v(x)=d(x)$ 的 $u(x)$ 和 $v(x)$.

7. 设 $(f(x),g(x))=1$，证明：

(1) $\forall n\in \mathbf{N}^+$，$(f(x),g^n(x))=1$；

(2) $\forall m,n\in \mathbf{N}^+$，$(f^m(x),g^n(x))=1$.

8. 证明：$\forall n\in \mathbf{N}^+$，$(f^n(x),g^n(x))=(f(x),g(x))^n$.

9. 设 $g(x),f(x)\in F[x]$，证明：如果 $(f(x),g(x))=1$，那么对 $\forall h(x)\in F[x]$，都有

$$(f(x)h(x),g(x))=(h(x),g(x)).$$

§2.4 多项式的分解

2.4.1 不可约多项式

设 $f(x)\in F[x]$，因为 $\forall c\in F,c\neq 0$，有 $c\mid f(x)$，$cf(x)\mid f(x)$，所以我们有下面的定义.

定义 2.4.1 设 $f(x)\in F[x]$，$\forall c\in F,c\neq 0$，则称 c 与 $cf(x)$ 为多项式 $f(x)$ 的平凡因式.

即称 $f(x)$ 的次数为零或次数与 $f(x)$ 的次数相等的因式为 $f(x)$ 的平凡因式；次数大于零且小于 $f(x)$ 的次数的因式称为 $f(x)$ 的非平凡因式.

定义 2.4.2 设 $f(x)\in F[x]$，如果 $f(x)$ 在 $F[x]$ 中有非平凡因式，则称 $f(x)$ 在 $F[x]$ 中可约，否则称 $f(x)$ 在 $F[x]$ 中不可约.

即：$f(x)$ 在 $F[x]$ 中可约 $\Leftrightarrow \exists\, u(x),v(x)\in F[x]$，

$$\ni \text{“}f(x)=u(x)v(x) \text{ 且 } 0<\partial^0(u(x))<\partial^0(f(x))\text{”}.$$

由定义知，一次多项式总是不可约的，所以在多项式环 $F[x]$ 中必有不可约多项式. 另外，对于零多项式与零次多项式，既不能说其可约，也不能说其不可约.

值得注意的是，多项式的可约性与数域 F 有关. 例如 $f(x)=x^2-3$，在 $\mathbf{Q}[x]$ 中是不可约多项式，而在 $\mathbf{R}[x]$ 中可约，因 $f(x)=(x+\sqrt{3})(x-\sqrt{3})$.

下面给出不可约多项式的性质.

性质 1 如果 $p(x)$在 $F[x]$中不可约,则 $\forall a\in F,a\neq 0,ap(x)$在 $F[x]$中亦不可约.

证:假设 $ap(x)$在 $F[x]$中可约,则 $u(x),v(x)\in F[x]$,

$$\exists\text{“}ap(x)=u(x)v(x)\text{且 }0<\partial^0(u(x))<\partial^0(p(x))\text{”}.$$

于是 $p(x)=(a^{-1}u(x))v(x)$,矛盾,故结论成立.

性质 2 $p(x)$在 $F[x]$中不可约$\Leftrightarrow\forall f(x)\in F[x],p(x)\mid f(x)$或$(p(x),f(x))=1$.

证:($\Rightarrow$)设 $p(x)$在 $F[x]$中不可约,$\forall f(x)\in F[x]$,取 $d(x)=(p(x),f(x))$,因为 $d(x)\mid p(x)$,所以 $d(x)=1$ 或 $d(x)=cp(x)(c\neq 0)$.

当 $d(x)=1$ 时,$(p(x),f(x))=1$;当 $d(x)=cp(x)$时,$p(x)\mid f(x)$,故结论成立.

($\Leftarrow$)设 $\forall f(x)\in F[x],p(x)\mid f(x)$或$(p(x),f(x))=1$. 假设 $p(x)$在 $F[x]$中可约,则 $\exists u(x),v(x)\in F[x]$,其中 $u(x)$的次数最高项的系数为 1,

$$\exists\text{“}p(x)=u(x)v(x)\text{且 }0<\partial^0(u(x))<\partial^0(p(x))\text{”}.$$

于是取 $f(x)=u(x)$有

$$p(x)\nmid f(x)\text{且}(p(x),f(x))=u(x)\neq 1,$$

矛盾,故 $p(x)$在 $F[x]$中不可约.

性质 3 $p(x)$在 $F[x]$中不可约$\Leftrightarrow\forall f(x),g(x)\in F[x]$,由 $p(x)\mid f(x)g(x)$,有 $p(x)\mid f(x)$或 $p(x)\mid g(x)$.

证:($\Rightarrow$)设 $p(x)$在 $F[x]$中不可约,如果 $p(x)\mid f(x)$,则结论成立. 如果 $p(x)\nmid f(x)$,则

$$(p(x),f(x))=1,$$

于是由性质 2 知 $p(x)\mid g(x)$,故结论成立.

($\Leftarrow$)假设 $p(x)$在 $F[x]$中可约,则 $u(x),v(x)\in F[x]$,

$$\exists\text{“}p(x)=u(x)v(x)\text{且 }0<\partial^0(u(x))<\partial^0(p(x))\text{”}.$$

于是取 $f(x)=u(x),g(x)=v(x)$,有 $p(x)\mid f(x)g(x)$,但与 $p(x)\nmid f(x)$且 $p(x)\nmid g(x)$,矛盾,故 $p(x)$在 $F[x]$中不可约.

性质 4 如果 $p(x)$在 $F[x]$中不可约,且 $p(x)\mid f_1(x)f_2(x)\cdots f_n(x)$,则 $\exists s\in\{1,2,\cdots,n\},\exists$“$p(x)\mid f_s(x)$”.

证:当 $n=2$ 时,由性质 2 知结论成立. 假设 $n=k$ 时结论成立,当 $n=k+1$ 时,设 $p(x)\mid f_1(x)f_2(x)\cdots f_k(x)f_{k+1}(x)$,即

$$p(x)\mid(f_1(x)f_2(x)\cdots f_k(x))f_{k+1}(x),$$

则由性质 3 知

$$p(x)\mid f_{k+1}(x)\text{或 }p(x)\mid(f_1(x)f_2(x)\cdots f_k(x)).$$

如果 $p(x)\mid f_{k+1}(x)$,则结论成立. 如果 $p(x)\mid(f_1(x)f_2(x)\cdots f_k(x))$,则归纳假设知 $\exists s\in\{1,2,\cdots,k\},\exists$“$p(x)\mid f_s(x)$”,所以

$$\exists s\in\{1,2,\cdots,k+1\},\exists\text{“}p(x)\mid f_s(x)\text{”}.$$

由归纳法原理知结论成立.

2.4.2 因式分解定理

定理 2.4.1 $\forall f(x)\in F[x],\partial^0(f(x))=n>0,f(x)$在 $F[x]$中都可以分解为不可约

多项式的乘积.

证:若 $f(x)$在 $F[x]$中不可约,则结论成立. 若 $f(x)$在 $F[x]$中可约,则 $f_1(x),f_2(x)\in F[x]$,

$$\exists\text{“}f(x)=f_1(x)f_2(x)\text{且 }0<\partial^0(f_1(x))<\partial^0(f(x))\text{”},$$

此时亦有 $0<\partial^0(f_2(x))<\partial^0(f(x))$. 若 $f_1(x)$,$f_2(x)$都不可约,则结论成立. 若 $f_1(x)$或 $f_2(x)$可约,则继续分解. 因为分解后的因式的次数降低,而一次多项式是不可约的,所以分解必会终止. 即

$$f(x)=p_1(x)p_2(x)\cdots p_k(x),$$

$\forall r=1,2,\cdots,k,p_r(x)$不可约. 故结论成立.

由于 $p(x)$是 $f(x)$的不可约因式时,$\forall a\in F,a\neq 0,ap(x)$也是最高次数项的系数为 1 的不可约因式,从而有下面的定理.

定理 2.4.2 $\forall f(x)\in F[x],\partial^0(f(x))=n>0$,$f(x)$在 $F[x]$中都可以唯一分解为最高次数项的系数为 1 的不可约多项式的乘积. 即

$$f(x)=ap_1(x)p_2(x)\cdots p_r(x)=aq_1(x)q_2(x)\cdots q_s(x),$$

则 $r=s$,且适当交换次序后有

$$p_k(x)=q_k(x),k=1,2,\cdots,r.$$

其中 a 是 $f(x)$的最高次数项的系数.

证:我们对因式个数 r 用数学归纳法.

当 $r=1$ 时,$f(x)$是不可约多项式,所以结论成立.

假设 $r=k$ 结论成立,即

$$f(x)=ap_1(x)p_2(x)\cdots p_k(x)=aq_1(x)q_2(x)\cdots q_k(x),$$

且 $p_i(x)=q_i(x),i=1,2,\cdots,k$.

当 $r=k+1$ 时,

$$f(x)=ap_1(x)p_2(x)\cdots p_{k+1}(x)=aq_1(x)q_2(x)\cdots q_s(x),$$

则 $p_1(x)\mid aq_1(x)q_2(x)\cdots q_s(x)$. 于是由不可约性知

$$\exists i\in\{1,2,\cdots,s\},p_1(x)\mid q_i(x).$$

不妨设 $i=1$,即 $p_1(x)\mid q_1(x)$,则令

$$ap_2(x)p_3(x)\cdots p_{k+1}(x)=bq_2(x)q_3(x)\cdots q_s(x),$$

于是由归纳假设知 $k+1=s$,且 $\forall i=2,3,\cdots,k+1$,

$$p_i(x)\mid q_i(x).$$

故由归纳法原理知结论成立.

由于 $f(x)$可能有相同的不可约因式,所以 $f(x)$的分解式可表为:

$$f(x)=ap_1^{k_1}(x)p_2^{k_2}(x)\cdots p_r^{k_r}(x).$$

上式称为 $f(x)$的典型分解式.

每一个多项式的典型分解式都是唯一的. 利用两个多项式的典型分解式,可以得到它们的最大公因式. 我们约定 $f^0(x)=1$,则有下面的结论.

定理 2.4.3 $\forall f(x),g(x)\in F[x]$,如果

$$f(x)=ap_1^{u_1}(x)p_2^{u_2}(x)\cdots p_r^{u_r}(x),$$

$$g(x)=bp_1^{v_1}(x)p_2^{v_2}(x)\cdots p_r^{v_r}(x),$$

则

$$(f(x),g(x))=p_1^{k_1}(x)p_2^{k_2}(x)\cdots p_r^{k_r}(x),$$

其中 $\forall i=1,2,\cdots,r,k_i=\min\{u_i,v_i\}$.

证:设 $d(x)=p_1^{k_1}(x)p_2^{k_2}(x)\cdots p_r^{k_r}(x)$,则

$$d(x)\mid f(x),d(x)\mid g(x).$$

又 $\forall h(x)\in F[x],h(x)\mid f(x),h(x)\mid g(x)$,则 $h(x)$ 的典型分解式

$$h(x)=p_1^{l_1}(x)p_2^{l_2}(x)\cdots p_r^{l_r}(x),$$

其中 $\forall i=1,2,\cdots,r,l_i\leqslant\min\{u_i,v_i\}$,从而 $h(x)\mid d(x)$. 故结论成立.

例 2.4.1 设 $f(x)=x^5-x^4-2x^3+2x^2+x-1$,求 $f(x)$ 在 $\mathbf{Q}[x]$ 内的典型分解式.

解:

$$\begin{aligned}f(x)&=(x-1)x^4-2(x-1)x^2+(x-1)\\&=(x-1)(x^4-2x^2+1)\\&=(x-1)(x^2-1)^2=(x-1)^3(x+1)^2.\end{aligned}$$

例 2.4.2 设 $f(x)=4(x^2+1)^2(x-2)^5(x+3)$, $g(x)=3(x^2+1)^4(x-2)^3(x+7)^2$,求 $(f(x),g(x))$ 的典型分解式.

解:

$$f(x)=4(x^2+1)^2(x-2)^5(x+3)(x+7)^0,$$
$$g(x)=3(x^2+1)^4(x-2)^3(x+3)^0(x+7)^2,$$

所以

$$(f(x),g(x))=(x^2+1)^2(x-2)^3(x+3)^0(x+7)^0,$$

即 $(f(x),g(x))=(x^2+1)^2(x-2)^3$ 为所求.

值得注意的是,多项式的因式分解定理只给出因式的存在性,而没有给出求多项式的因式的方法. 所以,我们只能求一些特殊的多项式的分解式. 故上述求最大公因式的方法不能代替辗转相除法.

习 题 2.4

1. 分别在 $\mathbf{Q}[x]$、$\mathbf{R}[x]$、$\mathbf{C}[x]$ 内分解多项式

$$x^4+1.$$

2. 证明:$g^2(x)\mid f^2(x)\Leftrightarrow g(x)\mid f(x)$.

3. 求 $f(x)=2x^5-10x^4+16x^3-16x^2+14x-6$ 在 $\mathbf{Q}[x]$ 内的典型分解式.

4. 设不可约多项式 $p(x)\in F[x]$,证明:$\forall f(x)\in F[x]$,当 $\partial^0(f(x))>1$ 时,

$$f(x)=p^k(x)(k>1)\Leftrightarrow\forall g(x)\in F[x],$$
$$(f(x),g(x))=1\text{ 或 }\exists m\in\mathbf{N}^+,\ni\text{“}f(x)\mid g^m(x)\text{”}.$$

§2.5 重因式

2.5.1 重因式与重根

定义 2.5.1 设 $f(x)\in F[x]$,不可约多项式 $p(x)\in F[x]$,如果

$$p^k(x)\mid f(x),p^{k+1}(x)\nmid f(x),$$

则称 $p(x)$为 $f(x)$的 k 重因式.其中 $k\in\mathbf{N}$,且

(1) $k=0$ 时,$p(x)$称为 $f(x)$的 0 重因式;

(2) $k=1$ 时,$p(x)$称为 $f(x)$的单因式;

(3) $k\geqslant 2$ 时,$p(x)$称为 $f(x)$的 k 重因式.

如果一次因式 $x-c$ 是 $f(x)$的 $k(k\geqslant 1)$重因式,则称 c 为 $f(x)$的 k 重根.当 $k=1$ 时称为单根,当 $k\geqslant 2$ 时称为重根.

由定义 2.5.1 知,不可约多项式是重因式的必要条件,即

$$p(x)\text{为 }f(x)\text{的 }k\text{ 重因式}\Rightarrow p(x)\text{在数域 }F\text{ 中不可约}.$$

因此,零次多项式不能称为 0 重因式,于是数域 F 中的数不能称为多项式 $f(x)$的 0 重因式.但是 $F[x]$中任一不可约多项式 $p(x)$都是 $f(x)$的 k 重因式.实因:$p(x)\mid f(x)$时,$p(x)$是 $f(x)$的 $k(k\geqslant 1)$重因式;$p(x)\nmid f(x)$时,$p(x)$是 $f(x)$的 0 重因式.所以由定义 2.5.1 知,

$$p(x)\text{为 }f(x)\text{的 }k\text{ 重因式}\Leftrightarrow p(x)\text{在数域 }F\text{ 中不可约}.$$

综上可得,多项式 $f(x)$有重因式$\Leftrightarrow k\geqslant 2$.同理,多项式 $f(x)$有重根$\Leftrightarrow k\geqslant 2$.

例 2.5.1 设 $f(x)\in\mathbf{R}[x]$,$f(x)=x^2(x-1)(x^2+2)^3$,则 x 是 $f(x)$的 2 重因式,0 是 $f(x)$的 2 重根;$x-1$ 是 $f(x)$的单因式,1 是 $f(x)$的单根;x^2+2 是 $f(x)$的 3 重因式.

当然,如果我们知道了多项式 $f(x)$的典型分解式

$$f(x)=cp_1^{r_1}(x)p_2^{r_2}(x)\cdots p_s^{r_s}(x),$$

那么也就知道了

$$p_1(x),p_2(x),\cdots,p_s(x)$$

分别是 $f(x)$的 $r_1,r_2,\cdots,r_s$ 重因式.

遗憾的是,我们没有一个一般的方法能将一个多项式分解为典型分解式,但是,我们却有方法来判别一个多项式有没有重因式,这个方法要用到多项式的"导数"的概念.

2.5.2 多项式的导数

定义 2.5.2 设 $f(x)\in F[x]$,

$$f(x)=a_0+a_1x+a_2x^2+\cdots+a_nx^n,$$

定义多项式 $f(x)$的一阶导数为

$$f'(x)=a_1+2a_2x+\cdots+na_nx^{n-1}.$$

显然,多项式 $f(x)$的一阶导数 $f'(x)$仍是多项式,从而又可对 $f'(x)$求导数.

定义 2.5.3 多项式 $f(x)$的一阶导数 $f'(x)$的一阶导数称为 $f(x)$的二阶导数,记作 $f''(x)$. $f(x)$的 n 阶导数的一阶导数称为 $f(x)$的 $n+1$ 阶导数.

$f(x)$的各阶导数分别记为:

$$f'(x),f''(x),f'''(x),f^{(4)}(x),\cdots,f^{(n)}(x).$$

性质 1 和差的导数等于导数的和差,即

$$\forall f(x),g(x)\in F[x],(f(x)\pm g(x))'=f'(x)\pm g'(x).$$

证:设

$$f(x)=a_0+a_1x+a_2x^2+\cdots+a_nx^n,$$
$$g(x)=b_0+b_1x+b_2x^2+\cdots+b_mx^m,$$

则 $f(x)\pm g(x)$的第 k 项的导数

$$((a_k\pm b_k)x^k)'=k(a_k\pm b_k)x^{k-1}=ka_kx^{k-1}\pm kb_kx^{k-1}.$$

故结论成立.

性质 2 $\forall f(x),g(x)\in F[x]$,则

$$(f(x)g(x))'=f'(x)g(x)+f(x)g'(x).$$

证:设

$$f(x)=a_0+a_1x+a_2x^2+\cdots+a_nx^n,$$
$$g(x)=b_0+b_1x+b_2x^2+\cdots+b_mx^m,$$

则 $f(x)$的第 u 项与 $g(x)$的第 v 项的乘积的导数

$$\begin{aligned}(a_ux^u\cdot b_vx^v)'&=(a_ub_vx^{u+v})'=(u+v)a_ub_vx^{u+v-1}\\&=ua_ub_vx^{u+v-1}+va_ub_vx^{u+v-1}\\&=(ua_ux^{u-1})(b_vx^v)+(a_ux^u)(vb_vx^{v-1})\\&=(a_ux^u)'(b_vx^v)+(a_ux^u)(b_vx^v)'.\end{aligned}$$

故由性质 1 知结论成立.

性质 3 $\forall f(x)\in F[x]$,

$$(f^k(x))'=kf^{k-1}(x)f'(x).$$

证:当 $k=1$ 时,结论显然成立.假设 $k=s$ 时结论成立,即

$$(f^s(x))'=sf^{s-1}(x)f'(x).$$

当 $k=s+1$ 时,

$$\begin{aligned}(f^{s+1}(x))'&=(f^s(x)f(x))'\\&=(f^s(x))'f(x)+f^s(x)f'(x)\\&=sf^{s-1}(x)f'(x)f(x)+f^s(x)f'(x)\\&=(s+1)f^s(x)f'(x),\end{aligned}$$

故由归纳法知结论成立.

2.5.3 重因式的判别法

定理 2.5.1 不可约多项式 $p(x)$是 $f(x)$的 $k(k\geq1)$重因式,则 $p(x)$是 $f'(x)$的 $k-1$

重因式.

证:因为 $p(x)$是 $f(x)$的 k 重因式,所以

$$f(x)=p^k(x)g(x)\text{且 } p(x)\nmid g(x).$$

于是

$$\begin{aligned} f'(x)&=kp^{k-1}(x)p'(x)g(x)+p^k(x)g'(x)\\ &=p^{k-1}(x)[kp'(x)g(x)+p(x)g'(x)], \end{aligned}$$

即 $p^{k-1}(x)\mid f'(x)$. 又 $p(x)\nmid p'(x)$且 $p(x)\nmid g(x)$,所以

$$p(x)\nmid[kp'(x)g(x)+p(x)g'(x)],$$

即 $p^k(x)\nmid f'(x)$,故 $p(x)$是 $f'(x)$的 $k-1$ 重因式.

值得注意的是,定理 2.5.1 的逆不成立,即 $p(x)$是 $f'(x)$的 $k-1$ 重因式,$p(x)$不一定是 $f(x)$的 k 重因式.例如:

$$f(x)=(x-2)^3+1, f'(x)=3(x-2)^2,$$

$p(x)=x-2$ 是 $f'(x)$的 2 重因式,但非 $f(x)$的因式.

增加一个条件后就得到下面的定理.

定理 2.5.2 不可约多项式 $p(x)$是 $f(x)$的重因式$\Leftrightarrow p(x)\mid f(x)$且 $p(x)\mid f'(x)$.

证:($\Rightarrow$)设 $p(x)$是 $f(x)$的重因式,则

$$f(x)=p^k(x)g(x)(k\geqslant 2),$$

于是由定理 2.5.1 知 $p(x)\mid f'(x)$,故结论成立.

($\Leftarrow$)设 $p(x)\mid f(x)$,于是可令

$$f(x)=p^k(x)g(x)(k\geqslant 1),$$

则

$$f'(x)=p^{k-1}(x)[kp'(x)g(x)+p(x)g'(x)].$$

而 $p(x)\mid f'(x)$,所以 $k\geq 2$,故 $p(x)$是 $f(x)$的重因式.

定理 2.5.3 多项式 $f(x)$无重因式$\Leftrightarrow(f(x),f'(x))=1$.

证:多项式 $f(x)$无重因式$\Leftrightarrow\forall\, p(x)\in F[x]$,$p(x)$不可约,在 $f(x)=p^k(x)g(x)$中,$k=1$或 $k=0\Leftrightarrow(f(x),f'(x))=1$.

定理 2.5.3 给出了判断一个多项式有无重因式的方法.而且,由于多项式的导数和两个多项式是否互素,不因数域扩大而改变,所以一个多项式有无重因式,也不因数域扩大而改变.

例 2.5.2 求 $f(x)=x^4+5x^3+6x^2-4x-8$ 的重因式.

解:$f'(x)=4x^3+15x^2+12x-4$,用辗转相除法得

$$(f(x),f'(x))=(x+2)^2.$$

所以 $x+2$ 是 $f(x)$的 3 重因式.由此得到 $f(x)$的典型分解式为

$$f(x)=(x+2)^3(x-1).$$

例 2.5.3 证明多项式

$$f(x)=1+x+\frac{1}{2!}x^2+\cdots+\frac{1}{n!}x^n$$

无重根.

证:因为

$$f'(x)=1+x+\frac{1}{2!}x^2+\cdots+\frac{1}{(n-1)!}x^{n-1},$$

所以 $f(x)-f'(x)=\frac{1}{n!}x^n$. 设

$$h(x)\mid f(x) \text{且} h(x)\mid f'(x),$$

则 $h(x)\mid(f(x)-f'(x))$,于是

$$h(x)=cx^k, c\neq 0, k\in\{1,2,\cdots,n\}.$$

而 $k\geq 1$ 时,$h(x)=cx^k$ 不是 $f(x)$的因式,故结论成立.

例 2.5.4 求 $a,b,\ni$"$(x-1)^2\mid(ax^3+bx+2)$".

解:设 $f(x)=ax^3+bx+2$,则 $f'(x)=3ax^2+b$. 由

$$(x-1)\mid f(x)\text{且}(x-1)\mid f'(x)$$

得 $f(1)=0$ 且 $f'(1)=0$,即

$$\begin{cases}a+b+2=0,\\3a+b=0,\end{cases}$$

解方程组得 $a=1,b=-3$,此即所求.

最后指出,当给出多项式 $f(x)$的典型分解式

$$f(x)=cp_1^{r_1}(x)p_2^{r_2}(x)\cdots p_s^{r_s}(x)$$

时,则 $f'(x)=p_1^{r_1-1}(x)p_2^{r_2-1}(x)\cdots p_s^{r_s-1}(x)g(x)$,于是

$$(f(x),f'(x))=p_1^{r_1-1}(x)p_2^{r_2-1}(x)\cdots p_s^{r_s-1}(x),$$

从而

$$g(x)=\frac{f(x)}{(f(x),f'(x))}=cp_1(x)p_2(x)\cdots p_s(x),$$

所以多项式

$$\frac{f(x)}{(f(x),f'(x))}$$

无重因式(亦无重根)且与 $f(x)$有完全相同的不可约因式(亦有完全相同的根).

习　题　2.5

1. 求 $a,b,\ni$"$x^4+4ax+b$ 有重因式".

2. 设$\partial^0(f(x))=n$,证明:如果 $f'(x)\mid f(x)$,则 $f(x)$有 n 重根.(提示:$(f(x),f'(x))=f'(x)$.)

3. 设 a 是 $f''(x)$的一个 k 重根,证明:a 是多项式

$$g(x)=\frac{x-a}{2}[f'(x)+f'(a)]-f(x)+f(a)$$

的一个 $k+3$ 重根.

§2.6 多项式函数

在多项式的介绍中,我们只把 x 视为一个文字,多项式为一种形式的表达式.如果视 $x\in\mathbf{R}$ 为一变量,则我们就可以从函数的角度来研究多项式.

2.6.1 多项式函数

定义 2.6.1 设 $f(x)\in\mathbf{R}[x]$,

$$f(x)=a_nx^n+a_{n-1}x^{n-1}+\cdots+a_2x^2+a_1x+a_0,$$

$\forall c\in\mathbf{R}$, $\exists|a_nc^n+a_{n-1}c^{n-1}+\cdots+a_2c^2+a_1c+a_0\in\mathbf{R}$ 与之对应.由此确定了一个 $\mathbf{R}$ 上的映射,此映射称为多项式函数.记作 $f(x)$,$x\in\mathbf{R}$.数 $a_nc^n+a_{n-1}c^{n-1}+\cdots+a_2c^2+a_1c+a_0$ 称为 $x=c$ 在 f 下的象,记作 $f(c)$.

即:$\forall f(x)\in\mathbf{R}[x]$,$f(x)$是多项式,如视 $x\in\mathbf{R}$ 为自变量,则 $f(x)$就是 $\mathbf{R}$ 上的多项式函数.

当我们视 $f(x)$为 $\mathbf{R}$ 上的多项式函数时,$\mathbf{R}[x]$就是实数域 $\mathbf{R}$ 上的所有多项式函数构成的集合.于是 $\forall f(x),g(x)\in\mathbf{R}[x]$,

$$f(x)=g(x)\Leftrightarrow\forall c\in\mathbf{R},f(c)=g(c).$$

由于 $\forall c\in\mathbf{R}$,$x-c$ 是一次多项式,所以余式 r 是零次多项式,即 $r\in\mathbf{R}$,从而由带余除法得

$$f(x)=(x-c)q(x)+r,$$

取 $x=c$,则有 $r=f(c)$.这就是下面的余式定理.

定理 2.6.1 $\forall f(x)\in\mathbf{R}[x]$,

$$f(x)=(x-c)q(x)+f(c),$$

有:$(x-c)\mid f(x)\Leftrightarrow f(c)=0$.

为了求 $x-c$ 除 $f(x)$的余数,这里介绍另一种方法——综合除法.综合除法是一次多项式除任意多项式的一种简便方法.

设

$$f(x)=a_nx^n+a_{n-1}x^{n-1}+\cdots+a_2x^2+a_1x+a_0,$$

由于 $f(x)$被 $x-c$ 除的商式是一个 $n-1$ 次多项式,所以设

$$q(x)=b_{n-1}x^{n-1}+\cdots+b_2x^2+b_1x+b_0,$$

记余数为 r,则

$$a_nx^n+a_{n-1}x^{n-1}+\cdots+a_2x^2+a_1x+a_0=(x-c)(b_{n-1}x^{n-1}+\cdots+b_2x^2+b_1x+b_0)+r.$$

比较同次项系数得

$$\begin{cases} b_{n-1}=a_n, \\ b_{n-2}-cb_{n-1}=a_{n-1}, \\ \cdots\cdots \\ b_0-cb_1=a_1, \\ r-cb_0=a_0. \end{cases}$$

从而

$$\begin{cases} b_{n-1}=a_n, \\ b_{n-2}=a_{n-1}+cb_{n-1}, \\ \cdots\cdots \\ b_0=a_1+cb_1, \\ r=a_0+cb_0. \end{cases}$$

这样,由 a_n 得到 b_{n-1},再由 $a_{n-1}+cb_{n-1}$ 得到 b_{n-2},继之得到 b_0,最后求出余数 $r=a_0+cb_0$.

$$\begin{array}{ccccc|c} a_n & a_{n-1} & \cdots & a_1 & a_0 & c \\ & cb_{n-1} & \cdots & cb_1 & cb_0 & \\ \hline a_n & a_{n-1}+cb_{n-1} & \cdots & a_1+cb_1 & a_0+cb_0 & \\ \| & \| & & \| & \| & \\ b_{n-1} & b_{n-2} & \cdots & b_0 & r & \end{array}$$

例 2.6.1 用 $x+3$ 除 x^4+x^2+4x-9.

解:
$$\begin{array}{ccccc|c} 1 & 0 & 1 & 4 & -9 & -3 \\ & -3 & 9 & -30 & 78 & \\ \hline 1 & -3 & 10 & -26 & 69 & \end{array}$$

所以商式 $q(x)=x^3-3x^2+10x-26$,余数 $r=f(-3)=69$.

例 2.6.2 将 $f(x)=x^4+x^2+4x-9$ 表为 $x-1$ 的方幂和.

解:
$$\begin{array}{lllll} 1 & 0 & 1 & 4 & -9 \\ & 1 & 1 & 2 & 6 \quad 1 \\ \hline 1 & 1 & 2 & 6 & -3(=r) \\ & 1 & 2 & 4 & \\ \hline 1 & 2 & 4 & 10(=b_0) & \\ & 1 & 3 & & \\ \hline 1 & 3 & 7(=b_1) & & \\ & 1 & & & \\ \hline 1(=b_3) & 4(=b_2) & & & \end{array}$$

所以 $f(x)=(x-1)^4+4(x-1)^3+7(x-1)^2+10(x-1)-3$ 为所求.

例 2.6.3 将 $f(x)=(x-2)^4+(x-2)^3-3(x-2)^2+5$ 表为 x 的多项式.

解:设 $x-2=y$,则 $x=y+2$,于是

$$f(x)=g(y)=y^4+y^3-3y^2+5,$$

将 $g(y)$ 表为 $y+2$ 的方幂和,就是 x 的多项式了.

解：

1	1	−3	0	5	
	−2	2	2	−4	−2
1	−1	−1	2	1	
	−2	6	−10		
1	−3	5	−8		
	−2	10			
1	−5	15			
	−2				
1	−7				

所以 $f(x)=x^4-7x^3+15x^2-8x+1$ 为所求.

2.6.2 多项式函数的根

定义 2.6.2 设 $f(x)\in\mathbf{R}[x]$，如果 $c\in\mathbf{R}$，则称 c 为 $f(x)$ 在数域 $\mathbf{R}$ 上的根.

由带余除法即得下面的结论.

定理 2.6.2 c 为 $f(x)$ 的根 $\Leftrightarrow (x-c)\mid f(x)$.

定理 2.6.3 设 $f(x)\in\mathbf{R}[x]$，$\partial^0(f(x))=n\geqslant 0$，则 $f(x)$ 在数域 $\mathbf{R}$ 上至多有 n 个不同的根.

证：$\partial^0(f(x))=n=0$ 时，$f(x)$ 无根，所以结论成立.

假设 $n=k$ 时结论成立，即 $f(x)$ 在数域 $\mathbf{R}$ 上至多有 k 个不同的根.

当 $n=k+1$ 时，设 c 为 $f(x)$ 的根，则

$$f(x)=(x-c)g(x),$$

此时 $\partial^0(g(x))=k$，所以 $g(x)$ 在数域 $\mathbf{R}$ 上至多有 k 个不同的根. 故 $f(x)$ 在数域 $\mathbf{R}$ 上至多有 $k+1$ 个不同的根.

定理 2.6.4 设 $f(x),g(x)\in\mathbf{R}[x]$，$\partial^0(f(x))\leqslant n$，$\partial^0(g(x))\leqslant n$，则

$f(x)=g(x)\Leftrightarrow\exists$ 不相同的 $c_1,c_2,\cdots,c_{n+1}\in\mathbf{R}$，$\ni$"$f(c_k)=g(c_k)$，$k=1,2,\cdots,n+1$".

证：($\Rightarrow$) 设 $f(x)=g(x)$，则 $\forall c\in\mathbf{R}$，$f(c)=g(c)$，所以结论成立.

($\Leftarrow$) 假设 $f(x)\neq g(x)$，令 $u(x)=f(x)-g(x)$，$\partial^0(u(x))\leqslant n$，$u(x)$ 在数域 $\mathbf{R}$ 上有 $n+1$ 个不同的根. 矛盾，故 $f(x)=g(x)$.

必须提出，对多项式 $f(x)$，其中 x 是一个文字，如把 $f(x)$ 视为函数，则 x 是自变量. 于是我们有下面的结论.

推论 2.6.1 设 $f(x),g(x)\in\mathbf{R}[x]$，则 $f(x)=g(x)\Leftrightarrow$ 函数 $f(x)$，$x\in\mathbf{R}$ 与函数 $g(x)$，$x\in\mathbf{R}$ 相等.

2.6.3 拉格朗日插值公式

由定理 2.6.4 知，一个次数不超过 n 的多项式 $f(x)$，可由它在 $n+1$ 个不同数 $c_1,c_2,\cdots,c_{n+1}$ 的值 $f(c_k)$，$k=1,2,\cdots,n+1$ 唯一确定. 这就是多项式插值的理论.

在实际问题中，我们常寻找一个函数 $y=f(x)$ 来描述某种规律. 而通过实验只能得到 $f(x)$ 在一些点 x_k 上的数值 $y_k=f(x_k)$，$k=1,2,\cdots,n+1$. 要找出一个 $f(x)$ 的简单解析式

来描述这一规律,多项式函数是首选.我们把这种方法称为多项式插值法,而 $x_1,x_2,\cdots,x_{n+1}$ 称为插值节点.

要找到一个次数不超过 n 的多项式 $f(x)$,满足在 $n+1$ 个不同数 $c_1,c_2,\cdots,c_{n+1}$ 的值 $f(c_k)=b_k,k=1,2,\cdots,n+1$,常用待定系数法.

例 2.6.4 求一个次数不超过 3 的多项式 $f(x)$ 满足:

$$f(0)=2,f(-1)=5,f(1)=3,f(2)=2.$$

解:设 $f(x)=a_3x^3+a_2x^2+a_1x+a_0$,则由题设知

$$\begin{cases}a_0=2,\\-a_3+a_2-a_1+a_0=5,\\a_3+a_2+a_1+a_0=3,\\8a_3+4a_2+2a_1+a_0=2,\end{cases}$$

解方程组得 $a_0=2,a_1=0,a_2=2,a_3=-1$,所以

$$f(x)=-x^3+2x^2+2.$$

当次数较高时,得解一个未知量较多的方程组,计算量较大.一般地,我们可以设

$$f(x)=\sum_{k=1}^{n+1}\frac{b_k(x-c_1)\cdots(x-c_{k-1})(x-c_{k+1})\cdots(x-c_{n+1})}{(c_k-c_1)\cdots(c_k-c_{k-1})(c_k-c_{k+1})\cdots(c_k-c_{n+1})},$$

这个公式称为拉格朗日插值公式.

例 2.6.5 求一个次数不超过 3 的多项式 $f(x)$ 满足:

$$f(0)=2,f(-1)=5,f(1)=3,f(2)=2.$$

解:由拉格朗日插值公式得

$$\begin{aligned}f(x)=&\frac{2(x+1)(x-1)(x-2)}{(0+1)(0-1)(0-2)}+\frac{5(x-0)(x-1)(x-2)}{(-1-0)(-1-1)(-1-2)}+\\&\frac{3(x-0)(x+1)(x-2)}{(1-0)(1+1)(1-2)}+\frac{2(x-0)(x+1)(x-1)}{(2-0)(2+1)(2-1)}\\=&-x^3+2x^2+2.\end{aligned}$$

习　题　2.6

1. 设 $f(x)=x^4-2x^2-4x+1$,试把 $f(x)$ 表为 $x-2$ 的方幂和.
2. 求一个次数不超过 3 的多项式 $f(x)$ 满足:

$$f(2)=3,f(3)=-1,f(4)=0,f(5)=2.$$

3. 求一个二次多项式 $f(x)$ 在 $x=0,\frac{\pi}{2},\pi$ 处与函数 $\sin x$ 有相同的值.

§2.7　实数与复数域上的多项式

前面我们讨论了任意数域 F 上的多项式的因式分解,下面我们将分别讨论在有理数

域、实数域、复数域上的多项式的因式分解.

2.7.1 复数域上的多项式

在 $\mathbf{C}[x]$中,我们有下面的结论.

定理 2.7.1 任意 $n(n>0)$次多项式 $f(x)$在复数域中至少有一个根.

此定理称为代数基本定理.这个基本定理的证明要用到复数域的解析性质,所以我们在这里还不能证明它.将来学习复变函数后,就可以看到它的证明了.

由代数基本定理,可以得到下面的结论.

定理 2.7.2 任意 $n(n>0)$次多项式 $f(x)$在复数域中必有 n 个根(重根按重数计算).

证:$\forall f(x)\in\mathbf{C}[x]$,当$\partial^0(f(x))=1$ 时,结论显然成立.

假设$\partial^0(f(x))=k$ 时,结论成立,则当$\partial^0(f(x))=k+1$ 时,由基本定理知

$$\exists\,\alpha_1\in\mathbf{C},\ni\text{“}f(\alpha_1)=0\text{”}.$$

即

$$\exists\, g(x)\in\mathbf{C}[x],\ni\text{“}f(x)=(x-\alpha_1)g(x)\text{”}.$$

由于$\partial^0(g(x))=k$,所以由归纳假设知 $g(x)$有 k 个根,从而 $f(x)$有 $k+1$ 个根.故由归纳法知结论成立.

推论 2.7.1(复数域上多项式因式分解定理) 任一 $n(n>0)$次多项式 $f(x)$在复数域中都可以分解为一次因式的乘积,复数域上任一次数大于 1 的多项式都是可约的.

由推论可知,复数域上任一多项式 $f(x)$的典型分解式为

$$f(x)=c(x-\alpha_1)^{k_1}(x-\alpha_2)^{k_2}\cdots(x-\alpha_s)^{k_s},$$

其中 $\alpha_1,\alpha_2,\cdots,\alpha_s\in\mathbf{C}$ 且不相等,$k_1+k_2+\cdots+k_s=\partial^0(f(x))$.

例 2.7.1 在复数域中分解多项式 $f(x)=x^n-1$.

解:因为

$$1=\cos 2k\pi+\mathrm{i}\sin 2k\pi,$$

所以 $f(x)=x^n-1$ 的全部根为

$$\cos\frac{2k\pi}{n},\mathrm{i}\sin\frac{2k\pi}{n},k=0,1,2,\cdots,n-1.$$

故

$$x^n-1=\prod_{k=0}^{n-1}\left[x-\left(\cos\frac{2k\pi}{n}+\mathrm{i}\sin\frac{2k\pi}{n}\right)\right]$$

为所求.

下面介绍根与系数的关系.

我们在中学知道,如果 $f(x)=ax^2+bx+c(a\neq0)$有两个根

$$x_1=\alpha_1,x_2=\alpha_2,$$

则 $\alpha_1+\alpha_2=-\dfrac{b}{a},\alpha_1\alpha_2=\dfrac{c}{a}$,此称为根与系数的关系.在这里,我们把这个关系推广到 $n(n>0)$次多项式上有下面的结论.

定理 2.7.3 设多项式

$$f(x)=a_0+a_1x+a_2x^2+\cdots+a_nx^n$$

有 n 个根 $\alpha_1,\alpha_2,\cdots,\alpha_n$,则

$$\frac{a_{n-1}}{a_n}=-(\alpha_1+\alpha_2+\cdots+\alpha_n);$$

$$\frac{a_{n-2}}{a_n}=\alpha_1\alpha_2+\alpha_1\alpha_3+\cdots+\alpha_1\alpha_n+\alpha_2\alpha_3+\cdots+\alpha_{n-1}\alpha_n;$$

……

$$\frac{a_0}{a_n}=(-1)^n\alpha_1\alpha_2\alpha_3\cdots\alpha_n.$$

证:因为多项式

$$f(x)=a_0+a_1x+a_2x^2+\cdots+a_nx^n$$

有 n 个根 $\alpha_1,\alpha_2,\cdots,\alpha_n$,所以

$$f(x)=a_n(x-\alpha_1)(x-\alpha_2)\cdots(x-\alpha_n).$$

展开后由对应项系数相等即知结论成立.

例 2.7.2 已知四次多项式 $f(x)$的四次项系数为 1,且有单根 5,-2 与二重根 3,求多项式 $f(x)$.

解:设 $f(x)=x^4+a_3x^3+a_2x^2+a_1x+a_0$,则由根与系数的关系得

$a_3=-(5-2+3+3)=-9$,

$a_2=5\times(-2)+5\times3+5\times3+(-2)\times3+(-2)\times3+3\times3=17$,

$a_1=-[5\times(-2)\times3+5\times(-2)\times3+5\times3\times3+(-2)\times3\times3]=33$,

$a_0=5\times(-2)\times3\times3=-90$,

所以多项式

$$f(x)=x^4-9x^3+17x^2+33x-90$$

为所求.

2.7.2 实数域上的多项式

对于实系数多项式 $f(x)$的根,有下面重要的结论.

定理 2.7.4 $\forall f(x)\in\mathbf{R}[x]$,如果复数 $\alpha=a+\mathrm{i}b$ 是 $f(x)$的 k 重根,则共轭复数 $\bar{\alpha}=a-\mathrm{i}b$也是 $f(x)$的 k 重根.即实系数多项式的复数根成对共轭.

证:设复数 $\alpha=a+\mathrm{i}b$ 是实系数多项式

$$f(x)=a_nx^n+a_{n-1}x^{n-1}+\cdots+a_1x+a_0$$

的根,则

$$a_n\alpha^n+a_{n-1}\alpha^{n-1}+\cdots+a_1\alpha+a_0=0.$$

于是取共轭得

$$\overline{a_n\alpha^n+a_{n-1}\alpha^{n-1}+\cdots+a_1\alpha+a_0}=\bar{0}.$$

由和差的共轭等于共轭的和差,乘积的共轭等于共轭的乘积得

$$a_n\bar{\alpha}^n+a_{n-1}\bar{\alpha}^{n-1}+\cdots+a_1\bar{\alpha}+a_0=0,$$

即共轭复数 $\bar{\alpha}=a-\mathrm{i}b$ 也是 $f(x)$ 的重根.

又

$$g(x)=(x-\alpha)(x-\bar{\alpha})=x^2-(\alpha+\bar{\alpha})x+\alpha\bar{\alpha}\in\mathbf{R}[x],$$

且 $g(x)\mid f(x)$，所以 $\exists h(x)\in\mathbf{R}[x]$，$\ni$“$f(x)=g(x)h(x)$”.

如果 α 是 $f(x)$ 的重根，则 α 是 $h(x)$ 的根，从而 $\bar{\alpha}$ 是 $h(x)$ 的根，故 α 与 $\bar{\alpha}$ 的重数相同.

推论 2.7.2 实数域上的不可约多项式除一次多项式外，只有两根为共轭复数的二次多项式.

推论 2.7.3（实数域上多项式因式分解定理） 任一 $n(n>0)$ 次实系数多项式 $f(x)$ 在实数域中都可以分解为一次因式或二次不可约因式的乘积.

由推论可知，实数域上任一多项式 $f(x)$ 的典型分解式为

$$f(x)=c(x-a_1)^{k_1}\cdots(x-a_s)^{k_s}(x^2+p_1x+q_1)^{l_1}\cdots(x^2+p_tx+q_t)^{l_t},$$

其中 $a_1,a_2,\cdots,a_s\in\mathbf{R}$ 且不相等，$p_1,q_1,\cdots,p_t,q_t\in\mathbf{R}$ 且

$$\forall i\in\{1,2,\cdots,t\},p_i^2<4q_i.$$

$k_1,k_2,\cdots,k_s\in\mathbf{N}^+,l_1,l_2,\cdots,l_t\in\mathbf{N}^+$，且

$$k_1+k_2+\cdots+k_s+2l_1+2l_2+\cdots+2l_t=\partial^0(f(x)).$$

例 2.7.3 在 $\mathbf{R}[x]$ 中分解 $f(x)=x^n-1$.

解：因为 $f(x)=x^n-1$ 有 n 个复数根

$$x_k=\cos\frac{2k}{n}\pi+\mathrm{i}\sin\frac{2k}{n}\pi,k=0,1,2,\cdots,n-1,$$

而

$$x_k\in\mathbf{R}\Leftrightarrow\sin\frac{2k}{n}\pi=0.$$

当 n 为奇数时，$x_k\in\mathbf{R}\Leftrightarrow k=0$，即 $f(x)$ 只有一个实根 $x=1$.

而 $k\neq0$ 时，由复数根成对共轭得

$$\left[x-\left(\cos\frac{2k}{n}\pi+\mathrm{i}\sin\frac{2k}{n}\pi\right)\right]\left[x-\left(\cos\frac{2k}{n}\pi-\mathrm{i}\sin\frac{2k}{n}\pi\right)\right]$$
$$=x^2-\left(2\cos\frac{2k}{n}\pi\right)x+1,\text{其中 }k=1,2,\cdots,\frac{n-1}{2}.$$

故当 n 为奇数时，

$$x^n-1=(x-1)\prod_{k=1}^{\frac{n-1}{2}}\left[x^2-\left(2\cos\frac{2k}{n}\pi\right)x+1\right].$$

当 n 为偶数时，$x_k\in\mathbf{R}\Leftrightarrow k=0$ 或 $k=\frac{n}{2}$，即 $f(x)$ 有两个实根

$$x_1=1,x_2=-1.$$

而 $k\neq0$ 且 $k\neq\frac{n}{2}$ 时，

$$\left[x-\left(\cos\frac{2k}{n}\pi+\mathrm{i}\sin\frac{2k}{n}\pi\right)\right]\left[x-\left(\cos\frac{2k}{n}\pi-\mathrm{i}\sin\frac{2k}{n}\pi\right)\right]$$

$$=x^2-\left(2\cos\frac{2k}{n}\pi\right)x+1, \text{其中 } k=1,2,\cdots,\frac{n}{2}-1.$$

故当 n 为偶数时,

$$x^n-1=(x-1)(x+1)\prod_{k=1}^{\frac{n}{2}-1}\left[x^2-\left(2\cos\frac{2k}{n}\pi\right)x+1\right].$$

值得注意的是,代数基本定理只给出了根的存在性,而没有给出求根的方法. 在历史上,曾有过"根式解"的问题,我们在这里做一个简单的介绍.

设 $f(x)\in\mathbf{R}[x]$,如果 n 次方程 $f(x)=0$ 的根可由多项式 $f(x)$ 的系数经四则运算以及开方运算给出,则称方程 $f(x)=0$ 有根式解.

例如:二次方程 $ax^2+bx+c=0(a\neq0)$ 在 $b^2\geqslant4ac$ 时有根式解

$$x=\frac{-b\pm\sqrt{b^2-4ac}}{2a}.$$

对于三次或四次的一般方程亦有根式解,但五次或五次以上的一般方程就没有根式解了. 这个结论是由伽瓦罗利用其建立的群理论来证明的.

虽然三次或四次的一般方程有根式解,但其解都较繁. 下面给出三次一般方程的根式解求法.

三次方程

$$ax^3+bx^2+cx+d=0,$$

令 $x=y-\dfrac{b}{3a}$ 变形为

$$y^3+px+q=0.$$

再令 $y=z-\dfrac{p}{3z}$ 变形为

$$z^3-\frac{p^3}{27z^3}+q=0.$$

解关于 z^3 的三次方程得

$$z=-\frac{q}{2}\pm\sqrt{\frac{q^2}{4}+\frac{p^3}{27}}.$$

这里给出了 z 的 6 个根式解,但代入 $y=z-\dfrac{p}{3z}$ 时就只有 3 个解,因成对的两个是相同的. 再代入 $x=y-\dfrac{b}{3a}$ 中就得到所求的根式解.

习　题　2.7

1. 证明:奇数次实系数多项式必有实根.

2. 设 n 次多项式

$$f(x)=a_nx^n+a_{n-1}x^{n-1}+\cdots+a_1x+a_0$$

有 n 个不为零的根 $\alpha_1,\alpha_2,\cdots,\alpha_n$,求以

$$\frac{1}{\alpha_1},\frac{1}{\alpha_2},\cdots,\frac{1}{\alpha_n}$$

为根的多项式.

3. 给出实系数四次多项式在实数域上所有不同类型的典型分解式.

4. 在复数域与实数域上分解 $f(x)=x^n-2$ 为不可约多项式的乘积.

§2.8 有理数域上的多项式

在这一节,我们主要讨论有理数域 **Q** 上的多项式的可约性与如何求有理根的问题.

2.8.1 有理数域上多项式的可约性

设 $f(x)\in\mathbf{Q}[x]$,如果 $f(x)$的系数不全为整数,那么 $f(x)$的所有系数的最小公倍数 k 乘 $f(x)$就得到一个整系数多项式.

$$\forall f(x)\in\mathbf{Q}[x],\exists k\in\mathbf{Z},\ni\text{“}kf(x)\in\mathbf{Z}[x]\text{”}.$$

而 $f(x)$在 $\mathbf{Q}[x]$上的可约性与 $kf(x)$在 $\mathbf{Q}[x]$上的可约性是等价的,所以我们只须讨论整系数多项式的可约性即可.

为了讨论方便,我们先给出下面的概念.

定义 2.8.1 设 $f(x)\in\mathbf{Z}[x]$,

$$f(x)=a_nx^n+a_{n-1}x^{n-1}+\cdots+a_1x+a_0,$$

如果$(a_n,a_{n-1},\cdots,a_1,a_0)=1$,则称 $f(x)$为本原多项式.

例如:$f(x)=4x^3+5x^2-6x-2$ 是一个本原多项式,

$$-f(x)=-4x^3-5x^2+6x+2$$

也是一个本原多项式.

性质(高斯引理) 设若 $f(x),g(x)$为本原多项式,则 $f(x)g(x)$亦是本原多项式.

证:设

$$f(x)=a_nx^n+a_{n-1}x^{n-1}+\cdots+a_1x+a_0,$$
$$g(x)=b_mx^m+b_{m-1}x^{m-1}+\cdots+b_1x+b_0,$$

为本原多项式.令

$$f(x)g(x)=c_{m+n}x^{m+n}+c_{m+n-1}x^{m+n-1}+\cdots+c_1x+c_0,$$

则

$$c_k=a_0b_k+a_1b_{k-1}+\cdots+a_kb_0,k\in\{1,2,\cdots,m+n\}.$$

假设 $f(x)g(x)$非本原多项式,则 $\exists p$(素数),

$$\ni\text{“}\forall k\in\{1,2,\cdots,m+n\},p\mid c_k\text{”}.$$

由于 $f(x),g(x)$为本原多项式,所以 $\exists a_i,b_j$,

$$\ni\text{“}p\mid a_0,p\mid a_1,\cdots,p\mid a_{i-1},p\nmid a_i,p\mid b_0,\cdots,p\mid b_{j-1},p\nmid b_j\text{”}.$$

而

$$c_{i+j}=a_0b_{i+j}+\cdots+a_{i-1}b_{j+1}+a_ib_j+a_{i+1}b_{j-1}+\cdots+a_{i+j}b_0,$$

即

$$a_ib_j=c_{i+j}-a_0b_{i+j}-\cdots-a_{i-1}b_{j+1}-a_{i+1}b_{j-1}-\cdots-a_{i+j}b_0.$$

因为素数 p 整除等式右端的每一项，所以 $p\mid a_ib_j$. 此与

$$p\nmid a_j \text{ 且 } p\nmid b_j$$

矛盾，故 $f(x)g(x)$是本原多项式.

利用高斯引理，我们可得到下面的结论.

定理 2.8.1 $\forall f(x)\in\mathbf{Z}[x]$，$f(x)$在 $\mathbf{Q}[x]$中可约，则

$$\exists g(x),h(x)\in\mathbf{Z}[x],\partial^0(g(x))<\partial^0(f(x)),\partial^0(h(x))<\partial^0(f(x)).$$

证：因为 $f(x)$在 $\mathbf{Q}[x]$中可约，所以

$$\exists g_1(x),g_2(x)\in\mathbf{Q}[x],\partial^0(g_1(x))<\partial^0(f(x)),\partial^0(g_2(x))<\partial^0(f(x)),\ni\text{“}f(x)=g_1(x)g_2(x)\text{”},$$

因为 $g_1(x),g_2(x)\in\mathbf{Q}[x]$，所以 $\exists k_1,k_2\in\mathbf{Z}$，$\ni$“$k_1g_1(x),k_2g_2(x)$为本原多项式”.

令 $k_1g_1(x)=g(x)$，$k_2g_2(x)=h(x)$，则 $f(x)=\dfrac{1}{k_1k_2}g(x)h(x)$. 由于 $f(x)\in\mathbf{Z}[x]$，所以 k_1k_2 整除 $g(x)h(x)$的每一项. 又 $g(x)h(x)$是本原多项式，所以 $k_1k_2=1$，故结论成立.

该定理把整系数多项式在有理数域上的可约性转到了在整数域上的可约性. 关于整系数多项式的可约性有下面的充分条件.

定理 2.8.2(艾森斯坦判别法) 设 $f(x)\in\mathbf{Z}[x]$，

$$f(x)=a_nx^n+a_{n-1}x^{n-1}+\cdots+a_1x+a_0,$$

若 $\exists p$(素数)，

$$\ni\text{“}p\nmid a_n,p\mid a_{n-1},\cdots,p\mid a_1,p\mid a_0,p^2\nmid a_0\text{”},$$

则 $f(x)$在 $\mathbf{Q}[x]$中不可约.

证：假设 $f(x)$在 $\mathbf{Q}[x]$中可约，则

$$\exists g(x),h(x)\in\mathbf{Z}[x],\partial^0(g(x))<n,\partial^0(h(x))<n,$$
$$\ni\text{“}f(x)=g(x)h(x)\text{”},$$

设

$$g(x)=b_mx^m+b_{m-1}x^{m-1}+\cdots+b_1x+b_0,$$
$$h(x)=c_kx^k+c_{k-1}x^{k-1}+\cdots+c_1x+c_0,$$

则 $a_0=b_0c_0$. 因为 $p\mid a_0$，所以

$$p\mid b_0 \text{ 或 } p\mid c_0.$$

又 $p^2\nmid a_0$，所以 $p\mid b_0$ 与 $p\mid c_0$ 不能同时成立. 不妨设 $p\mid b_0$，$p\nmid c_0$，因为 $p\nmid a_n$，而 $a_n=b_mc_k$，所以 $p\nmid b_m$. 设

$$p\mid b_0,p\mid b_1,\cdots,p\mid b_{s-1},p\nmid b_s,$$

由于

$$a_s=b_sc_0+b_{s-1}c_1+\cdots+b_0c_s,$$

所以 $p\nmid a_s$. 于是 $s=n$，此与 $f(x)$在 $\mathbf{Q}[x]$中可约矛盾，故结论成立.

注意：(1) 定理 2.8.2 的逆不成立. 例如：$f(x)=x^2+1$ 在 $\mathbf{Q}[x]$中不可约，但找不到

满足定理条件的素数 p；但我们经过变形后就可以应用定理 2.8.2 了. 如令 $x=y+1$，则 $f(y+1)=y^2+2y+2$. 取 $p=2$ 则知 $f(y+1)=y^2+2y+2$ 不可约，所以 $f(x)=x^2+1$ 不可约.

(2) 找不到满足定理条件的素数 p，不能得到多项式 $f(x)$ 不可约. 例如：

$$f(x)=x^2+2x+1.$$

(3) 在 $\mathbf{Q}[x]$ 中存在任意次不可约多项式. 例如：

$$f(x)=x^n+2,$$

取 $p=2$ 即知 $f(x)$ 在 $\mathbf{Q}[x]$ 中不可约.

例 2.8.1 设 p 为素数，证明：分圆多项式

$$f(x)=x^{p-1}+x^{p-2}+\cdots+x+1$$

在 $\mathbf{Q}[x]$ 中不可约.

证：因为 $(x-1)f(x)=x^p-1$，所以令 $x=y+1$ 得

$$yf(y+1)=(y+1)^p-1=y^p+C_p^1y^{p-1}+\cdots+C_p^{p-1}y+C_p^p-1,$$

即

$$f(y+1)=y^{p-1}+C_p^1y^{p-2}+\cdots+C_p^{p-1}.$$

因为 $p\nmid 1$，$p\mid C_p^1,\cdots,p\mid C_p^{p-1}$，$p^2\nmid C_p^{p-1}$，所以 $f(y+1)$ 在 $\mathbf{Q}[y]$ 中不可约.

假设 $f(x)$ 在 $\mathbf{Q}[x]$ 中可约，则 $f(x)=g(x)h(x)$，从而

$$f(y+1)=g(y+1)h(y+1),$$

此与 $f(y+1)$ 在 $\mathbf{Q}[y]$ 中不可约矛盾，故 $f(x)$ 在 $\mathbf{Q}[x]$ 中不可约.

2.8.2 有理数域上多项式的有理根

对于整系数多项式，我们没有分解其因式的一般方法，但当其有有理根时，我们可以用下面有理根存在的必要条件求出其有理根.

定理 2.8.3（有理根存在的必要条件） 设 $f(x)\in\mathbf{Z}[x]$，

$$f(x)=a_nx^n+a_{n-1}x^{n-1}+\cdots+a_1x+a_0,$$

若有理数 $\frac{v}{u}$（u,v 互素）是 $f(x)$ 的根，则 $u\mid a_n$，$v\mid a_0$，且

$$f(x)=\left(x-\frac{v}{u}\right)q(x)，其中\ q(x)\in\mathbf{Z}[x].$$

证：因为有理数 $\frac{v}{u}$ 是 $f(x)$ 的根，所以 $\exists\, q(x)\in\mathbf{Q}[x]$，

$$\ni \text{“}f(x)=\left(x-\frac{v}{u}\right)q(x)\text{”}.$$

于是 $f(x)=\frac{1}{u}(ux-v)q(x)$，且 $ux-v$ 是本原多项式. 所以

$$\frac{1}{u}q(x)\in\mathbf{Z}[x],$$

从而 $q(x)\in\mathbf{Z}[x]$. 令

$$\frac{1}{u}q(x)=b_{n-1}x^{n-1}+b_{n-2}x^{n-2}+\cdots+b_1x+b_0,$$

则

$$f(x)=(ux-v)(b_{n-1}x^{n-1}+b_{n-2}x^{n-2}+\cdots+b_1x+b_0).$$

于是 $a_n=ub_{n-1}, a_0=-vb_0$，故

$$u\mid a_n, v\mid a_0.$$

就整系数多项式

$$f(x)=a_nx^n+a_{n-1}x^{n-1}+\cdots+a_1x+a_0.$$

设

$$S=\left\{x: x=\frac{v}{u}, u\mid a_n, v\mid a_0\right\},$$

则 α 是 $f(x)$ 的有理根 $\Rightarrow \alpha\in S$，即 S 中的元素可能是 $f(x)$ 的有理根. 从而要寻求 $f(x)$ 的有理根，只须将 S 中的元素用综合除法逐个验证即可.

首先，$\pm1\in S$，如果 $f(1)=0$ 或 $f(-1)=0$，则

$$f(x)=(x-1)q(x) \text{或} f(x)=(x+1)q(x).$$

此时再用同样的方法讨论次数较小的 $q(x)$ 即可.

如果 ±1 不是 $f(x)$ 的有理根，则用下面的定理可减少验证.

定理 2.8.4 设 $\alpha\in S, \alpha\neq\pm1$，如果 1 不是 $f(x)$ 的有理根，且

$$\frac{f(1)}{1-\alpha}\overline{\in}\mathbf{Z},$$

则 α 不是 $f(x)$ 的有理根.

如果 -1 不是 $f(x)$ 的有理根，且

$$\frac{f(-1)}{1+\alpha}\overline{\in}\mathbf{Z},$$

则 α 不是 $f(x)$ 的有理根.

证：假设有理数 $\alpha(\alpha\neq\pm1)$ 是 $f(x)$ 的有理根，则

$$\exists q(x)\in\mathbf{Z}[x], \ni \text{“}f(x)=(x-\alpha)q(x)\text{”}.$$

因为 $f(1)\neq0$，于是

$$q(1)=\frac{f(1)}{1-\alpha}\in\mathbf{Z},$$

此与 $\frac{f(1)}{1-\alpha}\overline{\in}\mathbf{Z}$ 矛盾，故 α 不是 $f(x)$ 的有理根.

同理，当 $f(-1)\neq0$ 时，由

$$\frac{f(-1)}{1+\alpha}\overline{\in}\mathbf{Z}$$

知 α 不是 $f(x)$ 的有理根.

例 2.8.2 求多项式 $f(x)=3x^4+5x^3+x^2+5x-2$ 的有理根.

解：可能有理根集

$$S=\left\{\pm1,\pm2,\pm\frac{1}{3},\pm\frac{2}{3}\right\},$$

因为 $f(1)=12, f(-1)=-8$，所以 ±1 都不是 $f(x)$ 的有理根.

又

$$\frac{-8}{1+2},\frac{-8}{1+\frac{2}{3}},\frac{12}{1+\frac{2}{3}}$$

都不是整数，所以 $2,\pm\frac{2}{3}$ 都不是 $f(x)$ 的有理根. 于是可能有理根只有 $-2,\pm\frac{1}{3}$. 而

$$\begin{array}{rrrrr|l} 3 & 5 & 1 & 5 & -2 & \\ & -6 & 2 & -6 & 2 & -2 \\ \hline 3 & -1 & 3 & -1 & 0 & \end{array}$$

所以 $f(x)=(x+2)(3x^3-x^2+3x-1)=(x+2)(3x-1)(x^2+1)$. 故 $f(x)$ 的有理根为 -2 与 $\frac{1}{3}$.

习 题 2.8

1. 设 $f(x)$ 是 n 次本原多项式，证明：$\forall a\in\mathbf{Z}$，

$$ax^{n+1}+f(x) \text{ 与 } xf(x)+a$$

都是本原多项式.

2. 证明下列多项式在 $\mathbf{Q}[x]$ 中不可约.

(1) $x^5-2x^3+8x+12$；

(2) $2x^5-18x^3+9x^2+6$；

(3) x^4-2x^3+2x-3；

(4) x^6+x^3+1.

3. 证明：若 $p_1,p_2,\cdots,p_k$ 是 k 个不同的素数，则 $\forall n>1$，$\sqrt[n]{p_1p_2\cdots p_k}$ 是无理数.

4. 设 $f(x)\in\mathbf{Z}[x]$，证明：若 $f(0)f(1)$ 是奇数，则 $f(x)$ 没有整数根.

5. 求下列多项式的有理根.

(1) $x^3-6x^2+15x-14$；　　(2) $4x^4-7x^2-5x-1$；

(3) $x^5-x^4-\frac{5}{2}x^3+2x^2-\frac{1}{2}x-3$.

总练习题 2

1. 证明：$\forall m,n,l\in\mathbf{N}^+$，$(x^2+x+1)\mid(x^{3m}+x^{3n+1}+x^{3l+2})$.

2. 证明：若 $(x^2+x+1)\mid[f_1(x^3)+xf_2(x^3)]$，则

$$(x-1)\mid f_1(x) \text{ 且 } (x-1)\mid f_2(x).$$

3. 证明：$\forall a\in\mathbf{R}$，多项式 $x^3-3x^2+3x+a^2$ 没有重因式.

4. 设 $(f(x),g(x))=1$，证明：$\exists\,|\,u(x),v(x)\in F[x]$，

$$\ni\text{“}f(x)u(x)+g(x)v(x)=1\text{”},$$

其中$\partial^0(u(x))<\partial^0(g(x))$，$\partial^0(v(x))<\partial^0(f(x))$.

5. 证明：如果$(f(x),g(x))=1$，则$\forall n\in \mathbf{N}^+$，

$$(f(x^n),g(x^n))=1.$$

6. 设 $f(x),g(x)\in F[x]$，如果$\exists m(x)\in F[x]$，满足：

1° $f(x)\mid m(x),g(x)\mid m(x)$；

2° $\forall h(x)\in F[x],f(x)\mid h(x),g(x)\mid h(x)\Rightarrow m(x)\mid h(x)$，则称 $m(x)$为 $f(x)$与 $g(x)$的公倍式.

证明：

(1) $f(x)$与 $g(x)$的两个公倍式只相差一个零次因式；

(2) 记最高次项系数为 1 的公倍式为$[f(x),g(x)]$，

$$f(x)g(x)=(f(x),g(x))[f(x),g(x)].$$

7. 设 $g(x)\mid f_1(x)f_2(x)\cdots f_n(x)$，且$\forall k=1,2,\cdots,n-1$，

$$(g(x),f_k(x))=1,$$

证明：$g(x)\mid f_n(x)$.

8. 设 $f_1(x),f_2(x),\cdots,f_n(x)\in F[x]$，证明：

(1) $\forall k=1,2,\cdots,n-1$，

$$(f_1(x),f_2(x),\cdots,f_n(x))=((f_1(x),f_2(x),\cdots,f_k(x)),(f_{k+1}(x),\cdots,f_n(x)));$$

(2) $(f_1(x),f_2(x),\cdots,f_n(x))=1\Leftrightarrow \exists u_1(x),u_2(x),\cdots,u_n(x)\in F[x]$，

$$\ni \text{“}f_1(x)u_1(x)+f_2(x)u_2(x)+\cdots+f_n(x)u_n(x)=1\text{”}.$$

9. 设 $f_1(x),f_2(x),\cdots,f_n(x)\in F[x]$，证明：$f_1(x),f_2(x),\cdots,f_n(x)$的最大公因式存在.

10. 证明：若 $f(x)$与 $g(x)$互素，且$\partial^0(f(x))>0$，$\partial^0(g(x))>0$，，则$\exists\mid u(x),v(x)\in F[x]$，$\partial^0(u(x))<\partial^0(g(x))$，$\partial^0(v(x))<\partial^0(f(x))$，

$$\ni \text{“}f(x)u(x)+g(x)v(x)=1\text{”}.$$

11. 确定 k，使 $x^2+(k+6)x+4k+2$ 与 $x^2+(k+2)x+2k$ 的最大公因式是一次的.

12. 设 $p(x)\in F[x]$，$\partial^0(p(x))>0$，如果$\forall f(x),g(x)\in F[x]$，

$$p(x)\mid f(x)g(x)\Rightarrow p(x)\mid f(x)\text{或 }p(x)\mid g(x),$$

证明：$p(x)$不可约.

13. 设 $f(x)\in F[x]$，$\partial^0(f(x))>0$，证明：$f(x)$为不可约多项式的方幂$\Leftrightarrow\forall g(x)\in F[x]$，$(f(x),g(x))=1$ 或$\exists m\in\mathbf{N}^+$，

$$\ni \text{“}f(x)\mid g^m(x)\text{”}.$$

15. 设 $f(x),g(x)\in F[x]$，且$(x^2+x+1)\mid[f(x^3)+xg(x^3)]$，证明：$f(1)=g(1)=0$.

16. 设 $c\in\mathbf{C}$，且$\exists g(x)\in\mathbf{Q}[x]$，$\ni$“$g(c)=0$”. 令

$$J[x]=\{f(x):f(x)\in\mathbf{Q}[x],f(c)=0\},$$

证明：$\exists\mid p(x)\in\mathbf{Q}[x]$，$p(x)$的最高次项系数为 1，且 $p(x)$在 $\mathbf{Q}[x]$中不可约，

$$\ni \text{“}p(x)\mid f(x)\text{”}.$$

17. 设 $c=\sqrt{2}+\sqrt{3}$，试在 $\mathbf{Q}[x]$中找出满足 $f(c)=0$ 且次数最小的多项式.

18. 设 $f(x)\in\mathbf{C}[x]$，$f(x)$为非零多项式，且$\exists n\geqslant 2$，

$$\ni \text{“} f(x) \mid f(x^n) \text{”}.$$

证明：$f(x)$的根是零或是单位根.

19. $\forall f(x)\in \mathbf{Z}[x]$，$f(x)$的最高项系数为 1 且在 $\mathbf{Q}[x]$中可约，证明：$\exists g(x), h(x) \in \mathbf{Z}[x]$，$g(x), h(x)$的最高项系数为 1 且

$$\partial^0(g(x))<\partial^0(f(x)), \partial^0(h(x))<\partial^0(f(x)), \ni \text{“} f(x)=g(x)h(x) \text{”}.$$

20. 如果 a 是 $f'''(x)$的 3 重根，证明：a 是

$$g(x)=\frac{x-a}{2}[f'(x)+f'(a)]-f(x)+f(a)$$

的 $k+3$ 重根.

第 3 章　行列式

行列式是一种特定的计算式，利用行列式可以把线性方程组的解公式化.行列式的概念最早是在 17 世纪由日本数学家关孝和提出，尔后由莱布尼兹、麦克劳林、克莱姆等数学家充实与完善.而今，它是研究各类代数与几何问题不可缺少的工具之一.本章将系统地介绍行列式的引入、定义、性质以及计算方法等.

§3.1　行列式的引入与排列

3.1.1　行列式的引入

定义 3.1.1　方程组

$$\begin{cases} a_{11}x_1+a_{12}x_2+\cdots+a_{1n}x_n=b_1, \\ a_{21}x_1+a_{22}x_2+\cdots+a_{2n}x_n=b_2, \\ \cdots\cdots \\ a_{m1}x_1+a_{m2}x_2+\cdots+a_{mn}x_n=b_m, \end{cases} \tag{3.1}$$

称为 n 个变元，m 个方程构成的线性方程组.其中 $x_1,x_2,\cdots,x_n$ 称为未知元，$a_{ij}(i\in\{1,2,\cdots,m\},j\in\{1,2,\cdots,n\})\in\mathbf{C}$ 称为未知元的系数，$b_1,b_2,\cdots,b_m$ 称为常数项.在 a_{ij} 中，i 称为脚标的第一分量，j 称为脚标的第二分量.

如果未知元 $x_1,x_2,\cdots,x_n$ 取有序数组 $k_1,k_2,\cdots,k_n$ 时，线性方程组(3.1)中的每一个方程恒成立，则称有序数组 $(k_1,k_2,\cdots,k_n)$ 为线性方程组(3.1)的解.

当线性方程组中未知元的个数与方程的个数相同时，行列式就是讨论线性方程组是否有解与如何求解的工具.

我们先从二元线性方程组

$$\begin{cases} a_{11}x+a_{12}y=b_1, \\ a_{21}x+a_{22}y=b_2 \end{cases}$$

入手.

由加减消元法得

$$\begin{cases} a_{22}a_{11}x+a_{22}a_{12}y=a_{22}b_1, \\ a_{12}a_{21}x+a_{12}a_{22}y=a_{12}b_2 \end{cases} 与 \begin{cases} a_{21}a_{11}x+a_{21}a_{12}y=a_{21}b_1, \\ a_{11}a_{21}x+a_{11}a_{22}y=a_{11}b_2, \end{cases}$$

则当 $a_{11}a_{22}-a_{12}a_{21}\neq 0$ 时，二元线性方程组的解为

$$x=\frac{b_1a_{22}-b_2a_{12}}{a_{11}a_{22}-a_{12}a_{21}},y=\frac{b_2a_{11}-b_1a_{21}}{a_{11}a_{22}-a_{12}a_{21}}.$$

为了简化解的表达式，引入二阶行列式

$$D=\begin{vmatrix} a_{11} & a_{12} \\ a_{21} & a_{22} \end{vmatrix},$$

并规定

$$\begin{vmatrix} a_{11} & a_{12} \\ a_{21} & a_{22} \end{vmatrix}=a_{11}a_{22}-a_{12}a_{21}.$$

上式的左端称为二阶行列式，右端称为行列式的展开式. 即左上角与右下角的数的积取正，右上角与左下角的数的积取负，再取其和.

令

$$D_x=\begin{vmatrix} b_1 & a_{12} \\ b_2 & a_{22} \end{vmatrix},D_y=\begin{vmatrix} a_{11} & b_1 \\ a_{21} & b_2 \end{vmatrix},$$

则

$$x=\frac{D_x}{D},y=\frac{D_y}{D}.$$

同样，给出三阶行列式

$$\begin{vmatrix} a_{11} & a_{12} & a_{13} \\ a_{21} & a_{22} & a_{23} \\ a_{31} & a_{32} & a_{33} \end{vmatrix}=a_{11}a_{22}a_{33}+a_{12}a_{23}a_{31}+a_{13}a_{21}a_{32}-a_{13}a_{22}a_{31}-a_{12}a_{21}a_{33}-a_{11}a_{23}a_{32}.$$

如果三元线性方程组

$$\begin{cases} a_{11}x+a_{12}y+a_{13}z=b_1, \\ a_{21}x+a_{22}y+a_{23}z=b_2, \\ a_{31}x+a_{32}y+a_{33}z=b_3, \end{cases}$$

由系数构成的行列式

$$D=\begin{vmatrix} a_{11} & a_{12} & a_{13} \\ a_{21} & a_{22} & a_{23} \\ a_{31} & a_{32} & a_{33} \end{vmatrix}\neq 0$$

时，三元线性方程组有唯一解

$$x=\frac{D_x}{D},y=\frac{D_y}{D},z=\frac{D_z}{D},$$

其中

$$D_x=\begin{vmatrix} b_1 & a_{12} & a_{13} \\ b_2 & a_{22} & a_{23} \\ b_3 & a_{32} & a_{33} \end{vmatrix},D_y=\begin{vmatrix} a_{11} & b_1 & a_{13} \\ a_{21} & b_2 & a_{23} \\ a_{31} & b_3 & a_{33} \end{vmatrix},D_z=\begin{vmatrix} a_{11} & a_{12} & b_1 \\ a_{21} & a_{22} & b_2 \\ a_{31} & a_{32} & b_3 \end{vmatrix}.$$

总结一下三阶行列式的展开式，不难发现，其共有 3！＝6 项，每一项是三个取自于不同行且不同列的元素的乘积. 在展开式的 6 项中，有三项为正，三项为负.

在把行列式推广到 n 阶时，怎样确定其展开式中每一项的符号，要用到排列的知识.

3.1.2 排列

定义 3.1.2 由 n 个自然数 $1,2,\cdots,n$ 构成的一个有序数组称为一个 n 阶排列.

例如：12345 与 21543 是两个 5 阶排列.

定理 3.1.1 n 阶排列共有 $n!$ 个.

证：由 n 个数中取一个排在第一位有 n 种选法，再由剩下的 $n-1$ 个数取一个排在第 2 位有 $n-1$ 种选法，继之则得排列数为

$$n(n-1)(n-2)\cdots 3\cdot 2\cdot 1=n!.$$

故结论成立.

例如：3 阶排列共有 $3!=6$ 个，它们是

$$123,132,213,231,312,321.$$

定义 3.1.3 在一个 $n(n\geqslant 2)$ 阶排列 $j_1j_2\cdots j_n$ 中，如果一个较大的数排在一个较小的数的前面，则称这两个数构成一个**反序对**，否则称为**顺序对**. 排列 $j_1j_2\cdots j_n$ 中反序对的个数称为排列的**反序数**，记作 $\tau(j_1j_2\cdots j_n)$.

例如：排列 312 中，反序对有(3,1)，(3,2)，所以

$$\tau(312)=2.$$

求一个 n 阶排列中的反序数的方法是：

先看排在 1 前，比 1 大的数有多少个，记作 m_1；再看排在 2 前，比 2 大的数有多少个，记作 m_2；继之看排在 $n-1$ 前，比 $n-1$ 大的数有多少个，记作 m_{n-1}，则这个排列的反序数为

$$m_1+m_2+\cdots+m_{n-1}.$$

例 3.1.1 求排列 451362 的反序数.

解：因为 $m_1=2,m_2=4,m_3=2,m_4=0,m_5=0$，所以

$$\tau(451362)=8.$$

求反序数亦可用下面的方法：

先看排在 n 后，比 n 小的数有多少个，记作 l_n；再看排在 $n-1$ 后，比 $n-1$ 小的数有多少个，记作 l_{n-1}；继之看排在 2 后，比 2 小的数有多少个，记作 l_2，则这个排列的反序数为

$$l_2+l_3+\cdots+l_n.$$

如在排列 451362 中，$l_6=1,l_5=3,l_4=3,l_3=1,l_2=0$，所以 $\tau(451362)=8$.

例 3.1.2 求 $\tau(n,n-1,\cdots 321)$.

解：因为 $m_1=n-1,m_2=n-2,\cdots,m_{n-1}=1$，所以

$$\tau(n,n-1,\cdots 321)=(n-1)+(n-2)+\cdots+2+1=\frac{1}{2}n(n-1).$$

定义 3.1.4 在一个 n 阶排列 $j_1j_2\cdots j_n$ 中，如果反序数为奇数，则称排列 $j_1j_2\cdots j_n$ 为**奇排列**，如果反序数为偶数，则称排列 $j_1j_2\cdots j_n$ 为**偶排列**.

例如：$\tau(123\cdots n)=0$，所以 $123\cdots n$ 是偶排列.

定义 3.1.5 在一个 $n(n\geqslant 2)$ 阶排列 $j_1j_2\cdots j_n$ 中，交换两个数 j_k,j_l 的位置称为对排列 $j_1j_2\cdots j_n$ 施行了一次**对换**，记作

$$(j_k,j_l).$$

例如：$451362\xrightarrow{(5,3)}431562$.

例 3.1.3 用对换把 451362 变为 123456.

解：$451362\xrightarrow{(6,2)}451326\xrightarrow{(5,2)}421356\xrightarrow{(4,3)}321456\xrightarrow{(3,1)}123456$.

定理 3.1.2 任一 $n(n\geqslant 2)$ 阶排列 $j_1j_2\cdots j_n$ 都可以经一系列对换变为自然排列 $123\cdots n$.

证：当 $n=2$ 时，结论显然成立. 假设 $n=k$ 时结论成立，当 $n=k+1$ 时，如果 $j_{k+1}=k+1$，则由归纳假设知

$$j_1j_2\cdots j_k\rightarrow 123\cdots k,$$

从而 $j_1j_2\cdots j_kj_{k+1}\rightarrow 123\cdots k,k+1$.

如果 $j_{k+1}\neq k+1$，则做对换 $(j_{k+1},k+1)$ 即可. 故结论成立.

由定理 3.1.2 知，对于任一 n 阶排列 $j_1j_2\cdots j_n$，

$$j_1j_2\cdots j_n\xrightarrow{\text{对换}}123\cdots n,$$

反过来亦有

$$123\cdots n\xrightarrow{\text{对换}}j_1j_2\cdots j_n.$$

定理 3.1.3 任意两个 $n(n\geqslant 2)$ 阶排列 $j_1j_2\cdots j_n,i_1i_2\cdots i_n$，都有

$$j_1j_2\cdots j_n\xleftrightarrow{\text{对换}}i_1i_2\cdots i_n.$$

证：因为

$$j_1j_2\cdots j_n\xleftrightarrow{\text{对换}}123\cdots n\xleftrightarrow{\text{对换}}i_1i_2\cdots i_n,$$

故结论成立.

定理 3.1.4 任一对换都改变排列的奇偶性.

证：先考虑排列 $j_1j_2\cdots j_n$ 的相邻对换 (i,j). 如果 $i<j$，则对换 (i,j) 增加了一个逆序，如果 $i>j$，则对换 (i,j) 减少了一个逆序，所以相邻对换结论成立.

如果 i,j 之间有 s 个数，即

$$\cdots,i,k_1,\cdots,k_s,j,\cdots$$

则经过 $s+1$ 次相邻对换 $(k_s,j),\cdots,(k_1,j),(i,j)$ 后变为

$$\cdots,j,i,k_1,\cdots,k_s,\cdots,$$

再经 s 次相邻对换 $(i,k_1),\cdots,(i,k_s)$ 后变为

$$\cdots,j,k_1,\cdots,k_s,i,\cdots,$$

由于共经过 $2s+1$ 次相邻对换，故结论成立.

定理 3.1.5 所有 $n(n\geqslant 2)$ 阶排列奇偶各半，各为 $\frac{1}{2}n!$ 个.

证：设 $n(n\geqslant 2)$ 阶排列有 p 个奇排列，q 个偶排列，不妨设

$$p\geqslant q,$$

则对所有排列进行一次对换后 $p\leqslant q$，所以 $p=q$，故结论成立.

习　题　3.1

1. 计算下列行列式.

(1) $\begin{vmatrix} 0 & x & y \\ -x & 0 & z \\ -y & -z & 0 \end{vmatrix}$；　　(2) $\begin{vmatrix} a & b & c \\ b & c & a \\ c & a & b \end{vmatrix}$.

2. 求下列排列的反序数.

(1) 523146879；　　(2) $1(2k)2(2k-1)\cdots k(k+1)$.

3. 写出所有四阶排列.

§3.2　n阶行列式

3.2.1　n阶行列式的概念

定义 3.2.1　由 n^2 个数 a_{ij}，$i,j\in\{1,2,\cdots,n\}$构成的符号

$$\begin{vmatrix} a_{11} & a_{12} & \cdots & a_{1n} \\ a_{21} & a_{22} & \cdots & a_{2n} \\ \vdots & \vdots & & \vdots \\ a_{n1} & a_{n2} & \cdots & a_{nn} \end{vmatrix}$$

称为 n 阶行列式，表示取自于不同行且不同列的元素的乘积的代数和，即

$$D=\sum_{j_1j_2\cdots j_n}(-1)^{\tau(j_1j_2\cdots j_n)}a_{1j_1}a_{2j_2}\cdots a_{nj_n}.$$

其右端称为行列式的展开式，共有 $n!$ 项. 每一项的符号由脚标的第一分量构成顺序 $123\cdots n$ 后，再由第二分量构成的排列 $j_1j_2\cdots j_n$ 的奇偶性确定.

例 3.2.1　在行列式

$$D=\begin{vmatrix} a_{11} & a_{12} & \cdots & a_{17} \\ a_{21} & a_{22} & \cdots & a_{27} \\ \vdots & \vdots & & \vdots \\ a_{71} & a_{72} & \cdots & a_{77} \end{vmatrix}$$

中，试问 $a_{31}a_{23}a_{27}a_{56}a_{12}a_{64}a_{75}$ 是否为其展开式中的一项？请确定 $a_{31}a_{23}a_{47}a_{56}a_{12}a_{64}a_{75}$ 的符号.

解：因为 a_{23}，a_{27} 在同一列，所以 $a_{31}a_{23}a_{27}a_{56}a_{12}a_{64}a_{75}$ 不是行列式展开式中的项. 又因

$$a_{31}a_{23}a_{47}a_{56}a_{12}a_{64}a_{75}=a_{12}a_{23}a_{31}a_{47}a_{56}a_{64}a_{75},$$

而 $\tau(2317645)=2+2+2+1=7$,所以此项的符号为负.

例 3.2.2 计算行列式

$$\begin{vmatrix} 0 & 0 & 0 & a \\ 0 & 0 & b & 0 \\ 0 & c & 0 & 0 \\ d & 0 & 0 & 0 \end{vmatrix}.$$

解:$D=\begin{vmatrix} 0 & 0 & 0 & a \\ 0 & 0 & b & 0 \\ 0 & c & 0 & 0 \\ d & 0 & 0 & 0 \end{vmatrix}=(-1)^{\tau(4321)}abcd=abcd.$

定义 3.2.2 n 阶行列式

$$D=\begin{vmatrix} a_{11} & a_{12} & \cdots & a_{1n} \\ 0 & a_{22} & \cdots & a_{2n} \\ \vdots & \vdots & & \vdots \\ 0 & 0 & \cdots & a_{nn} \end{vmatrix}$$

称为**上三角行列式**.

对于上三角行列式,其展开式的一般项是

$$a_{1j_1}a_{2j_2}\cdots a_{nj_n}$$

由于在第 n 行中,当 $j_n\neq n$ 时,$a_{nj_n}=0$,所以展开式中只考虑含 a_{nn} 的项即可.在第 $n-1$ 行中,由于展开式中已含 a_{nn},故 $j_{n-1}\neq n$,所以 $j_{n-1}\leqslant n-1$,而 $j_{n-1}<n-1$ 时,$a_{n-1,j_{n-1}}=0$,所以展开式中只考虑含 $a_{n-1,n-1}$ 的项即可.类推即知,展开式中,除了 $a_{11}a_{22}\cdots a_{nn}$ 项,其余项皆为零,故

$$D=\begin{vmatrix} a_{11} & a_{12} & \cdots & a_{1n} \\ 0 & a_{22} & \cdots & a_{2n} \\ \vdots & \vdots & & \vdots \\ 0 & 0 & \cdots & a_{nn} \end{vmatrix}=a_{11}a_{22}\cdots a_{nn}.$$

行列式

$$D=\begin{vmatrix} a_{11} & 0 & \cdots & 0 \\ a_{21} & a_{22} & \cdots & 0 \\ \vdots & \vdots & & \vdots \\ a_{n1} & a_{n2} & \cdots & a_{nn} \end{vmatrix}$$

称为**下三角行列式**.同理可得,

$$D=\begin{vmatrix} a_{11} & 0 & \cdots & 0 \\ a_{21} & a_{22} & \cdots & 0 \\ \vdots & \vdots & & \vdots \\ a_{n1} & a_{n2} & \cdots & a_{nn} \end{vmatrix}=a_{11}a_{22}\cdots a_{nn}.$$

即上(下)三角行列式等于对角线上的元素的乘积.

定义 3.2.3 把行列式

$$D=\begin{vmatrix} a_{11} & a_{12} & \cdots & a_{1n} \\ a_{21} & a_{22} & \cdots & a_{2n} \\ \vdots & \vdots & & \vdots \\ a_{n1} & a_{n2} & \cdots & a_{nn} \end{vmatrix}$$

的行与列互换而得到的行列式

$$D^{\mathrm{T}}=\begin{vmatrix} a_{11} & a_{21} & \cdots & a_{n1} \\ a_{12} & a_{22} & \cdots & a_{n2} \\ \vdots & \vdots & & \vdots \\ a_{1n} & a_{2n} & \cdots & a_{nn} \end{vmatrix}$$

称为行列式 D 的**转置行列式**，记为 D^{T}.

3.2.2 *n* 阶行列式的性质

性质 1 行列式与其转置行列式相等.

证：设 $a_{1j_1}a_{2j_2}\cdots a_{nj_n}$ 是行列式 D 的一项，且符号相同. 故结论成立.

由性质 1 知，行列式中关于行的性质，对于列也成立. 所以下面只给出行的性质.

性质 2 交换行列式的两行(列)，则行列式改变符号.

证：设交换行列式的第 u 行与第 v 行($u<v$)，则行列式的每一项

$$a_{1j_1}\cdots a_{uj_u}\cdots a_{vj_v}\cdots a_{nj_n}$$

变为

$$a_{1j_1}\cdots a_{vj_v}\cdots a_{uj_u}\cdots a_{nj_n}.$$

要让脚标第一分量变为顺序得经一次对换，故结论成立.

性质 3 行列式的两行(列)相同，则行列式等于零.

证：交换行列式 D 相同的两行(列)，则行列式的构形不变，但相差一个符号，即 $D=-D$，故 $D=0$.

性质 4 数 k 乘行列式等于数 k 乘行列式的某一行(列).

证：设 $(-1)^{\tau(j_1j_2\cdots j_n)}a_{1j_1}a_{2j_2}\cdots a_{sj_s}\cdots a_{nj_n}$ 为行列式 D 的任一项，则 kD 对应项为

$$(-1)^{\tau(j_1j_2\cdots j_n)}ka_{1j_1}a_{2j_2}\cdots a_{sj_s}\cdots a_{nj_n}=(-1)^{\tau(j_1j_2\cdots j_n)}a_{1j_1}a_{2j_2}\cdots(ka_{sj_s})\cdots a_{nj_n}.$$

故结论成立.

性质 5 行列式的某一行(列)的公因数可提到行列式前边.

证：由性质 4 反推即知结论成立.

性质 6 行列式 D 的某一行(列)为零，则 $D=0$.

证：把零因数提到行列式外即知结论成立.

性质 7 行列式 D 的两行(列)对应成比例，则 $D=0$.

证：因为非零数乘其中一行(列)后有两行(列)相同，故结论成立.

性质 8 行列式 D 的某一行(列)是两组数的和，即

$$D=\begin{vmatrix} a_{11} & a_{12} & \cdots & a_{1n} \\ \vdots & \vdots & & \vdots \\ b_{i1}+c_{i1} & b_{i2}+c_{i2} & \cdots & b_{in}+c_{in} \\ \vdots & \vdots & & \vdots \\ a_{n1} & a_{n2} & \cdots & a_{nn} \end{vmatrix},$$

则 D 是两个行列式的和，即

$$D=\begin{vmatrix} a_{11} & a_{12} & \cdots & a_{1n} \\ \vdots & \vdots & & \vdots \\ b_{i1} & b_{i2} & \cdots & b_{in} \\ \vdots & \vdots & & \vdots \\ a_{n1} & a_{n2} & \cdots & a_{nn} \end{vmatrix}+\begin{vmatrix} a_{11} & a_{12} & \cdots & a_{1n} \\ \vdots & \vdots & & \vdots \\ c_{i1} & c_{i2} & \cdots & c_{in} \\ \vdots & \vdots & & \vdots \\ a_{n1} & a_{n2} & \cdots & a_{nn} \end{vmatrix}.$$

证：因为行列式 D 的任一项

$$\begin{aligned}&(-1)^{\tau(j_1j_2\cdots j_n)}a_{1j_1}a_{2j_2}\cdots(b_{ij_i}+c_{ij_i})\cdots a_{nj_n}\\=&(-1)^{\tau(j_1j_2\cdots j_n)}a_{1j_1}a_{2j_2}\cdots b_{ij_i}\cdots a_{nj_n}+(-1)^{\tau(j_1j_2\cdots j_n)}a_{1j_1}a_{2j_2}\cdots c_{ij_i}\cdots a_{nj_n}.\end{aligned}$$

故结论成立.

性质 9 将行列式 D 的某一行（列）乘数 k 加到另一行（列），行列式不变.

证：因为

$$\begin{vmatrix} a_{11} & a_{12} & \cdots & a_{1n} \\ \vdots & \vdots & & \vdots \\ a_{i1}+ka_{j1} & a_{i2}+ka_{j2} & \cdots & a_{in}+ka_{jn} \\ \vdots & \vdots & & \vdots \\ a_{j1} & a_{j2} & \cdots & a_{jn} \\ \vdots & \vdots & & \vdots \\ a_{n1} & a_{n2} & \cdots & a_{nn} \end{vmatrix}=\begin{vmatrix} a_{11} & a_{12} & \cdots & a_{1n} \\ \vdots & \vdots & & \vdots \\ a_{i1} & a_{i2} & \cdots & a_{in} \\ \vdots & \vdots & & \vdots \\ a_{j1} & a_{j2} & \cdots & a_{jn} \\ \vdots & \vdots & & \vdots \\ a_{n1} & a_{n2} & \cdots & a_{nn} \end{vmatrix}+k\begin{vmatrix} a_{11} & a_{12} & \cdots & a_{1n} \\ \vdots & \vdots & & \vdots \\ a_{j1} & a_{j2} & \cdots & a_{jn} \\ \vdots & \vdots & & \vdots \\ a_{j1} & a_{j2} & \cdots & a_{jn} \\ \vdots & \vdots & & \vdots \\ a_{n1} & a_{n2} & \cdots & a_{nn} \end{vmatrix},$$

故结论成立.

例 3.2.3 计算行列式

$$D=\begin{vmatrix} 1+a_1 & 2+a_1 & 3+a_1 \\ 1+a_2 & 2+a_2 & 3+a_2 \\ 1+a_3 & 2+a_3 & 3+a_3 \end{vmatrix}.$$

解：将第 2 列减去第 1 列，再将第 3 列减去第 1 列得

$$D=\begin{vmatrix} 1+a_1 & 2+a_1 & 3+a_1 \\ 1+a_2 & 2+a_2 & 3+a_2 \\ 1+a_3 & 2+a_3 & 3+a_3 \end{vmatrix}=\begin{vmatrix} 1+a_1 & 1 & 2 \\ 1+a_2 & 1 & 2 \\ 1+a_3 & 1 & 2 \end{vmatrix},$$

由于第 2 列与第 3 列对应成比例，所以 $D=0$.

例 3.2.4 计算 n 阶行列式

$$D=\begin{vmatrix} 0 & 1 & 1 & \cdots & 1 \\ 1 & 0 & 1 & \cdots & 1 \\ 1 & 1 & 0 & \cdots & 1 \\ \vdots & \vdots & \vdots & & \vdots \\ 1 & 1 & 1 & \cdots & 0 \end{vmatrix}.$$

解:将第 2 至第 n 行全加到第 1 行,然后化为上三角行列式.

$$D=\begin{vmatrix} n-1 & n-1 & n-1 & \cdots & n-1 \\ 1 & 0 & 1 & \cdots & 1 \\ 1 & 1 & 0 & \cdots & 1 \\ \vdots & \vdots & \vdots & & \vdots \\ 1 & 1 & 1 & \cdots & 0 \end{vmatrix}=(n-1)\begin{vmatrix} 1 & 1 & 1 & \cdots & 1 \\ 1 & 0 & 1 & \cdots & 1 \\ 1 & 1 & 0 & \cdots & 1 \\ \vdots & \vdots & \vdots & & \vdots \\ 1 & 1 & 1 & \cdots & 0 \end{vmatrix}$$

$$=(n-1)\begin{vmatrix} 1 & 1 & 1 & \cdots & 1 \\ 0 & -1 & 0 & \cdots & 0 \\ 0 & 0 & -1 & \cdots & 0 \\ \vdots & \vdots & \vdots & & \vdots \\ 0 & 0 & 0 & \cdots & -1 \end{vmatrix}=(-1)^{n-1}(n-1).$$

例 3.2.5 计算四阶行列式

$$D=\begin{vmatrix} 1 & 1 & -1 & 3 \\ -1 & -1 & 2 & 1 \\ 2 & 5 & 2 & 4 \\ 1 & 2 & 3 & 2 \end{vmatrix}.$$

解:利用性质 9 将行列式化为上三角行列式.

$$D=\begin{vmatrix} 1 & 1 & -1 & 3 \\ -1 & -1 & 2 & 1 \\ 2 & 5 & 2 & 4 \\ 1 & 2 & 3 & 2 \end{vmatrix}=\begin{vmatrix} 1 & 1 & -1 & 3 \\ 0 & 0 & 1 & 4 \\ 0 & 3 & 4 & -2 \\ 0 & 1 & 4 & -1 \end{vmatrix}=-\begin{vmatrix} 1 & 1 & -1 & 3 \\ 0 & 1 & 4 & -1 \\ 0 & 3 & 4 & -2 \\ 0 & 0 & 1 & 4 \end{vmatrix}$$

$$=-\begin{vmatrix} 1 & 1 & -1 & 3 \\ 0 & 1 & 4 & -1 \\ 0 & 0 & -8 & 1 \\ 0 & 0 & 1 & 4 \end{vmatrix}=\begin{vmatrix} 1 & 1 & -1 & 3 \\ 0 & 1 & 4 & -1 \\ 0 & 0 & 1 & 4 \\ 0 & 0 & -8 & 1 \end{vmatrix}=\begin{vmatrix} 1 & 1 & -1 & 3 \\ 0 & 1 & 4 & -1 \\ 0 & 0 & 1 & 4 \\ 0 & 0 & 0 & 33 \end{vmatrix}$$

$$=33.$$

习 题 3.2

1. 观察下面两个行列式

$$D_1=\begin{vmatrix} a_{11} & a_{12} & \cdots & a_{1n} \\ a_{21} & a_{22} & \cdots & a_{2n} \\ \vdots & \vdots & & \vdots \\ a_{n1} & a_{n2} & \cdots & a_{nn} \end{vmatrix}, D_2=\begin{vmatrix} a_{1i_1} & a_{1i_2} & \cdots & a_{1i_n} \\ a_{2i_1} & a_{2i_2} & \cdots & a_{2i_n} \\ \vdots & \vdots & & \vdots \\ a_{ni_1} & a_{ni_2} & \cdots & a_{ni_n} \end{vmatrix},$$

其中 $i_1i_2\cdots i_n$ 是一个 n 阶排列，问这两个行列式之间有什么关系？

2. 计算行列式.

(1) $\begin{vmatrix} x & y & x+y \\ y & x+y & x \\ x+y & x & y \end{vmatrix}$； (2) $\begin{vmatrix} 1+a & 1 & 1 & 1 \\ 1 & 1-a & 1 & 1 \\ 1 & 1 & 1+b & 1 \\ 1 & 1 & 1 & 1-b \end{vmatrix}$.

3. 计算 n 阶行列式.

(1) $D=\begin{vmatrix} x-a & a & a & \cdots & a \\ a & x-a & a & \cdots & a \\ a & a & x-a & \cdots & a \\ \vdots & \vdots & \vdots & & \vdots \\ a & a & a & \cdots & x-a \end{vmatrix}$；

(2) $D=\begin{vmatrix} 1 & 2 & 3 & \cdots & n-1 & n \\ -1 & 0 & 3 & \cdots & n-1 & n \\ -1 & -2 & 0 & \cdots & n-1 & n \\ \vdots & \vdots & \vdots & & \vdots & \vdots \\ -1 & -2 & -3 & \cdots & n-1 & 0 \end{vmatrix}$.

4. 计算行列式.

$$\begin{vmatrix} a^2 & (a+1)^2 & (a+2)^2 & (a+3)^2 \\ b^2 & (b+1)^2 & (b+2)^2 & (b+3)^2 \\ c^2 & (c+1)^2 & (c+2)^2 & (c+3)^2 \\ d^2 & (d+1)^2 & (d+2)^2 & (d+3)^2 \end{vmatrix}.$$

5. 证明：行列式

$$\begin{vmatrix} b_1+c_1 & c_1+a_1 & a_1+b_1 \\ b_2+c_2 & c_2+a_2 & a_2+b_2 \\ b_3+c_3 & c_3+a_3 & a_3+b_3 \end{vmatrix}=2\begin{vmatrix} a_1 & b_1 & c_1 \\ a_2 & b_2 & c_2 \\ a_3 & b_3 & c_3 \end{vmatrix}.$$

6. 在 n 阶行列式 $D=\begin{vmatrix} a_{11} & a_{12} & \cdots & a_{1n} \\ a_{21} & a_{22} & \cdots & a_{2n} \\ \vdots & \vdots & & \vdots \\ a_{n1} & a_{n2} & \cdots & a_{nn} \end{vmatrix}$ 中，$\forall\, i,j\in\{1,2,\cdots,n\}$，$a_{ij}=-a_{ji}$，

证明：当 n 为奇数时，$D=0$.

§3.3 行列式的依行(列)展开

3.3.1 子式与代数余子式

考察三阶行列式有

$$\begin{vmatrix} a_{11} & a_{12} & a_{13} \\ a_{21} & a_{22} & a_{23} \\ a_{31} & a_{32} & a_{33} \end{vmatrix} = a_{11}\begin{vmatrix} a_{22} & a_{23} \\ a_{32} & a_{33} \end{vmatrix} - a_{12}\begin{vmatrix} a_{21} & a_{23} \\ a_{31} & a_{33} \end{vmatrix} + a_{13}\begin{vmatrix} a_{21} & a_{22} \\ a_{31} & a_{32} \end{vmatrix}.$$

由此可得,利用二阶行列式能计算出三阶行列式. 为了能用 $n-1$ 阶行列式来计算 n 阶行列式,就必须知道子式与代数余子式的概念.

定义 3.3.1 在 $n(n>1)$阶行列式 D 中选定 k 行 k 列相交处的元素构成的 k 阶行列式,称为行列式 D 的 k 阶子式.

例 3.3.1 四阶行列式

$$\begin{vmatrix} a_{11} & a_{12} & a_{13} & a_{14} \\ a_{21} & a_{22} & a_{23} & a_{24} \\ a_{31} & a_{32} & a_{33} & a_{34} \\ a_{41} & a_{42} & a_{43} & a_{44} \end{vmatrix}$$

取第 2、4 行,第 1、3 列相交处的元素构成的二阶子式为

$$\begin{vmatrix} a_{21} & a_{23} \\ a_{41} & a_{43} \end{vmatrix}.$$

划去第 2 行、第 3 列后所得的三阶子式为

$$\begin{vmatrix} a_{11} & a_{12} & a_{14} \\ a_{31} & a_{32} & a_{34} \\ a_{41} & a_{42} & a_{44} \end{vmatrix}.$$

定义 3.3.2 在 $n(n>1)$阶行列式 D 中,划去 a_{ij} 所在的行与列得到的 $n-1$ 阶子式

$$\begin{vmatrix} a_{11} & \cdots & a_{1,j-1} & a_{1,j+1} & \cdots & a_{1n} \\ \vdots & & \vdots & \vdots & & \vdots \\ a_{i-1,1} & \cdots & a_{i-1,j-1} & a_{i-1,j+1} & \cdots & a_{i-1,n} \\ a_{i+1,1} & \cdots & a_{i+1,j-1} & a_{i+1,j+1} & \cdots & a_{i+1,n} \\ \vdots & & \vdots & \vdots & & \vdots \\ a_{n1} & \cdots & a_{n,j-1} & a_{n,j+1} & \cdots & a_{nn} \end{vmatrix}$$

称为 a_{ij} 的**余子式**,记作 M_{ij}. 而带有符号的余子式

$$A_{ij}=(-1)^{i+j}M_{ij}$$

称为 a_{ij} 的**代数余子式**.

例 3.3.2 在四阶行列式

$$\begin{vmatrix} a_{11} & a_{12} & a_{13} & a_{14} \\ a_{21} & a_{22} & a_{23} & a_{24} \\ a_{31} & a_{32} & a_{33} & a_{34} \\ a_{41} & a_{42} & a_{43} & a_{44} \end{vmatrix}$$

中,划去 a_{23} 所在的行与列所得的子式就是 a_{23} 的余子式,带有符号的余子式就是 a_{23} 的代数余子式,即

$$M_{23}=\begin{vmatrix} a_{11} & a_{12} & a_{14} \\ a_{31} & a_{32} & a_{34} \\ a_{41} & a_{42} & a_{44} \end{vmatrix},A_{23}=(-1)^{2+3}M_{23}=-\begin{vmatrix} a_{11} & a_{12} & a_{14} \\ a_{31} & a_{32} & a_{34} \\ a_{41} & a_{42} & a_{44} \end{vmatrix}.$$

3.3.2 行列式的依行(列)展开

定理 3.3.1 如果行列式 D 的第 i 行,除了 a_{ij},其他元素都为零,则

$$D=a_{ij}A_{ij}.$$

证:先考虑 D 的第 1 行除了 a_{11},其他元素都为零,即

$$D=\begin{vmatrix} a_{11} & 0 & 0 & \cdots & 0 \\ a_{21} & a_{22} & a_{23} & \cdots & a_{2n} \\ a_{31} & a_{32} & a_{33} & \cdots & a_{3n} \\ \vdots & \vdots & \vdots & & \vdots \\ a_{n1} & a_{n2} & a_{n3} & \cdots & a_{nn} \end{vmatrix}.$$

因为 $j_1\neq 1$ 时,$a_{1j_1}=0$,所以

$$\begin{aligned} D &= \sum_{j_1j_2\cdots j_n}(-1)^{\tau(j_1j_2\cdots j_n)}a_{1j_1}a_{2j_2}a_{3j_3}\cdots a_{nj_n} \\ &= \sum_{j_2\cdots j_n}(-1)^{\tau(j_2\cdots j_n)}a_{11}a_{2j_2}a_{3j_3}\cdots a_{nj_n} \\ &= a_{11}\sum_{j_2\cdots j_n}(-1)^{\tau(j_2\cdots j_n)}a_{2j_2}a_{3j_3}\cdots a_{nj_n} \\ &= a_{11}\begin{vmatrix} a_{22} & a_{23} & \cdots & a_{2n} \\ a_{32} & a_{33} & \cdots & a_{3n} \\ \vdots & \vdots & & \vdots \\ a_{n2} & a_{n3} & \cdots & a_{nn} \end{vmatrix}=a_{11}A_{11}. \end{aligned}$$

故结论成立.

一般地,

$$D=\begin{vmatrix} a_{11} & \cdots & a_{1,j-1} & a_{1,j} & a_{1,j+1} & \cdots & a_{1n} \\ \vdots & & \vdots & \vdots & \vdots & & \vdots \\ a_{i-1,1} & \cdots & a_{i-1,j-1} & a_{i-1,j} & a_{i-1,j+1} & \cdots & a_{i-1,n} \\ 0 & \cdots & 0 & a_{ij} & 0 & \cdots & 0 \\ a_{i+1,1} & \cdots & a_{i+1,j-1} & a_{i+1,j} & a_{i+1,j+1} & \cdots & a_{i+1,n} \\ \vdots & & \vdots & \vdots & \vdots & & \vdots \\ a_{n1} & \cdots & a_{n,j-1} & a_{nj} & a_{n,j+1} & \cdots & a_{nn} \end{vmatrix}.$$

经 $i-1$ 次行对换后变为

$$D=(-1)^{i-1}\begin{vmatrix} 0 & \cdots & 0 & a_{ij} & 0 & \cdots & 0 \\ a_{11} & \cdots & a_{1,j-1} & a_{1,j} & a_{1,j+1} & \cdots & a_{1n} \\ \vdots & & \vdots & \vdots & \vdots & & \vdots \\ a_{i-1,1} & \cdots & a_{i-1,j-1} & a_{i-1,j} & a_{i-1,j+1} & \cdots & a_{i-1,n} \\ a_{i+1,1} & \cdots & a_{i+1,j-1} & a_{i+1,j} & a_{i+1,j+1} & \cdots & a_{i+1,n} \\ \vdots & & \vdots & \vdots & \vdots & & \vdots \\ a_{n1} & \cdots & a_{n,j-1} & a_{nj} & a_{n,j+1} & \cdots & a_{nn} \end{vmatrix}.$$

经 $j-1$ 次列对换后变为

$$D=(-1)^{i+j-2}\begin{vmatrix} a_{ij} & 0 & \cdots & 0 & 0 & \cdots & 0 \\ a_{1,j} & a_{11} & \cdots & a_{1,j-1} & a_{1,j+1} & \cdots & a_{1n} \\ \vdots & \vdots & & \vdots & \vdots & & \vdots \\ a_{i-1,j} & a_{i-1,1} & \cdots & a_{i-1,j-1} & a_{i-1,j+1} & \cdots & a_{i-1,n} \\ a_{i+1,j} & a_{i+1,1} & \cdots & a_{i+1,j-1} & a_{i+1,j+1} & \cdots & a_{i+1,n} \\ \vdots & \vdots & & \vdots & \vdots & & \vdots \\ a_{nj} & a_{n1} & \cdots & a_{n,j-1} & a_{n,j+1} & \cdots & a_{nn} \end{vmatrix}$$

$$=(-1)^{i+j}a_{ij}M_{ij}=a_{ij}A_{ij}.$$

故结论成立.

定理 3.3.2 行列式 D 等于它的任一行的所有元素与其对应的代数余子式的乘积和. 即 $\forall i\in\{1,2,\cdots,n\}$,

$$D=a_{i1}A_{i1}+a_{i2}A_{i2}+\cdots+a_{in}A_{in}.$$

对于列亦有, $\forall j\in\{1,2,\cdots,n\}$,

$$D=a_{1j}A_{1j}+a_{2j}A_{2j}+\cdots+a_{nj}A_{nj}.$$

证:因为行列式

$$D=\begin{vmatrix} a_{11} & a_{12} & \cdots & a_{1n} \\ \vdots & \vdots & & \vdots \\ a_{i1}+0+\cdots+0 & 0+a_{i2}+\cdots+0 & \cdots & 0+\cdots+0+a_{in} \\ \vdots & \vdots & & \vdots \\ a_{n1} & a_{n2} & \cdots & a_{nn} \end{vmatrix}$$

$$=\begin{vmatrix} a_{11} & a_{12} & \cdots & a_{1n} \\ \vdots & \vdots & & \vdots \\ a_{i1} & 0 & \cdots & 0 \\ \vdots & \vdots & & \vdots \\ a_{n1} & a_{n2} & \cdots & a_{nn} \end{vmatrix}+\begin{vmatrix} a_{11} & a_{12} & \cdots & a_{1n} \\ \vdots & \vdots & & \vdots \\ 0 & a_{i2} & \cdots & 0 \\ \vdots & \vdots & & \vdots \\ a_{n1} & a_{n2} & \cdots & a_{nn} \end{vmatrix}+\cdots+$$

$$\begin{vmatrix} a_{11} & a_{12} & \cdots & a_{1n} \\ \vdots & \vdots & & \vdots \\ 0 & 0 & \cdots & a_{in} \\ \vdots & \vdots & & \vdots \\ a_{n1} & a_{n2} & \cdots & a_{nn} \end{vmatrix},$$

$$=a_{i1}A_{i1}+a_{i2}A_{i2}+\cdots+a_{in}A_{in}.$$

所以结论成立.

同理可得

$$D=a_{1j}A_{1j}+a_{2j}A_{2j}+\cdots+a_{nj}A_{nj}.$$

定理 3.3.3 行列式某一行(列)的所有元素与另一行(列)的对应元素的代数余子式的乘积和等于零.即

$$a_{i1}A_{j1}+a_{i2}A_{j2}+\cdots+a_{in}A_{jn}=0(i\neq j),$$
$$a_{1j}A_{1i}+a_{2j}A_{2i}+\cdots+a_{nj}A_{ni}=0(i\neq j).$$

证:当 $i\neq j$ 时,

$$a_{i1}A_{j1}+a_{i2}A_{j2}+\cdots+a_{in}A_{jn}$$

$$=\begin{vmatrix} a_{11} & a_{12} & \cdots & a_{1n} \\ \vdots & \vdots & & \vdots \\ a_{i1} & 0 & \cdots & 0 \\ \vdots & \vdots & & \vdots \\ a_{i1} & a_{i2} & \cdots & a_{in} \\ \vdots & \vdots & & \vdots \\ a_{n1} & a_{n2} & \cdots & a_{nn} \end{vmatrix}+\begin{vmatrix} a_{11} & a_{12} & \cdots & a_{1n} \\ \vdots & \vdots & & \vdots \\ 0 & a_{i2} & \cdots & 0 \\ \vdots & \vdots & & \vdots \\ a_{i1} & a_{i2} & \cdots & a_{in} \\ \vdots & \vdots & & \vdots \\ a_{n1} & a_{n2} & \cdots & a_{nn} \end{vmatrix}+\cdots+\begin{vmatrix} a_{11} & a_{12} & \cdots & a_{1n} \\ \vdots & \vdots & & \vdots \\ 0 & 0 & \cdots & a_{in} \\ \vdots & \vdots & & \vdots \\ a_{i1} & a_{i2} & \cdots & a_{in} \\ \vdots & \vdots & & \vdots \\ a_{n1} & a_{n2} & \cdots & a_{nn} \end{vmatrix}$$

$$=\begin{vmatrix} a_{11} & a_{12} & \cdots & a_{1n} \\ \vdots & \vdots & & \vdots \\ a_{i1} & a_{i2} & \cdots & a_{in} \\ \vdots & \vdots & & \vdots \\ a_{i1} & a_{i2} & \cdots & a_{in} \\ \vdots & \vdots & & \vdots \\ a_{n1} & a_{n2} & \cdots & a_{nn} \end{vmatrix}=0.$$

同理可得

$$a_{1j}A_{1i}+a_{2j}A_{2i}+\cdots+a_{nj}A_{ni}=0(i\neq j).$$

故结论成立.

由定理3.3.2、定理3.3.3可得：

$$a_{i1}A_{j1}+a_{i2}A_{j2}+\cdots+a_{in}A_{jn}=\begin{cases}D, i=j,\\0, i\neq j;\end{cases}$$

$$a_{1j}A_{1i}+a_{2j}A_{2j}+\cdots+a_{nj}A_{ni}=\begin{cases}D, i=j,\\0, i\neq j.\end{cases}$$

例 3.3.3 在四阶行列式

$$\begin{vmatrix}1&1&1&1\\0&3&5&8\\0&1&0&1\\0&0&0&9\end{vmatrix}$$

中，求 $2A_{11}+3A_{12}+3A_{13}+7A_{14}$.

解：$2A_{11}+3A_{12}+3A_{13}+7A_{14}=\begin{vmatrix}2&3&3&7\\0&3&5&8\\0&1&0&1\\0&0&0&9\end{vmatrix}=2\begin{vmatrix}3&5&8\\1&0&1\\0&0&9\end{vmatrix}$

$$=18\begin{vmatrix}3&5\\1&0\end{vmatrix}=-90.$$

例 3.3.4 计算四阶行列式

$$D=\begin{vmatrix}3&1&-1&2\\-5&1&3&-4\\2&0&1&-1\\1&-5&3&-3\end{vmatrix}.$$

解：

$$D=\begin{vmatrix}3&1&-1&2\\-5&1&3&-4\\2&0&1&-1\\1&-5&3&-3\end{vmatrix}\xlongequal{\text{列变}}\begin{vmatrix}5&1&-1&1\\-11&1&3&-1\\0&0&1&0\\-5&-5&3&0\end{vmatrix}=\begin{vmatrix}5&1&1\\-11&1&-1\\-5&-5&0\end{vmatrix}$$

$$\xlongequal{\text{行变}}\begin{vmatrix}5&1&1\\-6&2&0\\-5&-5&0\end{vmatrix}=5\begin{vmatrix}6&-2\\1&1\end{vmatrix}=40.$$

例 3.3.5 计算 n 阶行列式

$$D_n=\begin{vmatrix}x&-1&0&\cdots&0&0\\0&x&-1&\cdots&0&0\\0&0&x&\cdots&0&0\\\vdots&\vdots&\vdots&&\vdots&\vdots\\0&0&0&\cdots&x&-1\\a_n&a_{n-1}&a_{n-2}&\cdots&a_2&x+a_1\end{vmatrix}.$$

解：按最后一列展开

$$D_n=x^{n-1}(x+a_1)+\begin{vmatrix} x & -1 & 0 & \cdots & 0 & 0 \\ 0 & x & -1 & \cdots & 0 & 0 \\ 0 & 0 & x & \cdots & 0 & 0 \\ \vdots & \vdots & \vdots & & \vdots & \vdots \\ 0 & 0 & 0 & \cdots & x & -1 \\ a_n & a_{n-1} & a_{n-2} & \cdots & a_3 & a_2 \end{vmatrix}$$

$$=x^n+a_1x^{n-1}+a_2x^{n-2}+\begin{vmatrix} x & -1 & 0 & \cdots & 0 & 0 \\ 0 & x & -1 & \cdots & 0 & 0 \\ 0 & 0 & x & \cdots & 0 & 0 \\ \vdots & \vdots & \vdots & & \vdots & \vdots \\ 0 & 0 & 0 & \cdots & x & -1 \\ a_n & a_{n-1} & a_{n-2} & \cdots & a_4 & a_3 \end{vmatrix}$$

$$=x^n+a_1x^{n-1}+\cdots+a_{n-2}x^2+\begin{vmatrix} x & -1 \\ a_n & a_{n-1} \end{vmatrix}$$

$$=x^n+a_1x^{n-1}+\cdots+a_{n-2}x^2+a_{n-1}x+a_n.$$

例 3.3.6 计算行列式

$$D_n=\begin{vmatrix} 1 & 1 & \cdots & 1 \\ a_1 & a_2 & \cdots & a_n \\ a_1^2 & a_2^2 & \cdots & a_n^2 \\ \vdots & \vdots & & \vdots \\ a_1^{n-1} & a_2^{n-1} & \cdots & a_n^{n-1} \end{vmatrix}.$$

这个行列式叫作一个 n 阶范德蒙(Vandermonde)行列式.

解:从第 2 行起,每一行减去上一行的 a_1 倍得

$$D_n=\begin{vmatrix} 1 & 1 & 1 & \cdots & 1 \\ 0 & a_2-a_1 & a_3-a_1 & \cdots & a_n-a_1 \\ \vdots & \vdots & \vdots & & \vdots \\ 0 & a_2^{n-2}(a_2-a_1) & a_3^{n-2}(a_3-a_1) & \cdots & a_n^{n-2}(a_n-a_1) \end{vmatrix}$$

$$=\begin{vmatrix} a_2-a_1 & a_3-a_1 & \cdots & a_n-a_1 \\ a_2(a_2-a_1) & a_3(a_3-a_1) & \cdots & a_n(a_n-a_1) \\ \vdots & \vdots & & \vdots \\ a_2^{n-2}(a_2-a_1) & a_3^{n-2}(a_3-a_1) & \cdots & a_n^{n-2}(a_n-a_1) \end{vmatrix}$$

$$=(a_2-a_1)(a_3-a_1)\cdots(a_n-a_1)\begin{vmatrix} 1 & 1 & \cdots & 1 \\ a_2 & a_3 & \cdots & a_n \\ a_2^2 & a_3^2 & \cdots & a_n^2 \\ \vdots & \vdots & & \vdots \\ a_2^{n-2} & a_3^{n-2} & \cdots & a_n^{n-2} \end{vmatrix}$$

$$=(a_2-a_1)(a_3-a_1)\cdots(a_n-a_1)(a_3-a_2)(a_4-a_2)\cdots(a_n-a_2)$$

$$\cdots(a_n-a_{n-1})$$

$$=\prod_{1\leqslant i<j\leqslant n}(a_j-a_i).$$

习 题 3.3

1. 在四阶行列式

$$\begin{vmatrix} 3 & 7 & 2 & 4 \\ 4 & 3 & 6 & 8 \\ 5 & 1 & 9 & 1 \\ 2 & 0 & 0 & 9 \end{vmatrix}$$

中,求 $4A_{12}+8A_{22}+A_{32}+9A_{42}$.

2. 计算行列式.

(1) $\begin{vmatrix} 1 & 1 & 1 & 1 \\ 1 & 2 & 3 & 4 \\ 1 & 3 & 6 & 10 \\ 1 & 4 & 10 & 20 \end{vmatrix}$;

(2) $\begin{vmatrix} 1 & 4 & 9 & 16 \\ 4 & 9 & 16 & 25 \\ 9 & 16 & 25 & 36 \\ 16 & 25 & 36 & 49 \end{vmatrix}$;

(3) $\begin{vmatrix} 1 & a_1 & 0 & 0 & \cdots & 0 & 0 \\ -1 & 1-a_1 & a_2 & 0 & \cdots & 0 & 0 \\ 0 & -1 & 1-a_2 & a_3 & \cdots & 0 & 0 \\ \vdots & \vdots & \vdots & \vdots & & \vdots & \vdots \\ 0 & 0 & 0 & 0 & \cdots & 1-a_{n-1} & a_n \\ 0 & 0 & 0 & 0 & \cdots & -1 & 1-a_n \end{vmatrix}$.

§3.4 克莱姆法则

三元一次线性方程组

$$\begin{cases}a_{11}x+a_{12}y+a_{13}z=b_1,\\a_{21}x+a_{22}y+a_{23}z=b_2,\\a_{31}x+a_{32}y+a_{33}z=b_3,\end{cases}$$

当系数行列式 $D=\begin{vmatrix}a_{11}&a_{12}&a_{13}\\a_{21}&a_{22}&a_{23}\\a_{31}&a_{32}&a_{33}\end{vmatrix}\neq0$ 时,其有唯一解

$$x=\frac{D_x}{D},y=\frac{D_y}{D},z=\frac{D_z}{D},$$

其中 $D_x=\begin{vmatrix}b_1&a_{12}&a_{13}\\b_2&a_{22}&a_{23}\\b_3&a_{32}&a_{33}\end{vmatrix},D_y=\begin{vmatrix}a_{11}&b_1&a_{13}\\a_{21}&b_2&a_{23}\\a_{31}&b_3&a_{33}\end{vmatrix},D_z=\begin{vmatrix}a_{11}&a_{12}&b_1\\a_{21}&a_{22}&b_2\\a_{31}&a_{32}&b_3\end{vmatrix}.$

对于 n 个未知元的 n 个线性方程构成的方程组

$$\begin{cases}a_{11}x_1+a_{12}x_2+\cdots+a_{1n}x_n=b_1,\\a_{21}x_1+a_{22}x_2+\cdots+a_{2n}x_n=b_2,\\\cdots\cdots\\a_{n1}x_1+a_{n2}x_2+\cdots+a_{nn}x_n=b_n,\end{cases}\tag{3.2}$$

其系数构成的行列式

$$D=\begin{vmatrix}a_{11}&a_{12}&\cdots&a_{1n}\\a_{21}&a_{22}&\cdots&a_{2n}\\\vdots&\vdots&&\vdots\\a_{n1}&a_{n2}&\cdots&a_{nn}\end{vmatrix}$$

称为线性方程组(3.2)的系数行列式.

定理 3.4.1(克莱姆法则) 方程组(3.2)在系数行列式 $D\neq0$ 时有且只有一个解,即

$$x_1=\frac{D_1}{D},x_2=\frac{D_2}{D},\cdots,x_n=\frac{D_n}{D}.$$

其中 D_j 是把 D 中第 j 列换为 $b_1,b_2,\cdots,b_n$ 所得的行列式,即

$$\begin{aligned}D_j&=\begin{vmatrix}a_{11}&\cdots&a_{1,j-1}&b_1&a_{1,j+1}&\cdots&a_{1n}\\a_{21}&\cdots&a_{2,j-1}&b_2&a_{2,j+1}&\cdots&a_{2n}\\\vdots&&\vdots&\vdots&\vdots&&\vdots\\a_{n1}&\cdots&a_{n,j-1}&b_n&a_{n,j+1}&\cdots&a_{nn}\end{vmatrix}\\&=\sum_{k=1}^{n}b_kA_{kj},j\in\{1,2,\cdots,n\}.\end{aligned}$$

证:首先验证

$$x_1=\frac{D_1}{D},x_2=\frac{D_2}{D},\cdots,x_n=\frac{D_n}{D},$$

是方程组(3.2)的解.由于 $\forall i\in\{1,2,\cdots,n\}$,

$$\begin{aligned}a_{i1}\frac{D_1}{D}+a_{i2}\frac{D_2}{D}+\cdots+a_{in}\frac{D_n}{D}&=\frac{1}{D}\sum_{j=1}^{n}a_{ij}D_j\\&=\frac{1}{D}\sum_{j=1}^{n}a_{ij}\Big(\sum_{k=1}^{n}b_kA_{kj}\Big)\qquad\Big(D_j=\sum_{k=1}^{n}b_kA_{kj}\Big)\\&=\frac{1}{D}\sum_{j=1}^{n}\sum_{k=1}^{n}b_ka_{ij}A_{kj}\qquad(\text{加法的分配律})\\&=\frac{1}{D}\sum_{k=1}^{n}b_k\Big(\sum_{j=1}^{n}a_{ij}A_{kj}\Big)(\text{加法的交换律与提取公因数})\\&=\frac{1}{D}b_iD=b_i.\qquad\left(\sum_{j=1}^{n}a_{ij}A_{kj}=\begin{cases}D,k=i,\\0,k\neq i.\end{cases}\right)\end{aligned}$$

所以

$$x_1=\frac{D_1}{D},x_2=\frac{D_2}{D},\cdots,x_n=\frac{D_n}{D}$$

是方程组(3.2)的解.

其次,设 $x_1=c_1,x_2=c_2,\cdots,x_n=c_n$ 是方程组(3.2)的解,则

$$\begin{cases}a_{11}c_1+a_{12}c_2+\cdots+a_{1n}c_n=b_1,\\a_{21}c_1+a_{22}c_2+\cdots+a_{2n}c_n=b_2,\\\cdots\cdots\\a_{n1}c_1+a_{n2}c_2+\cdots+a_{nn}c_n=b_n.\end{cases}$$

于是 $\forall j\in\{1,2,\cdots,n\}$,

$$\begin{cases}a_{11}A_{1j}c_1+a_{12}A_{1j}c_2+\cdots+a_{1n}A_{1j}c_n=A_{1j}b_1,\\a_{21}A_{2j}c_1+a_{22}A_{2j}c_2+\cdots+a_{2n}A_{2j}c_n=A_{2j}b_2,\\\cdots\cdots\\a_{n1}A_{nj}c_1+a_{n2}A_{nj}c_2+\cdots+a_{nn}A_{nj}c_n=A_{nj}b_n.\end{cases}$$

将 n 个等式相加得

$$(a_{1j}A_{1j}+a_{2j}A_{2j}+\cdots+a_{nj}A_{nj})c_j=b_1A_{1j}+b_2A_{2j}+\cdots+b_nA_{nj}.$$

即 $Dc_j=D_j$,故 $\forall j\in\{1,2,\cdots,n\}$,

$$c_j=\frac{D_j}{D}.$$

所以方程组只有一个解.

例 3.4.1 解线性方程组

$$\begin{cases}2x_1+x_2-5x_3+x_4=8,\\x_1-3x_2-6x_4=9,\\2x_2-x_3+2x_4=-5,\\x_1+4x_2-7x_3+6x_4=0.\end{cases}$$

解:因为方程组的系数行列式

$$D=\begin{vmatrix}2&1&-5&1\\1&-3&0&-6\\0&2&-1&2\\1&4&-7&6\end{vmatrix}=27\neq 0,$$

所以由克莱姆法则知方程组有唯一解.而

$$D_1=\begin{vmatrix}8&1&-5&1\\9&-3&0&-6\\-5&2&-1&2\\0&4&-7&6\end{vmatrix}=81,D_2=\begin{vmatrix}2&8&-5&1\\1&9&0&-6\\0&-5&-1&2\\1&0&-7&6\end{vmatrix}=-108,$$

$$D_3=\begin{vmatrix}2&1&8&1\\1&-3&9&-6\\0&2&-5&2\\1&4&0&6\end{vmatrix}=-27,D_4=\begin{vmatrix}2&1&-5&8\\1&-3&0&9\\0&2&-1&-5\\1&4&-7&0\end{vmatrix}=27,$$

所以 $x_1=\frac{81}{27}=3,x_2=\frac{-108}{27}=-4,x_3=\frac{-27}{27}=-1,x_4=\frac{27}{27}=1$ 即为所求.

克莱姆法则讨论的对象是未知元的个数与方程的个数相同的线性方程组,而且只有当系数行列式不等于零时才能用克莱姆法则求解.

在线性方程组中,如果常数项全为零,这样的方程组称为**齐次线性方程组**.显然,齐次线性方程组一定有解.因为

$$\forall j\in\{1,2,\cdots,n\},x_j=0$$

就是它的解.这个解称为**零解**,不全为零的解称为**非零解**.

由克莱姆法则,我们可得到下面的结论.

定理 3.4.2 齐次线性方程组

$$\begin{cases}a_{11}x_1+a_{12}x_2+\cdots+a_{1n}x_n=0,\\a_{21}x_1+a_{22}x_2+\cdots+a_{2n}x_n=0,\\\cdots\cdots\\a_{n1}x_1+a_{n2}x_2+\cdots+a_{nn}x_n=0\end{cases}\tag{3.3}$$

有非零解⇔系数行列式 $D=0$.

证:(⇒)假设 $D\neq 0$,则方程组(3.3)有唯一解.而

$$\forall j\in\{1,2,\cdots,n\},D_j=0,$$

所以方程组(3.3)只有零解,此与方程组(3.3)有非零解矛盾,故

$$D=0.$$

(⇐)将在第四章进行讨论证明.

例 3.4.2 如果有一组数 $a_1,a_2,\cdots,a_{n+1}$ 互不相等,再有一组数 $b_1,b_2,\cdots,b_{n+1}$,证明:能唯一确定一个多项式

$$f(x)=c_0+c_1x+\cdots+c_nx^n,$$

满足

$$f(a_k)=b_k, k\in\{1,2,\cdots,n+1\}.$$

证:因为 $f(a_k)=b_k, k\in\{1,2,\cdots,n+1\}$,所以可得方程组

$$\begin{cases} c_0+c_1a_1+\cdots+c_na_1^n=b_1, \\ c_0+c_1a_2+\cdots+c_na_2^n=b_2, \\ \cdots\cdots \\ c_0+c_1a_{n+1}+\cdots+c_na_{n+1}^n=b_{n+1}. \end{cases}$$

因为其系数行列式

$$D=\begin{vmatrix} 1 & a_1 & \cdots & a_1^n \\ 1 & a_2 & \cdots & a_2^n \\ \vdots & \vdots & & \vdots \\ 1 & a_{n+1} & \cdots & a_{n+1}^n \end{vmatrix}=\begin{vmatrix} 1 & 1 & \cdots & 1 \\ a_1 & a_2 & \cdots & a_{n+1} \\ \vdots & \vdots & \vdots & \vdots \\ a_1^n & a_2^n & \cdots & a_{n+1}^n \end{vmatrix}$$

是范德蒙行列式,所以 $D\neq 0$,故方程组有唯一解

$$c_0=\frac{D_0}{D}, c_1=\frac{D_1}{D}, \cdots, c_n=\frac{D_n}{D}.$$

从而能唯一确定多项式 $f(x)=c_0+c_1x+\cdots+c_nx^n$,满足

$$f(a_k)=b_k, k\in\{1,2,\cdots,n+1\}.$$

例 3.4.3 如果多项式 $f(x)=c_0+c_1x+\cdots+c_nx^n$ 有 $n+1$ 个不同的根,则多项式 $f(x)$是零多项式.

证:设多项式 $f(x)$的 $n+1$ 不同的根为

$$a_1, a_2, \cdots, a_{n+1},$$

则 $f(a_k)=0, k\in\{1,2,\cdots,n+1\}$. 由此得线性方程组

$$\begin{cases} c_0+c_1a_1+\cdots+c_na_1^n=0, \\ c_0+c_1a_2+\cdots+c_na_2^n=0, \\ \cdots\cdots \\ c_0+c_1a_{n+1}+\cdots+c_na_{n+1}^n=0. \end{cases}$$

因为系数行列式 $D\neq 0$,所以方程组只有零解,即

$$c_0=c_1=c_2=\cdots=c_n=0.$$

故多项式 $f(x)=0$.

习 题 3.4

1. 解线性方程组

(1) $\begin{cases} x_1+x_2+2x_3+3x_4=1, \\ 3x_1-x_2-x_3+2x_4=-4, \\ 2x_1+3x_2-x_3-x_4=-6, \\ x_1+2x_2+3x_3-x_4=-4; \end{cases}$

(2) $\begin{cases} x_1+x_2+x_3+x_4=0, \\ x_2+x_3+x_4+x_5=0, \\ x_1+2x_2+3x_3=2, \\ x_2+2x_3+3x_4=-2, \\ x_3+2x_4+3x_5=2. \end{cases}$

2. 证明方程组

$$\begin{cases} x_1-3x_2+4x_3-5x_4=0, \\ x_1-\ \ x_2-\ \ x_3+2x_4=0, \\ x_1+2x_2\qquad\ +5x_4=0, \\ 2x_1-\ \ x_2+3x_3-2x_4=0 \end{cases}$$

只有零解.

总练习题 3

1. 计算 n 阶行列式.

(1) $\begin{vmatrix} 1 & 2 & 2 & \cdots & 2 & 2 \\ 2 & 2 & 2 & \cdots & 2 & 2 \\ 2 & 2 & 3 & \cdots & 2 & 2 \\ \vdots & \vdots & \vdots & & \vdots & \vdots \\ 2 & 2 & 2 & \cdots & 2 & n \end{vmatrix}$; (2) $\begin{vmatrix} 1 & 1 & 0 & \cdots & 0 & 0 \\ 0 & 1 & 1 & \cdots & 0 & 0 \\ \vdots & \vdots & \vdots & & \vdots & \vdots \\ 0 & 0 & 0 & \cdots & 1 & 1 \\ 1 & 0 & 0 & \cdots & 0 & 1 \end{vmatrix}$;

(3) $\begin{vmatrix} 2a & a^2 & 0 & \cdots & 0 & 0 \\ 1 & 2a & a^2 & \cdots & 0 & 0 \\ 0 & 1 & 2a & \cdots & 0 & 0 \\ \vdots & \vdots & \vdots & & \vdots & \vdots \\ 0 & 0 & 0 & \cdots & 2a & a^2 \\ 0 & 0 & 0 & \cdots & 1 & 2a \end{vmatrix}$.

2. 计算 n 阶行列式.

(1) $D_n=\begin{vmatrix} a & b & b & \cdots & b \\ b & a & b & \cdots & b \\ b & b & a & \cdots & b \\ \vdots & \vdots & \vdots & & \vdots \\ b & b & b & \cdots & a \end{vmatrix}$;

(2) $D_n=\begin{vmatrix} x_1^2+1 & x_1x_2 & \cdots & x_1x_n \\ x_2x_1 & x_2^2+1 & \cdots & x_2x_n \\ \vdots & \vdots & & \vdots \\ x_nx_1 & x_nx_2 & \cdots & x_n^2+1 \end{vmatrix}$;

(3) $D_n=\begin{vmatrix} x & y & y & \cdots & y & y \\ z & x & y & \cdots & y & y \\ z & z & x & \cdots & y & y \\ \vdots & \vdots & \vdots & & \vdots & \vdots \\ z & z & z & \cdots & x & y \\ z & z & z & \cdots & z & x \end{vmatrix}$.

3. 计算 $2n$ 阶行列式.

$$\begin{vmatrix} a & 0 & \cdots & 0 & b \\ 0 & a & \cdots & b & 0 \\ \vdots & \vdots & & \vdots & \vdots \\ 0 & b & \cdots & a & 0 \\ b & 0 & \cdots & 0 & a \end{vmatrix}.$$

4. 证明:当 $a_1a_2\cdots a_n\neq 0$ 时,

$$\begin{vmatrix} 1+a_1 & 1 & \cdots & 1 & 1 \\ 0 & 1+a_2 & \cdots & 1 & 1 \\ \vdots & \vdots & & \vdots & \vdots \\ 1 & 1 & \cdots & 1+a_{n-1} & 1 \\ 1 & 1 & \cdots & 1 & 1+a_n \end{vmatrix}=a_1a_2\cdots a_n\left(1+\sum_{k=1}^{n}\frac{1}{a_k}\right).$$

5. 证明:$a\neq b$ 时,n 阶行列式

$$\begin{vmatrix} a+b & ab & 0 & \cdots & 0 & 0 \\ 1 & a+b & ab & \cdots & 0 & 0 \\ 0 & 1 & a+b & \cdots & 0 & 0 \\ \vdots & \vdots & \vdots & & \vdots & \vdots \\ 0 & 0 & 0 & \cdots & a+b & ab \\ 0 & 0 & 0 & \cdots & 1 & a+b \end{vmatrix}=\frac{a^{n+1}-b^{n+1}}{a-b}.$$

6. 设 a_1,a_2,a_3,a_4 各不相同,证明线性方程组

$$\begin{cases} x_1+x_2+x_3+x_4=1, \\ a_1x_1+a_2x_2+a_3x_3+a_4x_4=b, \\ a_1^2x_1+a_2^2x_2+a_3^2x_3+a_4^2x_4=b^2, \\ a_1^3x_1+a_2^3x_2+a_3^3x_3+a_4^3x_4=b^3 \end{cases}$$

有唯一解,并且求出这个解.

7. 设 $D=|a_{ij}|$,A_{ij} 为 a_{ij} 的代数余子式,求行列式

$$\begin{vmatrix} A_{11} & A_{21} & \cdots & A_{n1} \\ A_{12} & A_{22} & \cdots & A_{n2} \\ \vdots & \vdots & & \vdots \\ A_{1n} & A_{2n} & \cdots & A_{nn} \end{vmatrix}.$$

8. 计算 $D_n=|a_{ij}|$,其中 $a_{ij}=|i-j|$.

9. 设 n 阶行列式 D 的元素全为 1 或 -1,证明:$2^{n-1}\mid D$.

第 4 章　线性方程组

在前一章中，我们解决了未知量的个数与方程的个数相等且系数行列式不等于零的线性方程组，克莱姆法则在理论上是一个非常完善的结果．在这一章里，我们将给出一般线性方程组

$$\begin{cases} a_{11}x_1+a_{12}x_2+\cdots+a_{1n}x_n=b_1, \\ a_{21}x_1+a_{22}x_2+\cdots+a_{2n}x_n=b_2, \\ \cdots\cdots \\ a_{m1}x_1+a_{m2}x_2+\cdots+a_{mn}x_n=b_m \end{cases} \tag{4.1}$$

的求解方法以及线性方程组的解结构．

§4.1　消元法与矩阵的初等变换

4.1.1　消元法

在中学我们学习过消元法．消元法的实质是把方程组中的一部分未知元变少．

例 4.1.1　解线性方程组

$$\begin{cases} 3x_1+2\ x_2+6x_3=6, \\ x_1+\dfrac{5}{3}x_2+3x_3=3, \\ x_1+4\ x_2+3x_3=10. \end{cases}$$

解：数 3 乘第二个方程得

$$\begin{cases} 3x_1+2x_2+6x_3=6, \\ 3x_1+5x_2+9x_3=9, \\ x_1+4x_2+3x_3=10. \end{cases}$$

交换第一、第三两个方程得

$$\begin{cases} x_1+4x_2+3x_3=10, \\ 3x_1+5x_2+9x_3=9, \\ 3x_1+2x_2+6x_3=6. \end{cases}$$

将第一个方程乘以-3加到第二、第三个方程上去

$$\begin{cases} x_1+4x_2+3x_3=10, \\ -7x_2=-21, \\ -10x_2-3x_3=-24. \end{cases}$$

$-\dfrac{1}{7}$乘以第二个方程

$$\begin{cases} x_1+4x_2+3x_3=10, \\ x_2=3, \\ 10x_2+3x_3=24. \end{cases}$$

同法消去第三个方程中的未知元 x_2，

$$\begin{cases} x_1+4x_2+3x_3=10, \\ x_2=3, \\ 3x_3=-6. \end{cases}$$

最后得

$$\begin{cases} x_1=4, \\ x_2=3, \\ x_3=-2. \end{cases}$$

总结消元法的求解过程，即对方程组多次施行了三种变换，即

(1) 交换两个方程的位置；

(2) 用非零数乘某一个方程；

(3) 将一个方程的 k 倍加到另一个方程上去.

我们称这三种变换为**线性方程组的初等变换**.

由初等代数即知下面的结论.

定理 4.1.1 初等变换把线性方程组变为一个与其同解的线性方程组.

4.1.2 矩阵与其初等变换

线性方程组(4.1)是否有解，完全取决于其系数与常数项.我们把线性方程组的系数与常数项按原来的位置构成一个表，并给这个表起一个名称，这就是下面的定义.

定义 4.1.1 由 mn 个数 a_{ij}，$i\in\{1,2,\cdots,m\}$，$j\in\{1,2,\cdots,n\}$排成 m 行 n 列的一个表

$$\begin{pmatrix} a_{11} & a_{12} & \cdots & a_{1n} \\ a_{21} & a_{22} & \cdots & a_{2n} \\ \vdots & \vdots & & \vdots \\ a_{m1} & a_{m2} & \cdots & a_{mn} \end{pmatrix}$$

称为 $m\times n$ 矩阵，a_{ij} 称为这个矩阵的**元素**.

线性方程组(4.1)的系数构成的矩阵

$$A=\begin{pmatrix} a_{11} & a_{12} & \cdots & a_{1n} \\ a_{21} & a_{22} & \cdots & a_{2n} \\ \vdots & \vdots & & \vdots \\ a_{m1} & a_{m2} & \cdots & a_{mn} \end{pmatrix}$$

称为线性方程组(4.1)的**系数矩阵**，而矩阵

$$\overline{A}=\begin{pmatrix} a_{11} & a_{12} & \cdots & a_{1n} & b_1 \\ a_{21} & a_{22} & \cdots & a_{2n} & b_2 \\ \vdots & \vdots & & \vdots & \vdots \\ a_{m1} & a_{m2} & \cdots & a_{mn} & b_m \end{pmatrix}$$

称为线性方程组(4.1)的**增广矩阵**.

值得注意的是，矩阵是一个表，而行列式是一些数的代数和.

由线性方程组(4.1)到矩阵 A 的过程是数学的一个抽象的过程，矩阵就是抽象获得的数学模型.

由于线性方程组与其增广矩阵构成一一对应，所以我们可以利用矩阵的变形来获得方程组的解. 这里必须把消元法的三个变换引入到矩阵中来.

定义 4.1.2 下面的三个变换：

(1) 交换矩阵的两行(列)；

(2) 用非零数乘矩阵的某一行(列)；

(3) 将矩阵的某一行(列)的 k 倍加到另一行(列)上去，称为矩阵的**行(列)初等变换**.

显然，对线性方程组施行了一个初等变换，相当于对线性方程组的增广矩阵施行了一个对应的行初等变换. 化简线性方程组相当于用行初等变换化简它的增广矩阵.

如例 4.1.1 中给出的方程组

$$\begin{cases} 3x_1+2\ x_2+6x_3=6, \\ x_1+\dfrac{5}{3}x_2+3x_3=3, \\ x_1+4\ x_2+3x_3=10. \end{cases}$$

对其增广矩阵的行施行初等变换，即

$$\begin{pmatrix} 3 & 2 & 6 & 6 \\ 1 & \dfrac{5}{3} & 3 & 3 \\ 1 & 4 & 3 & 10 \end{pmatrix} \xrightarrow{\text{行初等变换}} \begin{pmatrix} 1 & 0 & 0 & 4 \\ 0 & 1 & 0 & 3 \\ 0 & 0 & 1 & -2 \end{pmatrix}$$

从而得到方程组的解

$$x_1=4, x_2=3, x_3=-2.$$

行初等变换的技巧是：

(1) 让左上角的第一个位置为 1，

$$\begin{pmatrix} 3 & 2 & 6 & 6 \\ 1 & \dfrac{5}{3} & 3 & 3 \\ 1 & 4 & 3 & 10 \end{pmatrix} \xrightarrow{\text{交换一、三行}} \begin{pmatrix} 1 & 4 & 3 & 10 \\ 1 & \dfrac{5}{3} & 3 & 3 \\ 3 & 2 & 6 & 6 \end{pmatrix}.$$

（2）数乘第二行变为整数，

$$\begin{pmatrix}1 & 4 & 3 & 10\\ 1 & \frac{5}{3} & 3 & 3\\ 3 & 2 & 6 & 6\end{pmatrix}\xrightarrow{3\text{乘第二行}}\begin{pmatrix}1 & 4 & 3 & 10\\ 3 & 5 & 9 & 9\\ 3 & 2 & 6 & 6\end{pmatrix}.$$

（3）变左上角元素的下方为零，

$$\begin{pmatrix}1 & 4 & 3 & 10\\ 3 & 5 & 9 & 9\\ 3 & 2 & 6 & 6\end{pmatrix}\longrightarrow\begin{pmatrix}1 & 4 & 3 & 10\\ 0 & 3 & 3 & 3\\ 0 & -10 & -3 & -24\end{pmatrix},$$

同法继之，

$$\begin{pmatrix}1 & 4 & 3 & 10\\ 0 & 3 & 3 & 3\\ 0 & -10 & -3 & -24\end{pmatrix}\longrightarrow\begin{pmatrix}1 & 4 & 3 & 10\\ 0 & 1 & 1 & 1\\ 0 & -10 & -3 & -24\end{pmatrix}\longrightarrow\begin{pmatrix}1 & 4 & 3 & 10\\ 0 & 1 & 1 & 1\\ 0 & 0 & 1 & -2\end{pmatrix}.$$

（4）再把阴影区变为零得

$$\begin{pmatrix}1 & 0 & 0 & 4\\ 0 & 1 & 0 & 3\\ 0 & 0 & 1 & -2\end{pmatrix}.$$

对于一般的矩阵，我们有下面的结论.

定理 4.1.2 对任一矩阵

$$\boldsymbol{A}=\begin{pmatrix}a_{11} & a_{12} & \cdots & a_{1n}\\ a_{21} & a_{22} & \cdots & a_{2n}\\ \vdots & \vdots & & \vdots\\ a_{m1} & a_{m2} & \cdots & a_{mn}\end{pmatrix},$$

都可以通过行初等变换与列的第一种初等变换变为

$$\begin{pmatrix}1 & b_{12} & \cdots & b_{1k} & b_{1,r+1} & \cdots & b_{1n}\\ 0 & 1 & \cdots & b_{2k} & b_{2,r+1} & \cdots & b_{2n}\\ \vdots & \vdots & & \vdots & \vdots & & \vdots\\ 0 & 0 & \cdots & 1 & b_{r,r+1} & \cdots & b_{rn}\\ 0 & 0 & \cdots & 0 & 0 & \cdots & 0\\ \vdots & \vdots & & \vdots & \vdots & & \vdots\\ 0 & 0 & \cdots & 0 & 0 & \cdots & 0\end{pmatrix}$$

再经行初等变换变为

$$\begin{pmatrix} 1 & 0 & \cdots & 0 & c_{1,r+1} & \cdots & c_{1n} \\ 0 & 1 & \cdots & 0 & c_{2,r+1} & \cdots & c_{2n} \\ \vdots & \vdots & & \vdots & \vdots & & \vdots \\ 0 & 0 & \cdots & 1 & c_{r,r+1} & \cdots & c_{rn} \\ 0 & 0 & \cdots & 0 & 0 & \cdots & 0 \\ \vdots & \vdots & & \vdots & \vdots & & \vdots \\ 0 & 0 & \cdots & 0 & 0 & \cdots & 0 \end{pmatrix},$$

其中 $0\leqslant r\leqslant m, 0\leqslant r\leqslant n$.

证:若矩阵 $\boldsymbol{A}$ 的元素 a_{ij} 全为零,则取 $r=0$ 即可.

若 $\exists a_{ij}\neq 0$,则交换两行或两列的位置,将 a_{ij} 置于第 1 行与第 1 列. 并用 $\dfrac{1}{a_{ij}}$ 乘以第 1 行得

$$\begin{pmatrix} 1 & d_{12} & \cdots & d_{1n} \\ d_{21} & d_{22} & \cdots & d_{2n} \\ \vdots & \vdots & & \vdots \\ d_{m1} & d_{m2} & \cdots & d_{mn} \end{pmatrix},$$

再将第 1 行乘以适当倍数加到另外行变为

$$\begin{pmatrix} 1 & e_{12} & \cdots & e_{1n} \\ 0 & e_{22} & \cdots & e_{2n} \\ \vdots & \vdots & & \vdots \\ 0 & e_{m2} & \cdots & e_{mn} \end{pmatrix}.$$

若

$$\begin{pmatrix} e_{22} & \cdots & e_{2n} \\ \vdots & & \vdots \\ e_{m2} & \cdots & e_{mn} \end{pmatrix}$$

的元素全为零,则结论成立. 否则用刚才的方法得

$$\begin{pmatrix} 1 & f_{12} & \cdots & f_{1n} \\ 0 & 1 & \cdots & f_{2n} \\ \vdots & \vdots & & \vdots \\ 0 & 0 & \cdots & f_{mn} \end{pmatrix},$$

继之得

$$\begin{pmatrix} 1 & b_{12} & \cdots & b_{1k} & b_{1,r+1} & \cdots & b_{1n} \\ 0 & 1 & \cdots & b_{2k} & b_{2,r+1} & \cdots & b_{2n} \\ \vdots & \vdots & & \vdots & \vdots & & \vdots \\ 0 & 0 & \cdots & 1 & b_{r,r+1} & \cdots & b_{rn} \\ 0 & 0 & \cdots & 0 & 0 & \cdots & 0 \\ \vdots & \vdots & & \vdots & \vdots & & \vdots \\ 0 & 0 & \cdots & 0 & 0 & \cdots & 0 \end{pmatrix}.$$

这种构形的矩阵称为**阶梯形矩阵**,即全为零的行的下方全为零,且每一行第一个非零元素的左下方全为零.再用行初等变换得

$$\begin{pmatrix} 1 & 0 & \cdots & 0 & c_{1,r+1} & \cdots & c_{1n} \\ 0 & 1 & \cdots & 0 & c_{2,r+1} & \cdots & c_{2n} \\ \vdots & \vdots & & \vdots & \vdots & & \vdots \\ 0 & 0 & \cdots & 1 & c_{r,r+1} & \cdots & c_{rn} \\ 0 & 0 & \cdots & 0 & 0 & \cdots & 0 \\ \vdots & \vdots & & \vdots & \vdots & & \vdots \\ 0 & 0 & \cdots & 0 & 0 & \cdots & 0 \end{pmatrix}.$$

对于线性方程组(4.1)的增广矩阵

$$\bar{\boldsymbol{A}}=\begin{pmatrix} a_{11} & a_{12} & \cdots & a_{1n} & b_1 \\ a_{21} & a_{22} & \cdots & a_{2n} & b_2 \\ \vdots & \vdots & & \vdots & \vdots \\ a_{m1} & a_{m2} & \cdots & a_{mn} & b_m \end{pmatrix},$$

利用定理 4.1.2 可变为

$$\begin{pmatrix} 1 & 0 & \cdots & 0 & c_{1,r+1} & \cdots & c_{1n} & d_1 \\ 0 & 1 & \cdots & 0 & c_{2,r+1} & \cdots & c_{2n} & d_2 \\ \vdots & \vdots & & \vdots & \vdots & & \vdots & \vdots \\ 0 & 0 & \cdots & 1 & c_{r,r+1} & \cdots & c_{rn} & d_r \\ 0 & 0 & \cdots & 0 & 0 & \cdots & 0 & d_{r+1} \\ 0 & 0 & \cdots & 0 & 0 & \cdots & 0 & 0 \\ \vdots & \vdots & & \vdots & \vdots & & \vdots & \vdots \\ 0 & 0 & \cdots & 0 & 0 & \cdots & 0 & 0 \end{pmatrix}$$

由于第一种列初等变换改变了未知元的位置,所以其对应的方程组是

$$\begin{cases} x_{i_1} \qquad +c_{1,r+1}x_{i_{r+1}}+\cdots+c_{1n}x_{i_n}=d_1, \\ \quad x_{i_2} \quad +c_{2,r+1}x_{i_{r+1}}+\cdots+c_{2n}x_{i_n}=d_2, \\ \cdots\cdots \\ \qquad x_{i_r}+c_{r,r+1}x_{i_{r+1}}+\cdots+c_{rn}x_{i_n}=d_r, \\ \qquad\qquad\qquad 0=d_{r+1}, \end{cases} \tag{4.2}$$

其中 $i_1 i_2 \cdots i_n$ 是 $12\cdots n$ 的一个排列,并称这种构型的方程组为**阶梯形方程组**.于是我们可得到下面的结论.

定理 4.1.3 就阶梯形方程组(4.2)有:

(1) $d_{r+1}\neq 0$ 时,则方程组无解;

(2) $r=m=n$ 时,则方程组有唯一解;

(3) $r\leqslant m<n$ 且 $d_{r+1}=0$ 时,则方程组有无穷多个解.

证:(1) 因为 $d_{r+1}\neq 0$,所以阶梯形方程组(4.2)中的最后一个方程是矛盾方程,所以结论成立.

(2) 显然.

(3) $r\leqslant m<n$ 且 $d_{r+1}=0$ 时,变阶梯形方程组(4.2)为

$$\begin{cases}x_{i_1}=d_1-c_{1,r+1}x_{i_{r+1}}-\cdots-c_{1n}x_{i_n},\\x_{i_2}=d_2-c_{2,r+1}x_{i_{r+1}}-\cdots-c_{2n}x_{i_n},\\\cdots\cdots\\x_{i_r}=d_r-c_{r,r+1}x_{i_{r+1}}-\cdots-c_{rn}x_{i_n}.\end{cases}$$

于是未知元 $x_{i_{r+1}},x_{i_{r+2}},\cdots,x_{i_n}$ 任取一组数 $k_{r+1},\cdots,k_n$ 即得方程组(4.1)的解

$$\begin{cases}x_{i_1}=d_1-c_{1,r+1}k_{r+1}-\cdots-c_{1n}k_n,\\x_{i_2}=d_2-c_{2,r+1}k_{r+1}-\cdots-c_{2n}k_n,\\\cdots\cdots\\x_{i_r}=d_r-c_{r,r+1}k_{r+1}-\cdots-c_{rn}k_n,\\x_{i_{r+1}}=k_{r+1},\\\cdots\cdots\\x_{i_n}=k_n.\end{cases}$$

在这里 $x_{i_{r+1}},x_{i_{r+2}},\cdots,x_{i_n}$ 称为**自由未知元**.上面的解称为线性方程组(4.1)的**一般解**.

推论 4.1.1 如果齐次线性方程组

$$\begin{cases}a_{11}x_1+a_{12}x_2+\cdots+a_{1n}x_n=0,\\a_{21}x_1+a_{22}x_2+\cdots+a_{2n}x_n=0,\\\cdots\cdots\\a_{m1}x_1+a_{m2}x_2+\cdots+a_{mn}x_n=0\end{cases}\tag{4.3}$$

中方程的个数少于未知元的个数,则方程组(4.3)必有非零解.

证:由定理 4.1.3 中的(3)即知结论成立.

推论 4.1.2 齐次线性方程组

$$\begin{cases}a_{11}x_1+a_{12}x_2+\cdots+a_{1n}x_n=0,\\a_{21}x_1+a_{22}x_2+\cdots+a_{2n}x_n=0,\\\cdots\cdots\\a_{n1}x_1+a_{n2}x_2+\cdots+a_{nn}x_n=0\end{cases}\tag{4.4}$$

有非零解⇔系数行列式 $D=0$.

证:(⇒)已由克莱姆法则证明(定理 3.4.2).

(⇐)设 $D=0$,则方程组(4.4)经初等变换变为阶梯形方程组后的增广矩阵必有一行全为零.因初等变换把系数行列式变为上三角行列式,而初等变换至多让行列式产生非零数倍.假设变形后的上三角行列式每一行都不全为零,则 $D\neq0$,此与 $D=0$ 矛盾,故由定理 4.1.3 中的(3)知结论成立.

例 4.1.2 解线性方程组

$$\begin{cases}5x_1-x_2+2x_3+x_4=7,\\2x_1+x_2+4x_3-2x_4=1,\\x_1-3x_2-6x_3+5x_4=0.\end{cases}$$

解：$\bar{A}=\begin{pmatrix}5&-1&2&1&7\\2&1&4&-2&1\\1&-3&-6&5&0\end{pmatrix}\to\begin{pmatrix}1&-3&-6&5&0\\2&1&4&-2&1\\5&-1&2&1&7\end{pmatrix}$

$\to\begin{pmatrix}1&-3&-6&5&0\\0&7&16&-12&1\\0&14&32&-24&7\end{pmatrix}\to\begin{pmatrix}1&-3&-6&5&0\\0&7&16&-12&1\\0&0&0&0&5\end{pmatrix}.$

所以方程组无解.

例 4.1.3 解线性方程组

$$\begin{cases}x_1+2x_2+3x_3+x_4=5,\\2x_1+4x_2-x_4=-3,\\-x_1-2x_2+3x_3+2x_4=8,\\x_1+2x_2-9x_3-5x_4=-21.\end{cases}$$

解：$\bar{A}=\begin{pmatrix}1&2&3&1&5\\2&4&0&-1&-3\\-1&-2&3&2&8\\1&2&-9&-5&-21\end{pmatrix}\to\begin{pmatrix}1&2&3&1&5\\0&0&-6&-3&-13\\0&0&6&3&13\\0&0&-12&-6&-26\end{pmatrix}$

$\to\begin{pmatrix}1&2&3&1&5\\0&0&-6&-3&-13\\0&0&0&0&0\\0&0&0&0&0\end{pmatrix}\to\begin{pmatrix}1&2&0&-\frac{1}{2}&-\frac{3}{2}\\0&0&1&\frac{1}{2}&\frac{13}{6}\\0&0&0&0&0\\0&0&0&0&0\end{pmatrix}.$

对应的方程组为

$$\begin{cases}x_1+2x_2-\frac{1}{2}x_4=-\frac{3}{2},\\x_3+\frac{1}{2}x_4=\frac{13}{6},\end{cases}$$

即

$$\begin{cases}x_1=-\frac{3}{2}-2x_2+\frac{1}{2}x_4,\\x_2=x_2,\\x_3=\frac{13}{6}-\frac{1}{2}x_4,\\x_4=x_4,\end{cases}$$

方程组的解为$\begin{cases}x_1=-\frac{3}{2}-2k_1+\frac{1}{2}k_2,\\x_2=k_1,\\x_3=\frac{13}{6}-\frac{1}{2}k_2,\\x_4=k_2.\end{cases}$

习 题 4.1

1. 解下列线性方程组.

(1) $\begin{cases} x_1-2x_2+x_3+x_4=7, \\ x_1-2x_2+x_3-x_4=1, \\ x_1-2x_2+x_3+x_4=5; \end{cases}$　　(2) $\begin{cases} 2x_1-x_2+3x_3=3, \\ 3x_1+x_2-5x_3=0, \\ 4x_1-x_2+x_3=3, \\ x_1+3x_2-13x_3=-6. \end{cases}$

2. 设 n 阶行列式

$$D=\begin{vmatrix} a_{11} & a_{12} & \cdots & a_{1n} \\ a_{21} & a_{22} & \cdots & a_{2n} \\ \vdots & \vdots & & \vdots \\ a_{n1} & a_{n2} & \cdots & a_{nn} \end{vmatrix}\neq 0.$$

证明:用行初等变换可把 n 阶行列式对应的 n 阶矩阵

$$\boldsymbol{A}=\begin{pmatrix} a_{11} & a_{12} & \cdots & a_{1n} \\ a_{21} & a_{22} & \cdots & a_{2n} \\ \vdots & \vdots & & \vdots \\ a_{n1} & a_{n2} & \cdots & a_{nn} \end{pmatrix}$$

变为 n 阶单位矩阵

$$\boldsymbol{E}=\begin{pmatrix} 1 & 0 & \cdots & 0 \\ 0 & 1 & \cdots & 0 \\ \vdots & \vdots & & \vdots \\ 0 & 0 & \cdots & 1 \end{pmatrix}.$$

3. 证明:对矩阵施行第一种行初等变换相当于对它连续施行若干次第二种与第三种行初等变换.

§4.2 矩阵的秩

4.2.1 矩阵的秩的概念

在§4.1 里,由消元法知,解线性方程组

$$\begin{cases} a_{11}x_1+a_{12}x_2+\cdots+a_{1n}x_n=b_1, \\ a_{21}x_1+a_{22}x_2+\cdots+a_{2n}x_n=b_2, \\ \cdots\cdots \\ a_{m1}x_1+a_{m2}x_2+\cdots+a_{mn}x_n=b_m, \end{cases} \tag{4.5}$$

等价于对其增广矩阵

$$\overline{A}=\begin{pmatrix} a_{11} & a_{12} & \cdots & a_{1n} & b_1 \\ a_{21} & a_{22} & \cdots & a_{2n} & b_2 \\ \vdots & \vdots & & \vdots & \vdots \\ a_{m1} & a_{m2} & \cdots & a_{mn} & b_m \end{pmatrix}$$

经行初等变换与前 n 列经第一种列初等变换变为

$$\begin{pmatrix} 1 & 0 & \cdots & 0 & c_{1,r+1} & \cdots & c_{1n} & d_1 \\ 0 & 1 & \cdots & 0 & c_{2,r+1} & \cdots & c_{2n} & d_2 \\ \vdots & \vdots & & \vdots & \vdots & & \vdots & \vdots \\ 0 & 0 & \cdots & 1 & c_{r,r+1} & \cdots & c_{rn} & d_r \\ 0 & 0 & \cdots & 0 & 0 & \cdots & 0 & d_{r+1} \\ 0 & 0 & \cdots & 0 & 0 & \cdots & 0 & 0 \\ \vdots & \vdots & & \vdots & \vdots & & \vdots & \vdots \\ 0 & 0 & \cdots & 0 & 0 & \cdots & 0 & 0 \end{pmatrix}.$$

从而由定理 4.1.3 得到方程组(4.5)在 $d_{r+1}=0$ 时有解，$d_{r+1}\neq 0$ 时无解. 值得重视的是数 r，它是矩阵固有的属性，我们很有必要去研究这个数.

定义 4.2.1 在矩阵

$$A=\begin{pmatrix} a_{11} & a_{12} & \cdots & a_{1n} \\ a_{21} & a_{22} & \cdots & a_{2n} \\ \vdots & \vdots & & \vdots \\ a_{m1} & a_{m2} & \cdots & a_{mn} \end{pmatrix}$$

中，任取 k 行 k 列交叉点上的元素(不变其相对位置)构成的 k 阶行列式称为矩阵 A 的一个 k 阶子式.

显然，定义中的 k 满足：$k\leqslant \min\{m,n\}$.

例 4.2.1 在矩阵

$$A=\begin{pmatrix} 1 & 2 & -3 & 2 & 1 \\ 0 & 4 & 7 & 5 & 8 \\ 1 & 0 & 3 & -2 & 5 \\ 7 & 6 & 2 & 8 & 9 \end{pmatrix}$$

中，取 1,3 行，2,4 列，位于这两行两列交叉点上的元素构成的 2 阶子式是

$$\begin{vmatrix} 2 & 2 \\ 0 & -2 \end{vmatrix}=-4.$$

因为行与列的选择很多，所以 A 的子式也很多. 阶数最大的子式是 4 阶行列式，而每一个元素都是 A 的 1 阶子式.

定义 4.2.2 在矩阵 A 中，不等于零的子式的最大阶数称为矩阵 A 的秩，记作 $R(A)$ 或 $r(A)$.

元素全为零的矩阵称为零矩阵. 零矩阵的秩规定为零.

例 4.2.2 在矩阵

$$A=\begin{pmatrix}1&4&-3&3&1\\0&6&7&9&3\\0&0&3&-2&5\end{pmatrix}$$

中，有一个 3 阶子式

$$\begin{vmatrix}1&4&-3\\0&6&7\\0&0&3\end{vmatrix}\neq 0,$$

而矩阵 $\boldsymbol{A}$ 的子式最多只是 3 阶，所以 $R(\boldsymbol{A})=3$.

定理 4.2.1 $\tau(\boldsymbol{A})=r \Leftrightarrow \boldsymbol{A}$ 有一个 r 阶子式不为零且所有 $r+1$ 阶子式全为零.

证：($\Rightarrow$)设 $\tau(\boldsymbol{A})=r$，则由定义知，$\boldsymbol{A}$ 有一个不为零的 r 阶子式，且 r 是不为零子式的最大阶数，故所有 $r+1$ 阶子式全为零.

($\Leftarrow$)因为 $\boldsymbol{A}$ 有一个 r 阶子式不为零，所以

$$\tau(\boldsymbol{A})\geqslant r.$$

又因为所有 $r+1$ 阶子式全为零，所以

$$\tau(\boldsymbol{A})\leqslant r.$$

故 $\tau(\boldsymbol{A})=r$.

4.2.2 矩阵的秩的性质

定理 4.2.2 初等变换不改变矩阵的秩.

证：设 $\tau(\boldsymbol{A})=r$，下面就三种行初等变换讨论之.

(1) 设矩阵 $\boldsymbol{A}$ 交换 i,j 两行后变为矩阵 $\boldsymbol{B}$. 因为矩阵 $\boldsymbol{A}$ 的所有 $r+1$ 子式全为零，而交换两行时行列式不变，所以矩阵 $\boldsymbol{B}$ 的所有 $r+1$ 子式亦全为零. 即交换两行所得矩阵的秩不增. 从而

$$\tau(\boldsymbol{B})\leqslant r=\tau(\boldsymbol{A}).$$

又将矩阵 $\boldsymbol{B}$ 交换 i,j 两行后变为矩阵 $\boldsymbol{A}$，所以

$$\tau(\boldsymbol{A})\leqslant\tau(\boldsymbol{B}),$$

于是 $\tau(\boldsymbol{A})=\tau(\boldsymbol{B})$，故交换两行不改变矩阵的秩.

(2) 设矩阵 $\boldsymbol{A}$ 用非零数 k 乘第 i 行后变为矩阵 $\boldsymbol{B}$. 因为矩阵 $\boldsymbol{A}$ 的所有 $r+1$ 子式全为零，所以矩阵 $\boldsymbol{B}$ 的所有 $r+1$ 子式亦全为零，即非零数乘某行后所得矩阵的秩不增. 从而

$$\tau(\boldsymbol{B})\leqslant r=\tau(\boldsymbol{A}).$$

又将矩阵 $\boldsymbol{B}$ 用数 $\frac{1}{k}$ 乘第 i 行后变为矩阵 $\boldsymbol{A}$，所以

$$\tau(\boldsymbol{A})\leqslant\tau(\boldsymbol{B}),$$

于是 $\tau(\boldsymbol{A})=\tau(\boldsymbol{B})$，故用非零数 k 乘第 i 行后不改变矩阵的秩.

(3) 设将矩阵 $\boldsymbol{A}$ 的第 i 行的 k 倍加到第 j 行后变为矩阵 $\boldsymbol{B}$. 因为矩阵 $\boldsymbol{A}$ 的所有 $r+1$ 子式全为零，所以矩阵 $\boldsymbol{B}$ 的所有 $r+1$ 子式亦全为零，即第三种初等变换后所得矩阵的秩不增. 从而

$$\tau(\boldsymbol{B})\leqslant r=\tau(\boldsymbol{A}).$$

又将矩阵 $\boldsymbol{B}$ 的第 i 行的 $-k$ 倍加到第 j 行后变为矩阵 $\boldsymbol{A}$，所以

$$\tau(\boldsymbol{A})\geqslant\tau(\boldsymbol{B}),$$

于是 $\tau(\boldsymbol{A})=\tau(\boldsymbol{B})$，故第三种初等变换不改变矩阵的秩.

同理可证列初等变换亦不改变矩阵的秩.

综上可知结论成立.

由定理 4.2.2 知，欲求矩阵的秩，可将矩阵经行初等变换变为阶梯形矩阵后便知.

例 4.2.3 求矩阵

$$\boldsymbol{A}=\begin{pmatrix}1&2&-3&2&1\\0&4&7&5&8\\1&0&3&-2&5\\2&2&0&0&6\end{pmatrix}$$

的秩.

解：$\begin{pmatrix}1&2&-3&2&1\\0&4&7&5&8\\1&0&3&-2&5\\2&2&0&0&6\end{pmatrix}\rightarrow\begin{pmatrix}1&2&-3&2&1\\0&4&7&5&8\\0&-2&6&-4&4\\0&-2&6&-4&4\end{pmatrix}\rightarrow\begin{pmatrix}1&2&-3&2&1\\0&4&7&5&8\\0&-4&12&-8&8\\0&0&0&0&0\end{pmatrix}$

$$\rightarrow\begin{pmatrix}1&2&-3&2&1\\0&4&7&5&8\\0&0&19&-3&16\\0&0&0&0&0\end{pmatrix},$$

所以 $\tau(\boldsymbol{A})=3$ 为所求.

定理 4.2.3（线性方程组可解的判别法） 方程组(4.5)有解的充分必要条件是：系数矩阵与增广矩阵有相同的秩

定理 4.2.4 设方程组(4.5)的系数矩阵为 $\boldsymbol{A}$，增广矩阵为 $\overline{\boldsymbol{A}}$，且有相同的秩 r，即：

$$\boldsymbol{A}=\begin{pmatrix}a_{11}&a_{12}&\cdots&a_{1n}\\a_{21}&a_{22}&\cdots&a_{2n}\\\vdots&\vdots&&\vdots\\a_{m1}&a_{m2}&\cdots&a_{mn}\end{pmatrix},\quad\overline{\boldsymbol{A}}=\begin{pmatrix}a_{11}&\cdots&a_{1n}&b_1\\a_{21}&\cdots&a_{2n}&b_2\\\vdots&&\vdots&\vdots\\a_{m1}&\cdots&a_{mn}&b_m\end{pmatrix},$$

$\tau(\boldsymbol{A})=\tau(\overline{\boldsymbol{A}})=r$，则

(1) 当 $r=n$ 时，方程组(4.5)有唯一解；

(2) 当 $r<n$ 时，方程组(4.5)有无穷多解.

习　题　4.2

1. 证明：一个线性方程组的增广矩阵的秩比系数矩阵的秩最多大 1.
2. 求下列矩阵的秩.

(1) $\begin{pmatrix} 3 & 7 & -3 & 1 & 5 \\ 0 & 3 & 9 & 5 & 8 \\ 1 & 0 & 7 & -2 & 5 \\ 1 & 2 & 1 & 5 & 6 \end{pmatrix}$；(2) $\begin{pmatrix} 3 & 2 & -1 & 2 & 0 & 1 \\ 4 & 1 & 0 & -3 & 0 & 2 \\ 2 & -1 & -2 & 1 & 1 & 3 \\ 3 & 1 & 3 & -9 & -1 & 6 \\ 3 & -1 & 5 & 7 & 2 & -7 \end{pmatrix}$.

§4.3 线性方程组的公式解

4.3.1 线性方程组的公式解

线性方程组

$$\begin{cases} a_{11}x_1+a_{12}x_2+\cdots+a_{1n}x_n=b_1, \\ a_{21}x_1+a_{22}x_2+\cdots+a_{2n}x_n=b_2, \\ \cdots\cdots \\ a_{m1}x_1+a_{m2}x_2+\cdots+a_{mn}x_n=b_m, \end{cases} \tag{4.6}$$

在用矩阵的初等变换简化方程组(4.6)时，(4.6)的系数和常数项都起了作用，因而不能由简化后的方程组得出(4.6)的公式解，现在用另一种方法求解.

定理 4.3.1 设方程组(4.6)有解，它的系数矩阵和增广矩阵的共同秩 r 不为 0，那么可以在(4.6)中选 r 个方程，使得剩下的 $m-r$ 个方程中的每一个都是前 r 个方程的结果，因而方程组(4.6)与前 r 个方程组成的方程组

$$\begin{cases} a_{11}x_1+a_{12}x_2+\cdots+a_{1n}x_n=b_1, \\ a_{21}x_1+a_{22}x_2+\cdots+a_{2n}x_n=b_2, \\ \cdots\cdots \\ a_{r1}x_1+a_{r2}x_2+\cdots+a_{rn}x_n=b_r \end{cases} \tag{4.7}$$

同解.

实际上，此定理证明过程中，克莱姆法则起了重要作用.

当 $r=n$ 时，由方程组(4.7)的系数行列式不等于零，根据克莱姆法则知，方程组(4.7)的解唯一，同时方程组(4.6)解唯一.

当 $r<n$ 时，这时不妨再假定 $\overline{\mathbf{A}}$ 的前 r 个列向量构成的 r 阶行列式不为零，把方程组(4.7)改写成

$$\begin{cases} a_{11}x_1+\cdots+a_{1r}x_r=b_1-a_{1,r+1}x_{r+1}-\cdots-a_{1n}x_n, \\ a_{21}x_1+\cdots+a_{2r}x_r=b_2-a_{2,r+1}x_{r+1}-\cdots-a_{2n}x_n, \\ \cdots\cdots \\ a_{r1}x_1+\cdots+a_{rr}x_r=b_r-a_{r,r+1}x_{r+1}-\cdots-a_{rn}x_n, \end{cases} \tag{4.8}$$

因为其系数行列式不等于零，故由克莱姆法则对 $x_{r+1},x_{r+2},\cdots,x_n$ 任取一组数据，方

程组(4.8)也就是方程组(4.6),都有唯一解.

从而,由 $x_{r+1},x_{r+2},\cdots,x_n$ 取值的任意性,即知方程组(4.8),也就是方程组(4.6)有无穷多解,证毕.

一般地,当方程组(4.6)它有无穷多解时,把由任意取值的 $x_{r+1},x_{r+2},\cdots,x_n$ 表示 $x_1,x_2,\cdots,x_r$ 所得到的一组解的表示式称为方程组(4.6)的全部解或一般解.其中 $x_{r+1},x_{r+2},\cdots,x_n$ 称为自由未知量,$x_1,x_2,\cdots,x_r$ 称为约束未知量.

用矩阵的初等变换解线性方程组(4.6)的步骤可归结如下:

第一步:

将增广矩阵 $\overline{\boldsymbol{A}}=(\boldsymbol{A},\boldsymbol{b})$ 经行初等变换或第一种列变换为阶梯形矩阵 $\boldsymbol{B}_1$;

第二步,如果 $\tau(\boldsymbol{A})<\tau(\overline{\boldsymbol{A}})$,方程组(4.6)无解.

如果 $\tau(\boldsymbol{A})=\tau(\boldsymbol{B})=r$,那么解以 $\boldsymbol{B}_1$ 为增广矩阵的阶梯形方程组,为了便于求解,可以继续使用行初等变换把 $\boldsymbol{B}_1$ 化成所谓"行简化矩阵"即每行非零首元都是 1,而且每一个非零首元所在的列除非零首元外其余元全为零的阶梯形矩阵.例如:

$$\overline{\boldsymbol{A}}\to\begin{pmatrix} 1 & 0 & \cdots & 0 & a'_{1,r+1} & \cdots & a'_{1n} & b'_1 \\ 0 & 1 & \cdots & 0 & a'_{2,r+1} & \cdots & a'_{2n} & b'_2 \\ \vdots & \vdots & & \vdots & \vdots & & \vdots & \vdots \\ 0 & 0 & \cdots & 1 & a'_{r,r+1} & \cdots & a'_{rn} & b'_r \\ 0 & 0 & \cdots & 0 & 0 & \cdots & 0 & 0 \\ \vdots & \vdots & & \vdots & \vdots & & \vdots & \vdots \\ 0 & 0 & \cdots & 0 & 0 & \cdots & 0 & 0 \end{pmatrix} \tag{4.9}$$

即可得方程组(4.6)的全部解(或一般解)

$$\begin{cases} x_1=b'_1-a'_{1,r+1}\tilde{x}_{r+1}-\cdots-a'_{1n}\tilde{x}_n, \\ x_2=b'_2-a'_{2,r+1}\tilde{x}_{r+1}-\cdots-a'_{2n}\tilde{x}_n, \\ \cdots\cdots \\ x_r=b'_r-a'_{r,r+1}\tilde{x}_{r+1}-\cdots-a'_{rn}\tilde{x}_n, \\ x_{r+1}=\tilde{x}_{r+1}, \\ \cdots\cdots \\ x_n=\tilde{x}_n, \end{cases} \tag{4.10}$$

其中 $\tilde{x}_{r+1},\cdots,\tilde{x}_n$ 为任意常数.

例 4.3.1 解线性方程组

$$\begin{cases} x_1+x_2+x_3+x_4+x_5=2, \\ 2x_1+3x_2+x_3+x_4-3x_5=0, \\ x_1+2x_3+2x_4+6x_5=6, \\ 4x_1+5x_2+3x_3+3x_4-x_5=4. \end{cases} \tag{4.11}$$

解:对其增广矩阵施行行初等变换

$$B=\begin{pmatrix}1&1&1&1&1&2\\2&3&1&1&-3&0\\1&0&2&2&6&6\\4&5&3&3&-1&4\end{pmatrix}\to\begin{pmatrix}1&1&1&1&1&2\\0&1&-1&-1&-5&-4\\0&-1&1&1&5&4\\0&1&-1&-1&-5&-4\end{pmatrix}$$

$$\to\begin{pmatrix}1&1&1&1&1&2\\0&1&-1&-1&-5&-4\\0&0&0&0&0&0\\0&0&0&0&0&0\end{pmatrix}=B_1,$$

可见 $\tau(A)=\tau(B)=2<5$，方程组(4.11)有无穷多解.

通常为了求解方便，一般在最后一个矩阵 B_1 中选取不为零的 2 阶子式，继续施行初等行变换，把选定的 2 阶子式所对应的子块化成单位矩阵，如：

$$B_1=\begin{pmatrix}1&1&1&1&1&2\\0&1&-1&-1&-5&-4\\0&0&0&0&0&0\\0&0&0&0&0&0\end{pmatrix}\to\begin{pmatrix}1&0&2&2&6&6\\0&1&-1&-1&-5&-4\\0&0&0&0&0&0\\0&0&0&0&0&0\end{pmatrix}=B_2,$$

由 B_2 得方程组(4.11)的同解方程组为

$$\begin{cases}x_1+\quad 2x_3+2x_4+6x_5=6,\\ \quad x_2-\ x_3-\ x_4-5x_5=-4,\end{cases}\tag{4.12}$$

把(4.12)中 x_3,x_4,x_5 移到右边，作为自由未知量，即得原方程组(4.11)的全部解

$$\begin{cases}x_1=6-2\tilde{x}_3-2\tilde{x}_4-6\tilde{x}_5,\\ x_2=-4+\tilde{x}_3+\tilde{x}_4+5\tilde{x}_5,\\ x_3=\tilde{x}_3,\\ x_4=\tilde{x}_4,\\ x_5=\tilde{x}_5,\end{cases}$$

其中 $\tilde{x}_3,\tilde{x}_4,\tilde{x}_5$ 为任意实数.

4.3.2 齐次线性方程组有解的条件

定义 4.3.1 在方程组(4.6)中，如果常数项都等于 0，那么这个方程组就叫作齐次线性方程组，其一般形式为

$$\begin{cases}a_{11}x_1+a_{12}x_2+\cdots+a_{1n}x_n=0,\\ a_{21}x_1+a_{22}x_2+\cdots+a_{2n}x_n=0,\\ \cdots\cdots\\ a_{m1}x_1+a_{m2}x_2+\cdots+a_{mn}x_n=0,\end{cases}\tag{4.13}$$

齐次线性方程组(4.13)是非齐次线性方程组的一个特殊情形，它总是有解的.

因为 $x_1=x_2=\cdots=x_n=0$ 就是它的一个解，通常称为零解或平凡解.

定理 4.3.2 如果齐次方程组的系数矩阵 A 的秩为 r，那么(4.13)有非零解的充分必要条件是 $r<n$，即系数矩阵的秩 r 小于它的未知量的个数 n.

显然当 $r=n$ 时，方程组(4.13)只有唯一零解；当 $r<n$ 时，方程组(4.13)有无穷多非零解.

推论 4.3.1 含有 n 个未知量 n 个方程的齐次线性方程组有非零解的充分必要条件是：方程组的系数行列式等于零.

推论 4.3.2 在方程组(4.13)中，如果 $m<n$，那么方程组必有非零解. 因为，当 $\tau(\mathbf{A})=r$ 时，必有 $r\leqslant m<n$ 这一事实.

习 题 4.3

1. 求解线性方程组.

(1) $\begin{cases} 2x_1+x_2-x_3+x_4=1, \\ x_1+2x_2+x_3-x_4=2, \\ x_1+x_2+2x_3+x_4=3; \end{cases}$

(2) $\begin{cases} x_1+x_2-3x_4-x_5=2, \\ x_1-x_2+2x_3-x_4=1, \\ 4x_1+4x_2-2x_3+4x_4-7x_5=9, \\ 4x_1-2x_2+6x_3+3x_4-4x_5=8. \end{cases}$

2. a,b 取何值时，线性方程组

$$\begin{cases} ax_1+x_2+x_3=4, \\ x_1+bx_2+x_3=3, \\ x_1+2bx_2+x_3=4 \end{cases}$$

有唯一解，无解或有无穷多个解？

3. 设 $\boldsymbol{\gamma}_1,\boldsymbol{\gamma}_2,\cdots,\boldsymbol{\gamma}_t$ 是线性方程组

$$\begin{cases} a_{11}x_1+a_{12}x_2+\cdots+a_{1n}x_n=b_1, \\ a_{21}x_1+a_{22}x_2+\cdots+a_{2n}x_n=b_2, \\ \cdots\cdots \\ a_{m1}x_1+a_{m2}x_2+\cdots+a_{mn}x_n=b_m \end{cases} \tag{4.14}$$

的解，证明：$\forall k_1,k_2,\cdots,k_t\in\mathbf{R}$，$k_1+k_2+\cdots+k_t=1$ 时，

$$k_1\boldsymbol{\gamma}_1+k_2\boldsymbol{\gamma}_2+\cdots+k_t\boldsymbol{\gamma}_t$$

亦是方程组(4.14)的解.

4. 在齐次线性方程组

$$\begin{cases} a_{11}x_1+a_{12}x_2+\cdots+a_{1n}x_n=0, \\ a_{21}x_1+a_{22}x_2+\cdots+a_{2n}x_n=0, \\ \cdots\cdots \\ a_{n-1,1}x_1+a_{n-1,2}x_2+\cdots+a_{n-1,n}x_n=0 \end{cases} \tag{4.15}$$

中，设 M_j，$j\in\{1,2,\cdots,n\}$ 是方程组(4.15)的系数矩阵 $\mathbf{A}$ 划去第 j 列所得到的 $n-1$ 阶子式，证明：

(1) $(M_1, -M_2, \cdots, (-1)^{n-1}M_n)$是方程组(4.15)的一个解;

(2) 如果 $\tau(\mathbf{A})=n-1$,则方程组(4.15)的全部解为

$$\lambda(M_1, -M_2, \cdots, (-1)^{n-1}M_n), \lambda \in \mathbf{R}.$$

总练习题 4

1. 设 n 阶行列式

$$D=\begin{vmatrix} a_{11} & a_{12} & \cdots & a_{1n} \\ a_{21} & a_{22} & \cdots & a_{2n} \\ \vdots & \vdots & & \vdots \\ a_{n1} & a_{n2} & \cdots & a_{nn} \end{vmatrix} \neq 0,$$

证明:用行初等变换能把矩阵

$$\begin{pmatrix} a_{11} & a_{12} & \cdots & a_{1n} \\ a_{21} & a_{22} & \cdots & a_{2n} \\ \vdots & \vdots & & \vdots \\ a_{n1} & a_{n2} & \cdots & a_{nn} \end{pmatrix}$$

化为单位矩阵.

2. 设齐次线性方程组

$$\begin{cases} a_{11}x_1+a_{12}x_2+\cdots+a_{1n}x_n=0, \\ a_{21}x_1+a_{22}x_2+\cdots+a_{2n}x_n=0, \\ \cdots\cdots \\ a_{n1}x_1+a_{n2}x_2+\cdots+a_{nn}x_n=0 \end{cases}$$

的系数行列式 $D=0$,而 D 中有一个元素 a_{ij} 的代数余子式

$$A_{ij} \neq 0,$$

证明:此方程组的解可表为

$$kA_{i1}, kA_{i2}, \cdots, kA_{in}, k \in F.$$

3. 设行列式

$$D=\begin{vmatrix} a_{11} & a_{12} & \cdots & a_{1n} \\ a_{21} & a_{22} & \cdots & a_{2n} \\ \vdots & \vdots & & \vdots \\ a_{n1} & a_{n2} & \cdots & a_{nn} \end{vmatrix} = 0,$$

令 A_{ij} 是元素 a_{ij} 的代数余子式,设

$$\mathbf{A}=\begin{pmatrix} A_{11} & A_{12} & \cdots & A_{1n} \\ A_{21} & A_{22} & \cdots & A_{2n} \\ \vdots & \vdots & & \vdots \\ A_{n1} & A_{n2} & \cdots & A_{nn} \end{pmatrix},$$

证明：$\tau(\boldsymbol{A})\leqslant 1$.

4. 设 $\boldsymbol{\alpha}_1,\boldsymbol{\alpha}_2,\boldsymbol{\alpha}_3\in F^3$，记

$$\boldsymbol{A}=(\boldsymbol{\alpha}_1,\boldsymbol{\alpha}_2,\boldsymbol{\alpha}_3),$$
$$\boldsymbol{B}=(\boldsymbol{\alpha}_1+\boldsymbol{\alpha}_2+\boldsymbol{\alpha}_3,\boldsymbol{\alpha}_1+2\boldsymbol{\alpha}_2+4\boldsymbol{\alpha},\boldsymbol{\alpha}_1+3\boldsymbol{\alpha}_2+9\boldsymbol{\alpha}_3),$$

如果 $|\boldsymbol{A}|=1$，那么 $|\boldsymbol{B}|=$____.（2005 数一）

5. 设有三张不同面的方程

$$a_{i1}x+a_{i2}y+a_{i3}z=b_i,i=1,2,3.$$

它们组成的线性方程组的系数矩阵与增广矩阵的秩都是 2，则这三张平面的位置关系是（　　）.（2002 数一）

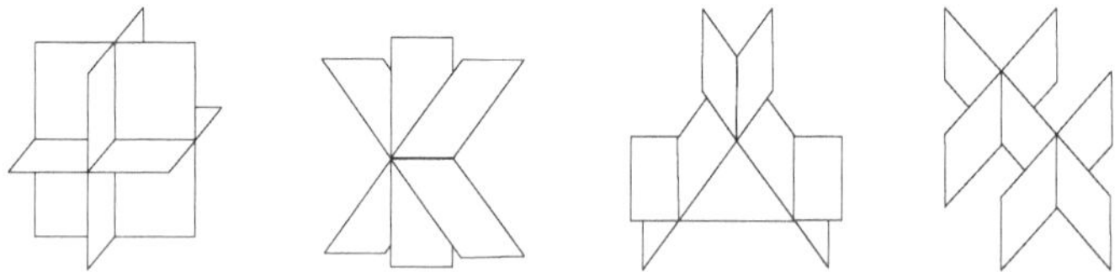

A.　　B.　　C.　　D.

7. 设 $\{\boldsymbol{\alpha}_1,\boldsymbol{\alpha}_2,\cdots,\boldsymbol{\alpha}_s\}$ 为线性方程组 $\boldsymbol{AX}=\boldsymbol{0}$ 的基础解系，设

$$\boldsymbol{\beta}_1=k_1\boldsymbol{\alpha}_1+k_2\boldsymbol{\alpha}_2,\boldsymbol{\beta}_2=k_1\boldsymbol{\alpha}_2+k_2\boldsymbol{\alpha}_3,\cdots,\boldsymbol{\beta}_s=k_1\boldsymbol{\alpha}_s+k_2\boldsymbol{\alpha}_1,$$

问 k_1,k_2 满足什么关系时，$\{\boldsymbol{\beta}_1,\boldsymbol{\beta}_2,\cdots,\boldsymbol{\beta}_s\}$ 也是线性方程组 $\boldsymbol{AX}=\boldsymbol{0}$ 的基础解系.（2001 数一）

8. 已知方程组

$$\begin{pmatrix}1 & 2 & 1\\ 2 & 3 & a+2\\ 1 & a & -2\end{pmatrix}\begin{pmatrix}x_1\\ x_2\\ x_3\end{pmatrix}=\begin{pmatrix}1\\ 3\\ 2\end{pmatrix}$$

无解，则 $a=$____.（2000 数一）

9. 已知方程组

$$\begin{cases}x_1+x_2+x_3+x_4=-1,\\ 4x_1+3x_2+5x_3-x_4=-1,\\ ax_1+x_2+3x_3+bx_4=1\end{cases}$$

有三个线性无关的解.

(1) 设方程组系数矩阵为 $\boldsymbol{A}$，证明：$\tau(\boldsymbol{A})=3$；

(2) 求 a,b 的值与方程组的解.（2006 数一）

10. 设有齐次线性方程组 $\boldsymbol{AX}=\boldsymbol{0}$ 与 $\boldsymbol{BX}=\boldsymbol{0}$，其中 $\boldsymbol{A},\boldsymbol{B}\in\mathbf{R}_{m\times n}$，下面有四个命题：

(1) 若方程组 $\boldsymbol{AX}=\boldsymbol{0}$ 的解均是 $\boldsymbol{BX}=\boldsymbol{0}$ 的解，则 $\tau(\boldsymbol{A})\geqslant\tau(\boldsymbol{B})$；

(2) 若 $\tau(\boldsymbol{A})\geqslant\tau(\boldsymbol{B})$，则方程组 $\boldsymbol{AX}=\boldsymbol{0}$ 的解均是 $\boldsymbol{BX}=\boldsymbol{0}$ 的解；

(3) 若方程组 $\boldsymbol{AX}=\boldsymbol{0}$ 与 $\boldsymbol{BX}=\boldsymbol{0}$ 同解，则 $\tau(\boldsymbol{A})=\tau(\boldsymbol{B})$；

(4) 若 $\tau(\boldsymbol{A})=\tau(\boldsymbol{B})$，则方程组 $\boldsymbol{AX}=\boldsymbol{0}$ 与 $\boldsymbol{BX}=\boldsymbol{0}$ 同解.

以上命题正确的是（　　）.（2003 数一）

A. (1),(2)　　B. (1),(3)　　C. (2),(4)　　D. (3),(4)

第 5 章　矩阵

在讨论线性方程组的过程中，我们引入了矩阵的概念. 利用系数矩阵与增广矩阵的性质，获得了线性方程组的可解性与解结构的结论；利用矩阵的初等变换，获得了线性方程组的求解方法. 除了线性方程组，矩阵及其理论现已广泛应用于自然科学、工程技术等许多领域. 如在观测、导航、机器人的位移、化学分子结构的稳定性分析、图像处理等方面，都有广泛应用.

§5.1　矩阵的运算

5.1.1　矩阵的定义

定义 5.1.1　设 F 是一个数域，在 F 中任取 mn 个数

$$a_{ij}, i\in\{1,2,\cdots,m\}, j\in\{1,2,\cdots,n\}$$

排成 m 行 n 列的表

$$\begin{pmatrix} a_{11} & a_{12} & \cdots & a_{1n} \\ a_{21} & a_{22} & \cdots & a_{2n} \\ \vdots & \vdots & & \vdots \\ a_{m1} & a_{m2} & \cdots & a_{mn} \end{pmatrix}$$

称为数域 F 上的 $m\times n$ **矩阵**. 矩阵常用大写的英文字母表示，为了指明矩阵的行与列，有时记为

$$\boldsymbol{A}_{m\times n}, (a_{ij})_{m\times n}.$$

当矩阵的行与列相等时，我们称矩阵为**方阵**. 数域 F 上的所有 $m\times n$ 矩阵构成的集合记作 $F_{m\times n}$. 所有 n 阶方阵构成的集合记作 $F_{n\times n}$.

特别地，数域 F 上的 $m\times 1$ 矩阵称为列向量，数域 F 上的 $1\times n$ 矩阵称为行向量.

要在 $F_{m\times n}$ 上赋予运算，必须给出相等的概念.

定义 5.1.2　设 $\boldsymbol{A},\boldsymbol{B}\in F_{m\times n}$，如果 $\boldsymbol{A},\boldsymbol{B}$ 对应位置的元素相等，则称矩阵 $\boldsymbol{A}$ 与矩阵 $\boldsymbol{B}$ 相等，记作 $\boldsymbol{A}=\boldsymbol{B}$.

5.1.2 矩阵的线性运算

定义 5.1.3 设 $\boldsymbol{A},\boldsymbol{B}\in F_{m\times n}$，$\boldsymbol{A}=(a_{ij})$，$\boldsymbol{B}=(b_{ij})$，定义

$$\boldsymbol{A}+\boldsymbol{B}=(a_{ij}+b_{ij}),$$

并称此运算为矩阵的**加法运算**.

两个 $m\times n$ 矩阵相加，结果仍是 $m\times n$ 矩阵，和矩阵的元素是矩阵 $\boldsymbol{A}$ 与矩阵 $\boldsymbol{B}$ 的对应元素之和.

定义 5.1.4 设 $\boldsymbol{A}\in F_{m\times n}$，$\boldsymbol{A}=(a_{ij})$，$\lambda\in F$，定义

$$\lambda\boldsymbol{A}=(\lambda a_{ij}),$$

并称此运算为矩阵的**数乘运算**.

数乘 $m\times n$ 矩阵等于数乘矩阵的每一个元素.

以上两种运算统称为矩阵的**线性运算**.

定理 5.1.1 矩阵的线性运算具有下面的运算律.

(1) 加法交换律：$\forall\boldsymbol{A},\boldsymbol{B}\in F_{m\times n}$，$\boldsymbol{A}+\boldsymbol{B}=\boldsymbol{B}+\boldsymbol{A}$；

(2) 加法结合律：$\forall\boldsymbol{A},\boldsymbol{B},\boldsymbol{C}\in F_{m\times n}$，

$$(\boldsymbol{A}+\boldsymbol{B})+\boldsymbol{C}=\boldsymbol{A}+(\boldsymbol{B}+\boldsymbol{C});$$

(3) 加法零元：$\forall\boldsymbol{A}\in F_{m\times n}$，$\boldsymbol{A}+\boldsymbol{0}=\boldsymbol{A}$，其中 $\boldsymbol{0}=(0)_{m\times n}$，并称 $\boldsymbol{0}$ 为**零矩阵**. 即零矩阵的每一个元素皆为 0；

(4) 加法负元：$\forall\boldsymbol{A}\in F_{m\times n}$，$\boldsymbol{A}+(-\boldsymbol{A})=\boldsymbol{0}$，其中 $-\boldsymbol{A}=(-a_{ij})$，并称矩阵 $-\boldsymbol{A}$ 为矩阵 $\boldsymbol{A}$ 的**负矩阵**，即负矩阵的每一个元素皆反号；

(5) 数乘单位元：$\forall\boldsymbol{A}\in F_{m\times n}$，$1\boldsymbol{A}=\boldsymbol{A}$；

(6) 数乘结合律：$\lambda(\mu\boldsymbol{A})=(\lambda\mu)\boldsymbol{A}$；

(7) 矩阵对数和的分配律：$(\lambda+\mu)\boldsymbol{A}=\lambda\boldsymbol{A}+\mu\boldsymbol{A}$；

(8) 数乘对矩阵和的分配律：$\lambda(\boldsymbol{A}+\boldsymbol{B})=\lambda\boldsymbol{A}+\lambda\boldsymbol{B}$.

有了矩阵的负元后，我们就可以定义矩阵的减法.

定义 5.1.5 设 $\boldsymbol{A},\boldsymbol{B}\in F_{m\times n}$，定义 $\boldsymbol{A}-\boldsymbol{B}=\boldsymbol{A}+(-\boldsymbol{B})$. $\boldsymbol{A},\boldsymbol{B}\in F_{m\times n}$，$\boldsymbol{A}=(a_{ij})$，$\boldsymbol{B}=(b_{ij})$，则 $\boldsymbol{A}-\boldsymbol{B}=(a_{ij}-b_{ij})$.

当 $\boldsymbol{A},\boldsymbol{B}\in F_{m\times 1}$ 或 $\boldsymbol{A},\boldsymbol{B}\in F_{1\times n}$，矩阵的线性运算与向量的线性运算是相同的，所以我们可以说，矩阵的线性运算是向量的线性运算的推广.

5.1.3 矩阵的乘法运算

定义 5.1.6 设 $\boldsymbol{A}\in F_{m\times p}$，$\boldsymbol{B}\in F_{p\times n}$，$\boldsymbol{A}=(a_{ij})$，$\boldsymbol{B}=(b_{ij})$，定义 $\boldsymbol{AB}=(c_{ij})_{m\times n}$，其中

$$c_{ij}=a_{i1}b_{1j}+a_{i2}b_{2j}+\cdots+a_{ip}b_{pj},i=1,2,\cdots,m,j=1,2,\cdots,n,$$

并称此运算为矩阵的**乘法运算**. 矩阵 $\boldsymbol{C}=(c_{ij})_{m\times n}$ 称为矩阵 $\boldsymbol{A}$ 与矩阵 $\boldsymbol{B}$ 的**乘积**.

在矩阵乘法中，第一个矩阵的列数必须等于第二个矩阵的行数. 乘积 $\boldsymbol{C}=(c_{ij})_{m\times n}$ 中的元素 c_{ij} 是矩阵 $\boldsymbol{A}$ 的第 i 行与矩阵 $\boldsymbol{B}$ 的第 j 列的乘积和.

例 5.1.1 $(3\ 4\ 5)\begin{pmatrix}x\\y\\z\end{pmatrix}=3x+4y+5z.$

例 5.1.2 $\begin{pmatrix}3\\4\\5\end{pmatrix}(x,y,z)=\begin{pmatrix}3x&3y&3z\\4x&4y&4z\\5x&5y&5z\end{pmatrix}.$

例 5.1.3 $$\begin{pmatrix}3&4&5\\6&7&9\end{pmatrix}\begin{pmatrix}1&2\\2&-3\\-3&4\end{pmatrix}=\begin{pmatrix}3\times1+4\times2+5\times(-3)&3\times2+4\times(-3)+5\times4\\6\times1+7\times2+9\times(-3)&6\times2+7\times(-3)+9\times4\end{pmatrix}$$
$$=\begin{pmatrix}-4&14\\-7&27\end{pmatrix}.$$

矩阵乘法有下列性质：

性质 1 两个非零矩阵的乘积可能是零矩阵.

例：$\begin{pmatrix}1&1&-1\\-1&-1&1\end{pmatrix}\begin{pmatrix}1&1\\0&-1\\1&0\end{pmatrix}=\begin{pmatrix}0&0\\0&0\end{pmatrix}.$

性质 2 矩阵乘法不满足交换律.

例：$\begin{pmatrix}1&2\\2&1\end{pmatrix}\begin{pmatrix}1&3\\3&0\end{pmatrix}=\begin{pmatrix}7&3\\5&6\end{pmatrix},\begin{pmatrix}1&3\\3&0\end{pmatrix}\begin{pmatrix}1&2\\2&1\end{pmatrix}=\begin{pmatrix}7&5\\3&6\end{pmatrix}.$

性质 3 矩阵乘法具有结合律，即

$$(\boldsymbol{AB})\boldsymbol{C}=\boldsymbol{A}(\boldsymbol{BC}).$$

证：设 $\boldsymbol{A}=(a_{ij})_{m\times p},\boldsymbol{B}=(b_{ij})_{p\times q},\boldsymbol{C}=(c_{ij})_{q\times n}$，则

$$\boldsymbol{AB}=(u_{ij})_{m\times q},u_{ij}=a_{i1}b_{1j}+a_{i2}b_{2j}+\cdots+a_{ip}b_{pj}=\sum_{k=1}^{p}a_{ik}b_{kj},$$

于是 $(\boldsymbol{AB})\boldsymbol{C}=(s_{ij})_{m\times n},s_{ij}=\sum_{l=1}^{q}u_{il}c_{lj}=\sum_{l=1}^{q}\sum_{k=1}^{p}a_{ik}b_{kl}c_{lj}$. 而

$$\boldsymbol{BC}=(v_{ij})_{p\times n},v_{ij}=b_{i1}c_{1j}+b_{i2}c_{2j}+\cdots+b_{iq}c_{qj}=\sum_{l=1}^{q}b_{il}c_{lj},$$

于是 $\boldsymbol{A}(\boldsymbol{BC})=(t_{ij})_{m\times n},t_{ij}=\sum_{k=1}^{p}a_{ik}v_{kj}=\sum_{k=1}^{p}\sum_{l=1}^{q}a_{ik}b_{kl}c_{lj}$.

故结论成立.

性质 4 矩阵乘法具有单位元，即

$$\boldsymbol{E}_{m\times n}=\begin{pmatrix}1&0&\cdots&0\\0&1&\cdots&0\\\vdots&\vdots&&\vdots\\0&0&\cdots&1\end{pmatrix}$$

称为矩阵乘法中的**单位元**(有时简记为 $\boldsymbol{E}$). 其满足：

$$\forall\boldsymbol{A}_{n\times p},\boldsymbol{E}_{n\times n}\boldsymbol{A}_{n\times p}=\boldsymbol{A}_{n\times p};\forall\boldsymbol{A}_{m\times n},\boldsymbol{A}_{m\times n}\boldsymbol{E}_{n\times n}=\boldsymbol{A}_{m\times n}.$$

性质 5 矩阵乘法对加法具有分配律，即

$$\boldsymbol{A}(\boldsymbol{B}+\boldsymbol{C})=\boldsymbol{AB}+\boldsymbol{AC},(\boldsymbol{B}+\boldsymbol{C})\boldsymbol{A}=\boldsymbol{BA}+\boldsymbol{CA}.$$

证明留作习题.

性质 6 矩阵数乘对矩阵乘法具有交换律，即

$$\lambda(\boldsymbol{AB})=(\lambda\boldsymbol{A})\boldsymbol{B}=\boldsymbol{A}(\lambda\boldsymbol{B}).$$

证：设 $\boldsymbol{A}=(a_{ij})_{m\times p}$，$\boldsymbol{B}=(b_{ij})_{p\times n}$，则

$$\boldsymbol{AB}=(c_{ij})_{m\times n},c_{ij}=a_{i1}b_{1j}+a_{i2}b_{2j}+\cdots+a_{ip}b_{pj}=\sum_{k=1}^{p}a_{ik}b_{kj},$$

于是 $\lambda(\boldsymbol{AB})=(\lambda c_{ij})_{m\times n}$，

$$\lambda c_{ij}=\lambda a_{i1}b_{1j}+\lambda a_{i2}b_{2j}+\cdots+\lambda a_{ip}b_{pj}=\lambda\sum_{k=1}^{p}a_{ik}b_{kj}.$$

而

$$\begin{aligned}\lambda c_{ij}&=(\lambda a_{i1})b_{1j}+(\lambda a_{i2})b_{2j}+\cdots+(\lambda a_{ip})b_{pj}\\&=a_{i1}(\lambda b_{1j})+a_{i2}(\lambda b_{2j})+\cdots+a_{ip}(\lambda b_{pj}),\end{aligned}$$

故 $\lambda(\boldsymbol{AB})=(\lambda\boldsymbol{A})\boldsymbol{B}=\boldsymbol{A}(\lambda\boldsymbol{B})$.

性质 7 n 阶方阵的非负整数次方有意义，即 $\forall r\in\mathbf{N}$，

$$\boldsymbol{A}^r=\overbrace{\boldsymbol{AA}\cdots\boldsymbol{A}}^{r}$$

且约定 $\boldsymbol{A}^0=\boldsymbol{E}$.

证：由矩阵乘法的结合律知结论成立.

性质 8 设 $f(x)\in F[x]$，$f(x)=a_0+a_1x+a_2x^2+\cdots+a_mx^m$，则

$$\forall\boldsymbol{A}\in F_{n\times n},f(\boldsymbol{A})=a_0+a_1\boldsymbol{A}+a_2\boldsymbol{A}^2+\cdots+a_m\boldsymbol{A}^m\in F_{n\times n}.$$

且 $\forall f(x),g(x)\in F[x]$，

$$f(\boldsymbol{A})+g(\boldsymbol{A})\in F_{n\times n},f(\boldsymbol{A})g(\boldsymbol{A})\in F_{n\times n}.$$

证：由矩阵乘法的结合律知结论成立.

性质 9 设 $\forall\boldsymbol{A}\in F_{n\times n}$，$\forall k,l\in\mathbf{N}$，

$$\boldsymbol{A}^k\boldsymbol{A}^l=\boldsymbol{A}^{k+l},(\boldsymbol{A}^k)^l=\boldsymbol{A}^{kl}.$$

证：由矩阵乘法的结合律知结论成立.

值得注意的是，由于矩阵乘法不满足交换律，所以一般地，

$$(\boldsymbol{AB})^k\neq\boldsymbol{A}^k\boldsymbol{B}^k.$$

例：

$$(\boldsymbol{AB})^2=(\boldsymbol{AB})(\boldsymbol{AB})=\boldsymbol{A}(\boldsymbol{BA})\boldsymbol{B}\neq\boldsymbol{A}(\boldsymbol{AB})\boldsymbol{B}=\boldsymbol{A}^2\boldsymbol{B}^2.$$

例 5.1.4 线性方程组

$$\begin{cases}a_{11}x_1+a_{12}x_2+\cdots+a_{1n}x_n=b_1,\\a_{21}x_1+a_{22}x_2+\cdots+a_{2n}x_n=b_2,\\\cdots\cdots\\a_{m1}x_1+a_{m2}x_2+\cdots+a_{mn}x_n=b_m\end{cases}\tag{5.1}$$

的系数矩阵为

$$\boldsymbol{A}=\begin{pmatrix} a_{11} & a_{12} & \cdots & a_{1n} \\ a_{21} & a_{22} & \cdots & a_{2n} \\ \vdots & \vdots & & \vdots \\ a_{m1} & a_{m2} & \cdots & a_{mn} \end{pmatrix}.$$

令 $\boldsymbol{X}=\begin{pmatrix} x_1 \\ x_2 \\ \vdots \\ x_n \end{pmatrix}$，$\boldsymbol{B}=\begin{pmatrix} b_1 \\ b_2 \\ \vdots \\ b_m \end{pmatrix}$，则线性方程组(5.1)可表为

$$\begin{pmatrix} a_{11} & a_{12} & \cdots & a_{1n} \\ a_{21} & a_{22} & \cdots & a_{2n} \\ \vdots & \vdots & & \vdots \\ a_{m1} & a_{m2} & \cdots & a_{mn} \end{pmatrix}\begin{pmatrix} x_1 \\ x_2 \\ \vdots \\ x_n \end{pmatrix}=\begin{pmatrix} b_1 \\ b_2 \\ \vdots \\ b_m \end{pmatrix}.$$

于是线性方程组(5.1)可表为矩阵方程

$$\boldsymbol{AX}=\boldsymbol{B}.$$

例 5.1.5 设 $\boldsymbol{A},\boldsymbol{B}\in F_{n\times n}$，如果 $\boldsymbol{AB}=\boldsymbol{BA}$，则称矩阵 $\boldsymbol{A}$ 与 $\boldsymbol{B}$ **可交换**. 设

$$\boldsymbol{A}=\begin{pmatrix} 1 & 1 & 0 \\ 0 & 1 & 1 \\ 0 & 0 & 1 \end{pmatrix},$$

求与矩阵 $\boldsymbol{A}$ 可交换的所有矩阵.

解：设

$$\boldsymbol{X}=\begin{pmatrix} x_1 & y_1 & z_1 \\ x_2 & y_2 & z_2 \\ x_3 & y_3 & z_3 \end{pmatrix},$$

则

$$\boldsymbol{AX}=\begin{pmatrix} x_1+x_2 & y_1+y_2 & z_1+z_2 \\ x_2+x_3 & y_2+y_3 & z_2+z_3 \\ x_3 & y_3 & z_3 \end{pmatrix},$$

$$\boldsymbol{XA}=\begin{pmatrix} x_1 & x_1+y_1 & y_1+z_1 \\ x_2 & x_2+y_2 & y_2+z_2 \\ x_3 & x_3+y_3 & y_3+z_3 \end{pmatrix},$$

由 $\boldsymbol{AX}=\boldsymbol{XA}$ 得

$$\begin{cases} x_1=y_2=z_3=a, \\ y_1=z_2=b, \\ z_1=c, \\ x_2=x_3=y_3=0. \end{cases}$$

于是与矩阵 $\boldsymbol{A}$ 可交换的矩阵为

$$\begin{pmatrix} a & b & c \\ 0 & a & b \\ 0 & 0 & a \end{pmatrix}, a, b, c \in F.$$

例 5.1.6 设 $\boldsymbol{E} \in F_{n\times n}, k \in F$,矩阵

$$k\boldsymbol{E} = \begin{pmatrix} k & 0 & \cdots & 0 \\ 0 & k & \cdots & 0 \\ \vdots & \vdots & & \vdots \\ 0 & 0 & \cdots & k \end{pmatrix}$$

称为**数量矩阵**.则数量矩阵与任一 n 阶方阵可交换.实因:

$$\forall \boldsymbol{A} \in F_{n\times n}, (k\boldsymbol{E})\boldsymbol{A} = \boldsymbol{E}(k\boldsymbol{A}) = (k\boldsymbol{A})\boldsymbol{E} = \boldsymbol{A}(k\boldsymbol{E}).$$

5.1.4 矩阵的转置

定义 5.1.7 设 $\boldsymbol{A} \in F_{m\times n}$,

$$\boldsymbol{A} = \begin{pmatrix} a_{11} & a_{12} & \cdots & a_{1n} \\ a_{21} & a_{22} & \cdots & a_{2n} \\ \vdots & \vdots & & \vdots \\ a_{m1} & a_{m2} & \cdots & a_{mn} \end{pmatrix},$$

把矩阵 $\boldsymbol{A}$ 的行变为列得到的 $n \times m$ 矩阵

$$\begin{pmatrix} a_{11} & a_{21} & \cdots & a_{m1} \\ a_{12} & a_{22} & \cdots & a_{m2} \\ \vdots & \vdots & & \vdots \\ a_{1n} & a_{2n} & \cdots & a_{mn} \end{pmatrix}$$

称为 $\boldsymbol{A}$ 的转置矩阵,记作 $\boldsymbol{A}^{\mathrm{T}}$.

例 5.1.7 $\boldsymbol{A} = (x \quad y \quad z)$,则

$$\boldsymbol{A}^{\mathrm{T}} = \begin{pmatrix} x \\ y \\ z \end{pmatrix}.$$

例 5.1.8 $\boldsymbol{A} = \begin{pmatrix} 1 & 2 & 3 \\ 4 & 5 & 6 \end{pmatrix}$,则

$$\boldsymbol{A}^{\mathrm{T}} = \begin{pmatrix} 1 & 4 \\ 2 & 5 \\ 3 & 6 \end{pmatrix}.$$

定理 5.1.2 矩阵的转置具有下面的规律.

(1) $\forall \boldsymbol{A} \in F_{m\times n}, (\boldsymbol{A}^{\mathrm{T}})^{\mathrm{T}} = \boldsymbol{A}$;

(2) $\forall \boldsymbol{A}, \boldsymbol{B} \in F_{m\times n}, (\boldsymbol{A}+\boldsymbol{B})^{\mathrm{T}} = \boldsymbol{A}^{\mathrm{T}} + \boldsymbol{B}^{\mathrm{T}}$;

(3) $\forall \boldsymbol{A} \in F_{m\times p}, \forall \boldsymbol{B} \in F_{p\times n}, (\boldsymbol{A}\boldsymbol{B})^{\mathrm{T}} = \boldsymbol{B}^{\mathrm{T}}\boldsymbol{A}^{\mathrm{T}}$;

(4) $\forall \boldsymbol{A} \in F_{m\times n}, \forall \lambda \in F, (\lambda\boldsymbol{A})^{\mathrm{T}} = \lambda\boldsymbol{A}^{\mathrm{T}}$.

证:(1)、(2)、(4)显然,今只证明(3).设

$$A=\begin{pmatrix}a_{11}&a_{12}&\cdots&a_{1p}\\a_{21}&a_{22}&\cdots&a_{2p}\\\vdots&\vdots&&\vdots\\a_{m1}&a_{m2}&\cdots&a_{mp}\end{pmatrix},B=\begin{pmatrix}b_{11}&b_{12}&\cdots&b_{1n}\\b_{21}&b_{22}&\cdots&b_{2n}\\\vdots&\vdots&&\vdots\\b_{p1}&b_{p2}&\cdots&b_{pn}\end{pmatrix},$$

于是

$$AB=(c_{ij})_{m\times n},c_{ij}=a_{i1}b_{1j}+a_{i2}b_{2j}+\cdots+a_{ip}b_{pj},$$

从而

$$(AB)^{\mathrm{T}}=(d_{ij})_{n\times m},d_{ij}=a_{j1}b_{1i}+a_{j2}b_{2i}+\cdots+a_{jp}b_{pi}.$$

又

$$B^{\mathrm{T}}A^{\mathrm{T}}=(e_{ij})_{n\times m},e_{ij}=b_{1i}a_{j1}+b_{2i}a_{j2}+\cdots+b_{pi}a_{jp},$$

故$(AB)^{\mathrm{T}}=B^{\mathrm{T}}A^{\mathrm{T}}$.

该定理中的(2)与(3)可推广到$k(k\geqslant 2)$个矩阵的情况,即

$$(A_1+A_2+\cdots+A_k)^{\mathrm{T}}=A_1^{\mathrm{T}}+A_2^{\mathrm{T}}+\cdots+A_k^{\mathrm{T}};$$

$$(A_1A_2\cdots A_k)^{\mathrm{T}}=A_k^{\mathrm{T}}A_{k-1}^{\mathrm{T}}\cdots A_1^{\mathrm{T}}.$$

习　题　5.1

1. 计算.

(1) $\begin{pmatrix}1&2&3\\0&5&2\\2&0&3\end{pmatrix}\begin{pmatrix}-1&-2&1\\3&2&5\\1&-1&2\end{pmatrix}$;　　(2) $\begin{pmatrix}a&b&c\\c&a&b\\1&1&1\end{pmatrix}\begin{pmatrix}a&c&1\\b&a&1\\c&b&1\end{pmatrix}$.

2. 求与下列矩阵A可交换的矩阵.

(1) $A=\begin{pmatrix}0&1&0\\0&0&1\\1&0&0\end{pmatrix}$;　　(2) $\begin{pmatrix}1&0&0\\0&2&0\\0&0&3\end{pmatrix}$.

3. 证明:$A(B+C)=AB+AC$,$(B+C)A=BA+CA$.

4. 证明:如果B_1,B_2都与A可交换,则B_1+B_2,B_1B_2也与A可交换.

5. 设$AB=BA$,证明:$\forall k\geqslant 0,A^kB=BA^k$.

6. 证明:$\forall A\in F_{n\times n}$,

$$(E-A)(E+A+A^2+\cdots+A^{m-1})=E-A^m.$$

7. 证明:$\forall A\in F_{n\times n}$,$\exists B,C\in F_{n\times n}$,

$$\ni\text{“}A=B+C,\text{且 }B=B^{\mathrm{T}},C=-C^{\mathrm{T}}\text{”}.$$

§5.2 可逆矩阵

5.2.1 可逆矩阵的概念与性质

在实数的乘法运算中，如果两个数 a,b 的积等于单位元 1，我们就称这两个数**互逆**. 其中 a 称为 b 的逆元，b 也称为 a 的逆元.

即乘法运算中的逆元就是其倒数.

在 n 阶方阵中，我们赋予了矩阵的乘法运算，且有单位矩阵 $\boldsymbol{E}$，于是产生可逆矩阵的概念.

定义 5.2.1 设 $\boldsymbol{A},\boldsymbol{B}\in F_{n\times n}$，如果 $\exists \boldsymbol{B}\in F_{n\times n}$，

$$\ni \text{“}\boldsymbol{AB}=\boldsymbol{BA}=\boldsymbol{E}\text{”},$$

则称矩阵 $\boldsymbol{A}$ **可逆**(或为非奇异矩阵). 而矩阵 $\boldsymbol{B}$ 称为矩阵 $\boldsymbol{A}$ 的**逆矩阵**. $F_{n\times n}$ 中所有可逆矩阵构成的集合记作 $C(F_{n\times n})$.

例 5.2.1 设 $\boldsymbol{A}=\begin{pmatrix}1 & 2\\ 1 & 3\end{pmatrix}$，取 $\boldsymbol{B}=\begin{pmatrix}3 & -2\\ -1 & 1\end{pmatrix}$，则

$$\boldsymbol{AB}=\boldsymbol{BA}=\begin{pmatrix}1 & 0\\ 0 & 1\end{pmatrix},$$

所以矩阵 $\boldsymbol{A}\in C(\mathbf{R}_{2\times 2})$.

例 5.2.2 设 $\boldsymbol{A}=\begin{pmatrix}1 & 2\\ 0 & 0\end{pmatrix}$，则 $\boldsymbol{A}$ 不可逆. 实因

$$\forall \boldsymbol{B}=\begin{bmatrix}b_{11} & b_{12}\\ b_{21} & b_{22}\end{bmatrix},(0\quad 0)\begin{pmatrix}b_{12}\\ b_{22}\end{pmatrix}\neq 1.$$

所以矩阵 $\boldsymbol{A}$ 不可逆.

由例 5.2.2 知，不可逆的矩阵是存在的，所以我们要讨论可逆矩阵的性质与矩阵可逆的条件.

性质 1 若矩阵 $\boldsymbol{A}$ 可逆，则 $\boldsymbol{A}$ 的逆矩阵唯一.

证：若矩阵 $\boldsymbol{B}$ 和 $\boldsymbol{C}$ 都是矩阵 $\boldsymbol{A}$ 的逆矩阵，则

$$\boldsymbol{AB}=\boldsymbol{BA}=\boldsymbol{E},\boldsymbol{AC}=\boldsymbol{CA}=\boldsymbol{E},$$

于是

$$\boldsymbol{B}=\boldsymbol{BE}=\boldsymbol{B}(\boldsymbol{AC})=(\boldsymbol{BA})\boldsymbol{C}=\boldsymbol{EC}=\boldsymbol{C}.$$

故结论成立.

由性质 1 可把矩阵 $\boldsymbol{A}$ 的逆矩阵记作 $\boldsymbol{A}^{-1}$.

性质 2 若矩阵 $\boldsymbol{A}$ 可逆，则 $\boldsymbol{A}^{-1}$ 也可逆，且

$$(\boldsymbol{A}^{-1})^{-1}=\boldsymbol{A}.$$

证:因为 $\boldsymbol{A}^{-1}\boldsymbol{A}=\boldsymbol{A}\boldsymbol{A}^{-1}=\boldsymbol{E}$,所以结论成立.

性质 3 若矩阵 $\boldsymbol{A},\boldsymbol{B}$ 可逆,则 $\boldsymbol{AB}$ 也可逆,且

$$(\boldsymbol{AB})^{-1}=\boldsymbol{B}^{-1}\boldsymbol{A}^{-1}.$$

证:因为

$$(\boldsymbol{AB})(\boldsymbol{B}^{-1}\boldsymbol{A}^{-1})=\boldsymbol{A}(\boldsymbol{B}\boldsymbol{B}^{-1})\boldsymbol{A}^{-1}=\boldsymbol{E},$$
$$(\boldsymbol{B}^{-1}\boldsymbol{A}^{-1})(\boldsymbol{AB})=\boldsymbol{B}^{-1}(\boldsymbol{A}^{-1}\boldsymbol{A})\boldsymbol{B}=\boldsymbol{E},$$

故结论成立.

推广:若 $k(k\geqslant 2)$ 个矩阵 $\boldsymbol{A}_1,\boldsymbol{A}_2,\cdots,\boldsymbol{A}_k$ 可逆,则 $\boldsymbol{A}_1\boldsymbol{A}_2\cdots\boldsymbol{A}_k$ 可逆,且

$$(\boldsymbol{A}_1\boldsymbol{A}_2\cdots\boldsymbol{A}_k)^{-1}=\boldsymbol{A}_k^{-1}\boldsymbol{A}_{k-1}^{-1}\cdots\boldsymbol{A}_1^{-1}.$$

用数学归纳法即可证明.

性质 4 单位矩阵 $\boldsymbol{E}$ 可逆,且 $\boldsymbol{E}^{-1}=\boldsymbol{E}$.

证:因为 $\boldsymbol{EE}=\boldsymbol{E}$,所以结论成立.

性质 5 若矩阵 $\boldsymbol{A}$ 可逆,则 $\forall\lambda\neq 0$,$\lambda\boldsymbol{A}$ 也可逆,且

$$(\lambda\boldsymbol{A})^{-1}=\lambda^{-1}\boldsymbol{A}^{-1}.$$

证:因为

$$(\lambda\boldsymbol{A})(\lambda^{-1}\boldsymbol{A}^{-1})=\boldsymbol{E},(\lambda^{-1}\boldsymbol{A}^{-1})(\lambda\boldsymbol{A})=\boldsymbol{E},$$

所以结论成立.

性质 6 若矩阵 $\boldsymbol{A}$ 可逆,则 $\boldsymbol{A}^{\mathrm{T}}$ 也可逆,且

$$(\boldsymbol{A}^{\mathrm{T}})^{-1}=(\boldsymbol{A}^{-1})^{\mathrm{T}}.$$

证:因为

$$\boldsymbol{A}^{\mathrm{T}}(\boldsymbol{A}^{-1})^{\mathrm{T}}=(\boldsymbol{A}^{-1}\boldsymbol{A})^{\mathrm{T}}=\boldsymbol{E},(\boldsymbol{A}^{-1})^{\mathrm{T}}\boldsymbol{A}^{\mathrm{T}}=(\boldsymbol{A}\boldsymbol{A}^{-1})^{\mathrm{T}}=\boldsymbol{E},$$

故结论成立.

例 5.2.3 设 $\boldsymbol{A}\in F_{n\times n}$,如果方阵 $\boldsymbol{A}$ 的元素除了 $a_{11},a_{22},\cdots,a_{nn}$,其余元素全为零,则称矩阵 $\boldsymbol{A}$ 为**对角矩阵**.如果 $a_{11},a_{22},\cdots,a_{nn}$ 都不为零,则对角矩阵

$$\boldsymbol{A}=\begin{pmatrix} a_{11} & & & \\ & a_{22} & & \\ & & \ddots & \\ & & & a_{nn} \end{pmatrix}$$

可逆,且

$$\boldsymbol{A}^{-1}=\begin{pmatrix} a_{11}^{-1} & & & \\ & a_{22}^{-1} & & \\ & & \ddots & \\ & & & a_{nn}^{-1} \end{pmatrix}.$$

实因:

$$\begin{pmatrix} a_{11} & & & \\ & a_{22} & & \\ & & \ddots & \\ & & & a_{nn} \end{pmatrix}\begin{pmatrix} a_{11}^{-1} & & & \\ & a_{22}^{-1} & & \\ & & \ddots & \\ & & & a_{nn}^{-1} \end{pmatrix}=\boldsymbol{E},$$

$$\begin{pmatrix} a_{11}^{-1} & & & \\ & a_{22}^{-1} & & \\ & & \ddots & \\ & & & a_{nn}^{-1} \end{pmatrix}\begin{pmatrix} a_{11} & & & \\ & a_{22} & & \\ & & \ddots & \\ & & & a_{nn} \end{pmatrix}=\boldsymbol{E},$$

所以结论成立.

5.2.2 矩阵可逆的充分条件

在矩阵可逆条件的探讨中,我们可以获得求逆矩阵的方法.

定义 5.2.2 设 $\mathbf{A}\in F_{n\times n}$,

$$\mathbf{A}=\begin{pmatrix} a_{11} & a_{12} & \cdots & a_{1n} \\ a_{21} & a_{22} & \cdots & a_{2n} \\ \vdots & \vdots & & \vdots \\ a_{n1} & a_{n2} & \cdots & a_{nn} \end{pmatrix},$$

$\mathbf{A}$ 的元素的位置不变而得的行列式

$$\begin{vmatrix} a_{11} & a_{12} & \cdots & a_{1n} \\ a_{21} & a_{22} & \cdots & a_{2n} \\ \vdots & \vdots & & \vdots \\ a_{n1} & a_{n2} & \cdots & a_{nn} \end{vmatrix}$$

称为矩阵 $\mathbf{A}$ 的行列式,记作 $|\mathbf{A}|$ 或 $\det\mathbf{A}$.

定义 5.2.3 设 $\mathbf{A}\in F_{n\times n}$,$\mathbf{A}=(a_{ij})$,在行列式 $|\mathbf{A}|$ 中,元素 a_{ij} 的代数余子式为 A_{ij},矩阵

$$\begin{pmatrix} A_{11} & A_{21} & \cdots & A_{n1} \\ A_{12} & A_{22} & \cdots & A_{n2} \\ \vdots & \vdots & & \vdots \\ A_{1n} & A_{2n} & \cdots & A_{nn} \end{pmatrix}$$

称为矩阵 $\mathbf{A}$ 的**伴随矩阵**,记作 $\mathbf{A}^*$.

定理 5.2.1 设 $\mathbf{A}\in F_{n\times n}$,如果 $|\mathbf{A}|\neq 0$,则矩阵 $\mathbf{A}$ 可逆,且

$$\mathbf{A}^{-1}=\frac{1}{|\mathbf{A}|}\mathbf{A}^*.$$

证:由行列式的性质知

$$a_{i1}A_{j1}+a_{i2}A_{j2}+\cdots+a_{in}A_{jn}=\begin{cases} |\mathbf{A}|, & i=j, \\ 0, & i\neq j; \end{cases}$$

$$a_{1j}A_{1j}+a_{2j}A_{2j}+\cdots+a_{ni}A_{nj}=\begin{cases} |\mathbf{A}|, & i=j, \\ 0, & i\neq j, \end{cases}$$

于是

$$A\left(\frac{1}{|A|}A^*\right)=\left(\frac{1}{|A|}A^*\right)A=\frac{1}{|A|}\begin{pmatrix}|A| & 0 & \cdots & 0\\ 0 & |A| & \cdots & 0\\ \vdots & \vdots & & \vdots\\ 0 & 0 & \cdots & |A|\end{pmatrix}=E,$$

故结论成立.

例 5.2.4 设 $A=\begin{pmatrix}1 & 2\\ 1 & 3\end{pmatrix}$,因为 $|A|=1\neq 0$,所以 A 可逆. 由于 $A_{11}=3, A_{12}=-1$, $A_{21}=-2, A_{22}=1$,所以

$$A^{-1}=\begin{pmatrix}3 & -2\\ -1 & 1\end{pmatrix}.$$

利用定理 5.2.1 求矩阵的逆,一般来说,计算量较大. 但定理 5.2.1 在理论上是很有用的,例如我们可以应用其结论获得克莱姆法则的另一种推导.

线性方程组

$$\begin{cases}a_{11}x_1+a_{12}x_2+\cdots+a_{1n}x_n=b_1,\\ a_{21}x_1+a_{22}x_2+\cdots+a_{2n}x_n=b_2,\\ \quad\cdots\cdots\\ a_{n1}x_1+a_{n2}x_2+\cdots+a_{nn}x_n=b_n,\end{cases}$$

利用矩阵的乘法可表为

$$\begin{pmatrix}a_{11} & a_{12} & \cdots & a_{1n}\\ a_{21} & a_{22} & \cdots & a_{2n}\\ \vdots & \vdots & & \vdots\\ a_{n1} & a_{n2} & \cdots & a_{nn}\end{pmatrix}\begin{pmatrix}x_1\\ x_2\\ \vdots\\ x_n\end{pmatrix}=\begin{pmatrix}b_1\\ b_2\\ \vdots\\ b_n\end{pmatrix}.$$

当系数矩阵 $A=(a_{ij})$ 的行列式 $|A|\neq 0$ 时,A 可逆,且

$$A^{-1}=\frac{1}{|A|}A^*.$$

从而 A^{-1} 左乘矩阵方程两端得

$$\begin{pmatrix}x_1\\ x_2\\ \vdots\\ x_n\end{pmatrix}=\frac{1}{|A|}\begin{pmatrix}A_{11} & A_{21} & \cdots & A_{n1}\\ A_{12} & A_{22} & \cdots & A_{n2}\\ \vdots & \vdots & & \vdots\\ A_{1n} & A_{2n} & \cdots & A_{nn}\end{pmatrix}\begin{pmatrix}b_1\\ b_2\\ \vdots\\ b_n\end{pmatrix}.$$

于是方程组有唯一解,即 $\forall i\in\{1,2,\cdots,n\}$,

$$x_i=\frac{1}{|A|}\begin{pmatrix}A_{1i} & A_{2i} & \cdots & A_{ni}\end{pmatrix}\begin{pmatrix}b_1\\ b_2\\ \vdots\\ b_n\end{pmatrix},$$

$$=\frac{1}{|A|}(b_1A_{1i}+b_2A_{2i}+\cdots+b_nA_{ni}),$$

其中 $b_1A_{1i}+b_2A_{2i}+\cdots+b_nA_{ni}$ 就是将行列式 $|A|$ 中第 i 列元素换为

$$\begin{pmatrix} b_1 \\ b_2 \\ \vdots \\ b_n \end{pmatrix}$$

所得到的行列式.

又如在矩阵方程

$$\boldsymbol{AX}=\boldsymbol{B}$$

中,如果 $\boldsymbol{A}\in F_{n\times n}$,且可逆,则 $\forall\,\boldsymbol{B}\in F_{n\times m}$,方程 $\boldsymbol{AX}=\boldsymbol{B}$ 有唯一解

$$\boldsymbol{X}=\boldsymbol{A}^{-1}\boldsymbol{B}.$$

同理,矩阵方程 $\boldsymbol{XA}=\boldsymbol{B}$ 在 $\boldsymbol{A}$ 可逆时亦有唯一解

$$\boldsymbol{X}=\boldsymbol{BA}^{-1}.$$

例 5.2.5 求解矩阵方程

$$\begin{pmatrix} 3 & 0 & 1 \\ 1 & -1 & 2 \\ -2 & 0 & -1 \end{pmatrix}\boldsymbol{X}=\begin{pmatrix} 1 & 0 & 2 \\ -1 & 3 & 4 \\ -2 & 0 & 5 \end{pmatrix}.$$

解:因为

$$|\boldsymbol{A}|=\begin{vmatrix} 3 & 0 & 1 \\ 1 & -1 & 2 \\ -2 & 0 & -1 \end{vmatrix}=1\neq 0,$$

所以 $\boldsymbol{A}$ 可逆,且

$$\boldsymbol{A}^{-1}=\begin{pmatrix} 1 & 0 & 1 \\ -3 & -1 & -5 \\ -2 & 0 & -3 \end{pmatrix},$$

所以

$$\boldsymbol{X}=\begin{pmatrix} 1 & 0 & 1 \\ -3 & -1 & -5 \\ -2 & 0 & -3 \end{pmatrix}\begin{pmatrix} 1 & 0 & 2 \\ -1 & 3 & 4 \\ -2 & 0 & 5 \end{pmatrix}=\begin{pmatrix} -1 & 0 & 7 \\ 8 & -3 & -35 \\ 4 & 0 & -19 \end{pmatrix}$$

为所求.

习　题　5.2

1. 证明:如果 $\boldsymbol{A}$ 可逆,且 $\boldsymbol{AB}=\boldsymbol{BA}$,则 $\boldsymbol{A}^{-1}\boldsymbol{B}=\boldsymbol{BA}^{-1}$.
2. 证明:如果 $\boldsymbol{A}$ 可逆,则 $\boldsymbol{A}^*$ 也可逆,并求$(\boldsymbol{A}^*)^{-1}$.
3. 设 $\boldsymbol{A}\in F_{n\times n}$,如果 $\exists\, m\in\mathbf{N}, m\geqslant 2$, $\ni$“$\boldsymbol{A}^m=\boldsymbol{0}$”,证明:$\boldsymbol{E}-\boldsymbol{A}$ 可逆,且

$$(\boldsymbol{E}-\boldsymbol{A})^{-1}=\boldsymbol{E}+\boldsymbol{A}+\boldsymbol{A}^2+\cdots+\boldsymbol{A}^{m-1}.$$

4. 求解矩阵方程.

(1) $\begin{pmatrix} 1 & 2 \\ 2 & 3 \end{pmatrix}\boldsymbol{X}=\begin{pmatrix} 7 & 2 \\ -1 & -3 \end{pmatrix}$;

(2) $\boldsymbol{X}\begin{pmatrix}1 & 2\\ 2 & 3\end{pmatrix}=\begin{pmatrix}7 & 2\\ -1 & -3\end{pmatrix}$.

§5.3 初等矩阵

5.3.1 初等矩阵的概念与性质

我们曾用初等变换求解线性方程组,也用初等变换求矩阵的秩.

定义 5.3.1 单位矩阵 $\boldsymbol{E}$ 经一次行或列的初等变换所得到的矩阵称为**初等矩阵**.

初等变换有三种,即

(1) 交换矩阵两行(列);

(2) 非零数乘矩阵的某一行(列);

(3) 将矩阵的某一行(列)的 k 倍加到另一行(列)去.

所以初等矩阵有三个,即

$$(1)\ \boldsymbol{P}(i,j)=\begin{pmatrix}1 & & & & & & & \\ & \ddots & & & & & & \\ & & 1 & & & & & \\ & & & 0 & & 1 & & \\ & & & \vdots & \ddots & \vdots & & \\ & & & 1 & & 0 & & \\ & & & & & & 1 & \\ & & & & & & & \ddots & \\ & & & & & & & & 1\end{pmatrix}\begin{matrix}\\ \\ \\ i\\ \\ j\\ \\ \\ \\ \end{matrix},$$
$$\qquad\qquad\qquad\qquad i \qquad\quad j$$

其是由单位矩阵 $\boldsymbol{E}$ 交换 i,j 两行(或列)而得.

$$(2)\ \boldsymbol{P}_i(k)=\begin{pmatrix}1 & & & & & & \\ & \ddots & & & & & \\ & & 1 & & & & \\ & & & k & & & \\ & & & & 1 & & \\ & & & & & \ddots & \\ & & & & & & 1\end{pmatrix} i,$$
$$\qquad\qquad\qquad i$$

其是由非零数 k 乘单位矩阵 $\boldsymbol{E}$ 的第 i 行(或列)而得.

$$(3)\ \boldsymbol{P}_{ij}(k)=\begin{pmatrix}1 & & & & & & \\ & \ddots & & & & & \\ & & 1 & \cdots & k & & \\ & & & \ddots & \vdots & & \\ & & & & 1 & & \\ & & & & & \ddots & \\ & & & & & & 1\end{pmatrix}\begin{matrix} \\ \\ i \\ \\ j \\ \\ \\ \end{matrix},$$

$$\qquad\qquad\qquad\quad i \qquad\quad j$$

其是将单位矩阵 $\boldsymbol{E}$ 的第 j 行的 k 倍加到第 i 行而得. 也可视为将单位矩阵 $\boldsymbol{E}$ 的第 i 列的 k 倍加到第 j 列而得.

定理 5.3.1 初等矩阵可逆，且其逆也是初等矩阵，即

$$\boldsymbol{P}^{-1}(i,j)=\boldsymbol{P}(i,j),$$

$$\boldsymbol{P}_i^{-1}(k)=\boldsymbol{P}_i\left(\frac{1}{k}\right),$$

$$\boldsymbol{P}_{ij}^{-1}(k)=\boldsymbol{P}_{ij}(-k).$$

证:因为

$$\begin{pmatrix}1 & & & & & & \\ & \ddots & & & & & \\ & & 0 & & 1 & & \\ & & \vdots & \ddots & \vdots & & \\ & & 1 & & 0 & & \\ & & & & & \ddots & \\ & & & & & & 1\end{pmatrix}\begin{pmatrix}1 & & & & & & \\ & \ddots & & & & & \\ & & 0 & & 1 & & \\ & & \vdots & \ddots & \vdots & & \\ & & 1 & & 0 & & \\ & & & & & \ddots & \\ & & & & & & 1\end{pmatrix}=\boldsymbol{E},$$

所以 $\boldsymbol{P}^{-1}(i,j)=\boldsymbol{P}(i,j)$;

因为

$$\begin{pmatrix}1 & & & & & \\ & \ddots & & & & \\ & & 1 & & & \\ & & & k & & \\ & & & & 1 & \\ & & & & & \ddots & \\ & & & & & & 1\end{pmatrix}\begin{pmatrix}1 & & & & & \\ & \ddots & & & & \\ & & 1 & & & \\ & & & \frac{1}{k} & & \\ & & & & 1 & \\ & & & & & \ddots & \\ & & & & & & 1\end{pmatrix}=\boldsymbol{E},$$

所以 $\boldsymbol{P}_i^{-1}(k)=\boldsymbol{P}_i\left(\frac{1}{k}\right)$;

因为

$$\begin{pmatrix} 1 & & & & & & \\ & \ddots & & & & & \\ & & 1 & \cdots & k & & \\ & & & \ddots & \vdots & & \\ & & & & 1 & & \\ & & & & & \ddots & \\ & & & & & & 1 \end{pmatrix} \begin{pmatrix} 1 & & & & & & \\ & \ddots & & & & & \\ & & 1 & \cdots & -k & & \\ & & & \ddots & \vdots & & \\ & & & & 1 & & \\ & & & & & \ddots & \\ & & & & & & 1 \end{pmatrix} = \boldsymbol{E},$$

所以 $\boldsymbol{P}_{ij}^{-1}(k)=\boldsymbol{P}_{ij}(-k)$. 故结论成立.

定理 5.3.2 设 $\boldsymbol{A}\in F_{m\times n}$,对矩阵 $\boldsymbol{A}$ 施行一次**行初等变换**等价于相应的 m 阶初等矩阵**左乘**矩阵 $\boldsymbol{A}$;对矩阵 $\boldsymbol{A}$ 施行一次**列初等变换**等价于相应的 n 阶初等矩阵**右乘**矩阵 $\boldsymbol{A}$.

证:就第一种行初等变换,

$$\boldsymbol{P}(i,j)\boldsymbol{A} = \begin{pmatrix} 1 & & & & & & \\ & \ddots & & & & & \\ & & 0 & & 1 & & \\ & & \vdots & \ddots & \vdots & & \\ & & 1 & & 0 & & \\ & & & & & \ddots & \\ & & & & & & 1 \end{pmatrix} \begin{pmatrix} a_{11} & a_{12} & \cdots & a_{1n} \\ \vdots & \vdots & & \vdots \\ a_{i1} & a_{i2} & \cdots & a_{in} \\ \vdots & \vdots & & \vdots \\ a_{j1} & a_{j2} & \cdots & a_{jn} \\ \vdots & \vdots & & \vdots \\ a_{m1} & a_{m2} & \cdots & a_{mn} \end{pmatrix}$$

$$= \begin{pmatrix} a_{11} & a_{12} & \cdots & a_{1n} \\ \vdots & \vdots & & \vdots \\ a_{j1} & a_{j2} & \cdots & a_{jn} \\ \vdots & \vdots & & \vdots \\ a_{i1} & a_{i2} & \cdots & a_{in} \\ \vdots & \vdots & & \vdots \\ a_{m1} & a_{m2} & \cdots & a_{mn} \end{pmatrix};$$

故第一种行初等变换结论成立.

再看第一种列初等变换,

$$\boldsymbol{AP}(i,j) = \begin{pmatrix} a_{11} & \cdots & a_{1i} & \cdots & a_{1j} & \cdots & a_{1n} \\ \vdots & & \vdots & & \vdots & & \vdots \\ a_{i1} & \cdots & a_{ii} & \cdots & a_{ij} & \cdots & a_{in} \\ \vdots & & \vdots & & \vdots & & \vdots \\ a_{j1} & \cdots & a_{ji} & \cdots & a_{jj} & \cdots & a_{jn} \\ \vdots & & \vdots & & \vdots & & \vdots \\ a_{m1} & \cdots & a_{mi} & \cdots & a_{mj} & \cdots & a_{mn} \end{pmatrix} \begin{pmatrix} 1 & & & & & & \\ & \ddots & & & & & \\ & & 0 & & 1 & & \\ & & \vdots & \ddots & \vdots & & \\ & & 1 & & 0 & & \\ & & & & & \ddots & \\ & & & & & & 1 \end{pmatrix}$$

$$=\begin{pmatrix} a_{11} & \cdots & a_{1j} & \cdots & a_{1i} & \cdots & a_{1n} \\ \vdots & & \vdots & & \vdots & & \vdots \\ a_{i1} & \cdots & a_{ij} & \cdots & a_{ii} & \cdots & a_{in} \\ \vdots & & \vdots & & \vdots & & \vdots \\ a_{j1} & \cdots & a_{jj} & \cdots & a_{ji} & \cdots & a_{jn} \\ \vdots & & \vdots & & \vdots & & \vdots \\ a_{m1} & \cdots & a_{mj} & \cdots & a_{mi} & \cdots & a_{mn} \end{pmatrix},$$

故对第一种列初等变换结论成立.

就第二种行初等变换,

$$\boldsymbol{P}_i(k)\boldsymbol{A}=\begin{pmatrix} 1 & & & & \\ & \ddots & & & \\ & & k & & \\ & & & \ddots & \\ & & & & 1 \end{pmatrix}\begin{pmatrix} a_{11} & a_{12} & \cdots & a_{1n} \\ \vdots & \vdots & & \vdots \\ a_{i1} & a_{i2} & \cdots & a_{in} \\ \vdots & \vdots & & \vdots \\ a_{m1} & a_{m2} & \cdots & a_{mn} \end{pmatrix}$$

$$=\begin{pmatrix} a_{11} & a_{12} & \cdots & a_{1n} \\ \vdots & \vdots & & \vdots \\ ka_{i1} & ka_{i2} & \cdots & ka_{in} \\ \vdots & \vdots & & \vdots \\ a_{m1} & a_{m2} & \cdots & a_{mn} \end{pmatrix},$$

故第二种行初等变换结论成立.

就第二种列初等变换,

$$\boldsymbol{A}\boldsymbol{P}_i(k)=\begin{pmatrix} a_{11} & \cdots & a_{1i} & \cdots & a_{1n} \\ \vdots & & \vdots & & \vdots \\ a_{i1} & \cdots & a_{ii} & \cdots & a_{in} \\ \vdots & & \vdots & & \vdots \\ a_{m1} & \cdots & a_{mi} & \cdots & a_{mn} \end{pmatrix}\begin{pmatrix} 1 & & & & \\ & \ddots & & & \\ & & k & & \\ & & & \ddots & \\ & & & & 1 \end{pmatrix}$$

$$=\begin{pmatrix} a_{11} & \cdots & ka_{1i} & \cdots & a_{1n} \\ \vdots & & \vdots & & \vdots \\ a_{i1} & \cdots & ka_{ii} & \cdots & a_{in} \\ \vdots & & \vdots & & \vdots \\ a_{m1} & \cdots & ka_{mi} & \cdots & a_{mn} \end{pmatrix},$$

故第二种列初等变换结论成立.

再看第三种初等变换,

$$
\boldsymbol{P}_{ij}(k)\boldsymbol{A}=\begin{pmatrix}1 & & & & & & \\ & \ddots & & & & & \\ & & 1 & \cdots & k & & \\ & & & \ddots & \vdots & & \\ & & & & 1 & & \\ & & & & & \ddots & \\ & & & & & & 1\end{pmatrix}\begin{pmatrix}a_{11} & \cdots & a_{1i} & \cdots & a_{1j} & \cdots & a_{1n}\\ \vdots & & \vdots & & \vdots & & \vdots\\ a_{i1} & \cdots & a_{ii} & \cdots & a_{ij} & \cdots & a_{in}\\ \vdots & & \vdots & & \vdots & & \vdots\\ a_{j1} & \cdots & a_{ji} & \cdots & a_{jj} & \cdots & a_{jn}\\ \vdots & & \vdots & & \vdots & & \vdots\\ a_{m1} & \cdots & a_{mi} & \cdots & a_{mj} & \cdots & a_{mn}\end{pmatrix}
$$

$$
=\begin{pmatrix}a_{11} & \cdots & a_{1i} & \cdots & a_{1j} & \cdots & a_{1n}\\ \vdots & & \vdots & & \vdots & & \vdots\\ a_{i1}+ka_{j1} & \cdots & a_{ii}+ka_{ji} & \cdots & a_{ij}+ka_{jj} & \cdots & a_{in}+ka_{jn}\\ \vdots & & \vdots & & \vdots & & \vdots\\ a_{j1} & \cdots & a_{ji} & \cdots & a_{jj} & \cdots & a_{jn}\\ \vdots & & \vdots & & \vdots & & \vdots\\ a_{m1} & \cdots & a_{mi} & \cdots & a_{mj} & \cdots & a_{mn}\end{pmatrix},
$$

$$
\boldsymbol{A}\boldsymbol{P}_{ij}(k)=\begin{pmatrix}a_{11} & \cdots & a_{1i} & \cdots & a_{1j} & \cdots & a_{1n}\\ \vdots & & \vdots & & \vdots & & \vdots\\ a_{i1} & \cdots & a_{ii} & \cdots & a_{ij} & \cdots & a_{in}\\ \vdots & & \vdots & & \vdots & & \vdots\\ a_{j1} & \cdots & a_{ji} & \cdots & a_{jj} & \cdots & a_{jn}\\ \vdots & & \vdots & & \vdots & & \vdots\\ a_{m1} & \cdots & a_{mi} & \cdots & a_{mj} & \cdots & a_{mn}\end{pmatrix}\begin{pmatrix}1 & & & & & & \\ & \ddots & & & & & \\ & & 1 & \cdots & k & & \\ & & & \ddots & \vdots & & \\ & & & & 1 & & \\ & & & & & \ddots & \\ & & & & & & 1\end{pmatrix}
$$

$$
=\begin{pmatrix}a_{11} & \cdots & a_{1i} & \cdots & a_{1j}+ka_{1i} & \cdots & a_{1n}\\ \vdots & & \vdots & & \vdots & & \vdots\\ a_{i1} & \cdots & a_{ii} & \cdots & a_{ij}+ka_{ii} & \cdots & a_{in}\\ \vdots & & \vdots & & \vdots & & \vdots\\ a_{j1} & \cdots & a_{ji} & \cdots & a_{jj}+ka_{ji} & \cdots & a_{jn}\\ \vdots & & \vdots & & \vdots & & \vdots\\ a_{m1} & \cdots & a_{mi} & \cdots & a_{mj}+ka_{mi} & \cdots & a_{mn}\end{pmatrix}.
$$

故第三种初等变换结论成立.

综上可知,三种初等变换结论皆成立.

5.3.2 等价矩阵的概念与性质

利用初等变换可以将矩阵化简,而且变换前后的矩阵具有许多相同的性质,于是有下面的定义.

定义 5.3.2 如果矩阵 $\boldsymbol{A}$ 可以由矩阵 $\boldsymbol{B}$ 经一系列初等变换而得到,则称矩阵 $\boldsymbol{A}$ 与 $\boldsymbol{B}$ **等价**,记作 $\boldsymbol{A}\cong\boldsymbol{B}$.

$$\boldsymbol{A}\cong\boldsymbol{B}\Leftrightarrow\boldsymbol{A}\xrightarrow{\text{初等变换}}\boldsymbol{B}.$$

等价是矩阵间的一种关系. 显然这种关系具有下面的性质.

(1) 自身性: $\boldsymbol{A}\cong\boldsymbol{A}$;

(2) 对称性: 如 $\boldsymbol{A}\cong\boldsymbol{B}$, 则 $\boldsymbol{B}\cong\boldsymbol{A}$;

(3) 传递性: 如 $\boldsymbol{A}\cong\boldsymbol{B}$, $\boldsymbol{B}\cong\boldsymbol{C}$, 则 $\boldsymbol{A}\cong\boldsymbol{C}$.

由定理 5.3.2 可得下面的结论.

推论 5.3.1 $\boldsymbol{A}\cong\boldsymbol{B}\Leftrightarrow\exists$ 初等矩阵 $\boldsymbol{P}_1,\boldsymbol{P}_2,\cdots,\boldsymbol{P}_s,\boldsymbol{Q}_1,\boldsymbol{Q}_2,\cdots,\boldsymbol{Q}_t$,

$\ni$ "$\boldsymbol{B}=\boldsymbol{P}_1\boldsymbol{P}_2\cdots\boldsymbol{P}_s\boldsymbol{A}\boldsymbol{Q}_1\boldsymbol{Q}_2\cdots\boldsymbol{Q}_t$".

将矩阵化简到什么情况才是最简的构形呢? 请看下面的定理.

定理 5.3.3 $\forall\boldsymbol{A}\in E_{m\times n}$, $\boldsymbol{A}$ 可经初等变换变为

$$\overline{\boldsymbol{A}}=\begin{pmatrix}1&0&\cdots&0&0&\cdots&0\\0&1&\cdots&0&0&\cdots&0\\\vdots&\vdots&&\vdots&\vdots&&\vdots\\0&0&\cdots&1&0&\cdots&0\\0&0&\cdots&0&0&\cdots&0\\\vdots&\vdots&&\vdots&\vdots&&\vdots\\0&0&\cdots&0&0&\cdots&0\end{pmatrix}=\begin{pmatrix}\boldsymbol{E}_r&\boldsymbol{0}\\\boldsymbol{0}&\boldsymbol{0}\end{pmatrix}.$$

证: 如果 $\boldsymbol{A}=\boldsymbol{0}$, 则 $r=0$, 即结论成立. 如果 $\boldsymbol{A}\neq\boldsymbol{0}$, 则 $\exists a_{ij}\neq0$, 于是经有限次行与列的初等变换得

$$\boldsymbol{A}\to\begin{pmatrix}a_{11}&0&\cdots&0\\0&&&\\\vdots&&\boldsymbol{A}_1&\\0&&&\end{pmatrix}\to\begin{pmatrix}1&0&\cdots&0\\0&&&\\\vdots&&\boldsymbol{A}_1&\\0&&&\end{pmatrix},$$

其中 $\boldsymbol{A}_1\in F_{(m-1)\times(n-1)}$. 如果 $\boldsymbol{A}_1=\boldsymbol{0}$, 则 $r=1$, 即结论成立. 如果 $\boldsymbol{A}_1\neq\boldsymbol{0}$, 则重复上面的变换, 经有限步后即知结论成立.

矩阵

$$\begin{pmatrix}\boldsymbol{E}_r&\boldsymbol{0}\\\boldsymbol{0}&\boldsymbol{0}\end{pmatrix},(0\leqslant r\leqslant\min\{m,n\})$$

称为矩阵 $\boldsymbol{A}$ 在等价关系下的**标准形**.

由定理 4.2.2 知, 初等变换不改变矩阵的秩. 所以 $r=\tau(\boldsymbol{A})$.

推论 5.3.2 设 $\boldsymbol{A}\in F_{n\times n}$, 则 $\boldsymbol{A}$ 可逆 $\Leftrightarrow\boldsymbol{A}\xrightarrow{\text{初等变换}}\boldsymbol{E}$.

证: $\boldsymbol{A}$ 可逆 $\Leftrightarrow\boldsymbol{A}$ 的标准形可逆 $\Leftrightarrow r=n\Leftrightarrow\boldsymbol{A}\xrightarrow{\text{初等变换}}\boldsymbol{E}$.

故结论成立.

推论 5.3.3 设 $\boldsymbol{A}\in F_{n\times n}$, 则 $\boldsymbol{A}$ 可逆 $\Leftrightarrow\tau(\boldsymbol{A})=n$.

证: 因为初等变换不改变矩阵的秩, 所以结论成立.

推论 5.3.4 设 $\boldsymbol{A}\in F_{n\times n}$, $\boldsymbol{A}$ 可逆, 则 $\boldsymbol{A}$ 可表为初等矩阵的乘积.

证: 因为 $\boldsymbol{A}$ 可逆, 所以 $\boldsymbol{A}\xrightarrow{\text{初等变换}}\boldsymbol{E}$, 即

∃初等矩阵 $\boldsymbol{P}_1,\boldsymbol{P}_2,\cdots,\boldsymbol{P}_s,\boldsymbol{Q}_1,\boldsymbol{Q}_2,\cdots,\boldsymbol{Q}_t$，

$$\ni\text{“}\boldsymbol{P}_1\boldsymbol{P}_2\cdots\boldsymbol{P}_s\boldsymbol{A}\boldsymbol{Q}_1\boldsymbol{Q}_2\cdots\boldsymbol{Q}_t=\boldsymbol{E}\text{”}.$$

所以 $\boldsymbol{A}=\boldsymbol{P}_s^{-1}\boldsymbol{P}_{s-1}^{-1}\cdots\boldsymbol{P}_1^{-1}\boldsymbol{Q}_t^{-1}\boldsymbol{Q}_{t-1}^{-1}\cdots\boldsymbol{Q}_1^{-1}$，故结论成立.

推论 5.3.5 设 $\boldsymbol{A},\boldsymbol{B}\in F_{m\times n}$，则 $\boldsymbol{A}\cong\boldsymbol{B}\Leftrightarrow$∃可逆矩阵 $\boldsymbol{P}\in F_m$，可逆矩阵 $\boldsymbol{Q}\in F_n$，

$$\ni\text{“}\boldsymbol{A}=\boldsymbol{PBQ}\text{”}.$$

证：(⇒)设 $\boldsymbol{A}\cong\boldsymbol{B}$，则由推论 5.3.1 知，∃初等矩阵 $\boldsymbol{P}_1,\boldsymbol{P}_2,\cdots,\boldsymbol{P}_s,\boldsymbol{Q}_1,\boldsymbol{Q}_2,\cdots,\boldsymbol{Q}_t$，

$$\ni\text{“}\boldsymbol{A}=\boldsymbol{P}_1\boldsymbol{P}_2\cdots\boldsymbol{P}_s\boldsymbol{B}\boldsymbol{Q}_1\boldsymbol{Q}_2\cdots\boldsymbol{Q}_t\text{”}.$$

取 $\boldsymbol{P}=\boldsymbol{P}_1\boldsymbol{P}_2\cdots\boldsymbol{P}_s,\boldsymbol{Q}=\boldsymbol{Q}_1\boldsymbol{Q}_2\cdots\boldsymbol{Q}_t$，则知结论成立.

(⇐)设∃可逆矩阵 $\boldsymbol{P}\in F_{m\times m}$，可逆矩阵 $\boldsymbol{Q}\in F_{m\times n}$，

$$\ni\text{“}\boldsymbol{A}=\boldsymbol{PBQ}\text{”}.$$

因为 $\boldsymbol{P},\boldsymbol{Q}$ 可逆，所以由推论 5.3.4 知，∃初等矩阵 $\boldsymbol{P}_1,\boldsymbol{P}_2,\cdots,\boldsymbol{P}_s,\boldsymbol{Q}_1,\boldsymbol{Q}_2,\cdots,\boldsymbol{Q}_t$，

$$\ni\text{“}\boldsymbol{P}=\boldsymbol{P}_1\boldsymbol{P}_2\cdots\boldsymbol{P}_s,\boldsymbol{Q}=\boldsymbol{Q}_1\boldsymbol{Q}_2\cdots\boldsymbol{Q}_t\text{”},$$

即 $\boldsymbol{A}=\boldsymbol{P}_1\boldsymbol{P}_2\cdots\boldsymbol{P}_s\boldsymbol{B}\boldsymbol{Q}_1\boldsymbol{Q}_2\cdots\boldsymbol{Q}_t$，故 $\boldsymbol{A}\cong\boldsymbol{B}$.

综上可知结论成立.

将定理 5.2.1 与推论 5.3.2 结合在一起就有下面的结论.

定理 5.3.4 设 $\boldsymbol{A}\in F_{n\times n}$，$\boldsymbol{A}$ 可逆⇔$|\boldsymbol{A}|\neq0$.

有时并不需要把矩阵变为标准形，而只须变为上三角矩阵.

定理 5.3.5 设 $\boldsymbol{A}\in F_{n\times n}$，则 $\boldsymbol{A}$ 可经第三种行(或只经列)初等变换变为上三角矩阵

$$\bar{\boldsymbol{A}}=\begin{pmatrix}c_{11}&c_{12}&\cdots&c_{1n}\\0&c_{22}&\cdots&c_{2n}\\\vdots&\vdots&&\vdots\\0&0&\cdots&c_{nn}\end{pmatrix}.$$

证：在矩阵 $\boldsymbol{A}$ 的第 1 列中，如有一个元素不为零，则可用第三种行初等变换使得第 1 列的第一个元素不为零，然后再用第三种行初等变换使得第 1 列的第一个元素的下方全为零，即

$$\boldsymbol{A}\xrightarrow{\text{行初等变换}}\begin{pmatrix}c_{11}&c_{12}&\cdots&c_{1n}\\0&&&\\\vdots&&\boldsymbol{A}_1&\\0&&&\end{pmatrix}.$$

如果第 1 列的元素全为零，其也是上面的构形.继之用同样的方法处理 $\boldsymbol{A}_1$，即知结论成立.

定理 5.3.6 设 $\boldsymbol{A},\boldsymbol{B}\in F_{n\times n}$，则

$$|\boldsymbol{AB}|=|\boldsymbol{A}|\,|\boldsymbol{B}|.$$

即：乘积的行列式等于各因子的行列式的积.

证：设 $\boldsymbol{P},\boldsymbol{Q}$ 为第三种初等变换，因为行列式不因第三种初等变换而改变，所以 $\forall\boldsymbol{A}\in F_{n\times n}$，

$$|\boldsymbol{PA}|=|\boldsymbol{A}|,|\boldsymbol{AQ}|=|\boldsymbol{A}|.$$

而 $\forall\boldsymbol{A},\boldsymbol{B}\in F_{n\times n}$，$\boldsymbol{A}$ 可以经第三种行初等变换化为上三角矩阵，$\boldsymbol{B}$ 可以经第三种列初

等变换化为上三角矩阵

$$\bar{A}=\begin{pmatrix} c_{11} & c_{12} & \cdots & c_{1n} \\ 0 & c_{22} & \cdots & c_{2n} \\ \vdots & \vdots & & \vdots \\ 0 & 0 & \cdots & c_{nn} \end{pmatrix},\bar{B}=\begin{pmatrix} d_{11} & d_{12} & \cdots & d_{1n} \\ 0 & d_{22} & \cdots & d_{2n} \\ \vdots & \vdots & & \vdots \\ 0 & 0 & \cdots & d_{nn} \end{pmatrix}.$$

所以∃初等矩阵 $P_1,P_2,\cdots,P_s,Q_1,Q_2,\cdots,Q_t$,

$$\ni “A=P_1P_2\cdots P_s\bar{A},B=\bar{B}Q_1Q_2\cdots Q_t”.$$

而

$$|\bar{A}\bar{B}|=c_{11}d_{11}c_{22}d_{22}\cdots c_{nn}d_{nn}=|\bar{A}||\bar{B}|.$$

所以

$$\begin{aligned}|AB|&=|P_1P_2\cdots P_s\bar{A}\bar{B}Q_1Q_2\cdots Q_t|=|\bar{A}\bar{B}Q_1Q_2\cdots Q_t|\\&=|\bar{A}\bar{B}|=|\bar{A}||\bar{B}|=|A||B|.\end{aligned}$$

5.3.3 利用初等变换求矩阵的逆

定理 5.3.7 设 $A\in F_{n\times n}$ 可逆,则 A 仅经行初等变换就可变为单位矩阵 E,仅经列初等变换亦可变为单位矩阵 E.

证:因为 A 可逆,所以 A 可表为初等矩阵的积,即∃初等矩阵 $P_1,P_2,\cdots,P_s$,

$$\ni “A=P_1P_2\cdots P_s”.$$

于是 $P_s^{-1}P_{s-1}^{-1}\cdots P_1^{-1}A=E$,因为仅就初等矩阵 $P_s^{-1},P_{s-1}^{-1},\cdots,P_1^{-1}$ 左乘矩阵 A 可变为单位矩阵 E,故 A 仅经行初等变换就可变为单位矩阵 E.

又 $AP_s^{-1}P_{s-1}^{-1}\cdots P_1^{-1}=E$,故结论成立.

定理 5.3.8 设 $A\in F_{n\times n}$,A 可逆,则 A 经行初等变换变为单位矩阵 E 时,单位矩阵 E 经同样的行初等变换变为 A^{-1}.

证:因为 $P_1P_2\cdots P_sA=E$,所以

$$A^{-1}=P_1P_2\cdots P_s=P_1P_2\cdots P_sE.$$

故结论成立.

定理 5.3.9 设 $A\in F_{n\times n}$,A 可逆,则 A 经列初等变换变为单位矩阵 E 时,单位矩阵 E 经同样的列初等变换变为 A^{-1}.

证:因为 $AP_1P_2\cdots P_s=E$,所以

$$A^{-1}=P_1P_2\cdots P_s=EP_1P_2\cdots P_s.$$

故结论成立.

由这里的两个定理,我们可获得求矩阵的逆的方法.

设 $A\in F_{n\times n}$,把矩阵 A 与单位矩阵 E 表为 $n\times 2n$ 矩阵

$$(A\quad E),$$

对这个 $n\times 2n$ 矩阵施用行初等变换,则 $A\to E$ 时,$E\to A^{-1}$,即

$$(A\quad E)\xrightarrow{\text{行初等变换}}(E\quad A^{-1}).$$

同理，

$$\begin{pmatrix} \boldsymbol{A} \\ \boldsymbol{E} \end{pmatrix} \xrightarrow{\text{列初等变换}} \begin{pmatrix} \boldsymbol{E} \\ \boldsymbol{A}^{-1} \end{pmatrix}.$$

例 5.3.1 求矩阵

$$\boldsymbol{A}=\begin{pmatrix} 1 & 2 & -1 \\ 3 & 1 & 0 \\ -1 & 0 & -2 \end{pmatrix}$$

的逆 $\boldsymbol{A}^{-1}$.

解：

$$\begin{pmatrix} 1 & 2 & -1 & 1 & 0 & 0 \\ 3 & 1 & 0 & 0 & 1 & 0 \\ -1 & 0 & -2 & 0 & 0 & 1 \end{pmatrix} \xrightarrow{\text{行变}} \begin{pmatrix} 1 & 2 & -1 & 1 & 0 & 0 \\ 0 & -5 & 3 & -3 & 1 & 0 \\ 0 & 2 & -3 & 1 & 0 & 1 \end{pmatrix}$$

$$\xrightarrow{\text{行变}} \begin{pmatrix} 1 & 0 & \frac{1}{5} & -\frac{1}{5} & \frac{2}{5} & 0 \\ 0 & 1 & -\frac{3}{5} & \frac{3}{5} & -\frac{1}{5} & 0 \\ 0 & 0 & -\frac{9}{5} & -\frac{1}{5} & \frac{2}{5} & 1 \end{pmatrix} \xrightarrow{\text{行变}} \begin{pmatrix} 1 & 0 & 0 & -\frac{2}{9} & \frac{4}{9} & \frac{1}{9} \\ 0 & 1 & 0 & \frac{2}{3} & -\frac{1}{3} & -\frac{1}{3} \\ 0 & 0 & 1 & \frac{1}{9} & -\frac{2}{9} & -\frac{5}{9} \end{pmatrix},$$

所以

$$\boldsymbol{A}^{-1}=\begin{pmatrix} -\frac{2}{9} & \frac{4}{9} & \frac{1}{9} \\ \frac{2}{3} & -\frac{1}{3} & -\frac{1}{3} \\ \frac{1}{9} & -\frac{2}{9} & -\frac{5}{9} \end{pmatrix}.$$

我们亦可对 $2n\times n$ 矩阵

$$\begin{pmatrix} 1 & 2 & -1 \\ 3 & 1 & 0 \\ -1 & 0 & -2 \\ 1 & 0 & 0 \\ 0 & 1 & 0 \\ 0 & 0 & 1 \end{pmatrix}$$

施用列初等变换来求 $\boldsymbol{A}^{-1}$.

对于矩阵方程

$$\boldsymbol{AX}=\boldsymbol{B},$$

如果 $\boldsymbol{A}$ 可逆，则 $\boldsymbol{X}=\boldsymbol{A}^{-1}\boldsymbol{B}$. 于是将矩阵 $\boldsymbol{A}$ 与 $\boldsymbol{B}$ 表为 $n\times 2n$ 矩阵

$$(\boldsymbol{A}\quad \boldsymbol{B}),$$

施用行初等变换，则 $\boldsymbol{P}_1\boldsymbol{P}_2\cdots\boldsymbol{P}_s\boldsymbol{A}=\boldsymbol{E}$，于是 $\boldsymbol{P}_1\boldsymbol{P}_2\cdots\boldsymbol{P}_s\boldsymbol{B}=\boldsymbol{A}^{-1}\boldsymbol{B}$，即

$$(\boldsymbol{A}\quad \boldsymbol{B}) \xrightarrow{\text{行初等变换}} (\boldsymbol{E}\quad \boldsymbol{A}^{-1}\boldsymbol{B}).$$

故仅用行初等变换就可以求出矩阵方程的解 $\boldsymbol{X}=\boldsymbol{A}^{-1}\boldsymbol{B}$.

同理,矩阵方程

$$\boldsymbol{X}\boldsymbol{A}=\boldsymbol{B},$$

当 $\boldsymbol{A}$ 可逆时,则 $\boldsymbol{X}=\boldsymbol{B}\boldsymbol{A}^{-1}$. 于是将矩阵 $\boldsymbol{A}$ 与 $\boldsymbol{B}$ 表为 $2n\times n$ 矩阵

$$\begin{pmatrix}\boldsymbol{A}\\\boldsymbol{B}\end{pmatrix},$$

施用列初等变换,$\boldsymbol{A}\boldsymbol{P}_1\boldsymbol{P}_2\cdots\boldsymbol{P}_s=\boldsymbol{E}$,$\boldsymbol{B}\boldsymbol{P}_1\boldsymbol{P}_2\cdots\boldsymbol{P}_s=\boldsymbol{B}\boldsymbol{A}^{-1}$,即

$$\begin{pmatrix}\boldsymbol{A}\\\boldsymbol{B}\end{pmatrix}\xrightarrow{\text{列初等变换}}\begin{pmatrix}\boldsymbol{E}\\\boldsymbol{B}\boldsymbol{A}^{-1}\end{pmatrix}.$$

故用列初等变换就可以求出矩阵方程的解 $\boldsymbol{X}=\boldsymbol{B}\boldsymbol{A}^{-1}$.

例 5.3.2 解矩阵方程

$$\begin{pmatrix}1 & -3\\-1 & 4\end{pmatrix}\boldsymbol{X}=\begin{pmatrix}3 & 2\\2 & 5\end{pmatrix}.$$

解:

$$\begin{pmatrix}1 & -3 & 3 & 2\\-1 & 4 & 2 & 5\end{pmatrix}\xrightarrow{\text{行变}}\begin{pmatrix}1 & -3 & 3 & 2\\0 & 1 & 5 & 7\end{pmatrix}\xrightarrow{\text{行变}}\begin{pmatrix}1 & 0 & 18 & 23\\0 & 1 & 5 & 7\end{pmatrix},$$

所以方程的解为 $\boldsymbol{X}=\begin{pmatrix}18 & 23\\5 & 7\end{pmatrix}$.

例 5.3.3 解矩阵方程

$$\boldsymbol{X}\begin{pmatrix}1 & -3\\-1 & 4\end{pmatrix}=\begin{pmatrix}3 & 2\\2 & 5\end{pmatrix}.$$

解:

$$\begin{pmatrix}1 & -3\\-1 & 4\\3 & 2\\2 & 5\end{pmatrix}\xrightarrow{\text{列变}}\begin{pmatrix}1 & 0\\-1 & 1\\3 & 11\\2 & 11\end{pmatrix}\xrightarrow{\text{列变}}\begin{pmatrix}1 & 0\\0 & 1\\14 & 11\\13 & 11\end{pmatrix},$$

所以方程的解为

$$\boldsymbol{X}=\begin{pmatrix}14 & 11\\13 & 11\end{pmatrix}.$$

习　题　5.3

1. 设 $\boldsymbol{A}\in F_{5\times 5}$,试问:把第 2 行的 3 倍加到第 3 行,把第 2 列的 3 倍加到第 3 列,相当于这两个初等变换的初等矩阵是什么?

2. 设

$$\boldsymbol{A}=\begin{pmatrix}a & b\\c & d\end{pmatrix},ad-bc=1,$$

证明:$\boldsymbol{A}$ 可表为初等矩阵 $P_{12}(k)$与 $P_{21}(k)$的乘积.

3. 写出四阶方阵的标准形.

4. 证明：$\boldsymbol{A}\cong\boldsymbol{B}\Leftrightarrow\tau(\boldsymbol{A})=\tau(\boldsymbol{B})$.

5. 用初等变换将下列矩阵化为标准形.

(1) $\begin{pmatrix}1 & -3 & 3\\ -1 & 2 & 2\\ 0 & -1 & 5\end{pmatrix}$；　　(2) $\begin{pmatrix}2 & -1 & 3\\ -1 & 2 & 2\\ 2 & 7 & 5\end{pmatrix}$.

6. 解矩阵 $\boldsymbol{X}$ 的矩阵方程

$$\boldsymbol{X}\begin{pmatrix}1 & -1 & 1\\ -1 & 0 & 3\\ 0 & -1 & 5\end{pmatrix}=\begin{pmatrix}8 & -3 & 3\\ -1 & 2 & -1\\ 4 & -1 & 2\end{pmatrix}.$$

§5.4 分块矩阵

5.4.1 分块矩阵的概念与运算

定义 5.4.1 设 $A\in F_{m\times n}$，把 $\boldsymbol{A}$ 分为

$$\boldsymbol{A}=\begin{array}{c}\\ m_1\\ m_2\\ \vdots\\ m_s\end{array}\overset{\begin{array}{cccc}n_1 & n_2 & \cdots & n_t\end{array}}{\left(\begin{array}{c:c:c:c}\ & & & \\ \hdashline & & & \\ \hdashline & & & \\ \hdashline & & & \end{array}\right)}=\begin{pmatrix}\boldsymbol{A}_{11} & \boldsymbol{A}_{12} & \cdots & \boldsymbol{A}_{1t}\\ \boldsymbol{A}_{21} & \boldsymbol{A}_{22} & \cdots & \boldsymbol{A}_{2t}\\ \vdots & \vdots & & \vdots\\ \boldsymbol{A}_{s1} & \boldsymbol{A}_{s2} & \cdots & \boldsymbol{A}_{st}\end{pmatrix},$$

其中 $\boldsymbol{A}_{ij}\in F_{m_i\times n_j}$. 用这种方法获得的矩阵称为**分块矩阵**.

例如：$\boldsymbol{A}=\left(\begin{array}{cc:c}a_{11} & a_{12} & a_{13}\\ a_{21} & a_{22} & a_{23}\\ \hdashline a_{31} & a_{32} & a_{33}\\ a_{41} & a_{42} & a_{43}\end{array}\right)$，则 $\boldsymbol{A}=\begin{pmatrix}\boldsymbol{A}_{11} & \boldsymbol{A}_{12}\\ \boldsymbol{A}_{21} & \boldsymbol{A}_{22}\end{pmatrix}$.

其中

$$\boldsymbol{A}_{11}=\begin{pmatrix}a_{11} & a_{12}\\ a_{21} & a_{22}\end{pmatrix},\boldsymbol{A}_{12}=\begin{pmatrix}a_{13}\\ a_{23}\end{pmatrix},$$

$$\boldsymbol{A}_{21}=\begin{pmatrix}a_{31} & a_{32}\\ a_{41} & a_{42}\end{pmatrix},\boldsymbol{A}_{22}=\begin{pmatrix}a_{33}\\ a_{43}\end{pmatrix}.$$

也可以分为

$$A=\left(\begin{array}{ccc}a_{11}&a_{12}&a_{13}\\a_{21}&a_{22}&a_{23}\\a_{31}&a_{32}&a_{33}\\\hdashline a_{41}&a_{42}&a_{43}\end{array}\right)\text{或 }A=\left(\begin{array}{cc:c}a_{11}&a_{12}&a_{13}\\\hdashline a_{21}&a_{22}&a_{23}\\a_{31}&a_{32}&a_{33}\\\hdashline a_{41}&a_{42}&a_{43}\end{array}\right).$$

每一种分块的方法称为矩阵 $\boldsymbol{A}$ 的**分法**.

对矩阵分块的目的是简化运算，且分块后，矩阵之间的相互关系可以看得更清楚. 因而矩阵的分法要适应矩阵运算的需要.

显然，$\forall \boldsymbol{A},\boldsymbol{B}\in F_{m\times n}$，对 $\boldsymbol{A},\boldsymbol{B}$ 都用同样的分法，即

$$\boldsymbol{A}=\begin{pmatrix}\boldsymbol{A}_{11}&\boldsymbol{A}_{12}&\cdots&\boldsymbol{A}_{1t}\\\boldsymbol{A}_{21}&\boldsymbol{A}_{22}&\cdots&\boldsymbol{A}_{2t}\\\vdots&\vdots&&\vdots\\\boldsymbol{A}_{s1}&\boldsymbol{A}_{s2}&\cdots&\boldsymbol{A}_{st}\end{pmatrix},\boldsymbol{B}=\begin{pmatrix}\boldsymbol{B}_{11}&\boldsymbol{B}_{12}&\cdots&\boldsymbol{B}_{1t}\\\boldsymbol{B}_{21}&\boldsymbol{B}_{22}&\cdots&\boldsymbol{B}_{2t}\\\vdots&\vdots&&\vdots\\\boldsymbol{B}_{s1}&\boldsymbol{B}_{s2}&\cdots&\boldsymbol{B}_{st}\end{pmatrix},$$

则由矩阵的加法与数乘的定义得

$$\boldsymbol{A}+\boldsymbol{B}=\begin{pmatrix}\boldsymbol{A}_{11}+\boldsymbol{B}_{11}&\boldsymbol{A}_{12}+\boldsymbol{B}_{12}&\cdots&\boldsymbol{A}_{1t}+\boldsymbol{B}_{1t}\\\boldsymbol{A}_{21}+\boldsymbol{B}_{21}&\boldsymbol{A}_{22}+\boldsymbol{B}_{22}&\cdots&\boldsymbol{A}_{2t}+\boldsymbol{B}_{2t}\\\vdots&\vdots&&\vdots\\\boldsymbol{A}_{s1}+\boldsymbol{B}_{s1}&\boldsymbol{A}_{s2}+\boldsymbol{B}_{s2}&\cdots&\boldsymbol{A}_{st}+\boldsymbol{B}_{st}\end{pmatrix};\forall\lambda\in\mathbf{R},\lambda\boldsymbol{A}=\begin{pmatrix}\lambda\boldsymbol{A}_{11}&\lambda\boldsymbol{A}_{12}&\cdots&\lambda\boldsymbol{A}_{1t}\\\lambda\boldsymbol{A}_{21}&\lambda\boldsymbol{A}_{22}&\cdots&\lambda\boldsymbol{A}_{2t}\\\vdots&\vdots&&\vdots\\\lambda\boldsymbol{A}_{s1}&\lambda\boldsymbol{A}_{s2}&\cdots&\lambda\boldsymbol{A}_{st}\end{pmatrix}.$$

对于分块矩阵的乘法，我们先看一个简单的例子. 设

$$\boldsymbol{A}=\left(\begin{array}{cc:c}a_{11}&a_{12}&a_{13}\\a_{21}&a_{22}&a_{23}\\\hdashline a_{31}&a_{32}&a_{33}\end{array}\right)=\begin{pmatrix}\boldsymbol{A}_{11}&\boldsymbol{A}_{12}\\\boldsymbol{A}_{21}&\boldsymbol{A}_{22}\end{pmatrix},\boldsymbol{B}=\left(\begin{array}{cc}b_{11}&b_{12}\\b_{21}&b_{22}\\\hdashline b_{31}&b_{32}\end{array}\right)=\begin{pmatrix}\boldsymbol{B}_{11}\\\boldsymbol{B}_{21}\end{pmatrix},$$

则

$$\begin{aligned}\boldsymbol{A}&=\left(\begin{array}{cc:c}a_{11}&a_{12}&a_{13}\\a_{21}&a_{22}&a_{23}\\\hdashline a_{31}&a_{32}&a_{33}\end{array}\right)\left(\begin{array}{cc}b_{11}&b_{12}\\b_{21}&b_{22}\\\hdashline b_{31}&b_{32}\end{array}\right)\\&=\begin{pmatrix}a_{11}b_{11}+a_{12}b_{21}+a_{13}b_{31}&a_{11}b_{12}+a_{12}b_{22}+a_{13}b_{32}\\a_{21}b_{11}+a_{22}b_{21}+a_{23}b_{31}&a_{21}b_{12}+a_{22}b_{22}+a_{23}b_{32}\\a_{31}b_{11}+a_{32}b_{21}+a_{33}b_{31}&a_{31}b_{12}+a_{32}b_{22}+a_{33}b_{32}\end{pmatrix}\\&=\left(\begin{array}{cc}a_{11}b_{11}+a_{12}b_{21}&a_{11}b_{12}+a_{12}b_{22}\\a_{21}b_{11}+a_{22}b_{21}&a_{21}b_{12}+a_{22}b_{22}\\\hdashline a_{31}b_{11}+a_{32}b_{21}&a_{31}b_{12}+a_{32}b_{22}\end{array}\right)+\left(\begin{array}{cc}a_{13}b_{31}&a_{13}b_{32}\\a_{23}b_{31}&a_{23}b_{32}\\\hdashline a_{33}b_{31}&a_{33}b_{32}\end{array}\right)\\&=\left(\begin{array}{cc}(a_{11}\quad a_{12})\begin{pmatrix}b_{11}\\b_{21}\end{pmatrix}&(a_{11}\quad a_{12})\begin{pmatrix}b_{12}\\b_{22}\end{pmatrix}\\(a_{21}\quad a_{22})\begin{pmatrix}b_{11}\\b_{21}\end{pmatrix}&(a_{21}\quad a_{22})\begin{pmatrix}b_{12}\\b_{22}\end{pmatrix}\\\hdashline(a_{31}\quad a_{32})\begin{pmatrix}b_{11}\\b_{21}\end{pmatrix}&(a_{31}\quad a_{32})\begin{pmatrix}b_{12}\\b_{22}\end{pmatrix}\end{array}\right)+\left(\begin{array}{c}\begin{pmatrix}a_{13}\\a_{23}\end{pmatrix}(b_{31}\quad b_{32})\\\hdashline(a_{33})(b_{31}\quad b_{32})\end{array}\right)\end{aligned}$$

$$=\begin{pmatrix}\boldsymbol{A}_{11}\boldsymbol{B}_{11}\\ \boldsymbol{A}_{21}\boldsymbol{B}_{11}\end{pmatrix}+\begin{pmatrix}\boldsymbol{A}_{12}\boldsymbol{B}_{21}\\ \boldsymbol{A}_{22}\boldsymbol{B}_{21}\end{pmatrix}=\begin{pmatrix}\boldsymbol{A}_{11}\boldsymbol{B}_{11}+\boldsymbol{A}_{12}\boldsymbol{B}_{21}\\ \boldsymbol{A}_{21}\boldsymbol{B}_{11}+\boldsymbol{A}_{22}\boldsymbol{B}_{21}\end{pmatrix}$$

$$=\begin{pmatrix}\boldsymbol{A}_{11} & \boldsymbol{A}_{12}\\ \boldsymbol{A}_{21} & \boldsymbol{A}_{22}\end{pmatrix}\begin{pmatrix}\boldsymbol{B}_{11}\\ \boldsymbol{B}_{21}\end{pmatrix},$$

即

$$\boldsymbol{AB}=\begin{pmatrix}\boldsymbol{A}_{11} & \boldsymbol{A}_{12}\\ \boldsymbol{A}_{21} & \boldsymbol{A}_{22}\end{pmatrix}\begin{pmatrix}\boldsymbol{B}_{11}\\ \boldsymbol{B}_{21}\end{pmatrix}=\begin{pmatrix}\boldsymbol{A}_{11}\boldsymbol{B}_{11}+\boldsymbol{A}_{12}\boldsymbol{B}_{21}\\ \boldsymbol{A}_{21}\boldsymbol{B}_{11}+\boldsymbol{A}_{22}\boldsymbol{B}_{21}\end{pmatrix}.$$

一般地，我们有下面的结论.

定理 5.4.1 设 $\boldsymbol{A}\in F_{m\times p}$，$\boldsymbol{B}\in F_{p\times n}$，对矩阵 $\boldsymbol{A}$ 的列的分法与矩阵 $\boldsymbol{B}$ 的行的分法相同，即

$$\boldsymbol{A}=\begin{array}{c}\\ m_1\\ m_2\\ \vdots\\ m_r\end{array}\begin{array}{c}\begin{array}{cccc}p_1 & p_2 & \cdots & p_s\end{array}\\ \begin{pmatrix}\boldsymbol{A}_{11} & \boldsymbol{A}_{12} & \cdots & \boldsymbol{A}_{1s}\\ \boldsymbol{A}_{21} & \boldsymbol{A}_{22} & \cdots & \boldsymbol{A}_{2s}\\ \vdots & \vdots & & \vdots\\ \boldsymbol{A}_{r1} & \boldsymbol{A}_{r2} & \cdots & \boldsymbol{A}_{rs}\end{pmatrix}\end{array},m_1+m_2+\cdots+m_r=m,p_1+p_2+\cdots+p_s=p,$$

$$\boldsymbol{B}=\begin{array}{c}\\ p_1\\ p_2\\ \vdots\\ p_s\end{array}\begin{array}{c}\begin{array}{cccc}n_1 & n_2 & \cdots & n_t\end{array}\\ \begin{pmatrix}\boldsymbol{B}_{11} & \boldsymbol{B}_{12} & \cdots & \boldsymbol{B}_{1t}\\ \boldsymbol{B}_{21} & \boldsymbol{B}_{22} & \cdots & \boldsymbol{B}_{2t}\\ \vdots & \vdots & & \vdots\\ \boldsymbol{B}_{s1} & \boldsymbol{B}_{s2} & \cdots & \boldsymbol{B}_{st}\end{pmatrix}\end{array},p_1+p_2+\cdots+p_s=p,n_1+n_2+\cdots+n_t=n,$$

则

$$\boldsymbol{AB}=\begin{array}{c}\\ m_1\\ m_2\\ \vdots\\ m_r\end{array}\begin{array}{c}\begin{array}{cccc}n_1 & n_2 & \cdots & n_t\end{array}\\ \begin{pmatrix}\boldsymbol{C}_{11} & \boldsymbol{C}_{12} & \cdots & \boldsymbol{C}_{1t}\\ \boldsymbol{C}_{21} & \boldsymbol{C}_{22} & \cdots & \boldsymbol{C}_{2t}\\ \vdots & \vdots & & \vdots\\ \boldsymbol{C}_{r1} & \boldsymbol{C}_{r2} & \cdots & \boldsymbol{C}_{rt}\end{pmatrix}\end{array}.$$

其中 $\boldsymbol{C}_{uv}=\boldsymbol{A}_{u1}\boldsymbol{B}_{1v}+\boldsymbol{A}_{u2}\boldsymbol{B}_{2v}+\cdots+\boldsymbol{A}_{us}\boldsymbol{B}_{sv}$，$u\in\{1,2,\cdots,r\}$，$v\in\{1,2,\cdots,t\}$.

证：设 $\boldsymbol{AB}=(d_{ij})$，则 $d_{ij}=a_{i1}b_{1j}+a_{i2}b_{2j}+\cdots+a_{ip}b_{pj}$，于是

$$\begin{aligned}d_{ij}=&(a_{i1}b_{1j}+a_{i2}b_{2j}+\cdots+a_{ip_1}b_{p_1j})+\\ &(a_{i,p_1+1}b_{p_1+1,j}+a_{i,p_1+2}b_{p_1+2,j}+\cdots+a_{i,p_1+p_2}b_{p_1+p_2,j})+\\ &\cdots+(a_{i,p_1+\cdots+p_{s-1}+1}b_{p_1+\cdots+p_{s-1}+1,j}+\cdots+a_{ip}b_{pj})\end{aligned}$$

$$=(a_{i1},a_{i2},\cdots,a_{ip_1})\begin{pmatrix}b_{1j}\\ b_{2j}\\ \vdots\\ b_{p_1j}\end{pmatrix}+(a_{i,p_1+1},a_{i,p_1+2},\cdots,a_{i,p_1+p_2})\begin{pmatrix}b_{p_1+1,j}\\ b_{p_1+2,j}\\ \vdots\\ b_{p_1+p_2,j}\end{pmatrix}+$$

$$\cdots+(a_{i,p_1+\cdots+p_{s-1}+1},a_{i,p_1+\cdots+p_{s-1}+2},\cdots,a_{ip})\begin{pmatrix}b_{p_1+\cdots+p_{s-1}+1,j}\\b_{p_1+\cdots+p_{s-1}+2,j}\\\vdots\\b_{pj}\end{pmatrix}$$

设分块矩阵$(\boldsymbol{C}_{uv})_{rt}$中位于第 i 行第 j 列的元素为 c_{ij}，则$\exists u,v$，

$\ni$“c_{ij}是$\boldsymbol{C}_{uv}$的元素”.

而$\boldsymbol{C}_{uv}=\boldsymbol{A}_{u1}\boldsymbol{B}_{1v}+\boldsymbol{A}_{u2}\boldsymbol{B}_{2v}+\cdots+\boldsymbol{A}_{us}\boldsymbol{B}_{sv}$，所以 c_{ij} 是$\boldsymbol{A}_{u1}$中第 i 行与$\boldsymbol{B}_{1v}$中第 j 列的元素的乘积和，即

$$(a_{i1},a_{i2},\cdots,a_{ip_1})\begin{pmatrix}b_{1j}\\b_{2j}\\\vdots\\b_{p_1j}\end{pmatrix},$$

再加上$\boldsymbol{A}_{u2}$中第 i 行与$\boldsymbol{B}_{2v}$中第 j 列的元素的乘积和，即

$$(a_{i,p_1+1},a_{i,p_1+2},\cdots,a_{i,p_1+p_2})\begin{pmatrix}b_{p_1+1,j}\\b_{p_1+2,j}\\\vdots\\b_{p_1+p_2,j}\end{pmatrix},$$

继之加上$\boldsymbol{A}_{us}$中第i 行与$\boldsymbol{B}_{sv}$中第 j 列的元素的乘积和，即

$$(a_{i,p_1+\cdots+p_{s-1}+1},a_{i,p_1+\cdots+p_{s-1}+2},\cdots,a_{ip})\begin{pmatrix}b_{p_1+\cdots+p_{s-1}+1,j}\\b_{p_1+\cdots+p_{s-1}+2,j}\\\vdots\\b_{pj}\end{pmatrix},$$

所以 $d_{ij}=c_{ij}$. 故

$$\boldsymbol{AB}=\begin{pmatrix}\boldsymbol{C}_{11}&\boldsymbol{C}_{12}&\cdots&\boldsymbol{C}_{1t}\\\boldsymbol{C}_{21}&\boldsymbol{C}_{22}&\cdots&\boldsymbol{C}_{2t}\\\vdots&\vdots&&\vdots\\\boldsymbol{C}_{r1}&\boldsymbol{C}_{r2}&\cdots&\boldsymbol{C}_{rt}\end{pmatrix}.$$

5.4.2 分块矩阵的应用

分块矩阵可以简化计算，而且矩阵之间的关系明显.

例 5.4.1 设

$$\boldsymbol{A}=\begin{pmatrix}1&0&0&0\\0&1&0&0\\-1&2&1&0\\1&1&0&1\end{pmatrix},\boldsymbol{B}=\begin{pmatrix}1&0&3&2\\-1&2&0&1\\1&0&4&1\\-1&-1&2&0\end{pmatrix},$$

求 $\boldsymbol{AB}$.

解:把矩阵 $\boldsymbol{A},\boldsymbol{B}$ 分块为

$$\boldsymbol{A}=\begin{pmatrix}1&0&0&0\\0&1&0&0\\-1&2&1&0\\1&1&0&1\end{pmatrix}=\begin{pmatrix}\boldsymbol{E}&\boldsymbol{0}\\\boldsymbol{A}_1&\boldsymbol{E}\end{pmatrix},$$

$$\boldsymbol{B}=\begin{pmatrix}1&0&3&2\\-1&2&0&1\\1&0&4&1\\-1&-1&2&0\end{pmatrix}=\begin{pmatrix}\boldsymbol{B}_{11}&\boldsymbol{B}_{12}\\\boldsymbol{B}_{21}&\boldsymbol{B}_{22}\end{pmatrix},$$

则

$$\boldsymbol{AB}=\begin{pmatrix}\boldsymbol{E}&\boldsymbol{0}\\\boldsymbol{A}_1&\boldsymbol{E}\end{pmatrix}\begin{pmatrix}\boldsymbol{B}_{11}&\boldsymbol{B}_{12}\\\boldsymbol{B}_{21}&\boldsymbol{B}_{22}\end{pmatrix}=\begin{pmatrix}\boldsymbol{B}_{11}&\boldsymbol{B}_{12}\\\boldsymbol{A}_1\boldsymbol{B}_{11}+\boldsymbol{B}_{21}&\boldsymbol{A}_1\boldsymbol{B}_{12}+\boldsymbol{B}_{22}\end{pmatrix}.$$

而

$$\boldsymbol{A}_1\boldsymbol{B}_{11}+\boldsymbol{B}_{21}=\begin{pmatrix}-1&2\\1&1\end{pmatrix}\begin{pmatrix}1&0\\-1&2\end{pmatrix}+\begin{pmatrix}1&0\\-1&-1\end{pmatrix}=\begin{pmatrix}-2&4\\-1&1\end{pmatrix},$$

$$\boldsymbol{A}_1\boldsymbol{B}_{12}+\boldsymbol{B}_{22}=\begin{pmatrix}-1&2\\1&1\end{pmatrix}\begin{pmatrix}3&2\\0&1\end{pmatrix}+\begin{pmatrix}4&1\\2&0\end{pmatrix}=\begin{pmatrix}1&1\\5&3\end{pmatrix},$$

故

$$\boldsymbol{AB}=\begin{pmatrix}1&0&3&2\\-1&2&0&1\\-2&4&1&1\\-1&1&5&3\end{pmatrix}.$$

例 5.4.2 设 $\boldsymbol{A}\in F_{m\times m},\boldsymbol{B}\in F_{n\times n},\boldsymbol{C}\in F_{m\times n}$,如果 $\boldsymbol{A},\boldsymbol{B}$ 可逆,则矩阵

$$\boldsymbol{P}=\begin{pmatrix}\boldsymbol{A}&\boldsymbol{C}\\\boldsymbol{0}&\boldsymbol{B}\end{pmatrix}$$

也可逆,且

$$\boldsymbol{P}^{-1}=\begin{pmatrix}\boldsymbol{A}^{-1}&-\boldsymbol{A}^{-1}\boldsymbol{C}\boldsymbol{B}^{-1}\\\boldsymbol{0}&\boldsymbol{B}^{-1}\end{pmatrix}.$$

证:因为

$$\begin{pmatrix}\boldsymbol{A}&\boldsymbol{C}\\\boldsymbol{0}&\boldsymbol{B}\end{pmatrix}\begin{pmatrix}\boldsymbol{A}^{-1}&-\boldsymbol{A}^{-1}\boldsymbol{C}\boldsymbol{B}^{-1}\\\boldsymbol{0}&\boldsymbol{B}^{-1}\end{pmatrix}=\begin{pmatrix}\boldsymbol{E}&\boldsymbol{0}\\\boldsymbol{0}&\boldsymbol{E}\end{pmatrix},$$

故结论成立.

同理可得,当 $\boldsymbol{A},\boldsymbol{B}$ 可逆时,

$$\begin{pmatrix}\boldsymbol{A}&\boldsymbol{0}\\\boldsymbol{C}&\boldsymbol{B}\end{pmatrix}^{-1}=\begin{pmatrix}\boldsymbol{A}^{-1}&\boldsymbol{0}\\-\boldsymbol{B}^{-1}\boldsymbol{C}\boldsymbol{A}^{-1}&\boldsymbol{B}^{-1}\end{pmatrix}.$$

定义 5.4.2 设 $\boldsymbol{A}_i\in F_{n_i\times n_i},i\in\{1,2,\cdots,k\}$,分块矩阵

$$A=\begin{pmatrix}A_1 & 0 & \cdots & 0\\ 0 & A_2 & \cdots & 0\\ \vdots & \vdots & & \vdots\\ 0 & 0 & \cdots & A_k\end{pmatrix}$$

称为**对角线分块矩阵**,简称**准对角矩阵**.

例 5.4.3 如果 $A_i, B_i\in F_{n_i\times n_i}, i\in\{1,2,\cdots,k\}$,即

$$A=\begin{pmatrix}A_1 & 0 & \cdots & 0\\ 0 & A_2 & \cdots & 0\\ \vdots & \vdots & & \vdots\\ 0 & 0 & \cdots & A_k\end{pmatrix}, B=\begin{pmatrix}B_1 & 0 & \cdots & 0\\ 0 & B_2 & \cdots & 0\\ \vdots & \vdots & & \vdots\\ 0 & 0 & \cdots & B_k\end{pmatrix},$$

则

$$A+B=\begin{pmatrix}A_1+B_1 & 0 & \cdots & 0\\ 0 & A_2+B_2 & \cdots & 0\\ \vdots & \vdots & & \vdots\\ 0 & 0 & \cdots & A_k+B_k\end{pmatrix},$$

$$AB=\begin{pmatrix}A_1B_1 & 0 & \cdots & 0\\ 0 & A_2B_2 & \cdots & 0\\ \vdots & \vdots & & \vdots\\ 0 & 0 & \cdots & A_kB_k\end{pmatrix}.$$

例 5.4.4 设矩阵 $A_1, A_2, \cdots, A_k$ 都可逆,则

$$A=\begin{pmatrix}A_1 & 0 & \cdots & 0\\ 0 & A_2 & \cdots & 0\\ \vdots & \vdots & & \vdots\\ 0 & 0 & \cdots & A_k\end{pmatrix}$$

可逆,且

$$A^{-1}=\begin{pmatrix}A_1^{-1} & 0 & \cdots & 0\\ 0 & A_2^{-1} & \cdots & 0\\ \vdots & \vdots & & \vdots\\ 0 & 0 & \cdots & A_k^{-1}\end{pmatrix}.$$

证:因为 $AA^{-1}=E$,所以结论成立.

习 题 5.4

1. 求矩阵

$$\begin{pmatrix}2 & -1 & 0 & 0\\ -3 & 2 & 0 & 0\\ 4 & 7 & 3 & -4\\ -5 & 9 & -2 & 3\end{pmatrix}$$

的逆矩阵.

2. 设 $\boldsymbol{A},\boldsymbol{B}\in F_{n\times n}$，证明：

$$\begin{pmatrix}\boldsymbol{AB} & \boldsymbol{0}\\ \boldsymbol{B} & \boldsymbol{0}\end{pmatrix}\begin{pmatrix}\boldsymbol{E} & \boldsymbol{A}\\ \boldsymbol{0} & \boldsymbol{B}\end{pmatrix}=\begin{pmatrix}\boldsymbol{E} & \boldsymbol{A}\\ \boldsymbol{0} & \boldsymbol{E}\end{pmatrix}\begin{pmatrix}\boldsymbol{0} & \boldsymbol{0}\\ \boldsymbol{B} & \boldsymbol{BA}\end{pmatrix}.$$

3. 设 $\boldsymbol{T},\boldsymbol{S},\boldsymbol{A}\in F_{n\times n}$，且三个矩阵的分块相同，其中

$$\boldsymbol{T}=\begin{pmatrix}\boldsymbol{E} & \boldsymbol{0}\\ \boldsymbol{K} & \boldsymbol{E}\end{pmatrix},\boldsymbol{S}=\begin{pmatrix}\boldsymbol{E} & \boldsymbol{K}\\ \boldsymbol{0} & \boldsymbol{E}\end{pmatrix},\boldsymbol{A}=\begin{pmatrix}\boldsymbol{A}_1 & \boldsymbol{A}_2\\ \boldsymbol{A}_3 & \boldsymbol{A}_4\end{pmatrix},$$

求 $\boldsymbol{SA},\boldsymbol{AS},\boldsymbol{TA},\boldsymbol{AT}$，并寻找其规律.

4. 设 $\boldsymbol{A}\in F_{n\times n}$，$\boldsymbol{A}$ 可逆，证明：分块矩阵

$$\begin{pmatrix}\boldsymbol{A} & \boldsymbol{0}\\ \boldsymbol{0} & \boldsymbol{A}^{-1}\end{pmatrix}$$

可表为形如

$$\begin{pmatrix}\boldsymbol{E} & \boldsymbol{P}\\ \boldsymbol{0} & \boldsymbol{E}\end{pmatrix},\begin{pmatrix}\boldsymbol{E} & \boldsymbol{0}\\ \boldsymbol{Q} & \boldsymbol{E}\end{pmatrix}$$

的分块矩阵的乘积.

总练习题 5

1. 证明：$\forall \boldsymbol{A}\in F_{n\times n}$，与 $\boldsymbol{A}$ 可交换的矩阵一定是 n 阶数量矩阵.

2. 设 $\boldsymbol{A}\in F_{n\times n}$，

$$\boldsymbol{A}=\begin{pmatrix}a_1 & & & \\ & a_2 & & \\ & & \ddots & \\ & & & a_n\end{pmatrix},$$

其中 $a_1,a_2,\cdots,a_n$ 两两不相同，证明与 $\boldsymbol{A}$ 可交换的矩阵一定是对角矩阵.

3. 设 $\boldsymbol{A},\boldsymbol{B}\in F_{n\times n}$，$\boldsymbol{A}=\boldsymbol{A}^{\mathrm{T}}$，$\boldsymbol{B}=\boldsymbol{B}^{\mathrm{T}}$，证明：

$$\boldsymbol{AB}=(\boldsymbol{AB})^{\mathrm{T}}\Leftrightarrow \boldsymbol{AB}=\boldsymbol{BA}.$$

4. 设 $\boldsymbol{A}\in F_{n\times n}$，证明：$\boldsymbol{A}$ 可逆$\Leftrightarrow \exists \boldsymbol{B}\in F_{n\times 1}$，$\exists \boldsymbol{C}\in F_{1\times n}$，

$$\ni \text{“}\boldsymbol{A}=\boldsymbol{BC}\text{”}.$$

5. 设 $\boldsymbol{A}\in F_{n\times n}$，$\boldsymbol{A}^*$ 是 $\boldsymbol{A}$ 的伴随矩阵，证明：

$$|\boldsymbol{A}^*|=|\boldsymbol{A}|^{n-1}.$$

6. 设 $\boldsymbol{A},\boldsymbol{B}\in F_{n\times n}$，证明：$\boldsymbol{AB}$ 可逆$\Rightarrow\boldsymbol{A}$ 可逆且 $\boldsymbol{B}$ 可逆.

7. 设 $\tau(\boldsymbol{A})=r$，证明：矩阵 $\boldsymbol{A}$ 可表为 r 个秩为 1 的矩阵之和.

8. 设

$$\boldsymbol{A}=\begin{pmatrix}\boldsymbol{A}_1 & \boldsymbol{0} & \cdots & \boldsymbol{0}\\ \boldsymbol{0} & \boldsymbol{A}_2 & \cdots & \boldsymbol{0}\\ \vdots & \vdots & & \vdots\\ \boldsymbol{0} & \boldsymbol{0} & \cdots & \boldsymbol{A}_s\end{pmatrix}$$

是一个分块对角矩阵,证明:

$$\det \boldsymbol{A}=(\det \boldsymbol{A}_1)(\det \boldsymbol{A}_2)\cdots(\det \boldsymbol{A}_s).$$

9. 证明:n 阶方阵

$$\begin{pmatrix} \boldsymbol{A} & \boldsymbol{0} \\ \boldsymbol{C} & \boldsymbol{B} \end{pmatrix}$$

的行列式等于$(\det \boldsymbol{A})(\det \boldsymbol{B})$.

10. 设 $\boldsymbol{A},\boldsymbol{B}\in F_{n\times n}$,单位矩阵 $\boldsymbol{E}\in F_{n\times n}$,证明:

(1) 若 $\boldsymbol{A}+\boldsymbol{B}=\boldsymbol{AB}$,则 $\boldsymbol{A}-\boldsymbol{E}$ 可逆;

(2) 若 $\boldsymbol{E}-\boldsymbol{AB}$ 可逆,则 $\boldsymbol{E}-\boldsymbol{BA}$ 可逆.

11. 设 $\boldsymbol{A}\in F_{3\times 3}$,$\det \boldsymbol{A}=-2$,把分块为

$$\boldsymbol{A}=(\boldsymbol{A}_1,\boldsymbol{A}_2,\boldsymbol{A}_3),$$

令 $\boldsymbol{B}=(\boldsymbol{A}_1-2\boldsymbol{A}_2,3\boldsymbol{A}_2,\boldsymbol{A}_3)$,求 $\det \boldsymbol{B}$.

12. 设矩阵

$$\boldsymbol{A}=\begin{pmatrix} 1 & 0 & 1 \\ 0 & 2 & 0 \\ 1 & 0 & 1 \end{pmatrix},$$

矩阵 $\boldsymbol{X}$ 满足

$$\boldsymbol{AX}+\boldsymbol{E}=\boldsymbol{A}^2+\boldsymbol{X},$$

求矩阵 $\boldsymbol{X}$.

硕士生入学试题选录

13(1997 数一). 设 $\boldsymbol{A}\in F_{n\times n}$,且可逆,将 $\boldsymbol{A}$ 的第 i 行和第 j 行对换后,所得矩阵记为 $\boldsymbol{B}$,

(1) 证明:$\boldsymbol{B}$ 可逆;

(2) 求 $\boldsymbol{AB}^{-1}$.

14(2006 数一). 设 $\boldsymbol{A}=\begin{pmatrix} 2 & 1 \\ -1 & 2 \end{pmatrix}$,$\boldsymbol{E}$ 为二阶单位矩阵,矩阵 $\boldsymbol{B}$ 满足:

$$\boldsymbol{BA}=\boldsymbol{B}+2\boldsymbol{E},$$

则 $\det \boldsymbol{B}=$________.

第6章 向量空间

向量空间是线性代数的中心内容和基本概念之一，它的理论和方法在科学技术的各个领域都有广泛的应用.

§6.1 定义和例子

例 6.1.1 在解析几何里，讨论过三维空间中的向量. 向量的基本属性可以按平行四边形规律相加，也可以与实数做数量算法. 不少几何和力学对象的性质是可以通过向量的这两种运算来描述的.

1° 按平行四边形法则所定义的向量的加法是 V_3 的一个运算；

2° 解析几何中规定的实数与向量的乘法是 $\mathbf{R}\times V_3$ 到 V_3 的一个运算；

3° 向量的上述两种运算满足八条运算规律.

向量空间正是解析几何里向量概念的一般化.

定义 6.1.1 令 F 是一个数域，F 中的元素用小写字母 $a,b,c,\cdots$ 来表示. 令 V 是一个非空集合，V 中元素用小写黑体希腊字母 $\boldsymbol{\alpha},\boldsymbol{\beta},\boldsymbol{\gamma},\cdots$ 来表示. V 中的元素称为向量，F 中元素称作标量. 如果下列条件被满足，就称 V 是数域 F 上一个向量空间：

(1) 在集合 V 的元素之间定义了一种代数运算，叫作加法；这就是说，给出了一个法则，对于 V 中任意两个向量 $\boldsymbol{\alpha}$ 与 $\boldsymbol{\beta}$，在 V 中都有唯一的一个元素 $\boldsymbol{\gamma}$ 与它们对应，称为 $\boldsymbol{\alpha}$ 与 $\boldsymbol{\beta}$ 的和，记为 $\boldsymbol{\gamma}=\boldsymbol{\alpha}+\boldsymbol{\beta}$.

(2) 在数域 F 与集合 V 的元素之间还定义了一种运算，叫作数量乘法；这就是说，对于数域 F 中任一个数 a 与 V 中任一个元素 $\boldsymbol{\alpha}$，在 V 中都有唯一的一个元素 $\boldsymbol{\delta}$ 与它们对应，称为 a 与 $\boldsymbol{\alpha}$ 的数量乘积，记为 $\boldsymbol{\delta}=a\boldsymbol{\alpha}$.

(3) 加法满足下面四条规则：

① $\boldsymbol{\alpha}+\boldsymbol{\beta}=\boldsymbol{\beta}+\boldsymbol{\alpha}$；

② $(\boldsymbol{\alpha}+\boldsymbol{\beta})+\boldsymbol{\gamma}=\boldsymbol{\alpha}+(\boldsymbol{\beta}+\boldsymbol{\gamma})$；

③ 在 V 中有一个元素 $\mathbf{0}$，$\forall\boldsymbol{\alpha}\in V$，都有 $\boldsymbol{\alpha}+\mathbf{0}=\boldsymbol{\alpha}$(具有这个性质的元素 $\mathbf{0}$ 称为 V 的零元)；

④ $\forall\boldsymbol{\alpha}\in V$，$\exists\boldsymbol{\alpha}'\in V$，使得 $\boldsymbol{\alpha}+\boldsymbol{\alpha}'=\mathbf{0}$($\boldsymbol{\alpha}'$ 称为 $\boldsymbol{\alpha}$ 的负元).

数量乘法满足下面两条规则：

⑤ $1\cdot\boldsymbol{\alpha}=\boldsymbol{\alpha}$；

⑥ $k(l\boldsymbol{\alpha})=(kl)\boldsymbol{\alpha}$.

数量乘法与加法满足下面两条规则：

⑦ $(k+l)\boldsymbol{\alpha}=k\boldsymbol{\alpha}+l\boldsymbol{\alpha}$；

⑧ $k(\boldsymbol{\alpha}+\boldsymbol{\beta})=k\boldsymbol{\alpha}+k\boldsymbol{\beta}$.

向量空间的元素也称为向量.

例 6.1.2 数域 F 上一切 $m\times n$ 矩阵所成的集合对于矩阵的加法和数与矩阵的乘法构成一个向量空间. 元素属于数域 F 的 $m\times n$ 矩阵，按矩阵的加法和数与矩阵的数量乘法，构成数域 F 上的一个向量空间，用 $F^{m\times n}$ 表示.

例 6.1.3 数域 F 上一元多项式环 $F[x]$，按通常的多项式加法和数与多项式的乘法，构成一个数域 F 上的向量空间. 如果只考虑其中次数小于或等于 n 的多项式，再添上零多项式也构成数域 F 上的一个向量空间，用 $F_n[x]$ 表示.

例 6.1.4 全体实函数，按函数加法和数与函数的数量乘法，构成一个实数域上的向量空间.

例 6.1.5 数域 F 按照本身的加法与乘法，即构成一个自身上的向量空间.

例 6.1.6 以下集合对于所指定的运算是否构成实数域 $\mathbf{R}$ 上的向量空间？

① 平面上全体向量所构成的集合 V，对于通常向量的加法和如下定义的纯量乘法：

$$a\boldsymbol{\alpha}=\mathbf{0},a\in\mathbf{R},\boldsymbol{\alpha}\in V.$$

② $\mathbf{R}$ 上 n 次多项式的全体所构成的集合 W 对于多项式的加法和数与多项式的乘法.

例 6.1.7 设 V 是正实数集，$\mathbf{R}$ 为实数域. 规定

$$\boldsymbol{\alpha}\oplus\boldsymbol{\beta}=\boldsymbol{\alpha}\boldsymbol{\beta}(\text{即 }\boldsymbol{\alpha}\text{ 与 }\boldsymbol{\beta}\text{ 的积}),$$

$$a\odot\boldsymbol{\alpha}=\boldsymbol{\alpha}^a(\text{即 }\boldsymbol{\alpha}\text{ 的 }a\text{ 次幂}),$$

其中 $\boldsymbol{\alpha},\boldsymbol{\beta}\in V,a\in\mathbf{R}$. 则 V 对于加法 $\oplus$ 和数乘 $\odot$ 构成 $\mathbf{R}$ 上的向量空间.

命题 6.1.1 在一个向量空间 V 里，零元是唯一的；对 $\forall\boldsymbol{\alpha}\in V$，$\boldsymbol{\alpha}$ 的负元 $\boldsymbol{\alpha}'$ 是由 $\boldsymbol{\alpha}$ 唯一确定的.

证：先证零元的唯一性. 设 $\mathbf{0}$ 和 $\mathbf{0}'$ 都是 V 的零向量. 那么对于 V 中任意向量 $\boldsymbol{\alpha}$ 都有 $\mathbf{0}+\boldsymbol{\alpha}=\boldsymbol{\alpha}$，$\boldsymbol{\alpha}+\mathbf{0}'=\boldsymbol{\alpha}$. 于是

$$\mathbf{0}=\mathbf{0}+\mathbf{0}'=\mathbf{0}'.$$

现在设 $\boldsymbol{\alpha}'$ 和 $\boldsymbol{\alpha}''$ 都是 $\boldsymbol{\alpha}$ 的负元. 那么 $\boldsymbol{\alpha}'+\boldsymbol{\alpha}=\mathbf{0}$，$\boldsymbol{\alpha}''+\boldsymbol{\alpha}=\mathbf{0}$. 于是

$$\boldsymbol{\alpha}'=\boldsymbol{\alpha}'+\mathbf{0}=\boldsymbol{\alpha}'+(\boldsymbol{\alpha}+\boldsymbol{\alpha}'')=(\boldsymbol{\alpha}'+\boldsymbol{\alpha})+\boldsymbol{\alpha}''=\mathbf{0}+\boldsymbol{\alpha}''=\boldsymbol{\alpha}''.$$

我们把向量 $\boldsymbol{\alpha}$ 的唯一的负元记作 $-\boldsymbol{\alpha}$. 这样，对于任意向量 $\boldsymbol{\alpha}$，都有

$$\boldsymbol{\alpha}+(-\boldsymbol{\alpha})=(-\boldsymbol{\alpha})+\boldsymbol{\alpha}=\mathbf{0}.$$

我们定义向量 $\boldsymbol{\alpha}$ 与 $\boldsymbol{\beta}$ 的差为 $\boldsymbol{\alpha}+(-\boldsymbol{\beta})$，并且记作 $\boldsymbol{\alpha}-\boldsymbol{\beta}$. 这样一来，在一个向量空间里，加法的逆运算——减法可以实施，并且有

$$\boldsymbol{\alpha}+\boldsymbol{\beta}=\boldsymbol{\gamma}\Leftrightarrow\boldsymbol{\alpha}=\boldsymbol{\gamma}-\boldsymbol{\beta}.\tag{6.1}$$

这就是说，在一个向量空间里，通常的移项规则成立.

命题 6.1.2 对于任意向量 $\boldsymbol{\alpha}$ 和数域 F 中任意数 a，都有：

(1) $\mathbf{0}\cdot\boldsymbol{\alpha}=\mathbf{0}$；$a\mathbf{0}=\mathbf{0}$；$(-1)\boldsymbol{\alpha}=-\boldsymbol{\alpha}$.

(2) $a(-\boldsymbol{\alpha})=-a\boldsymbol{\alpha}=(-a)\boldsymbol{\alpha}$;

(3) 如果 $a\cdot\boldsymbol{\alpha}=\mathbf{0}$,那么 $a=0$ 或者 $\boldsymbol{\alpha}=\mathbf{0}$.

(4) $\boldsymbol{\alpha}+\boldsymbol{\beta}=\boldsymbol{\gamma}\Leftrightarrow\boldsymbol{\alpha}=\boldsymbol{\gamma}-\boldsymbol{\beta}$.

证:$0\boldsymbol{\alpha}=0\boldsymbol{\alpha}+\mathbf{0}=0\boldsymbol{\alpha}+(0\boldsymbol{\alpha}-0\boldsymbol{\alpha})=(0\boldsymbol{\alpha}+0\boldsymbol{\alpha})-0\boldsymbol{\alpha}=(0+0)\boldsymbol{\alpha}-0\boldsymbol{\alpha}=0\boldsymbol{\alpha}-0\boldsymbol{\alpha}=\mathbf{0}$.

同理可证 $\boldsymbol{\alpha}0=\mathbf{0}$. 所以(2)成立.

由(2),我们有

$$a\boldsymbol{\alpha}+a(-\boldsymbol{\alpha})=a(\boldsymbol{\alpha}+(-\boldsymbol{\alpha}))=a\mathbf{0}=\mathbf{0}.$$

这就是说,$a(-\boldsymbol{\alpha})$是 $a\boldsymbol{\alpha}$ 的负元. 所以 $a(-\boldsymbol{\alpha})=-a\boldsymbol{\alpha}$. 同理可证$(-a)\boldsymbol{\alpha}=-a\boldsymbol{\alpha}$. 这就证明(3)成立.

最后,设 $a\cdot\boldsymbol{\alpha}=\mathbf{0}$ 但 $a\neq0$,那么

$$\boldsymbol{\alpha}=1\cdot\boldsymbol{\alpha}=\left(\frac{1}{a}a\right)\boldsymbol{\alpha}=\frac{1}{a}(a\boldsymbol{\alpha})=\frac{1}{a}\mathbf{0}=\mathbf{0},$$

所以(4)成立.

习 题 6.1

1. 证明:如果

$$a(2,0,-1)+b(-1,-1,2)+c(0,1,-1)=(0,0,0),$$

那么 $a=b=c=0$.

2. 找出不全为零的四个实数 a,b,c,d,使得

$$a(1,0,3,1)+b(-1,3,0,-1)+c(2,1,7,2)+d(4,2,14,0)=(0,0,0,0).$$

3. 令 $\boldsymbol{\alpha}_1=1,\boldsymbol{\alpha}_2=x,\boldsymbol{\alpha}_3=x^2$,证明:$F_2[x]$(数域 F 上次数不超过 2 的多项式全体连同零多项式构成的向量空间)中每一向量 $f(x)$都可以唯一地表示为

$$f(x)=a_1\boldsymbol{\alpha}_1+a_2\boldsymbol{\alpha}_2+a_3\boldsymbol{\alpha}_3$$

的形式,这里 $a_1,a_2,a_3\in\mathbf{R}$.

4. 证明:在数域 F 上向量空间 V 里,以下算律成立:

(1) $a(\boldsymbol{\alpha}-\boldsymbol{\beta})=a\boldsymbol{\alpha}+(-a)\boldsymbol{\beta}$;

(2) $(a-b)\boldsymbol{\alpha}=a\boldsymbol{\alpha}-b\boldsymbol{\alpha}$.

这里 $a,b\in F,\boldsymbol{\alpha},\boldsymbol{\beta}\in V$.

5. 证明:数域 F 上一个向量空间如果含有一个非零向量,那么它一定含有无限多个向量.

6. 证明:向量空间定义中条件③,⑧不能由其余条件推出.

§6.2 子空间

设 W 是向量空间 V 的一个非空子集,若对于 W 中任两个向量 $\boldsymbol{\alpha},\boldsymbol{\beta}$,$\boldsymbol{\alpha}+\boldsymbol{\beta}$ 也在 W 中,

则称 W 对 V 的加法是封闭的. 同样,若对于 W 中任意向量 $\boldsymbol{\alpha}$ 和数域 F 中的任意数 a,$a\boldsymbol{\alpha}$ 仍在 W 中,则称 W 对于标量与向量的乘法是封闭的.

定理 6.2.1 如果数域 F 上向量空间 V 的一个非空集合 W 对于 V 两种运算是封闭的,那么 W 本身也构成 F 上的一个向量空间.

证:W 对于 V 的加法以及标量与向量的乘法的封闭性保证了向量空间定义里的条件(1),(2)成立.(3)中的算律①,②和算律⑤,⑥,⑦,⑧既然对于 V 中任意向量都成立,自然对于 W 的向量也成立. 唯一需要验证的是(3)中条件③和④. 由 W 对于标量和向量的乘法的封闭性和命题 6.1.2,对于 $\boldsymbol{\alpha}\in W$,$\mathbf{0}=0\boldsymbol{\alpha}\in W$,所以 V 中的零向量属于 W,它自然也是 W 的零向量,并且 $-\boldsymbol{\alpha}=(-1)\boldsymbol{\alpha}\in W$. 因此条件③,④也成立.

定义 6.2.1 W 是数域 F 上的向量空间 V 的一个非空子集,若 W 对 V 的加法以及标量与向量的乘法封闭,则称 W 是 V 的一个向量子空间(或简称子空间).

例 6.2.1 在向量空间 V 中,由单个零向量所组成的集合是 V 的一个子空间,叫作零子空间. 向量空间 V 本身也是 V 的一个子空间. 在向量空间中,零子空间和向量空间 V 本身这两个子空间叫作 V 的平凡子空间,而 V 的其他的子空间叫作 V 的非平凡子空间(也称为真子空间).

例 6.2.2 在空间 V_2 中,平行于一条固定直线的一切向量构成 V_2 的一个子空间.

例 6.2.3 在全体实函数组成的空间中,所有的实系数多项式构成一个子空间.

例 6.2.4 $F_n[x]$是向量空间 $F[x]$的子空间.

例 6.2.5 闭区间$[a,b]$上一切可微分函数构成 $\mathbf{C}[a,b]$的一个子空间.

定理 6.2.2 设 W 是数域 F 上的向量空间 V 的一个非空子集,则

$$W \text{ 是 } V \text{ 的一个子空间} \Leftrightarrow \text{对 } \forall k,l\in F,\boldsymbol{\alpha},\boldsymbol{\beta}\in W,\text{都有 } k\boldsymbol{\alpha}+l\boldsymbol{\beta}\in W.$$

证:($\Rightarrow$)如果 W 是 V 的子空间,由子空间的定义,W 对于数乘运算封闭,所以对于 $\forall k,l\in F$,$\forall \boldsymbol{\alpha},\boldsymbol{\beta}\in W$,都有 $k\boldsymbol{\alpha}\in W$,$l\boldsymbol{\beta}\in W$. 又因为 W 对 V 的加法运算封闭,所以 $k\boldsymbol{\alpha}+l\boldsymbol{\beta}\in W$.

($\Leftarrow$)若对 $\forall k,l\in F,\boldsymbol{\alpha},\boldsymbol{\beta}\in W$,都有 $k\boldsymbol{\alpha}+l\boldsymbol{\beta}\in W$,取 $k=l=1$,就有 $\boldsymbol{\alpha}+\boldsymbol{\beta}\in W$;取 $l=0$,就有 $k\boldsymbol{\alpha}\in W$. 这就证明了 W 对于 V 的加法以及数乘运算是封闭的.

可以证明,如果 V_1,V_2 是向量空间 V 的两个子空间,那么它们的交 $V_1\cap V_2$ 也是 V 的子空间.

由集合的交的定义有,子空间的交适合下列运算规律:

$$V_1\cap V_2=V_2\cap V_1\text{(交换律)},$$

$$(V_1\cap V_2)\cap V_3=V_1\cap(V_2\cap V_3)\text{(结合律)}.$$

由结合律,可知多个子空间的交 $V_1\cap V_2\cap\cdots\cap V_s=\bigcap\limits_{i=1}^{s}V_i$ 也是 V 的子空间.

子空间的和 设 V_1,V_2 是向量空间 V 的子空间,所谓 V_1 与 V_2 的和,是指由所有能表示成 $\boldsymbol{\alpha}_1+\boldsymbol{\alpha}_2$,而 $\boldsymbol{\alpha}_1\in V_1$,$\boldsymbol{\alpha}_2\in V_2$ 的向量构成的子集合,记作 V_1+V_2.

如果 V_1,V_2 是向量空间 V 的子空间,则它们的和 V_1+V_2 也是 V 的子空间.

由定义,子空间的和适合下列运算规律:

$$V_1+V_2=V_2+V_1\text{(交换律)},$$

$$(V_1+V_2)+V_3=V_1+(V_2+V_3)\text{(结合律)}.$$

由结合律,可以定义多个子空间的和

$$V_1+V_2+\cdots+V_s=\sum_{i=1}^{s}V_i.$$

$$\sum_{i=1}^{s}V_i=\{\boldsymbol{\alpha}_1+\boldsymbol{\alpha}_2+\cdots+\boldsymbol{\alpha}_s,\boldsymbol{\alpha}_i\in V_i(i=1,2,\cdots,s)\}$$

关于子空间的交与和有以下结论:

(1) 设 V_1,V_2,W 都是 V 的子空间,有:

$$W\subset V_1\text{ 且 }W\subset V_2\Rightarrow W\subset V_1\cap V_2;$$

$$W\supset V_1\text{ 且 }W\supset V_2\Rightarrow W\supset V_1+V_2.$$

(2) 对于 V 的子空间 V_1 与 V_2,有:$V_1\subset V_2\Leftrightarrow V_1\cap V_2=V_1\Leftrightarrow V_1+V_2=V_2$.

例 6.2.6 在三维几何中用 V_1 表示一条通过原点的直线,V_2 表示一个通过原点而且与 V_1 垂直的平面,那么,V_1 与 V_2 的交是$\{0\}$,而 V_1 与 V_2 的和是整个空间.

习 题 6.2

1. 判断下列子集中哪些是 $\mathbf{R}^n$ 的子空间:

(1) $\{(a_1,a_2,\cdots,a_{n-1},0)\}\mid a_1,a_2,\cdots,a_{n-1}\in\mathbf{R}\}$;

(2) $\left\{(a_1,a_2,\cdots,a_n)\mid\sum_{i=1}^{n}a_i=0\right\}$;

(3) $\left\{(a_1,a_2,\cdots,a_n)\mid\sum_{i=1}^{n}a_i=1\right\}$;

(4) $\{(a_1,a_2,\cdots,a_n)\mid a_i\in\mathbf{Z},i=1,\cdots,n\}$.

2. 令 $M_n(F)$表示数域 F 上一切 n 阶矩阵所组成的向量空间,令

$$S=\{\mathbf{A}\in M_n(F)\mid\mathbf{A}^{\mathrm{T}}=\mathbf{A}\},$$

$$T=\{\mathbf{A}\in M_n(F)\mid\mathbf{A}^{\mathrm{T}}=-\mathbf{A}\}.$$

证明:S 和 T 都是 $M_n(F)$的子空间,并且

$$M_n(F)=S+T,S\cap T=\{\mathbf{0}\}.$$

3. 设 $\mathrm{W}_1,\mathrm{W}_2$ 是向量空间 V 的子空间. 证明:$\mathrm{W}_1\cup\mathrm{W}_2$ 是 V 的一个子空间$\Leftrightarrow\mathrm{W}_1\subseteq\mathrm{W}_2$ 或 $\mathrm{W}_2\subseteq\mathrm{W}_1$.

4. 若以 f(x)表示实系数多项式,试证:

$$\mathrm{W}=\{\mathrm{f(x)}\mid\mathrm{f}(\mathbf{1})=\mathbf{0},\partial^0(\mathrm{f(x)})\leqslant\mathrm{n}\text{ 或 }\mathrm{f(x)}=\mathbf{0}\}$$

是 $\mathbf{R}[x]$(实数域上多项式全体所构成的向量空间)的一个子空间.

5. 设 W_1,W_2 是数域 F 上向量空间 V 的两个子空间. $\boldsymbol{\alpha},\boldsymbol{\beta}$ 是 V 的两个向量,其中 $\boldsymbol{\alpha}\in W_2$,但 $\boldsymbol{\alpha}\notin W_1$,又 $\boldsymbol{\beta}\notin W_2$. 证明:

(**1**) 对于 $\forall k\in F,\boldsymbol{\beta}+k\boldsymbol{\alpha}\notin W_2$;

(**2**) 至多有一个 $k\in F$,使得 $\boldsymbol{\beta}+k\boldsymbol{\alpha}\in W_1$.

6. 设 $W_1,W_2,\cdots,W_r$ 是向量空间 V 的子空间,且 $W_i\neq V,i=\mathbf{1},\cdots,r$. 证明:存在一个

向量 $\xi\in W$，使得 $\xi\notin W_i$，$i=1,\cdots,r$.（提示：对 r 做数学归纳法并且利用第 **5** 题的结论.）

§6.3 向量的线性相关性

定义 6.3.1 设 V 是数域 F 上的一个向量空间，$\boldsymbol{\alpha}_1,\boldsymbol{\alpha}_2,\cdots,\boldsymbol{\alpha}_r(r\geqslant1)$ 是 V 中一组向量，$a_1,a_2,\cdots,a_r$ 是数域 F 中的数，那么向量

$$\boldsymbol{\alpha}=a_1\boldsymbol{\alpha}_1+a_2\boldsymbol{\alpha}_2+\cdots+a_r\boldsymbol{\alpha}_r$$

称为向量组 $\boldsymbol{\alpha}_1,\boldsymbol{\alpha}_2,\cdots,\boldsymbol{\alpha}_r$ 的一个线性组合，有时也说向量 $\boldsymbol{\alpha}$ 可以用向量组 $\boldsymbol{\alpha}_1,\boldsymbol{\alpha}_2,\cdots,\boldsymbol{\alpha}_r$ 线性表示.

定义 6.3.2 向量空间 V 中向量 $\boldsymbol{\alpha}_1,\boldsymbol{\alpha}_2,\cdots,\boldsymbol{\alpha}_r(r\geqslant1)$ 称为线性相关，如果在数域 F 中有 r 个不全为零的数 $a_1,a_2,\cdots,a_r$，使

$$a_1\boldsymbol{\alpha}_1+a_2\boldsymbol{\alpha}_2+\cdots+a_r\boldsymbol{\alpha}_r=\mathbf{0}. \tag{6.2}$$

如果向量 $\boldsymbol{\alpha}_1,\boldsymbol{\alpha}_2,\cdots,\boldsymbol{\alpha}_r$ 不线性相关，就称为线性无关. 换句话说，向量组 $\boldsymbol{\alpha}_1,\boldsymbol{\alpha}_2,\cdots,\boldsymbol{\alpha}_r$ 称为线性无关，如果等式(6.2)只有在 $a_1=a_2=\cdots=a_r=0$ 时才成立.

几个常用的结论：

(1) 单个向量 $\boldsymbol{\alpha}$ 线性相关$\Leftrightarrow\boldsymbol{\alpha}=\mathbf{0}$.

$r(r\geqslant2)$个向量 $\boldsymbol{\alpha}_1,\boldsymbol{\alpha}_2,\cdots,\boldsymbol{\alpha}_r$ 线性相关$\Leftrightarrow$其中有一个向量是其余向量的线性组合.

(2) 含有零向量的向量组一定线性相关，线性无关的向量组必不含零向量.

(3) 两个向量线性相关$\Leftrightarrow$其对应分量成比例.

例 6.3.1 设 $\boldsymbol{\alpha}_1=(1,1,0)$，$\boldsymbol{\alpha}_2=(0,1,1)$，$\boldsymbol{\alpha}_3=(1,2,1)$，因为 $\boldsymbol{\alpha}_1+\boldsymbol{\alpha}_2-\boldsymbol{\alpha}_3=\mathbf{0}$，则它们线性相关，而 $\boldsymbol{\beta}_1=(1,2,0)$，$\boldsymbol{\beta}_2=(0,2,3)$，$\boldsymbol{\beta}_3=(0,1,3)$线性无关.

证：设 $a_1,a_2,a_3\in F$，使得

$$a_1\boldsymbol{\beta}_1+a_2\boldsymbol{\beta}_2+a_3\boldsymbol{\beta}_3=\mathbf{0},$$

即

$$a_1(1,2,0)+a_2(0,2,3)+a_3(0,1,3)=(0,0,0),$$

那么

$$(a_1,2a_1+2a_2+a_3,3a_2+3a_3)=(0,0,0),$$

因而就有 $a_1=0$，$2a_1+2a_2+a_3=0$，$3a_2+3a_3=0$. 因此就得出 $a_1=a_2=a_3=0$.

例 6.3.2 判断 $\boldsymbol{\alpha}_1=(3,1,4)$，$\boldsymbol{\alpha}_2=(2,5,1)$，$\boldsymbol{\alpha}_3=(4,-3,7)$是否线性相关.

解：等式

$$a_1\boldsymbol{\alpha}_1+a_2\boldsymbol{\alpha}_2+a_3\boldsymbol{\alpha}_3=\mathbf{0},$$

相当于

$$(3a_1+2a_2+4a_3,a_1+5a_2-3a_3,4a_1+a_2+7a_3)=(0,0,0).$$

而上式相当于齐次线性方程组

$$\begin{cases}3a_1+2a_2+4a_3=0,\\ a_1+5a_2-3a_3=0,\\ 4a_1+a_2+7a_3=0.\end{cases}$$

这个齐次线性方程组的解是 $a_1=-2a_3, a_2=a_3$，其中 a_3 为自由未知量. 任意给定 a_3 一个不等于零的值，例如，取 $a_3=-1$，得 $a_1=2, a_2=-1$. 那么就有

$$2\boldsymbol{\alpha}_1-\boldsymbol{\alpha}_2-\boldsymbol{\alpha}_3=\mathbf{0}.$$

所以 $\boldsymbol{\alpha}_1,\boldsymbol{\alpha}_2,\boldsymbol{\alpha}_3$ 线性相关.

例 6.3.3 在向量空间 $F[x]$ 中，对于任意非负整数 $n, 1, x, x^2, \cdots, x^n$ 线性无关，因为 $a_0+a_1x+a_2x^2+\cdots+a_nx^n=0$，必然有 $a_0=a_1=a_2=\cdots=a_n=0$.

定理 6.3.1 向量组 $\{\boldsymbol{\alpha}_1,\boldsymbol{\alpha}_2,\cdots,\boldsymbol{\alpha}_r\}$ 中每一个向量 $\boldsymbol{\alpha}_i$ 都可以由这一组向量线性表示.

证：因为

$$\boldsymbol{\alpha}_i=0\boldsymbol{\alpha}_1+\cdots+0\boldsymbol{\alpha}_{i-1}+1\boldsymbol{\alpha}_i+0\boldsymbol{\alpha}_{i+1}+\cdots+0\boldsymbol{\alpha}_r,$$

所以结论成立.

定理 6.3.2 如果向量 $\boldsymbol{\gamma}$ 可由 $\boldsymbol{\beta}_1,\boldsymbol{\beta}_2,\cdots,\boldsymbol{\beta}_r$ 线性表示，而每一个 $\boldsymbol{\beta}_i$ 又都可以由 $\boldsymbol{\alpha}_1,\boldsymbol{\alpha}_2,\cdots,\boldsymbol{\alpha}_s$ 线性表示，那么 $\boldsymbol{\gamma}$ 可由 $\boldsymbol{\alpha}_1,\boldsymbol{\alpha}_2,\cdots,\boldsymbol{\alpha}_s$ 线性表示.

证：由 $\boldsymbol{\gamma}=\sum\limits_{i=1}^{r}b_i\boldsymbol{\beta}_i$ 和 $\boldsymbol{\beta}_i=\sum\limits_{j=1}^{s}a_{ij}\boldsymbol{\alpha}_j$，$i=1,\cdots,r$，得

$$\boldsymbol{\gamma}=\sum_{i=1}^{r}b_i\sum_{j=1}^{s}a_{ij}\boldsymbol{\alpha}_j=\sum_{j=1}^{s}\left(\sum_{i=1}^{r}b_ia_{ij}\right)\boldsymbol{\alpha}_j.$$

定理 6.3.3 如果整个向量组线性无关，那么由它的部分向量构成的向量组也线性无关. 如果向量组中一部分向量线性相关，那么整个向量组线性相关.

证：设 $\boldsymbol{\alpha}_1,\boldsymbol{\alpha}_2,\cdots,\boldsymbol{\alpha}_r$ 中有 p 个向量线性相关. 不妨假设前 p 个向量 $\boldsymbol{\alpha}_1,\boldsymbol{\alpha}_2,\cdots,\boldsymbol{\alpha}_p$ 线性相关. 那么存在 F 中不全为零的数 $a_1,a_2,\cdots,a_p$，使得

$$a_1\boldsymbol{\alpha}_1+a_2\boldsymbol{\alpha}_2+\cdots+a_p\boldsymbol{\alpha}_p=\mathbf{0}.$$

取 $a_{p+1}=\cdots=a_r=0$，那么

$$a_1\boldsymbol{\alpha}_1+a_2\boldsymbol{\alpha}_2+\cdots+a_p\boldsymbol{\alpha}_p+0\boldsymbol{\alpha}_{p+1}+\cdots+0\boldsymbol{\alpha}_r=\mathbf{0},$$

而 $a_1,a_2,\cdots,a_p$ 不全为零，所以 $\boldsymbol{\alpha}_1,\boldsymbol{\alpha}_2,\cdots,\boldsymbol{\alpha}_r$ 线性相关.

定理 6.3.4 如果向量组 $\boldsymbol{\alpha}_1,\boldsymbol{\alpha}_2,\cdots,\boldsymbol{\alpha}_r$ 线性无关，但 $\boldsymbol{\alpha}_1,\boldsymbol{\alpha}_2,\cdots,\boldsymbol{\alpha}_r,\boldsymbol{\beta}$ 线性相关，那么 $\boldsymbol{\beta}$ 可以由 $\boldsymbol{\alpha}_1,\boldsymbol{\alpha}_2,\cdots,\boldsymbol{\alpha}_r$ 线性表示，而且表示法是唯一的.

证：因为 $\boldsymbol{\alpha}_1,\boldsymbol{\alpha}_2,\cdots,\boldsymbol{\alpha}_r,\boldsymbol{\beta}$ 线性相关，所以存在不全为零的数 $a_1,a_2,\cdots,a_r,b$，使得

$$a_1\boldsymbol{\alpha}_1+a_2\boldsymbol{\alpha}_2+\cdots+a_r\boldsymbol{\alpha}_r+b\boldsymbol{\beta}=\mathbf{0}.$$

显然 $b\neq0$，否则若 $b=0$，则上面的等式变成

$$a_1\boldsymbol{\alpha}_1+a_2\boldsymbol{\alpha}_2+\cdots+a_r\boldsymbol{\alpha}_r=\mathbf{0}.$$

由于 $\boldsymbol{\alpha}_1,\boldsymbol{\alpha}_2,\cdots,\boldsymbol{\alpha}_r$ 线性无关，$a_1=a_2=\cdots=a_r=\mathbf{0}$，与 $a_1,a_2,\cdots,a_r,b$ 不全为零矛盾，因此 $b\neq0$，从而

$$\boldsymbol{\beta}=-\frac{a_1}{b}\boldsymbol{\alpha}_1-\frac{a_2}{b}\boldsymbol{\alpha}_2-\cdots-\frac{a_r}{b}\boldsymbol{\alpha}_r.$$

定理 6.3.5 向量组 $\boldsymbol{\alpha}_1,\boldsymbol{\alpha}_2,\cdots,\boldsymbol{\alpha}_r(r\geqslant2)$ 线性相关，当且仅当其中某一个向量是其余向量的线性组合.

证：($\Rightarrow$)设 $\boldsymbol{\alpha}_1,\boldsymbol{\alpha}_2,\cdots,\boldsymbol{\alpha}_r$ 线性相关. 于是存在不全为零的数 $a_1,a_2,\cdots,a_r\in F$，使得

$$a_1\boldsymbol{\alpha}_1+a_2\boldsymbol{\alpha}_2+\cdots+a_r\boldsymbol{\alpha}_r=\mathbf{0},$$

不妨设 $a_r\neq 0$，于是

$$\boldsymbol{\alpha}_r=-\frac{a_1}{a_r}\boldsymbol{\alpha}_1-\frac{a_2}{a_r}\boldsymbol{\alpha}_2-\cdots-\frac{a_{r-1}}{a_r}\boldsymbol{\alpha}_{r-1},$$

即：$\boldsymbol{\alpha}_r$ 可以由 $\boldsymbol{\alpha}_1,\boldsymbol{\alpha}_2,\cdots,\boldsymbol{\alpha}_{r-1}$ 线性表示.

($\Leftarrow$)设 $\boldsymbol{\alpha}_r$ 是向量组 $\boldsymbol{\alpha}_1,\boldsymbol{\alpha}_2,\cdots,\boldsymbol{\alpha}_r$ 中的某一向量，且

$$\boldsymbol{\alpha}_r=a_1\boldsymbol{\alpha}_1+a_2\boldsymbol{\alpha}_2+\cdots+a_{r-1}\boldsymbol{\alpha}_{r-1},$$

于是

$$a_1\boldsymbol{\alpha}_1+a_2\boldsymbol{\alpha}_2+\cdots+a_{r-1}\boldsymbol{\alpha}_{r-1}+(-1)\boldsymbol{\alpha}_r=\mathbf{0}.$$

由于 $\boldsymbol{\alpha}_r$ 的系数不等于零，所以 $\boldsymbol{\alpha}_1,\boldsymbol{\alpha}_2,\cdots,\boldsymbol{\alpha}_r$ 线性相关.

定义 6.3.3 设 $\boldsymbol{\alpha}_1,\boldsymbol{\alpha}_2,\cdots,\boldsymbol{\alpha}_r$ 和 $\boldsymbol{\beta}_1,\boldsymbol{\beta}_2,\cdots,\boldsymbol{\beta}_s$ 是 V 中两个向量组，若 $\boldsymbol{\alpha}_1,\boldsymbol{\alpha}_2,\cdots,\boldsymbol{\alpha}_r$ 中每个向量都可以用向量组 $\boldsymbol{\beta}_1,\boldsymbol{\beta}_2,\cdots,\boldsymbol{\beta}_s$ 线性表示，那么称向量组 $\boldsymbol{\alpha}_1,\boldsymbol{\alpha}_2,\cdots,\boldsymbol{\alpha}_r$ 可以用向量组 $\boldsymbol{\beta}_1,\boldsymbol{\beta}_2,\cdots,\boldsymbol{\beta}_s$ 线性表示. 如果向量组 $\boldsymbol{\alpha}_1,\boldsymbol{\alpha}_2,\cdots,\boldsymbol{\alpha}_r$ 与 $\boldsymbol{\beta}_1,\boldsymbol{\beta}_2,\cdots,\boldsymbol{\beta}_s$ 可以互相线性表示，那么向量组 $\boldsymbol{\alpha}_1,\boldsymbol{\alpha}_2,\cdots,\boldsymbol{\alpha}_r$ 与 $\boldsymbol{\beta}_1,\boldsymbol{\beta}_2,\cdots,\boldsymbol{\beta}_s$ 称为等价的.

显然，等价具有以下性质：

反身性：对于 $\forall\{\boldsymbol{\alpha}_1,\boldsymbol{\alpha}_2,\cdots,\boldsymbol{\alpha}_r\}$，$\{\boldsymbol{\alpha}_1,\boldsymbol{\alpha}_2,\cdots,\boldsymbol{\alpha}_r\}$ 与 $\{\boldsymbol{\alpha}_1,\boldsymbol{\alpha}_2,\cdots,\boldsymbol{\alpha}_r\}$ 等价；

对称性：若 $\{\boldsymbol{\alpha}_1,\boldsymbol{\alpha}_2,\cdots,\boldsymbol{\alpha}_r\}$ 与 $\{\boldsymbol{\beta}_1,\boldsymbol{\beta}_2,\cdots,\boldsymbol{\beta}_s\}$ 等价，则 $\{\boldsymbol{\beta}_1,\boldsymbol{\beta}_1,\cdots,\boldsymbol{\beta}_s\}$ 与 $\{\boldsymbol{\alpha}_1,\boldsymbol{\alpha}_2,\cdots,\boldsymbol{\alpha}_r\}$ 也等价；

传递性：若 $\{\boldsymbol{\alpha}_1,\boldsymbol{\alpha}_2,\cdots,\boldsymbol{\alpha}_r\}$ 与 $\{\boldsymbol{\beta}_1,\boldsymbol{\beta}_2,\cdots,\boldsymbol{\beta}_s\}$ 等价，而 $\{\boldsymbol{\beta}_1,\boldsymbol{\beta}_2,\cdots,\boldsymbol{\beta}_s\}$ 又与 $\{\boldsymbol{\gamma}_1,\boldsymbol{\gamma}_2,\cdots,\boldsymbol{\gamma}_t\}$ 等价，那么 $\{\boldsymbol{\alpha}_1,\boldsymbol{\alpha}_2,\cdots,\boldsymbol{\alpha}_r\}$ 与 $\{\boldsymbol{\gamma}_1,\boldsymbol{\gamma}_2,\cdots,\boldsymbol{\gamma}_t\}$ 等价.

例 6.3.4 向量组 $\boldsymbol{\alpha}_1=(1,2,3)$，$\boldsymbol{\alpha}_2=(1,0,2)$ 与向量组 $\boldsymbol{\beta}_1=(3,4,8)$，$\boldsymbol{\beta}_2=(2,2,5)$，$\boldsymbol{\beta}_3=(0,2,1)$ 等价.

证：因为 $\boldsymbol{\alpha}_1=\boldsymbol{\beta}_1-\boldsymbol{\beta}_2+0\boldsymbol{\beta}_3=\boldsymbol{\beta}_1-\boldsymbol{\beta}_2$，$\boldsymbol{\alpha}_2=2\boldsymbol{\beta}_2-\boldsymbol{\beta}_1+0\boldsymbol{\beta}_3=2\boldsymbol{\beta}_2-\boldsymbol{\beta}_1$，

$$\boldsymbol{\beta}_1=2\boldsymbol{\alpha}_1+\boldsymbol{\alpha}_2,\ \boldsymbol{\beta}_2=\boldsymbol{\alpha}_1+\boldsymbol{\alpha}_2,\ \boldsymbol{\beta}_3=\boldsymbol{\alpha}_1-\boldsymbol{\alpha}_2,$$

由向量组等价定义可知，向量组 $\{\boldsymbol{\alpha}_1,\boldsymbol{\alpha}_2\}$ 与 $\{\boldsymbol{\beta}_1,\boldsymbol{\beta}_2,\boldsymbol{\beta}_3\}$ 等价.

定理 6.3.6(替换定理) 设向量组

$$\{\boldsymbol{\alpha}_1,\boldsymbol{\alpha}_2,\cdots,\boldsymbol{\alpha}_r\} \tag{6.3}$$

线性无关，并且每一个 $\boldsymbol{\alpha}_i(i=1,2,\cdots,r)$ 又都可以由

$$\{\boldsymbol{\beta}_1,\boldsymbol{\beta}_2,\cdots,\boldsymbol{\beta}_s\} \tag{6.4}$$

线性表示，那么 $r\leqslant s$，并且必要时可以对 $\boldsymbol{\beta}_1,\boldsymbol{\beta}_2,\cdots,\boldsymbol{\beta}_s$ 中的向量重新编号，使得用 $\boldsymbol{\alpha}_1,\boldsymbol{\alpha}_2,\cdots,\boldsymbol{\alpha}_r$ 替换 $\boldsymbol{\beta}_1,\boldsymbol{\beta}_2,\cdots,\boldsymbol{\beta}_r$ 后，所得到的向量组

$$\{\boldsymbol{\alpha}_1,\boldsymbol{\alpha}_2,\cdots,\boldsymbol{\alpha}_r,\boldsymbol{\beta}_{r+1},\cdots,\boldsymbol{\beta}_s\} \tag{6.5}$$

与(6.4)等价.

证：我们对(6.3)中向量个数 r 做数学归纳法.

当 $r=1$ 时，$\{\boldsymbol{\alpha}_1\}$ 线性无关，所以 $\boldsymbol{\alpha}_1\neq\mathbf{0}$，且 $s\geqslant 1$，$\boldsymbol{\alpha}_1$ 可以由(6.4)线性表示：

$$\boldsymbol{\alpha}_1=b_1\boldsymbol{\beta}_1+\cdots+b_s\boldsymbol{\beta}_s.$$

因为 $\boldsymbol{\alpha}_1\neq\mathbf{0}$，所以至少有一 $b_i\neq 0$，不妨设 $b_1\neq 0$，于是

$$\boldsymbol{\beta}_1=\frac{1}{b_1}\boldsymbol{\alpha}_1-\frac{b_2}{b_1}\boldsymbol{\beta}_2-\cdots-\frac{b_s}{b_1}\boldsymbol{\beta}_s,$$

$\boldsymbol{\alpha}_1$ 可以由$\{\boldsymbol{\beta}_1,\boldsymbol{\beta}_2,\cdots,\boldsymbol{\beta}_s\}$线性表示. $\boldsymbol{\beta}_1$ 可以由$\{\boldsymbol{\alpha}_1,\boldsymbol{\beta}_2,\cdots,\boldsymbol{\beta}_s\}$线性表示. 而 $\boldsymbol{\beta}_2,\cdots,\boldsymbol{\beta}_s$ 在这两个向量组中都出现. 所以向量组$\{\boldsymbol{\alpha}_1,\boldsymbol{\beta}_2,\cdots,\boldsymbol{\beta}_s\}$与(6.4)等价.

假设 $r>1$ 并且定理对于(6.3)中含有 $r-1$ 个向量的情形已经成立,则对于(6.3)中含有 r 个向量的情形也成立. 由于 $\boldsymbol{\alpha}_1,\boldsymbol{\alpha}_2,\cdots,\boldsymbol{\alpha}_r$ 线性无关,所以由定理 6.3.3,$\boldsymbol{\alpha}_1,\boldsymbol{\alpha}_2,\cdots,\boldsymbol{\alpha}_{r-1}$ 也线性无关. 根据归纳法的假设 $r-1\leqslant s$,并且用 $\boldsymbol{\alpha}_1,\boldsymbol{\alpha}_2,\cdots,\boldsymbol{\alpha}_{r-1}$ 替换(6.4)中前 $r-1$ 个向量,得到一个与(6.4)等价的向量组

$$\{\boldsymbol{\alpha}_1,\boldsymbol{\alpha}_2,\cdots,\boldsymbol{\alpha}_{r-1},\boldsymbol{\beta}_r,\boldsymbol{\beta}_{r+1},\cdots,\boldsymbol{\beta}_s\}. \tag{6.6}$$

由于 $\boldsymbol{\alpha}_r$ 可以由(6.4)线性表示,所以由定理 6.3.2,它也可以由与(6.4)等价的向量组(6.6)线性表示,因此有

$$\boldsymbol{\alpha}_r=\sum_{i=1}^{r-1}a_i\boldsymbol{\alpha}_i+\sum_{j=r}^{s}b_j\boldsymbol{\beta}_j. \tag{6.7}$$

如果 $b_j=0(j=r,r+1,\cdots,s)$,那么(6.7)式变为

$$\boldsymbol{\alpha}_r=\sum_{i=1}^{r-1}a_i\boldsymbol{\alpha}_i,$$

这与向量组(6.4)线性无关矛盾,因此至少有一个 $b_j\neq 0$. 于是 $r-1<s$,从而 $r\leqslant s$.

适当地对 $\boldsymbol{\beta}_r,\boldsymbol{\beta}_{r+1},\cdots,\boldsymbol{\beta}_s$ 进行编号,不妨假设 $b_r\neq 0$,于是,

$$\boldsymbol{\beta}_r=\sum_{i=1}^{r-1}\left(-\frac{a_i}{b_r}\right)\boldsymbol{\alpha}_i+\frac{1}{b_r}\boldsymbol{\alpha}_r+\sum_{j=r+1}^{s}\left(-\frac{b_j}{b_r}\right)\boldsymbol{\beta}_j.$$

这就是说,$\boldsymbol{\beta}_r$ 可以由向量组(6.5)线性表示. 向量组(6.6)除 $\boldsymbol{\beta}_r$ 外,其余每一向量都在向量组(6.5)中出现. 由定理 6.3.1,它们都可以由(6.5)线性表示. 于是,(6.6)中每一向量都可以由(6.5)线性表示. 另一方面,(6.5)中除 $\boldsymbol{\alpha}_r$ 外,其余每一向量都在(6.6)中出现,所以它们都可以由(6.6)线性表示. 而等式(6.7)表明,$\boldsymbol{\alpha}_r$ 也可以由(6.6)线性表示. 因此(6.5)的每一个向量都可以由(6.6)线性表示. 这就证明了(6.5)与(6.6)等价. 而由归纳法的假设,(6.6)与(6.4)等价. 所以(6.5)与(6.4)等价.

容易得到如下推论:

推论 6.3.1 如果$\{\boldsymbol{\alpha}_1,\boldsymbol{\alpha}_2,\cdots,\boldsymbol{\alpha}_r\}$和$\{\boldsymbol{\beta}_1,\boldsymbol{\beta}_2,\cdots,\boldsymbol{\beta}_s\}$是两个等价的线性无关的向量组,则 $r=s$.

证:由于$\{\boldsymbol{\alpha}_1,\boldsymbol{\alpha}_2,\cdots,\boldsymbol{\alpha}_r\}$和$\{\boldsymbol{\beta}_1,\boldsymbol{\beta}_2,\cdots,\boldsymbol{\beta}_s\}$是两个等价的线性无关的向量组,则由定理 6.3.2 可知,$r\leqslant s$ 且 $s\leqslant r$,所以 $r=s$.

在一个向量组中,局部线性相关,则整体线性相关,反之则不成立,即整体线性相关,而局部不一定线性相关. 于是在一个不全为零的向量组$\{\boldsymbol{\alpha}_1,\boldsymbol{\alpha}_2,\cdots,\boldsymbol{\alpha}_n\}$中,我们总可以从中找出一个含有尽可能多的线性无关的向量组$\{\boldsymbol{\alpha}_1,\boldsymbol{\alpha}_2,\cdots,\boldsymbol{\alpha}_i\}$,使得再添加原向量组中的任何一个向量,就线性相关.

定义 6.3.4 向量组$\{\boldsymbol{\alpha}_1,\boldsymbol{\alpha}_2,\cdots,\boldsymbol{\alpha}_n\}$的一个部分向量组$\{\boldsymbol{\alpha}_{i_1},\boldsymbol{\alpha}_{i_2},\cdots,\boldsymbol{\alpha}_{i_r}\}$叫作一个极大线性无关组,如果:

(1) $\boldsymbol{\alpha}_{i_1},\boldsymbol{\alpha}_{i_2},\cdots,\boldsymbol{\alpha}_{i_r}$ 线性无关;

(2) 对 $\forall\,\boldsymbol{\alpha}_j(j=1,2,\cdots,n)$都可由 $\boldsymbol{\alpha}_{i_1},\boldsymbol{\alpha}_{i_2},\cdots,\boldsymbol{\alpha}_{i_r}$ 线性表示.

极大线性无关组简称极大无关组.

例 6.3.5 $\boldsymbol{\alpha}_1=(1,0,0),\boldsymbol{\alpha}_2=(1,1,0),\boldsymbol{\alpha}_3=(2,1,0)$线性相关，即 $\boldsymbol{\alpha}_1+\boldsymbol{\alpha}_2=\boldsymbol{\alpha}_3$，所以$\{\boldsymbol{\alpha}_1,\boldsymbol{\alpha}_2\},\{\boldsymbol{\alpha}_2,\boldsymbol{\alpha}_3\},\{\boldsymbol{\alpha}_1,\boldsymbol{\alpha}_2\}$都是向量组$\{\boldsymbol{\alpha}_1,\boldsymbol{\alpha}_2,\boldsymbol{\alpha}_3\}$的极大线性无关组.

几个常用的结论：

(1) 一个向量组的极大无关组不唯一；

(2) 一个线性无关的向量组的极大无关组就是其本身；

(3) 全由零向量构成的向量组没有极大无关组；

(4) 在向量空间 V 中，任一不全为零的有限个向量构成 S 的向量组中必能找到 S 的极大无关组；

(5) 向量组的任一线性无关组都可以扩大为极大无关组.

例 6.3.6 求向量组$\{1,x,x+2,x^2+2x+3\}$的一个极大无关组.

解：因为 $1\neq0$，$1,x$ 线性无关，而 $x+2=1\cdot x+2\cdot 1$，从而 $1,x,x+2$ 线性相关，去掉 $x+2$.

设 $a_1\cdot 1+a_2x+a_3(x^2+2x+3)=0$，化简得

$$a_3x^2+(a_2+2a_3)x+(a_1+3a_3)=0,$$

解得 $a_1=a_2=a_3=0$，所以 $1,x,x^2+2x+3$ 线性无关，所以 $1,x,x^2+2x+3$ 是向量组$\{1,x,x+2,x^2+2x+3\}$的一个极大无关组.

推论 6.3.2 等价的向量组的极大无关组含有相同个数的向量，特别地，一个向量组的任意两个极大无关组含有相同个数的向量.

证：设向量组$\{\boldsymbol{\alpha}_1,\boldsymbol{\alpha}_2,\cdots,\boldsymbol{\alpha}_m\}$与向量组$\{\boldsymbol{\beta}_1,\boldsymbol{\beta}_2,\cdots,\boldsymbol{\beta}_n\}$等价，令$\{\boldsymbol{\alpha}_1,\boldsymbol{\alpha}_2,\cdots,\boldsymbol{\alpha}_{i_r}\}$是$\{\boldsymbol{\alpha}_1,\boldsymbol{\alpha}_2,\cdots,\boldsymbol{\alpha}_m\}$的任意一个极大无关组，$\{\boldsymbol{\beta}_{j_1},\boldsymbol{\beta}_{j_2},\cdots,\boldsymbol{\beta}_{j_s}\}$是$\{\boldsymbol{\beta}_1,\boldsymbol{\beta}_2,\cdots,\boldsymbol{\beta}_n\}$的任意一个极大无关组，由于$\{\boldsymbol{\alpha}_{i_1},\boldsymbol{\alpha}_{i_2},\cdots,\boldsymbol{\alpha}_{i_r}\}$线性无关，并且每一个 $\boldsymbol{\alpha}_{i_t}$ 都可由 $\boldsymbol{\beta}_1,\boldsymbol{\beta}_2,\cdots,\boldsymbol{\beta}_n$ 线性表示，而每一个 $\boldsymbol{\beta}_j$ 又可以由 $\boldsymbol{\beta}_{j_1},\boldsymbol{\beta}_{j_2},\cdots,\boldsymbol{\beta}_{j_s}$ 线性表示，所以 $\boldsymbol{\alpha}_{i_t}$ 可以由 $\boldsymbol{\beta}_{j_1},\boldsymbol{\beta}_{j_2},\cdots,\boldsymbol{\beta}_{j_s}$ 线性表示，$t=1,2,\cdots,r$. 于是由替换定理得 $r\leqslant s$，同理 $s\leqslant r$，因而 $s=r$.

习 题 6.3

1. 下列向量组是否线性相关：

(1) $(1,2,1),(3,2,4),(-1,-1,1)$；

(2) $(1,-1,2,4),(0,3,1,2),(3,0,7,14),(1,-1,2,0)$.

2. 设 $\boldsymbol{\alpha}_1=(2,-1,0,5),\boldsymbol{\alpha}_2=(-4,-2,3,0),\boldsymbol{\alpha}_3=(-1,0,1,k),\boldsymbol{\alpha}_4=(-1,0,2,1)$，则 k 取何值时，$\boldsymbol{\alpha}_1,\boldsymbol{\alpha}_2,\boldsymbol{\alpha}_3,\boldsymbol{\alpha}_4$ 线性相关？

3. 设向量组$\{\boldsymbol{\alpha}_1,\boldsymbol{\alpha}_2,\cdots,\boldsymbol{\alpha}_n\}$线性无关，且 $\boldsymbol{\beta}_k=\sum\limits_{i=1}^{n}b_{ki}\boldsymbol{\alpha}_i(k=1,2,\cdots,n)$，证明：$\boldsymbol{\beta}_1,\boldsymbol{\beta}_2,\cdots,\boldsymbol{\beta}_n$ 线性无关的一个充分必要条件是

$$\begin{vmatrix} b_{11} & b_{12} & \cdots & b_{1n} \\ b_{21} & b_{22} & \cdots & b_{2n} \\ \vdots & \vdots & & \vdots \\ b_{n1} & b_{n2} & \cdots & b_{nn} \end{vmatrix}\neq0.$$

4. 设 $\boldsymbol{\alpha}_i=(a_{i_1},a_{i_2},\cdots,a_{i_n})\in F^n,i=1,2,\cdots,m$ 线性无关. 对每一个 $\boldsymbol{\alpha}_i$ 任意添上 p 个数，得到 F^{n+p} 的 m 个向量

$$\boldsymbol{\beta}_i=(a_{i_1},\cdots,a_{i_n},b_{i_1},\cdots,b_{i_p}),i=1,\cdots,m.$$

证明：$\{\boldsymbol{\beta}_1,\boldsymbol{\beta}_2,\cdots,\boldsymbol{\beta}_m\}$ 也线性无关.

5. 设向量组 $\{\boldsymbol{\alpha}_1,\boldsymbol{\alpha}_2,\cdots,\boldsymbol{\alpha}_r\}(r\geqslant 2)$ 线性无关. 任取 $k_1,k_2,\cdots,k_{r-1}\in F$，证明：向量组

$$\boldsymbol{\beta}_1=\boldsymbol{\alpha}_1+k_1\boldsymbol{\alpha}_r,\boldsymbol{\beta}_2=\boldsymbol{\alpha}_2+k_2\boldsymbol{\alpha}_r,\cdots,\boldsymbol{\beta}_{r-1}=\boldsymbol{\alpha}_{r-1}+k_{r-1}\boldsymbol{\alpha}_r,\boldsymbol{\alpha}_r$$

线性无关.

6. 设 $\boldsymbol{\alpha}_1,\boldsymbol{\alpha}_2,\cdots,\boldsymbol{\alpha}_r,\boldsymbol{\beta}$ 为 m 个向量，且 $\boldsymbol{\beta}=\boldsymbol{\alpha}_1+\boldsymbol{\alpha}_2+\cdots+\boldsymbol{\alpha}_r,m>1$. 则

$$\boldsymbol{\beta}-\boldsymbol{\alpha}_1,\boldsymbol{\beta}-\boldsymbol{\alpha}_2,\cdots,\boldsymbol{\beta}-\boldsymbol{\alpha}_r \text{ 线性无关}\Leftrightarrow\boldsymbol{\alpha}_1,\boldsymbol{\alpha}_2,\cdots,\boldsymbol{\alpha}_r \text{ 线性无关}.$$

7. 下列论断哪些是对的，哪些是错的. 如果是对的，证明；如果是错的，举出反例.

(1) 如果当 $a_1=a_2=\cdots=a_r=0$ 时，$a_1\boldsymbol{\alpha}_1+a_2\boldsymbol{\alpha}_2+\cdots+a_r\boldsymbol{\alpha}_r=\mathbf{0}$，那么 $\boldsymbol{\alpha}_1,\boldsymbol{\alpha}_2,\cdots,\boldsymbol{\alpha}_r$ 线性无关；

(2) 如果 $\boldsymbol{\alpha}_1,\boldsymbol{\alpha}_2,\cdots,\boldsymbol{\alpha}_r$ 线性无关，而 $\boldsymbol{\alpha}_{r+1}$ 不能由 $\boldsymbol{\alpha}_1,\boldsymbol{\alpha}_2,\cdots,\boldsymbol{\alpha}_r$ 线性表示，那么 $\boldsymbol{\alpha}_1,\boldsymbol{\alpha}_2,\cdots,\boldsymbol{\alpha}_r,\boldsymbol{\alpha}_{r+1}$ 线性无关；

(3) 如果 $\boldsymbol{\alpha}_1,\boldsymbol{\alpha}_2,\cdots,\boldsymbol{\alpha}_r$ 线性无关，那么其中每一个向量都不是其余向量的线性组合；

(4) 如果 $\boldsymbol{\alpha}_1,\boldsymbol{\alpha}_2,\cdots,\boldsymbol{\alpha}_r$ 线性相关，那么其中每一个向量都是其余向量的线性组合.

8. 设向量 $\boldsymbol{\beta}$ 可以由 $\boldsymbol{\alpha}_1,\boldsymbol{\alpha}_2,\cdots,\boldsymbol{\alpha}_r$ 线性表示，但不能由 $\boldsymbol{\alpha}_1,\boldsymbol{\alpha}_2,\cdots,\boldsymbol{\alpha}_{r-1}$ 线性表示. 证明：向量组 $\{\boldsymbol{\alpha}_1,\boldsymbol{\alpha}_2,\cdots,\boldsymbol{\alpha}_{r-1},\boldsymbol{\alpha}_r\}$ 与向量组 $\{\boldsymbol{\alpha}_1,\boldsymbol{\alpha}_2,\cdots,\boldsymbol{\alpha}_{r-1},\boldsymbol{\beta}\}$ 等价.

9. 设在向量组 $\boldsymbol{\alpha}_1,\boldsymbol{\alpha}_2,\cdots,\boldsymbol{\alpha}_r$ 中，$\boldsymbol{\alpha}_1\neq\mathbf{0}$，并且每一 $\boldsymbol{\alpha}_i$ 都不能表成它的前 $i-1$ 个向量 $\boldsymbol{\alpha}_1,\boldsymbol{\alpha}_2,\cdots,\boldsymbol{\alpha}_{i-1}$ 的线性组合. 证明：$\boldsymbol{\alpha}_1,\boldsymbol{\alpha}_2,\cdots,\boldsymbol{\alpha}_r$ 线性无关.

§6.4 基和维数

我们知道当 $V\neq\{\mathbf{0}\}$ 时，V 有无穷多向量，那么它们之间的结构如何？具体地，我们能否用 V 中有限个向量表示所有向量. 本节我们讨论这个问题.

设 V 是数域 F 上的一个向量空间，设 $\boldsymbol{\alpha}_1,\boldsymbol{\alpha}_2,\cdots,\boldsymbol{\alpha}_n$ 是向量空间 V 中一组向量，这组向量所有可能的线性组合

$$k_1\boldsymbol{\alpha}_1+k_2\boldsymbol{\alpha}_2+\cdots+k_n\boldsymbol{\alpha}_n$$

所成的集合是非空的，而且对两种运算封闭，因而是 V 的一个子空间，这个子空间叫作由 $\boldsymbol{\alpha}_1,\boldsymbol{\alpha}_2,\cdots,\boldsymbol{\alpha}_n$ 生成的子空间，记为

$$L(\boldsymbol{\alpha}_1,\boldsymbol{\alpha}_2,\cdots,\boldsymbol{\alpha}_n).$$

其中向量 $\boldsymbol{\alpha}_1,\boldsymbol{\alpha}_2,\cdots,\boldsymbol{\alpha}_n$ 叫作这个子空间的一组生成元. 由子空间的定义可知，如果 V 的一个子空间包含向量 $\boldsymbol{\alpha}_1,\boldsymbol{\alpha}_2,\cdots,\boldsymbol{\alpha}_n$，那么就一定包含它们所有的线性组合，也就是说，一定包含 $L(\boldsymbol{\alpha}_1,\boldsymbol{\alpha}_2,\cdots,\boldsymbol{\alpha}_n)$ 作为子空间.

在有限维向量空间中，任何一个子空间都可以这样得到. 事实上，设 W 是 V 的一个子空间，W 当然也是有限维的. 设 $\boldsymbol{\alpha}_1,\boldsymbol{\alpha}_2,\cdots,\boldsymbol{\alpha}_n$ 是 W 的一组基，就有

$$W=L(\boldsymbol{\alpha}_1,\boldsymbol{\alpha}_2,\cdots,\boldsymbol{\alpha}_n).$$

例 6.4.1 看 F^n 中如下的 n 个向量 $\boldsymbol{\varepsilon}_i=(0,\cdots,0,1,0,\cdots,0)$, $i=1,\cdots,n$,其中 $\boldsymbol{\varepsilon}_i$ 表示除第 i 个位置为 1 外,其余位置的元素都是零. $\boldsymbol{\varepsilon}_1,\boldsymbol{\varepsilon}_2,\cdots,\boldsymbol{\varepsilon}_n$ 则是 F^n 的一组生成元.

解:令

$$\boldsymbol{\alpha}=(a_1,a_2,\cdots,a_n)$$

是 F^n 中任意一个向量. 我们有

$$\boldsymbol{\alpha}=a_1\boldsymbol{\varepsilon}_1+a_2\boldsymbol{\varepsilon}_2+\cdots+a_n\boldsymbol{\varepsilon}_n,$$

因此 $F^n=L(\boldsymbol{\varepsilon}_1,\boldsymbol{\varepsilon}_2,\cdots,\boldsymbol{\varepsilon}_n)$,而 $\boldsymbol{\varepsilon}_1,\boldsymbol{\varepsilon}_2,\cdots,\boldsymbol{\varepsilon}_n$ 则是 F^n 的一组生成元.

例 6.4.2 在向量空间 $F[x]$中,$1,x,x^2,\cdots,x^n$ 是 n 个线性无关的向量,

$$L(1,x,x^2,\cdots,x^n)=\{a_0+a_1x+a_2x^2+\cdots+a_nx^n\mid a_i\in F\}$$

就是数域 F 上一切次数不超过 n 的多项式连同零多项式所构成的子空间.

定理 6.4.1 设向量组$\{\boldsymbol{\alpha}_1,\boldsymbol{\alpha}_2,\cdots,\boldsymbol{\alpha}_n\}$是向量空间 V 的一组不全为零的向量,而部分向量组$\{\boldsymbol{\alpha}_{i_1},\boldsymbol{\alpha}_{i_2},\cdots,\boldsymbol{\alpha}_{i_r}\}$是它的一个极大线性无关组,那么:

$$L(\boldsymbol{\alpha}_1,\boldsymbol{\alpha}_2,\cdots,\boldsymbol{\alpha}_n)=L(\boldsymbol{\alpha}_{i_1},\boldsymbol{\alpha}_{i_2},\cdots,\boldsymbol{\alpha}_{i_r})$$

定义 6.4.1 设 V 是数域 F 上的一个向量空间,V 中满足下列条件的向量组$\{\boldsymbol{\alpha}_1,\boldsymbol{\alpha}_2,\cdots,\boldsymbol{\alpha}_n\}$叫作 V 的一个基:

(1) $\boldsymbol{\alpha}_1,\boldsymbol{\alpha}_2,\cdots,\boldsymbol{\alpha}_n$ 线性无关;

(2) V 的每一个向量都可以由 $\boldsymbol{\alpha}_1,\boldsymbol{\alpha}_2,\cdots,\boldsymbol{\alpha}_n$ 线性表示.

例 6.4.3 在 n 维空间 F^n 中,显然

$$\begin{cases}\boldsymbol{\varepsilon}_1=(1,0,\cdots,0),\\ \boldsymbol{\varepsilon}_2=(0,1,\cdots,0),\\ \cdots\cdots\\ \boldsymbol{\varepsilon}_n=(0,0,\cdots,1)\end{cases}$$

是一组基. 对于每一个向量,$\boldsymbol{\alpha}$ 都有$(a_1,a_2,\cdots,a_n)=a_1\boldsymbol{\varepsilon}_1+a_2\boldsymbol{\varepsilon}_2+\cdots+a_n\boldsymbol{\varepsilon}_n$,这个基 $\boldsymbol{\varepsilon}_1,\boldsymbol{\varepsilon}_2,\cdots,\boldsymbol{\varepsilon}_n$ 为 F^n 的标准基.

例 6.4.4 平面上任何两个不共线的向量构成它的一组基.

例 6.4.5 $F[x]$作为 F 上的向量空间,是无限维的.

定义 6.4.2 一个向量空间 V 的基所含向量的个数叫作 V 的维数,记为 $\dim V$.

零空间的维数定义为零.

如果在向量空间 V 中有 n 个线性无关的向量,没有更多数目的线性无关的向量,那么 V 就称为 n 维的;如果在 V 中可以找到任意多个线性无关的向量,那么 V 称为无限维的.

定理 6.4.2 在 n 维向量空间中,n 个线性无关的向量$\{\boldsymbol{\alpha}_1,\boldsymbol{\alpha}_2,\cdots,\boldsymbol{\alpha}_n\}$为 V 的一组基. 设 $\boldsymbol{\alpha}$ 是 V 中任一向量,则 $\boldsymbol{\alpha}$ 可以唯一地被表示成基向量的线性组合:

$$\boldsymbol{\alpha}=a_1\boldsymbol{\alpha}_1+a_2\boldsymbol{\alpha}_2+\cdots+a_n\boldsymbol{\alpha}_n,$$

其中系数 $a_1,a_2,\cdots,a_n$ 是被向量 $\boldsymbol{\alpha}$ 和基$\{\boldsymbol{\alpha}_1,\boldsymbol{\alpha}_2,\cdots,\boldsymbol{\alpha}_n\}$唯一确定的.

证:因为 $\boldsymbol{\alpha}_1,\boldsymbol{\alpha}_2,\cdots,\boldsymbol{\alpha}_n$ 是 V 的一组基,则对 $\forall\,\boldsymbol{\alpha}\in V$,$\boldsymbol{\alpha}$ 都可以表成

$$\boldsymbol{\alpha}=a_1\boldsymbol{\alpha}_1+a_2\boldsymbol{\alpha}_2+\cdots+a_n\boldsymbol{\alpha}_n.$$

故只需证明，这种表示法是唯一的. 假设 $\boldsymbol{\alpha}$ 还可以表成

$$\boldsymbol{\alpha}=a_1'\boldsymbol{\alpha}_1+a_2'\boldsymbol{\alpha}_2+\cdots+a_n'\boldsymbol{\alpha}_n,$$

则有

$$(a_1-a_1')\boldsymbol{\alpha}_1+(a_2-a_2')\boldsymbol{\alpha}_2+\cdots+(a_n-a_n')\boldsymbol{\alpha}_n=\mathbf{0},$$

于是 $\boldsymbol{\alpha}_1,\boldsymbol{\alpha}_2,\cdots,\boldsymbol{\alpha}_n$ 线性无关，所以 $a_i-a_i'=0$，即 $a_i=a_i'$，$i=1,2,\cdots,n$.

该定理的逆命题同样也成立，如果向量空间 V 的每一个向量都可以唯一地表成 V 中向量 $\boldsymbol{\alpha}_1,\boldsymbol{\alpha}_2,\cdots,\boldsymbol{\alpha}_n$ 的线性组合，那么 $\dim V=n$.

由以上定义看来，在给出空间 V 的一组基之前，必须先确定 V 的维数.

定理 6.4.3 n 维向量空间中任意多于 n 个向量一定线性相关.

证：当 $n=0$ 时，论断显然正确. 设 $n>0$，令 $\{\boldsymbol{\alpha}_1,\boldsymbol{\alpha}_2,\cdots,\boldsymbol{\alpha}_n\}$ 是 n 维向量空间 V 的一个基. 设 $s>n$，而 $\boldsymbol{\beta}_1,\boldsymbol{\beta}_2,\cdots,\boldsymbol{\beta}_s$ 是 V 中任意 s 个向量. 那么每一个 $\boldsymbol{\beta}_i$ 都可以由 $\boldsymbol{\alpha}_1,\boldsymbol{\alpha}_2,\cdots,\boldsymbol{\alpha}_n$ 线性表示. 如果 $\boldsymbol{\beta}_1,\boldsymbol{\beta}_2,\cdots,\boldsymbol{\beta}_s$ 线性无关，那么由替换定理推出 $s\leqslant n$，这就导致矛盾.

定理 6.4.4 设 $\boldsymbol{\alpha}_1,\boldsymbol{\alpha}_2,\cdots,\boldsymbol{\alpha}_r$ 是 n 维向量空间 V 中一组线性无关的向量，那么总可以添加 $n-r$ 个向量，使得 $\{\boldsymbol{\alpha}_1,\boldsymbol{\alpha}_2,\cdots,\boldsymbol{\alpha}_r,\boldsymbol{\alpha}_{r+1},\cdots,\boldsymbol{\alpha}_n\}$ 构成 V 的一个基，特别地，n 维向量空间中任意 n 个线性无关的向量都可以作为基.

证：$\{\boldsymbol{\beta}_1,\boldsymbol{\beta}_2,\cdots,\boldsymbol{\beta}_n\}$ 是 n 维向量空间 V 的一个基，那么每一 $\boldsymbol{\alpha}_i$ 都可以由 $\boldsymbol{\beta}_1,\boldsymbol{\beta}_2,\cdots,\boldsymbol{\beta}_n$ 线性表示. 又因为 $\boldsymbol{\alpha}_1,\boldsymbol{\alpha}_2,\cdots,\boldsymbol{\alpha}_r$ 线性无关，所以由替换定理，适当对 $\boldsymbol{\beta}_1,\boldsymbol{\beta}_2,\cdots,\boldsymbol{\beta}_n$ 编号，可以用 $\boldsymbol{\alpha}_1,\boldsymbol{\alpha}_2,\cdots,\boldsymbol{\alpha}_r$ 替换前 r 个基向量 $\boldsymbol{\beta}_1,\boldsymbol{\beta}_2,\cdots,\boldsymbol{\beta}_r$，得到一个与 $\{\boldsymbol{\beta}_1,\boldsymbol{\beta}_2,\cdots,\boldsymbol{\beta}_n\}$ 等价的向量组 $\{\boldsymbol{\alpha}_1,\cdots,\boldsymbol{\alpha}_r,\boldsymbol{\beta}_{r+1},\cdots,\boldsymbol{\beta}_n\}$，根据推论 6.3.2，后者的一个极大无关组也含有 n 个向量. 所以 $\{\boldsymbol{\alpha}_1,\cdots,\boldsymbol{\alpha}_r,\boldsymbol{\beta}_{r+1},\cdots,\boldsymbol{\beta}_n\}$ 就是它本身的唯一的极大无关组，因而是 V 的一个基. 取 $\boldsymbol{\alpha}_j=\boldsymbol{\beta}_j$，$j=r+1,\cdots,n$，定理被证明.

例 6.4.6 如果把复数域 K 看作是自身上的向量空间，那么它是一维的，数 1 就是一个基，如果看作是实数域上的向量空间，那么就是二维的，数 1 与 i 就是一个基. 所以维数和所考虑的数域有关.

例 6.4.7 在向量空间 V 中，有 $L(\boldsymbol{\alpha}_1,\boldsymbol{\alpha}_2,\cdots,\boldsymbol{\alpha}_s)+L(\boldsymbol{\beta}_1,\boldsymbol{\beta}_2,\cdots,\boldsymbol{\beta}_t)=L(\boldsymbol{\alpha}_1,\cdots,\boldsymbol{\alpha}_s,\boldsymbol{\beta}_1,\cdots,\boldsymbol{\beta}_t)$.

关于两个子空间的交与和的维数，有以下定理.

定理 6.4.5（维数公式） 若 V_1,V_2 是向量空间 V 的两个有限维子空间，则 V_1+V_2 也是有限维，并且

$$\dim(V_1+V_2)=\dim V_1+\dim V_2-\dim(V_1\cap V_2).$$

证：先设 $\dim(V_1\cap V_2)=r>0$，令 $\boldsymbol{\alpha}_1,\cdots,\boldsymbol{\alpha}_r$ 是 $V_1\cap V_2$ 的一个基. 那么 $\boldsymbol{\alpha}_1,\cdots,\boldsymbol{\alpha}_r$ 同时是子空间 V_1 和 V_2 中线性无关的向量. 由定理 6.4.4，可以分别扩充为 V_1 和 V_2 的基

$$\{\boldsymbol{\alpha}_1,\cdots,\boldsymbol{\alpha}_r,\boldsymbol{\beta}_1,\cdots,\boldsymbol{\beta}_s\}\subset V_1,\{\boldsymbol{\alpha}_1,\cdots,\boldsymbol{\alpha}_r,\boldsymbol{\gamma}_1,\cdots,\boldsymbol{\gamma}_t\}\subset V_2,$$

其中 $r+s=\dim V_1$，$r+t=\dim V_2$. 子空间 V_1+V_2 由向量

$$\boldsymbol{\alpha}_1,\cdots,\boldsymbol{\alpha}_r,\boldsymbol{\beta}_1,\cdots,\boldsymbol{\beta}_s,\boldsymbol{\gamma}_1,\cdots,\boldsymbol{\gamma}_t$$

生成，这一组向量线性无关. 事实上，假设

$$\sum_{i=1}^{r}a_i\boldsymbol{\alpha}_i+\sum_{j=1}^{s}b_j\boldsymbol{\beta}_j+\sum_{k=1}^{t}c_k\boldsymbol{\gamma}_k=\mathbf{0},$$

那么

$$-\sum_{k=1}^{t} c_k \boldsymbol{\gamma}_k = \sum_{i=1}^{r} a_i \boldsymbol{\alpha}_i + \sum_{j=1}^{s} b_j \boldsymbol{\beta}_j,$$

这就证明，$\sum_{k=1}^{t} c_k \boldsymbol{\gamma}_k \in V_1$，因而 $\sum_{k=1}^{t} c_k \boldsymbol{\gamma}_k \in V_1 \cap V_2$，所以

$$\sum_{k=1}^{t} c_k \boldsymbol{\gamma}_k = \sum_{i=1}^{r} d_i \boldsymbol{\alpha}_i, d_1, \cdots, d_r \in F,$$

因为 $\boldsymbol{\alpha}_1, \cdots, \boldsymbol{\alpha}_r, \boldsymbol{\gamma}_1, \cdots, \boldsymbol{\gamma}_t$ 线性无关，所以 $c_1, \cdots, c_t$ 都等于零. 于是

$$\sum_{i=1}^{r} a_i \boldsymbol{\alpha}_i + \sum_{j=1}^{s} b_j \boldsymbol{\beta}_j = \mathbf{0},$$

又因为 $\boldsymbol{\alpha}_1, \cdots, \boldsymbol{\alpha}_r, \boldsymbol{\beta}_1, \cdots, \boldsymbol{\beta}_s$ 线性无关，所以 $a_1, \cdots, a_r, b_1, \cdots, b_s$ 都等于零. 这样

$$\{\boldsymbol{\alpha}_1, \cdots, \boldsymbol{\alpha}_r, \boldsymbol{\beta}_1, \cdots, \boldsymbol{\beta}_s, \boldsymbol{\gamma}_1, \cdots, \boldsymbol{\gamma}_t\}$$

是 $V_1 + V_2$ 的一个基. 所以

$$\dim V_1 + \dim V_2 = (r+s) + (r+t) = r + (r+s+t) = \dim(V_1 \cap V_2) + \dim(V_1 + V_2).$$

当 $r=0$ 时，可类似证明.

推论 6.4.1 如果 n 维向量空间 V 中两个子空间 V_1 和 V_2 的维数之和大于 n，那么 V_1 和 V_2 中必含有非零的公共向量.

定义 6.4.3 如果 W 是向量空间 V 的一个子空间，V 的子空间 W' 叫作 W 的一个余子空间，如果

(1) $V = W + W'$；

(2) $W \cap W' = \{\mathbf{0}\}$，

则称 V 是 W 与 W' 的直和，记作 $V = W \oplus W'$.

定理 6.4.6 如果 V 是 W 与 W' 的直和，则对 $\forall \boldsymbol{\alpha} \in V$，$\boldsymbol{\alpha}$ 都可以唯一表示成

$$\boldsymbol{\alpha} = \boldsymbol{\beta} + \boldsymbol{\beta}', \boldsymbol{\beta} \in W, \boldsymbol{\beta}' \in W'.$$

证：显然 $\boldsymbol{\alpha} = \boldsymbol{\beta} + \boldsymbol{\beta}', \boldsymbol{\beta} \in W, \boldsymbol{\beta}' \in W'$，如果 $\boldsymbol{\alpha}$ 还可以表成

$$\boldsymbol{\alpha} = \boldsymbol{\beta}_1 + \boldsymbol{\beta}_1', \boldsymbol{\beta}_1 \in W, \boldsymbol{\beta}_1' \in W',$$

那么 $\boldsymbol{\beta} + \boldsymbol{\beta}' = \boldsymbol{\beta}_1 + \boldsymbol{\beta}_1'$ 或 $\boldsymbol{\beta} - \boldsymbol{\beta}_1 = \boldsymbol{\beta}_1' - \boldsymbol{\beta}'$，由于 $\boldsymbol{\beta} - \boldsymbol{\beta}_1 \in W_1, \boldsymbol{\beta}_1' - \boldsymbol{\beta}' \in W_2$，又由于 $W \cap W' = \{\mathbf{0}\}$，所以 $\boldsymbol{\beta} - \boldsymbol{\beta}_1 = \boldsymbol{\beta}_1' - \boldsymbol{\beta}' = \mathbf{0}$，即 $\boldsymbol{\beta} = \boldsymbol{\beta}_1, \boldsymbol{\beta}_1' = \boldsymbol{\beta}'$.

定理 6.4.7 向量空间 V 的任意一个子空间 W 都有余子空间，如果 W' 是 W 的余子空间，那么

$$\dim V = \dim W + \dim W'.$$

证：当 $\dim W = 0$ 或 n 时，定理显然成立.

设 $\dim W = r, 0 < r < n$，令 $\{\boldsymbol{\alpha}_1, \cdots, \boldsymbol{\alpha}_r\}$ 是子空间 W 的一个基. 由定理 6.4.4，存在 $n-r$ 个向量 $\boldsymbol{\alpha}_{r+1}, \cdots, \boldsymbol{\alpha}_n \in V$，使得 $\{\boldsymbol{\alpha}_1, \boldsymbol{\alpha}_2, \cdots, \boldsymbol{\alpha}_n\}$ 构成 V 的一个基. 取 $W' = L(\boldsymbol{\alpha}_{r+1}, \cdots, \boldsymbol{\alpha}_n)$. 显然 $V = W + W'$，如同定理 6.4.5 的证明一样，容易证明 $W \cap W' = \{\mathbf{0}\}$. 所以 W' 是 V 的一个余子空间.

定理 6.4.8 $V_1 + V_2$ 是直和 $\Leftrightarrow$ 等式 $\boldsymbol{\alpha}_1 + \boldsymbol{\alpha}_2 = \mathbf{0}, \boldsymbol{\alpha}_i \in V_i (i=1,2)$ 只有在 $\boldsymbol{\alpha}_i$ 全为零时才成立.

定理 6.4.9 设 U 是向量空间 V 的一个子空间，则一定存在一个子空间 W 使$V=U\oplus W$.

子空间的直和的概念可以推广到多个子空间的情形.

定义 6.4.4 设 $V_1,V_2,\cdots,V_s$ 都是向量空间 V 的子空间，如果对 $\forall\boldsymbol{\alpha}\in V_1+V_2+\cdots+V_s$，$\boldsymbol{\alpha}$ 的分解式

$$\boldsymbol{\alpha}=\boldsymbol{\alpha}_1+\boldsymbol{\alpha}_2+\cdots+\boldsymbol{\alpha}_s,\boldsymbol{\alpha}_i\in W(i=1,2,\cdots,s)$$

都是唯一的，则这个和就称为直和，记为 $V_1\oplus V_2\oplus\cdots\oplus V_s$.

定理 6.4.10 $V_1,V_2,\cdots,V_s$ 是向量空间 V 的一些子空间，下面这些条件是等价的：

(1) $W=\sum V_i$ 是直和；

(2) 零向量的表法唯一；

(3) $V_i\cap\sum\limits_{j\neq i}V_j=\{\mathbf{0}\}(i=1,2,\cdots,s)$；

(4) $\dim W=\sum\dim W_i$.

习 题 6.4

1. 求下列子空间的基和维数：

(1) $L((11,1,0,-1),(1,2,3,4),(1,2,1,1),(2,4,2,2))\subseteq\mathbf{R}^r$；

(2) $L(x-1,1-x^2,x^2+x-1,x^3)\subseteq F[x]$.

2. 把向量组$\{(2,1,4,3),(1,2,5,7)$扩充为 $\mathbf{R}^4$ 的一个基.

3. 令 S 是数域 F 上一切满足条件 $\boldsymbol{A}^{\mathrm{T}}=-\boldsymbol{A}$ 的 n 阶矩阵 $\boldsymbol{A}$ 所成的向量空间. 求 $\dim S$.

4. 证明复数域 $\mathbf{C}$ 作为实数域 $\mathbf{R}$ 上向量空间，维数是 2. 如果 $\mathbf{C}$ 看成它本身上的向量空间的话，维数是几？

5. 设 W,W_1,W_2 都是 n 维向量空间 V 的子空间，其中 $W_1\subseteq W_2$ 且 $W\cap W_1=W\cap W_2$，$W+W_1\subseteq W+W_2$，证明：$W_1=W_2$.

6. 证明：每一个 n 维向量空间都可以表示成 n 个 1 维子空间的直和.

7. 设 W 是 n 维向量空间 V 的一个子空间，且 $0<\dim W<n$，证明：W 在 V 中有不止一个余子空间.

§6.5 坐标

设 V 是数域F 上的向量空间，$\boldsymbol{\alpha}_1,\boldsymbol{\alpha}_2,\cdots,\boldsymbol{\alpha}_n$ 是 V 的一组基，则任一向量 $\boldsymbol{\xi}$ 可以唯一地表示为：

$$\boldsymbol{\xi}=x_1\boldsymbol{\alpha}_1+x_2\boldsymbol{\alpha}_2+\cdots+x_n\boldsymbol{\alpha}_n,$$

于是，对 $\forall\boldsymbol{\xi}\in V$，在取定的基$\{\boldsymbol{\alpha}_1,\boldsymbol{\alpha}_2,\cdots,\boldsymbol{\alpha}_n\}$下，唯一地确定了一个有序数组 $x_1,x_2,\cdots,$

x_n,数 x_i 称为 $\boldsymbol{\xi}$ 在$\{\boldsymbol{\alpha}_1,\boldsymbol{\alpha}_2,\cdots,\boldsymbol{\alpha}_n\}$下的第 i 个坐标,有序数组 $x_1,x_2,\cdots,x_n$ 称为 $\boldsymbol{\xi}$ 关于基$\{\boldsymbol{\alpha}_1,\boldsymbol{\alpha}_2,\cdots,\boldsymbol{\alpha}_n\}$的坐标,记为$(x_1,x_2,\cdots,x_n)$.

例 6.5.1 求 $\mathbf{R}^3$ 中向量 $\boldsymbol{\xi}=(1,2,3)$关于基 $\boldsymbol{\alpha}_1=(1,1,1)$,$\boldsymbol{\alpha}_2=(1,1,-1)$,$\boldsymbol{\alpha}_3=(1,-1,-1)$的坐标.

解:设所求的坐标为(x_1,x_2,x_3),则有 $\boldsymbol{\xi}=x_1\boldsymbol{\alpha}_1+x_2\boldsymbol{\alpha}_2+x_3\boldsymbol{\alpha}_3$,即$(1,2,3)=(x_1+x_2+x_3,x_1+x_2-x_3,x_1-x_2-x_3)$,故

$$\begin{cases}x_1+x_2+x_3=1,\\x_1+x_2-x_3=2,\\x_1-x_2-x_3=3,\end{cases}$$

解该线性方程组,得 $\boldsymbol{\xi}$ 在$\{\boldsymbol{\alpha}_1,\boldsymbol{\alpha}_2,\boldsymbol{\alpha}_3\}$下坐标为 $x_1=2,x_2=-\dfrac{1}{2},x_3=-\dfrac{1}{2}$.

例 6.5.2 在 n 维的空间 F^n 中,向量 $\boldsymbol{\alpha}=a_1\boldsymbol{\varepsilon}_1+a_2\boldsymbol{\varepsilon}_2+\cdots+a_n\boldsymbol{\varepsilon}_n$,因此 $\boldsymbol{\alpha}$ 关于基$\{\boldsymbol{\varepsilon}_1,\boldsymbol{\varepsilon}_2,\cdots,\boldsymbol{\varepsilon}_n\}$的坐标就是$(a_1,a_2,\cdots,a_n)$.

定理 6.5.1 设 V 是数域 F 上的一个向量空间,$\{\boldsymbol{\alpha}_1,\boldsymbol{\alpha}_2,\cdots,\boldsymbol{\alpha}_n\}(n>0)$是 V 的一组基,$\boldsymbol{\xi}$,$\boldsymbol{\eta}$ 关于这组基的坐标分别是$(x_1,x_2,\cdots,x_n)$,$(y_1,y_2,\cdots,y_n)$,则 $\boldsymbol{\xi}+\boldsymbol{\eta}$ 关于$\{\boldsymbol{\alpha}_1,\boldsymbol{\alpha}_2,\cdots,\boldsymbol{\alpha}_n\}$的坐标是$(x_1+y_1,x_2+y_2,\cdots,x_n+y_n)$,设 $a\in F$,那么 $a\boldsymbol{\xi}$ 关于这组基的坐标是$(ax_1,ax_2,\cdots,ax_n)$.

n 维向量空间中,任意 n 个线性无关的向量都可以取作空间的基.对于不同的基,同一个向量的坐标一般是不同的.那么随着基的改变,向量的坐标是怎样变化的.

设$\{\boldsymbol{\alpha}_1,\boldsymbol{\alpha}_2,\cdots,\boldsymbol{\alpha}_n\}$与$\{\boldsymbol{\beta}_1,\boldsymbol{\beta}_2,\cdots,\boldsymbol{\beta}_n\}$是 n 维向量空间 V 中两组基,它们的关系是

$$\begin{cases}\boldsymbol{\beta}_1=a_{11}\boldsymbol{\alpha}_1+a_{21}\boldsymbol{\alpha}_2+\cdots+a_{n1}\boldsymbol{\alpha}_n,\\\boldsymbol{\beta}_2=a_{12}\boldsymbol{\alpha}_1+a_{22}\boldsymbol{\alpha}_2+\cdots+a_{n2}\boldsymbol{\alpha}_n,\\\cdots\cdots\\\boldsymbol{\beta}_n=a_{1n}\boldsymbol{\alpha}_1+a_{2n}\boldsymbol{\alpha}_2+\cdots+a_{nn}\boldsymbol{\alpha}_n.\end{cases}\tag{6.8}$$

矩阵

$$\boldsymbol{T}=\begin{pmatrix}a_{11}&a_{12}&\cdots&a_{1n}\\a_{21}&a_{22}&\cdots&a_{2n}\\\vdots&\vdots&&\vdots\\a_{n1}&a_{n2}&\cdots&a_{nn}\end{pmatrix}$$

称为由基$\{\boldsymbol{\alpha}_1,\boldsymbol{\alpha}_2,\cdots,\boldsymbol{\alpha}_n\}$到$\{\boldsymbol{\beta}_1,\boldsymbol{\beta}_2,\cdots,\boldsymbol{\beta}_n\}$的过渡矩阵,(6.8)中各式的系数$(a_{1j},a_{2j},\cdots,a_{nj})$,$j=1,2,\cdots,n$ 是第二组基向量 $\boldsymbol{\beta}_j(j=1,2,\cdots,n)$关于第一组基的坐标.向量 $\boldsymbol{\beta}_1,\boldsymbol{\beta}_2,\cdots,\boldsymbol{\beta}_n$ 的线性无关性就保证了(6.8)中系数矩阵的行列式不为零.换句话说,这个矩阵是可逆的.并且

$$(\boldsymbol{\beta}_1,\boldsymbol{\beta}_2,\cdots,\boldsymbol{\beta}_n)=(\boldsymbol{\alpha}_1,\boldsymbol{\alpha}_2,\cdots,\boldsymbol{\alpha}_n)\boldsymbol{T}.$$

设向量 $\boldsymbol{\xi}$ 在这两组基下的坐标分别是$(x_1,x_2,\cdots,x_n)$与$(y_1,y_2,\cdots,y_n)$,即

$$\boldsymbol{\xi}=x_1\boldsymbol{\alpha}_1+x_2\boldsymbol{\alpha}_2+\cdots+x_n\boldsymbol{\alpha}_n=y_1\boldsymbol{\beta}_1+y_2\boldsymbol{\beta}_2+\cdots+y_n\boldsymbol{\beta}_n.$$

下面我们来找出$(x_1,x_2,\cdots,x_n)$与$(y_1,y_2,\cdots,y_n)$的关系.

为了写起来方便,引入一种形式的写法.把向量

$$\boldsymbol{\xi}=x_1\boldsymbol{\alpha}_1+x_2\boldsymbol{\alpha}_2+\cdots+x_n\boldsymbol{\alpha}_n$$

写成

$$\boldsymbol{\xi}=(\boldsymbol{\alpha}_1,\boldsymbol{\alpha}_2,\cdots,\boldsymbol{\alpha}_n)\begin{pmatrix}x_1\\x_2\\\vdots\\x_n\end{pmatrix},$$

也就是把基写成一个 $1\times n$ 矩阵，向量的坐标写成一个 $n\times 1$ 矩阵，而把向量看作是这两个矩阵的乘积，所以说这种写法是“形式的”，由于这里以向量作为矩阵的元素，一般说来没有意义. 不过在这个特殊的情况下，这种约定的用法是不会出毛病的.

相仿地，

$$\boldsymbol{\xi}=(\boldsymbol{\beta}_1,\boldsymbol{\beta}_2,\cdots,\boldsymbol{\beta}_n)\begin{pmatrix}y_1\\y_2\\\vdots\\y_n\end{pmatrix}=(\boldsymbol{\alpha}_1,\boldsymbol{\alpha}_2,\cdots,\boldsymbol{\alpha}_n)\boldsymbol{T}\begin{pmatrix}y_1\\y_2\\\vdots\\y_n\end{pmatrix},$$

因此由关于同一组基的坐标的唯一性可知

$$\begin{pmatrix}x_1\\x_2\\\vdots\\x_n\end{pmatrix}=\boldsymbol{T}\begin{pmatrix}y_1\\y_2\\\vdots\\y_n\end{pmatrix} \qquad (*)$$

定理 6.5.2 设 V 是数域 F 上的一个向量空间，$\{\boldsymbol{\alpha}_1,\boldsymbol{\alpha}_2,\cdots,\boldsymbol{\alpha}_n\}$ 是 V 的一组基，$\boldsymbol{T}$ 为由基 $\{\boldsymbol{\alpha}_1,\boldsymbol{\alpha}_2,\cdots,\boldsymbol{\alpha}_n\}$ 到 $\{\boldsymbol{\beta}_1,\boldsymbol{\beta}_2,\cdots,\boldsymbol{\beta}_n\}$ 的过渡矩阵，那么 $\boldsymbol{\xi}$ 关于基 $\{\boldsymbol{\alpha}_1,\boldsymbol{\alpha}_2,\cdots,\boldsymbol{\alpha}_n\}$ 的坐标 $(x_1,x_2,\cdots,x_n)$ 与关于基 $\{\boldsymbol{\beta}_1,\boldsymbol{\beta}_2,\cdots,\boldsymbol{\beta}_n\}$ 的坐标 $(y_1,y_2,\cdots,y_n)$ 由 $(*)$ 式联系着.

例 6.5.3 取 V_2 的两个彼此正交的单位向量 $\boldsymbol{\varepsilon}_1,\boldsymbol{\varepsilon}_2$ 构成 V_2 的一组基. 令 $\boldsymbol{\varepsilon}_1',\boldsymbol{\varepsilon}_2'$ 分别是由 $\boldsymbol{\varepsilon}_1,\boldsymbol{\varepsilon}_2$ 旋转角 θ 所得的向量，则 $\boldsymbol{\varepsilon}_1',\boldsymbol{\varepsilon}_2'$ 也是 V_2 的一组基，有

$$\boldsymbol{\varepsilon}_1'=\boldsymbol{\varepsilon}_1\cos\theta+\boldsymbol{\varepsilon}_2\sin\theta,$$
$$\boldsymbol{\varepsilon}_2'=-\boldsymbol{\varepsilon}_2\sin\theta+\boldsymbol{\varepsilon}_2\cos\theta,$$

所以 $\{\boldsymbol{\varepsilon}_1,\boldsymbol{\varepsilon}_2\}$ 到 $\{\boldsymbol{\varepsilon}_1',\boldsymbol{\varepsilon}_2'\}$ 的过渡矩阵是

$$\begin{pmatrix}\cos\theta & -\sin\theta\\ \sin\theta & \cos\theta\end{pmatrix}.$$

设 V_2 的向量 $\boldsymbol{\xi}$ 关于基 $\{\boldsymbol{\varepsilon}_1,\boldsymbol{\varepsilon}_2\}$ 和 $\{\boldsymbol{\varepsilon}_1',\boldsymbol{\varepsilon}_2'\}$ 的坐标分别为 (x_1,x_2) 与 (x_1',x_2')，则

$$\begin{pmatrix}x_1\\x_2\end{pmatrix}=\begin{pmatrix}\cos\theta & -\sin\theta\\ \sin\theta & \cos\theta\end{pmatrix}\begin{pmatrix}x_1'\\x_2'\end{pmatrix},$$

即

$$x_1=x_1'\cos\theta-x_2'\sin\theta,$$
$$x_2=x_1'\sin\theta+x_2'\cos\theta.$$

这正是平面解析几何里，旋转坐标轴的坐标变换公式.

下面给出过渡矩阵的一些运算规律.

设 $\{\boldsymbol{\alpha}_1,\boldsymbol{\alpha}_2,\cdots,\boldsymbol{\alpha}_n\}$ 和 $\{\boldsymbol{\beta}_1,\boldsymbol{\beta}_2,\cdots,\boldsymbol{\beta}_n\}$ 是 $\{\boldsymbol{\gamma}_1,\boldsymbol{\gamma}_2,\cdots,\boldsymbol{\gamma}_n\}$ 在 V 中的基，并设 $\boldsymbol{A}=(a_{ij})$ 为由

基$\{\boldsymbol{\alpha}_1,\boldsymbol{\alpha}_2,\cdots,\boldsymbol{\alpha}_n\}$到$\{\boldsymbol{\beta}_1,\boldsymbol{\beta}_2,\cdots,\boldsymbol{\beta}_n\}$的过渡矩阵,$\boldsymbol{B}=(b_{ij})$为由$\{\boldsymbol{\beta}_1,\boldsymbol{\beta}_2,\cdots,\boldsymbol{\beta}_n\}$到$\{\boldsymbol{\gamma}_1,\boldsymbol{\gamma}_2,\cdots,\boldsymbol{\gamma}_n\}$的过渡矩阵,则

$$(\boldsymbol{\gamma}_1,\boldsymbol{\gamma}_2,\cdots,\boldsymbol{\gamma}_n)=(\boldsymbol{\beta}_1,\boldsymbol{\beta}_2,\cdots,\boldsymbol{\beta}_n)\boldsymbol{B}=(\boldsymbol{\alpha}_1,\boldsymbol{\alpha}_2,\cdots,\boldsymbol{\alpha}_n)\boldsymbol{AB},$$

因此由基$\{\boldsymbol{\alpha}_1,\boldsymbol{\alpha}_2,\cdots,\boldsymbol{\alpha}_n\}$到$\{\boldsymbol{\gamma}_1,\boldsymbol{\gamma}_2,\cdots,\boldsymbol{\gamma}_n\}$的过渡矩阵为$\boldsymbol{AB}$.

假设$\boldsymbol{A}=(a_{ij})$为由基$(\boldsymbol{\alpha}_1,\boldsymbol{\alpha}_2,\cdots,\boldsymbol{\alpha}_n\}$到$\{\boldsymbol{\beta}_1,\boldsymbol{\beta}_2,\cdots,\boldsymbol{\beta}_n\}$的过渡矩阵,$\boldsymbol{B}=(b_{ij})$为由基$\{\boldsymbol{\beta}_1,\boldsymbol{\beta}_2,\cdots,\boldsymbol{\beta}_n\}$到$\{\boldsymbol{\alpha}_1,\boldsymbol{\alpha}_2,\cdots,\boldsymbol{\alpha}_n\}$的过渡矩阵,则

$$(\boldsymbol{\alpha}_1,\boldsymbol{\alpha}_2,\cdots,\boldsymbol{\alpha}_n)=(\boldsymbol{\beta}_1,\boldsymbol{\beta}_2,\cdots,\boldsymbol{\beta}_n)\boldsymbol{B}=(\boldsymbol{\alpha}_1,\boldsymbol{\alpha}_2,\cdots,\boldsymbol{\alpha}_n)\boldsymbol{AB},$$

因此$\boldsymbol{A},\boldsymbol{B}$互为逆矩阵.

定理 6.5.3 设$\boldsymbol{A}=(a_{ij})$为由基$\{\boldsymbol{\alpha}_1,\boldsymbol{\alpha}_2,\cdots,\boldsymbol{\alpha}_n\}$到$\{\boldsymbol{\beta}_1,\boldsymbol{\beta}_2,\cdots,\boldsymbol{\beta}_n\}$的过渡矩阵,则$\boldsymbol{A}$为可逆矩阵.反过来,任意一个可逆矩阵$\boldsymbol{A}$都可以作为$n$维向量空间中由一组基到另一组基的过渡矩阵,如果$\boldsymbol{A}=(a_{ij})$为由基$\{\boldsymbol{\alpha}_1,\boldsymbol{\alpha}_2,\cdots,\boldsymbol{\alpha}_n\}$到$\{\boldsymbol{\beta}_1,\boldsymbol{\beta}_2,\cdots,\boldsymbol{\beta}_n\}$的过渡矩阵,那么$\boldsymbol{A}^{-1}$为由基$\{\boldsymbol{\beta}_1,\boldsymbol{\beta}_2,\cdots,\boldsymbol{\beta}_n\}$到$\{\boldsymbol{\alpha}_1,\boldsymbol{\alpha}_2,\cdots,\boldsymbol{\alpha}_n\}$的过渡矩阵.

例 6.5.4 证明$\mathbf{R}^3$中向量$\boldsymbol{\alpha}_1=(-2,1,3)^{\mathrm{T}},\boldsymbol{\alpha}_2=(-1,0,1)^{\mathrm{T}},\boldsymbol{\alpha}_3=(-2,-5,-1)^{\mathrm{T}}$为$\mathbf{R}^3$中一组基,并求$\boldsymbol{\xi}=(4,12,6)^{\mathrm{T}}$关于$\{\boldsymbol{\alpha}_1,\boldsymbol{\alpha}_2,\boldsymbol{\alpha}_3\}$的坐标.

解:取$\mathbf{R}^3$的标准基

$$\boldsymbol{\varepsilon}_1=(1,0,0)^{\mathrm{T}},\boldsymbol{\varepsilon}_2=(0,1,0)^{\mathrm{T}},\boldsymbol{\varepsilon}_3=(0,0,1)^{\mathrm{T}}.$$

令

$$\boldsymbol{A}=\begin{pmatrix}-2&-1&-2\\1&0&-5\\3&1&-1\end{pmatrix},$$

那么

$$(\boldsymbol{\alpha}_1,\boldsymbol{\alpha}_2,\boldsymbol{\alpha}_3)=(\boldsymbol{\varepsilon}_1,\boldsymbol{\varepsilon}_2,\boldsymbol{\varepsilon}_3)\boldsymbol{A},$$

因为$\boldsymbol{A}$的行列式等于2,所以$\boldsymbol{A}$可逆,从而$\{\boldsymbol{\alpha}_1,\boldsymbol{\alpha}_2,\boldsymbol{\alpha}_3\}$是$\mathbf{R}^3$的一组基,且$\boldsymbol{A}$就是由标准基到基$\{\boldsymbol{\alpha}_1,\boldsymbol{\alpha}_2,\boldsymbol{\alpha}_3\}$的过渡矩阵.向量$\boldsymbol{\xi}$关于标准基$\{\boldsymbol{\varepsilon}_1,\boldsymbol{\varepsilon}_2,\boldsymbol{\varepsilon}_3\}$的坐标是$(4,12,6)$.设$\boldsymbol{\xi}$关于基$\{\boldsymbol{\alpha}_1,\boldsymbol{\alpha}_2,\boldsymbol{\alpha}_3\}$的坐标$(x_1,x_2,x_3)$,那么由定理 6.5.3 得

$$\begin{pmatrix}x_1\\x_2\\x_3\end{pmatrix}=\boldsymbol{A}^{-1}\begin{pmatrix}4\\12\\6\end{pmatrix}=\begin{pmatrix}\frac{5}{2}&-\frac{3}{2}&\frac{5}{2}\\-7&4&-6\\\frac{1}{2}&-\frac{1}{2}&\frac{1}{2}\end{pmatrix}\begin{pmatrix}4\\12\\6\end{pmatrix}=\begin{pmatrix}7\\-16\\-1\end{pmatrix}.$$

所以$\boldsymbol{\xi}$关于$\{\boldsymbol{\alpha}_1,\boldsymbol{\alpha}_2,\boldsymbol{\alpha}_3\}$的坐标是$(7,-16,1)^{\mathrm{T}}$.

例 6.5.5 证明$\mathbf{R}^3$中两组向量$\boldsymbol{\alpha}_1=(-3,1,-2)^{\mathrm{T}},\boldsymbol{\alpha}_2=(1,-1,1)^{\mathrm{T}},\boldsymbol{\alpha}_3=(2,3,-1)^{\mathrm{T}}$和$\boldsymbol{\beta}_1=(1,1,1)^{\mathrm{T}},\boldsymbol{\beta}_2=(1,2,3)^{\mathrm{T}},\boldsymbol{\beta}_3=(2,0,1)^{\mathrm{T}}$都是$\mathbf{R}^3$中的基,并求由基$\{\boldsymbol{\alpha}_1,\boldsymbol{\alpha}_2,\boldsymbol{\alpha}_3\}$到$\{\boldsymbol{\beta}_1,\boldsymbol{\beta}_2,\boldsymbol{\beta}_3\}$的过渡矩阵.

解:需要求出$\{\boldsymbol{\beta}_1,\boldsymbol{\beta}_2,\boldsymbol{\beta}_3\}$关于$\{\boldsymbol{\alpha}_1,\boldsymbol{\alpha}_2,\boldsymbol{\alpha}_3\}$的坐标.我们可以这样去做:先分别写出由$\mathbf{R}^3$的标准基到这两组基的过渡矩阵,它们分别是

$$\boldsymbol{A}=\begin{pmatrix}-3&1&2\\1&-1&3\\-2&1&-1\end{pmatrix},\boldsymbol{B}=\begin{pmatrix}1&1&2\\1&2&0\\1&3&1\end{pmatrix},$$

我们有

$$(\boldsymbol{\alpha}_1,\boldsymbol{\alpha}_2,\boldsymbol{\alpha}_3)=(\boldsymbol{\varepsilon}_1,\boldsymbol{\varepsilon}_2,\boldsymbol{\varepsilon}_3)\boldsymbol{A},(\boldsymbol{\beta}_1,\boldsymbol{\beta}_2,\boldsymbol{\beta}_3)=(\boldsymbol{\varepsilon}_1,\boldsymbol{\varepsilon}_2,\boldsymbol{\varepsilon}_3)\boldsymbol{B},$$

于是

$$(\boldsymbol{\beta}_1,\boldsymbol{\beta}_2,\boldsymbol{\beta}_3)=(\boldsymbol{\alpha}_1,\boldsymbol{\alpha}_2,\boldsymbol{\alpha}_3)\boldsymbol{A}^{-1}\boldsymbol{B},$$

因此，由基$\{\boldsymbol{\alpha}_1,\boldsymbol{\alpha}_2,\boldsymbol{\alpha}_3\}$到$\{\boldsymbol{\beta}_1,\boldsymbol{\beta}_2,\boldsymbol{\beta}_3\}$的过渡矩阵是

$$\boldsymbol{A}^{-1}\boldsymbol{B}=\begin{pmatrix}2&3&-5\\5&-7&-11\\1&-1&-2\end{pmatrix}\begin{pmatrix}1&1&2\\1&2&0\\1&3&1\end{pmatrix}=\begin{pmatrix}-6&-19&-1\\-13&-42&-1\\-2&-7&0\end{pmatrix}.$$

习 题 6.5

1. 设$\{\boldsymbol{\alpha}_1,\boldsymbol{\alpha}_2,\cdots,\boldsymbol{\alpha}_n\}$是 V 的一组基，求由这组基到$\{\boldsymbol{\alpha}_2,\cdots,\boldsymbol{\alpha}_n,\boldsymbol{\alpha}_1\}$的过渡矩阵.

2. 证明：$\{x^2+x,x^2-x,x+1\}$是向量空间 $\mathbf{R}_3[x]$的一组基，并求向量 $2x^2+7x+3$，1 在这组基下的坐标.

3. 设

$$\boldsymbol{\alpha}_1=(2,1,-1,1)^{\mathrm{T}},\boldsymbol{\alpha}_2=(0,3,1,0)^{\mathrm{T}},\boldsymbol{\alpha}_3=(5,3,2,1)^{\mathrm{T}},\boldsymbol{\alpha}_4=(6,6,1,3)^{\mathrm{T}}.$$

证明：$\{\boldsymbol{\alpha}_1,\boldsymbol{\alpha}_2,\boldsymbol{\alpha}_3,\boldsymbol{\alpha}_4\}$构成 $\mathbf{R}^4$ 的一组基. 在 $\mathbf{R}^4$ 中求一个非零向量，使它关于这组基的坐标与关于标准基的坐标相同.

4. 已知 $\boldsymbol{\alpha}_1,\boldsymbol{\alpha}_2,\boldsymbol{\alpha}_3$ 是 3 维向量空间 $\mathbf{R}^3$ 的一组基，向量组 $\boldsymbol{\beta}_1,\boldsymbol{\beta}_2,\boldsymbol{\beta}_3$ 满足

$$\boldsymbol{\beta}_1+\boldsymbol{\beta}_3=\boldsymbol{\alpha}_1+\boldsymbol{\alpha}_2+\boldsymbol{\alpha}_3,\boldsymbol{\beta}_1+\boldsymbol{\beta}_2=\boldsymbol{\alpha}_2+\boldsymbol{\alpha}_3,\boldsymbol{\beta}_2+\boldsymbol{\beta}_3=\boldsymbol{\alpha}_1+\boldsymbol{\alpha}_3.$$

则：

(1) 证明：$\boldsymbol{\beta}_1,\boldsymbol{\beta}_2,\boldsymbol{\beta}_3$ 是一组基；

(2) 求由基$\{\boldsymbol{\beta}_1,\boldsymbol{\beta}_2,\boldsymbol{\beta}_3\}$到基$\{\boldsymbol{\alpha}_1,\boldsymbol{\alpha}_2,\boldsymbol{\alpha}_3\}$的过渡矩阵；

(3) 求向量 $\boldsymbol{\xi}=\boldsymbol{\alpha}_1+2\boldsymbol{\alpha}_2-\boldsymbol{\alpha}_3$ 关于基$\{\boldsymbol{\beta}_1,\boldsymbol{\beta}_2,\boldsymbol{\beta}_3\}$的坐标.

5. 设$\{\boldsymbol{\alpha}_1,\boldsymbol{\alpha}_2,\cdots,\boldsymbol{\alpha}_n\}$是 F 上 n 维向量空间 V 的一组基. $\boldsymbol{A}$ 是 F 上一个 $n\times s$ 矩阵. 令

$$(\boldsymbol{\beta}_1,\boldsymbol{\beta}_2,\cdots,\boldsymbol{\beta}_s)=(\boldsymbol{\alpha}_1,\boldsymbol{\alpha}_2,\cdots,\boldsymbol{\alpha}_n)\boldsymbol{A}$$

证明：$\dim L(\boldsymbol{\beta}_1,\boldsymbol{\beta}_2,\cdots,\boldsymbol{\beta}_s)=$秩 $\boldsymbol{A}$.

§6.6 向量空间的同构

设$\{\boldsymbol{\alpha}_1,\boldsymbol{\alpha}_2,\cdots,\boldsymbol{\alpha}_n\}$是向量空间 V 的一组基，在这组基下，V 中每个向量 $\boldsymbol{\xi}$ 都有确定的坐标$(x_1,x_2,\cdots,x_n)$，而向量的坐标可以看成 F^n 的元素，因此向量与它的坐标之间的对应实质上就是 V 到 F^n 的一个映射. 显然这个映射是单射与满射，换句话说，坐标给出了向量空间 V 到 F^n 的一个双射：

$$\boldsymbol{\xi}=x_1\boldsymbol{\alpha}_1+x_2\boldsymbol{\alpha}_2+\cdots+x_n\boldsymbol{\alpha}_n,$$

$$f:\boldsymbol{\xi}\mapsto(x_1,x_2,\cdots,x_n).$$

这个对应的重要性表现在运算的关系上.

设 $\boldsymbol{\xi},\boldsymbol{\eta}$ 关于基 $\{\boldsymbol{\alpha}_1,\boldsymbol{\alpha}_2,\cdots,\boldsymbol{\alpha}_n\}$ 的坐标分别是 $(x_1,x_2,\cdots,x_n)$ 和 $(y_1,y_2,\cdots,y_n)$，那么 $\boldsymbol{\xi}+\boldsymbol{\eta}$ 关于基 $\{\boldsymbol{\alpha}_1,\boldsymbol{\alpha}_2,\cdots,\boldsymbol{\alpha}_n\}$ 的坐标就是 $(x_1+y_1,x_2+y_2,\cdots,x_n+y_n)$，设 $a\in F$，那么 $a\boldsymbol{\xi}$ 关于这个基的坐标是 $(ax_1,ax_2,\cdots,ax_n)$. 因此有：

$\boldsymbol{\xi}\mapsto(x_1,x_2,\cdots,x_n)$，$\boldsymbol{\eta}\mapsto(y_1,y_2,\cdots,y_n)$，

$(\boldsymbol{\xi}+\boldsymbol{\eta})\mapsto(x_1+y_1,x_2+y_2,\cdots,x_n+y_n)=(x_1,x_2,\cdots,x_n)+(y_1,y_2,\cdots,y_n)$，

$a\boldsymbol{\xi}\mapsto(ax_1,ax_2,\cdots,ax_n)=a(x_1,x_2,\cdots,x_n)$.

所以，在向量用坐标表示之后，它们的运算就可以归结为它们坐标的运算. 因而向量空间 V 的讨论也就可以归结为 F^n 的讨论.

定义 6.6.1 数域 F 上两个向量空间 V 与 W 称为同构的，如果由 V 到 W 有一个双射 f，具有以下性质：

1) $\forall\boldsymbol{\xi},\boldsymbol{\eta}\in V$，$f(\boldsymbol{\xi}+\boldsymbol{\eta})=f(\boldsymbol{\xi})+f(\boldsymbol{\eta})$；

2) $a\in F$，$\forall\boldsymbol{\xi}\in V$，$f(a\boldsymbol{\xi})=af(\boldsymbol{\xi})$，

这样的映射 f 称为同构映射，记为 $V\cong W$.

前面的讨论说明在 n 维向量空间 V 中取定一组基后，向量与它的坐标之间的对应就是 V 到 F^n 的一个同构映射.

定理 6.6.1 数域 F 上任一个 n 维向量空间都与 F^n 同构.

定理 6.6.2 V 与 W 是数域 F 上两个向量空间，f 是 V 到 W 的一个同构映射，那么：

1) $f(\mathbf{0})=\mathbf{0}$；

2) $\forall\boldsymbol{\alpha}\in V$，$f(-\boldsymbol{\alpha})=-f(\boldsymbol{\alpha})$；

3) $f(a_1\boldsymbol{\alpha}_1+a_2\boldsymbol{\alpha}_2+\cdots+a_n\boldsymbol{\alpha}_n)=a_1f(\boldsymbol{\alpha}_1)+a_2f(\boldsymbol{\alpha}_2)+\cdots+a_nf(\boldsymbol{\alpha}_n)$；

4) $\boldsymbol{\alpha}_1,\boldsymbol{\alpha}_2,\cdots,\boldsymbol{\alpha}_n\in V$ 线性相关$\Leftrightarrow$其象 $f(\boldsymbol{\alpha}_1),f(\boldsymbol{\alpha}_2),\cdots,f(\boldsymbol{\alpha}_n)$ 线性相关；

5) 同构映射的逆映射还是同构映射.

证：1) 在定义 6.6.1 的条件(2)中取 $a=0$，那么

$$f(\mathbf{0})=f(0\boldsymbol{\alpha})=0f(\boldsymbol{\alpha})=\mathbf{0}.$$

2) 由定义 6.6.1 的条件(1)，$f(\boldsymbol{\alpha})+f(-\boldsymbol{\alpha})=f(\boldsymbol{\alpha}+(-\boldsymbol{\alpha}))=f(\mathbf{0})=\mathbf{0}$，所以

$$f(-\boldsymbol{\alpha})=-f(\boldsymbol{\alpha}).$$

3) 直接由定义 6.6.1，利用数学归纳法即得.

4) 由 1)及 3)，如果

$$a_1\boldsymbol{\alpha}_1+a_2\boldsymbol{\alpha}_2+\cdots+a_n\boldsymbol{\alpha}_n=\mathbf{0}.$$

那么

$$a_1f(\boldsymbol{\alpha}_1)+a_2f(\boldsymbol{\alpha}_2)+\cdots+a_nf(\boldsymbol{\alpha}_n)=f(a_1\boldsymbol{\alpha}_1+a_2\boldsymbol{\alpha}_2+\cdots+a_n\boldsymbol{\alpha}_n)=f(\mathbf{0})=\mathbf{0}.$$

反过来，如果

$$a_1f(\boldsymbol{\alpha}_1)+a_2f(\boldsymbol{\alpha}_2)+\cdots+a_nf(\boldsymbol{\alpha}_n)=\mathbf{0},$$

那么由 3)，$f(a_1\boldsymbol{\alpha}_1+a_2\boldsymbol{\alpha}_2+\cdots+a_n\boldsymbol{\alpha}_n)=\mathbf{0}$. 因为 f 是单射，所以由 1)，必须

$$a_1\boldsymbol{\alpha}_1+a_2\boldsymbol{\alpha}_2+\cdots+a_n\boldsymbol{\alpha}_n=\mathbf{0}.$$

5) f^{-1} 是 W 到 V 的双射，并且 $f\circ f^{-1}$ 是 W 到自身的恒等映射，$f^{-1}\circ f$ 是 V 到自身的

恒等映射. 设 $\boldsymbol{\alpha}',\boldsymbol{\beta}'\in W$，由于 f 是 W 到 V 的同构映射，所以

$$f(f^{-1}(\boldsymbol{\alpha}'+\boldsymbol{\beta}'))=\boldsymbol{\alpha}'+\boldsymbol{\beta}'=f(f^{-1}(\boldsymbol{\alpha}'))+f(f^{-1}(\boldsymbol{\beta}'))=f(f^{-1}(\boldsymbol{\alpha}')+f^{-1}(\boldsymbol{\beta}')).$$

因为 f 是单射，所以

$$f^{-1}(\boldsymbol{\alpha}'+\boldsymbol{\beta}')=f^{-1}(\boldsymbol{\alpha}')+f^{-1}(\boldsymbol{\beta}'),$$

同理，对于 $a\in F,\boldsymbol{\alpha}'\in W$，我们有

$$f^{-1}(a\boldsymbol{\alpha}')=af^{-1}(\boldsymbol{\alpha}').$$

因为维数即空间中线性无关向量的最大个数，所以由同构映射的性质可知：

定理 6.6.3 设 V 和 W 是数域 F 上的两个有限维向量空间，则 $V\cong W\Leftrightarrow \dim V=\dim W$.

证：($\Leftarrow$)如果 $\dim V=\dim W=n>0$，令$\{\boldsymbol{\alpha}_1,\boldsymbol{\alpha}_2,\cdots,\boldsymbol{\alpha}_n\}$和$\{\boldsymbol{\alpha}_1',\boldsymbol{\alpha}_2',\cdots,\boldsymbol{\alpha}_n'\}$分别是 V 和 W 的基. 对于 $\forall\boldsymbol{\alpha}=\sum_{i=1}^{n}a_i\boldsymbol{\alpha}'_i\in V$，定义

$$f(\boldsymbol{\alpha})=\sum_{i=1}^{n}a_if(\boldsymbol{\alpha}'_i)\in W,$$

易证，f 是 V 到 W 的一个同构映射.

($\Rightarrow$)如果 V 与 W 同构，令 f 是 V 到 W 的一个同构映射. 设 $\dim V=n>0$，$\{\boldsymbol{\alpha}_1,\boldsymbol{\alpha}_2,\cdots,\boldsymbol{\alpha}_n\}$是 V 的任意一个基. 那么由定理 6.6.2 的 3)和 4)易知，$\{f(\boldsymbol{\alpha}_1),f(\boldsymbol{\alpha}_2),\cdots,f(\boldsymbol{\alpha}_n)\}$是 W 的一个基，因而 $\dim W=n$. 对于零空间，定理是显然的.

如果 V_1 是 V 的一个线性子空间，则 V_1 在 f 下的象集合 $f(V_1)=\{f(\boldsymbol{\alpha})\mid\boldsymbol{\alpha}\in V_1\}$是 $f(V)$的子空间，并且 V_1 与 $f(V_1)$维数相同.

同构作为向量空间之间的一种关系，具有如下性质：

A) 反身性：$V\cong V$；

B) 对称性：若 $V\cong W$，则 $W\cong V$；

C) 传递性：若 $V\cong W,W\cong U$，则 $V\cong U$.（由双射性质及定义易证.）

由于在向量空间的抽象讨论中，并没有考虑向量空间的元素是什么，也没有考虑其中的运算是怎样定义的，而只涉及向量空间在所定义的运算下的代数性质. 从这个观点看来，同构的向量空间是可以不加区别的. 因此，维数是有限维向量空间的唯一的本质特征.

习 题 6.6

1. 证明复数域 **C** 作为实数域 **R** 上向量空间，与 V_2 同构.

2. 设 $f:V\to W$ 是向量空间 V 到 W 的一个同构映射，V_1 是 V 的一个子空间. 证明：$f(V_1)$是 W 的一个子空间.

§6.7 矩阵的秩，齐次线性方程组的解空间

在学习了线性方程组有解的判别条件之后，进一步来讨论线性方程组解的结构. 所谓

解的结构问题就是解与解之间的关系问题.

一、齐次线性方程组的解的结构

首先看一下矩阵的秩的意义.

给了数域 F 上的一个 $m\times n$ 矩阵

$$\boldsymbol{A}=\begin{pmatrix} a_{11} & a_{12} & \cdots & a_{1n} \\ a_{21} & a_{22} & \cdots & a_{2n} \\ \vdots & \vdots & & \vdots \\ a_{m1} & a_{m2} & \cdots & a_{mn} \end{pmatrix}.$$

矩阵 $\boldsymbol{A}$ 的每一行可以看作 F^n 的一个向量,叫作 $\boldsymbol{A}$ 的行向量,矩阵 $\boldsymbol{A}$ 的每一列可以看作 F^m 的一个向量,叫作 $\boldsymbol{A}$ 的列向量. 令 $\boldsymbol{\alpha}_1,\boldsymbol{\alpha}_2,\cdots,\boldsymbol{\alpha}_m$ 是 $\boldsymbol{A}$ 的行向量,由 $\boldsymbol{\alpha}_1,\boldsymbol{\alpha}_2,\cdots,\boldsymbol{\alpha}_m$ 所生成 F^n 的子空间 $L(\boldsymbol{\alpha}_1,\cdots,\boldsymbol{\alpha}_m)$叫作矩阵的行空间. 类似的,由 $\boldsymbol{A}$ 的列向量所生成 F^m 的子空间叫作矩阵 $\boldsymbol{A}$ 的列空间.

值得注意的是:当 $m\neq n$ 时,矩阵 $\boldsymbol{A}$ 的行空间和列空间是不同的向量空间的子空间,但是,这两个子空间具有相同的维数.

定理 6.7.1 数域 F 上的一个 $m\times n$ 矩阵 $\boldsymbol{A}$:

(1) 若 $\boldsymbol{B}=\boldsymbol{PA}$,$\boldsymbol{P}$ 是一个 m 阶可逆矩阵,则 $\boldsymbol{B}$ 与 $\boldsymbol{A}$ 有相同的行空间;

(2) 若 $\boldsymbol{C}=\boldsymbol{AQ}$,$\boldsymbol{Q}$ 是一个 n 阶可逆矩阵,则 $\boldsymbol{C}$ 与 $\boldsymbol{A}$ 有相同的列空间.

证 (1) 设 $\boldsymbol{A}=(a_{ij})_{m\times n}$,$\boldsymbol{P}=(p_{ij})_{m\times m}$,$\boldsymbol{B}=(b_{ij})_{m\times n}$,

令$\{\boldsymbol{\alpha}_1,\boldsymbol{\alpha}_2,\cdots,\boldsymbol{\alpha}_m\}$是 $\boldsymbol{A}$ 的行向量,$\{\boldsymbol{\beta}_1,\boldsymbol{\beta}_2,\cdots,\boldsymbol{\beta}_m\}$是 $\boldsymbol{B}$ 的行向量.

$$\boldsymbol{PA}=\begin{pmatrix} p_{11} & p_{12} & \cdots & p_{1m} \\ p_{21} & p_{22} & \cdots & p_{2m} \\ \vdots & \vdots & & \vdots \\ p_{m1} & p_{m2} & \cdots & p_{mm} \end{pmatrix}\begin{pmatrix} a_{11} & a_{12} & \cdots & a_{1n} \\ a_{21} & a_{22} & \cdots & a_{2n} \\ \vdots & \vdots & & \vdots \\ a_{m1} & a_{m2} & \cdots & a_{mn} \end{pmatrix}=\begin{pmatrix} p_{11} & p_{12} & \cdots & p_{1m} \\ p_{21} & p_{22} & \cdots & p_{2m} \\ \vdots & \vdots & & \vdots \\ p_{m1} & p_{m2} & \cdots & p_{mm} \end{pmatrix}\begin{pmatrix} \boldsymbol{\alpha}_1 \\ \boldsymbol{\alpha}_2 \\ \vdots \\ \boldsymbol{\alpha}_m \end{pmatrix}$$

$$=\begin{pmatrix} p_{11}\boldsymbol{\alpha}_1+p_{12}\boldsymbol{\alpha}_2+\cdots+p_{1m}\boldsymbol{\alpha}_m \\ p_{21}\boldsymbol{\alpha}_1+p_{22}\boldsymbol{\alpha}_2+\cdots+p_{2m}\boldsymbol{\alpha}_m \\ \vdots \\ p_{m1}\boldsymbol{\alpha}_1+p_{m2}\boldsymbol{\alpha}_2+\cdots+p_{mm}\boldsymbol{\alpha}_m \end{pmatrix}=\begin{pmatrix} \boldsymbol{\beta}_1 \\ \boldsymbol{\beta}_2 \\ \vdots \\ \boldsymbol{\beta}_m \end{pmatrix}.$$

即 $\boldsymbol{PA}=\boldsymbol{B}$,由于 $\boldsymbol{P}$ 可逆,所以 $\boldsymbol{A}=\boldsymbol{P}^{-1}\boldsymbol{B}$,因此 $\boldsymbol{A}$ 的每一行向量都是 $\boldsymbol{B}$ 的行向量的线性组合. 于是,向量组$\{\boldsymbol{\alpha}_1,\boldsymbol{\alpha}_2,\cdots,\boldsymbol{\alpha}_m\}$与$\{\boldsymbol{\beta}_1,\boldsymbol{\beta}_2,\cdots,\boldsymbol{\beta}_m\}$等价,所以它们构成 F^n 的同一子空间.

类似地,可以证明(2).

对 $\forall\,\boldsymbol{A}\in F^{m\times n}$总存在 m 阶可逆矩阵 $\boldsymbol{P}$ 和 n 阶可逆矩阵 $\boldsymbol{Q}$,使得

$$\boldsymbol{PAQ}=\begin{pmatrix} \boldsymbol{I}_r & \boldsymbol{0} \\ \boldsymbol{0} & \boldsymbol{0} \end{pmatrix}, \tag{6.9}$$

其中 $r=R(\boldsymbol{A})$,等式两端分别右乘 $\boldsymbol{Q}^{-1}$,得 $\boldsymbol{PA}=\begin{pmatrix} \boldsymbol{I}_r & \boldsymbol{0} \\ \boldsymbol{0} & \boldsymbol{0} \end{pmatrix}\boldsymbol{Q}^{-1}$.

右端乘积中后 $m-r$ 行元素全为零，而前 r 行就是 $\boldsymbol{Q}^{-1}$ 的前 r 行，由于 $\boldsymbol{Q}^{-1}$ 可逆，所以它的行向量线性无关，因而它的前 r 行也线性无关. 于是 $\boldsymbol{PA}$ 的行空间的维数等于 r. 由定理 6.7.1 可知，矩阵 $\boldsymbol{A}$ 的行空间的维数等于 r.

另一方面，将等式(6.9)中左右两端左乘 $\boldsymbol{P}^{-1}$，得 $\boldsymbol{AQ}=\boldsymbol{P}^{-1}\begin{pmatrix}\boldsymbol{I}_r & \boldsymbol{0}\\ \boldsymbol{0} & \boldsymbol{0}\end{pmatrix}$，由此可得 $\boldsymbol{AQ}$ 的列空间的维数等于 r，从而 $\boldsymbol{A}$ 的列空间的维数等于 r. 即可得如下的结论.

定理 6.7.2 一个矩阵的行空间维数等于列空间维数，等于这个矩阵的秩.

根据该定理，我们也可以这样来定义矩阵的秩.

定义 6.7.1 矩阵 $\boldsymbol{A}$ 的行(列)向量组的极大无关组所含(行(列)空间的维数)向量的个数，叫作矩阵 $\boldsymbol{A}$ 的秩.

设

$$\begin{cases}a_{11}x_1+\cdots+a_{1n}x_n=0,\\ a_{21}x_1+\cdots+a_{2n}x_n=0,\\ \cdots\cdots\\ a_{m1}x_1+\cdots+a_{mn}x_n=0\end{cases}\tag{6.10}$$

是一齐次线性方程组，它的解所成的集合具有下面两个重要性质：

(1) 两个解的和还是方程组的解；

(2) 一个解的倍数还是方程组的解.

从几何上看，这两个性质是清楚的. 在 $n=3$ 时，每个齐次方程表示一个过原点的平面. 于是方程组的解，也就是这些平面的交点，如果不只是原点的话，就是一条过原点的直线或一个过原点的平面. 以原点为起点，而端点在这样的直线或平面上的向量显然具有上述的性质.

对于齐次线性方程组，综合以上两点即得，解的线性组合还是方程组的解. 这个性质说明了，如果方程组有几个解，那么这些解的所有可能的线性组合就给出了很多的解. 基于这个事实，我们要问：齐次线性方程组的全部解是否能够通过它的有限的几个解的线性组合给出？

定义 6.7.2 数域 F 上的一个齐次线性方程组，其所有解构成 F^n 的一个子空间，这个子空间叫作所给的齐次线性方程组的解空间.

齐次线性方程组(6.10)经过初等行变换和第一种列变换，可以变为同解的方程组：

$$\begin{cases}y_1=-c_{1,r+1}y_{r+1}-\cdots-c_{1n}y_n,\\ y_2=-c_{2,r+1}y_{r+1}-\cdots-c_{2n}y_n,\\ \cdots\cdots\\ y_r=-c_{r,r+1}y_{r+1}-\cdots-c_{rn}y_n,\end{cases}\tag{6.11}$$

这里 $y_l=x_{ik}$，$k=1,\cdots,n$ 是未知量的重新编号，(6.11)有 $n-r$ 个自由未知量 $y_{r+1},\cdots,y_n$，依次让它们取 $(1,0,\cdots,0)$，$(0,1,\cdots,0)$，$\cdots$，$(0,0,\cdots,1)$，可得(6.10)的 $n-r$ 个解向量：

$$\boldsymbol{\eta}_{r+1}=\begin{pmatrix}-c_{1,r+1}\\ \vdots\\ -c_{r,r+1}\\ 1\\ 0\\ \vdots\\ 0\end{pmatrix},\boldsymbol{\eta}_{r+2}=\begin{pmatrix}1-c_{1,r+2}\\ \vdots\\ -c_{r,r+2}\\ 0\\ 1\\ \vdots\\ 0\end{pmatrix},\cdots,\boldsymbol{\eta}_{n}=\begin{pmatrix}-c_{1n}\\ \vdots\\ -c_{m}\\ 0\\ 0\\ \vdots\\ 1\end{pmatrix}.$$

这 $n-r$ 个解向量 $\boldsymbol{\eta}_{r+1},\boldsymbol{\eta}_{r+2},\cdots,\boldsymbol{\eta}_n$ 线性无关,并且可以证明任何一个解向量都可以由它们线性表示,因此 $\{\boldsymbol{\eta}_{r+1},\boldsymbol{\eta}_{r+2},\cdots,\boldsymbol{\eta}_n\}$ 构成解空间的一组基.

定理 6.7.3 数域 F 上的一个 n 个未知量的齐次线性方程组的一切解构成 F^n 的一个子空间,叫作这个齐次线性方程组的解空间. 如果所给的方程组的系数矩阵的秩为 r,那么解空间的维数为 $n-r$.

该定理的逆命题同样也成立,即 F^n 的任意一个子空间都是某一含 n 个未知量的齐次线性方程组的解空间.

一个齐次线性方程组的解空间的一组基叫作这个线性方程组的一个基础解系. 又可定义为:

齐次线性方程组(6.10)的一组解 $\boldsymbol{\eta}_1,\boldsymbol{\eta}_2,\cdots,\boldsymbol{\eta}_t$ 称为(6.10)的一个基础解系,如果

1) 方程组(6.10)的任一个解都能表成 $\boldsymbol{\eta}_1,\boldsymbol{\eta}_2,\cdots,\boldsymbol{\eta}_t$ 的线性组合;

2) $\boldsymbol{\eta}_1,\boldsymbol{\eta}_2,\cdots,\boldsymbol{\eta}_t$ 线性无关.

应该注意,定义中的条件 2)是为了保证基础解系中没有多余的解.

例 6.6.1 求下面方程组的一个基础解系

$$\begin{cases}x_1-x_2+5x_3-x_4=0,\\ x_1+x_2-2x_3+3x_4=0,\\ 3x_1-x_2+8x_3+x_4=0,\\ x_1+3x_2-9x_3+7x_4=0.\end{cases}$$

解:对行施行初等变换化简系数矩阵,得

$$\begin{pmatrix}1&0&\frac{3}{2}&1\\ 0&1&-\frac{7}{2}&2\\ 0&0&0&0\\ 0&0&0&0\end{pmatrix}$$

与这个矩阵相当的齐次方程组是

$$\begin{cases}x_1+\frac{3}{2}x_3+x_4=0,\\ x_2-\frac{7}{2}x_3+2x_4=0,\end{cases}$$

x_3,x_4 作为自由未知量,依次令 $x_3=1,x_4=0$ 和 $x_3=0,x_4=1$ 得出方程组的两个解:

$$\boldsymbol{\eta}_1=\left(-\frac{3}{2},\frac{7}{2},1,0\right),\boldsymbol{\eta}_2=(-1,-2,0,1),$$

它们构成所给的方程组的一个基础解系. 方程组的任意一个解都有形式 $k_1\boldsymbol{\eta}_1+k_2\boldsymbol{\eta}_2=\left(-\frac{3}{2}k_1-k_2,\frac{7}{2}k_1-2k_2,k_1,k_2\right)$. 其中 k_1,k_2 是所给数域中任意数，方程组的解空间由一切形如 $k_1\boldsymbol{\eta}_1+k_2\boldsymbol{\eta}_2$ 的解向量组成.

如果把一般线性方程组

$$\begin{cases}a_{11}x_1+a_{12}x_2+\cdots+a_{1n}x_n=b_1,\\a_{21}x_1+a_{22}x_2+\cdots+a_{2n}x_n=b_2,\\\cdots\cdots\\a_{s1}x_1+a_{s2}x_2+\cdots+a_{sn}x_n=b_s\end{cases}\tag{6.12}$$

的常数项换成 0，就得到齐次线性方程组(6.10). 齐次线性方程组(6.10)称为方程组(6.12)的导出组. 方程组(6.12)的解与它的导出组(6.10)之间有密切的关系.

定理 6.7.4　如果线性方程组(6.12)有解，那么：

1) 方程组(6.12)的一个解与它的导出组(6.10)的一个解之和还是这个线性方程组的一个解.

2) 线性方程组(6.12)的任意解都可写成(6.12)的一个固定解与它的导出组(6.10)的解的和.

证：设 $\boldsymbol{\gamma}=(c_1,c_2,\cdots,c_n)$ 是方程组(6.12)的一个解，$\boldsymbol{\delta}=(d_1,d_2,\cdots,d_n)$ 是导出齐次方程组(6.10)的一个解. 那么

$$\boldsymbol{A}\left[\begin{pmatrix}c_1\\c_2\\\vdots\\c_n\end{pmatrix}+\begin{pmatrix}d_1\\d_2\\\vdots\\d_n\end{pmatrix}\right]=\boldsymbol{A}\begin{pmatrix}c_1\\c_2\\\vdots\\c_n\end{pmatrix}+\boldsymbol{A}\begin{pmatrix}d_1\\d_2\\\vdots\\d_n\end{pmatrix}=\begin{pmatrix}b_1\\b_2\\\vdots\\b_n\end{pmatrix},$$

所以 $\boldsymbol{\gamma}+\boldsymbol{\delta}$ 是(6.10)的一个解. 设 $\boldsymbol{\lambda}=(l_1,l_2,\cdots,l_n)$ 是(6.12)的任意一个解. 那么

$$\boldsymbol{A}\left[\begin{pmatrix}l_1\\l_2\\\vdots\\l_n\end{pmatrix}-\begin{pmatrix}c_1\\c_2\\\vdots\\c_n\end{pmatrix}\right]=\boldsymbol{A}\begin{pmatrix}l_1\\l_2\\\vdots\\l_n\end{pmatrix}-\boldsymbol{A}\begin{pmatrix}c_1\\c_2\\\vdots\\c_n\end{pmatrix}=\begin{pmatrix}b_1\\b_2\\\vdots\\b_m\end{pmatrix}-\begin{pmatrix}b_1\\b_2\\\vdots\\b_m\end{pmatrix}=\begin{pmatrix}0\\0\\\vdots\\0\end{pmatrix},$$

因此 $\boldsymbol{\mu}=\boldsymbol{\lambda}-\boldsymbol{\gamma}$ 是导出方程组(6.10)的一个解，而 $\boldsymbol{\lambda}=\boldsymbol{\gamma}+\boldsymbol{\mu}$.

定理 6.7.4 说明，为了找出线性方程组的全部解，只要找出它的一个特殊的解(固定的解)以及它的导出组的全部解就行了. 导出组是一个齐次线性方程组，在上面已经看到，一个齐次线性方程组的解的全体可以用基础解系来表示. 因此，根据定理我们可以用导出组的基础解系来表出一般线性方程组的一般解；如果 $\boldsymbol{\gamma}_0$ 是线性方程组(6.12)的一个特解，$\boldsymbol{\eta}_1,\boldsymbol{\eta}_2,\cdots,\boldsymbol{\eta}_{n-r}$ 是其导出组的一个基础解系，那么(6.12)的任一个解 $\boldsymbol{\gamma}$ 都可以表成

$$\boldsymbol{\gamma}=\boldsymbol{\gamma}_0+k_1\boldsymbol{\eta}_1+k_2\boldsymbol{\eta}_2+\cdots+k_{n-r}\boldsymbol{\eta}_{n-r}.$$

推论 6.7.1　在线性方程组(6.12)有解的条件下，解是唯一的⇔它的导出组(6.10)只有零解.

习　题　6.7

1. 证明：行列式等于零的充分必要条件是它的行(或列)线性相关.

2. 设$\boldsymbol{A}$是一个m行矩阵，秩$\boldsymbol{A}=r$，从$\boldsymbol{A}$中任取出s行，做一个s行的矩阵$\boldsymbol{B}$，证明：秩$\boldsymbol{B}\geqslant r+s-m$.

3. 设$\boldsymbol{A}$是一个$m\times n$矩阵，秩$\boldsymbol{A}=r$，从$\boldsymbol{A}$中任意划去$m-s$行与$n-t$列，其余元素按原来位置排成一个$s\times t$矩阵$\boldsymbol{C}$. 证明：秩$c\geqslant r+s+t-m-n$.

4. 设线性方程组

$$\begin{cases} x_1+3x_2-x_3+2x_4-x_5=-4, \\ 3x_1+x_2+2x_3-5x_4-4x_5=-1, \\ 2x_1-3x_2-x_3-x_4+x_5=4, \\ -4x_1+16x_2+x_3+3x_4-9x_5=-21, \end{cases}$$

用它的导出齐次方程组的基础解系表示它的全部解.

5. 证明F^n的任意一个不等于F^n的子空间都是若干$n-1$维子空间的交.

总练习题 6

1. 求下列向量组的一个极大线性无关组，并把其余向量用极大线性无关组线性表示.

(1) $\boldsymbol{\alpha}_1=(1,-1,2,4)$，$\boldsymbol{\alpha}_2=(0,3,1,2)$，$\boldsymbol{\alpha}_3=(3,0,7,14)$，$\boldsymbol{\alpha}_4=(1,-2,2,0)$，$\boldsymbol{\alpha}_5=(2,1,5,10)$；

(2) $\boldsymbol{\alpha}_1=(1,2,1,3)$，$\boldsymbol{\alpha}_2=(4,-1,-5,-6)$，$\boldsymbol{\alpha}_3=(-1,-3,-4,-7)$，$\boldsymbol{\alpha}_4=(2,1,2,3)$.

2. 设向量$\boldsymbol{\alpha}_1,\boldsymbol{\alpha}_2,\cdots,\boldsymbol{\alpha}_r$线性无关，而$\boldsymbol{\alpha}_1,\boldsymbol{\alpha}_2,\cdots,\boldsymbol{\alpha}_r,\boldsymbol{\beta},\boldsymbol{\gamma}$线性相关. 证明：或者$\boldsymbol{\beta}$与$\boldsymbol{\gamma}$中至少有一个可以由$\boldsymbol{\alpha}_1,\boldsymbol{\alpha}_2,\cdots,\boldsymbol{\alpha}_r$线性表示，或者向量组$\{\boldsymbol{\alpha}_1,\boldsymbol{\alpha}_2,\cdots,\boldsymbol{\alpha}_r,\boldsymbol{\beta}\}$与$\{\boldsymbol{\alpha}_1,\boldsymbol{\alpha}_2,\cdots,\boldsymbol{\alpha}_r,\boldsymbol{\gamma}\}$等价.

3. 设V_1,V_2都是向量空间V的子空间，且$V_1\subset V_2$，证明：如果$\dim V_1=\dim V_2$，那么$V_1=V_2$.

4. 设V_1与V_2分别是齐次方程组$x_1+x_2+\cdots+x_n=0$，$x_1=x_2=\cdots=x_{n-1}=x_n$的解空间，证明：$F^n=V_1\oplus V_2$.

5. 设W是$\mathbf{R}^n$的一个非零子空间，而对于W的每一个向量$(a_1,a_2,\cdots,a_n)$来说，要么$a_1=a_2=\cdots=a_n=0$，要么每一个a_i都不等于零，证明：$\dim W=1$.

6. 证明：向量空间$F[x]$可以与它的一个真子空间同构.

第7章 线性变换

§7.1 线性映射

F 是一个数域，V 与 W 是 F 上两个向量空间.

定义 7.1.1 设 $\boldsymbol{\sigma}$ 是 V 到 W 的一个映射. 如果满足下列条件，就称 $\boldsymbol{\sigma}$ 是 V 到 W 的一个线性映射：

(1) 对 $\forall\, \boldsymbol{\xi},\boldsymbol{\eta}\in V$，$\boldsymbol{\sigma}(\boldsymbol{\xi}+\boldsymbol{\eta})=\boldsymbol{\sigma}(\boldsymbol{\xi})+\boldsymbol{\sigma}(\boldsymbol{\eta})$；

(2) 对 $\forall\, a\in F,\boldsymbol{\xi}\in V$，$\boldsymbol{\sigma}(a\boldsymbol{\xi})=a\boldsymbol{\sigma}(\boldsymbol{\xi})$.

显然，

(1) 对于任意 $a,b\in F$ 和任意 $\forall\,\boldsymbol{\xi},\boldsymbol{\eta}\in V$，$\boldsymbol{\sigma}(a\boldsymbol{\xi}+b\boldsymbol{\eta})=a\boldsymbol{\sigma}(\boldsymbol{\xi})+b\boldsymbol{\sigma}(\boldsymbol{\eta})$.

(2) $\boldsymbol{\sigma}(\mathbf{0})=\mathbf{0}$，即线性映射将零向量映射成零向量.

(3) $\boldsymbol{\sigma}(a_1\boldsymbol{\xi}_1+\cdots+a_n\boldsymbol{\xi}_n)=a_1\boldsymbol{\sigma}(\boldsymbol{\xi}_1)+\cdots+a_n\boldsymbol{\sigma}(\boldsymbol{\xi}_n)$. 对 $\forall\, a_1,\cdots,a_n\in F$，$\forall\,\boldsymbol{\xi}_1,\cdots,\boldsymbol{\xi}_n\in V$ 恒成立.

例 7.1.1 对 $\mathbf{R}^3$ 的每一个向量 $\boldsymbol{\xi}=(x_1,x_2,x_3)$，定义 $\boldsymbol{\sigma}(\boldsymbol{\xi})=(2x_1-x_2+x_3,x_2+x_3)\in\mathbf{R}^2$，$\boldsymbol{\sigma}$ 是 $\mathbf{R}^3$ 到 $\mathbf{R}^2$ 的一个映射，则 $\boldsymbol{\sigma}$ 是一个线性映射.

证：(1) 设 $\boldsymbol{\xi}=(x_1,x_2,x_3)$，$\boldsymbol{\eta}=(y_1,y_2,y_3)$ 是 $\mathbf{R}^3$ 中的任意两个向量，则有

$$\begin{aligned}\boldsymbol{\sigma}(\boldsymbol{\xi}+\boldsymbol{\eta})&=\boldsymbol{\sigma}(x_1+y_1,x_2+y_2,x_3+y_3)\\&=(2(x_1+y_1)-(x_2+y_2)+(x_3+y_3),(x_2+y_2)+(x_3+y_3))\\&=((2x_1-x_2+x_3)+(2y_1-y_2+y_3),(x_2+x_3)+(y_2+y_3))\\&=(2x_1-x_2+x_3,x_2+x_3)+(2y_1-y_2+y_3,y_2+y_3)\\&=\boldsymbol{\sigma}(\boldsymbol{\xi})+\boldsymbol{\sigma}(\boldsymbol{\eta});\end{aligned}$$

(2) 设 $\forall\, a\in\mathbf{R}$，$\forall\,\boldsymbol{\xi}=(x_1,x_2,x_3)\in\mathbf{R}^3$，则有

$$\begin{aligned}\boldsymbol{\sigma}(a\boldsymbol{\xi})&=\boldsymbol{\sigma}(ax_1,ax_2,ax_3)=(2ax_1-ax_2+ax_3,ax_2+ax_3)\\&=a(2x_1-x_2+x_3,x_2+x_3)\\&=a\boldsymbol{\sigma}(\boldsymbol{\xi}).\end{aligned}$$

满足线性映射的定义，所以 $\boldsymbol{\sigma}$ 是 $\mathbf{R}^3$ 到 $\mathbf{R}^2$ 的一个线性映射.

例 7.1.2 令 $\boldsymbol{A}$ 是数域 F 上一个 $m\times n$ 矩阵，对于 n 元列空间 F^n 的每一向量

$$\boldsymbol{\xi}=\begin{pmatrix}x_1\\x_2\\\vdots\\x_n\end{pmatrix},$$

规定：$\boldsymbol{\sigma}(\boldsymbol{\xi})=\boldsymbol{A\xi}$.

$\boldsymbol{\sigma}(\boldsymbol{\xi})$是一个 $m\times 1$ 矩阵，即是空间 F^m 的一个向量，$\boldsymbol{\sigma}$ 是 F^n 到 F^m 的一个线性映射.

证：由 $\boldsymbol{\sigma}(\boldsymbol{\xi})=\boldsymbol{A\xi}$ 知，$\boldsymbol{\sigma}$ 是 F^n 到 F^m 的一个映射.

设 $\forall a\in F,\forall\boldsymbol{\xi},\boldsymbol{\eta}\in F^n$，则有

$$\boldsymbol{\sigma}(\boldsymbol{\xi}+\boldsymbol{\eta})=\boldsymbol{A}(\boldsymbol{\xi}+\boldsymbol{\eta})=\boldsymbol{A\xi}+\boldsymbol{A\eta}=\boldsymbol{\sigma}(\boldsymbol{\xi})+\boldsymbol{\sigma}(\boldsymbol{\eta}),$$

$$\boldsymbol{\sigma}(a\boldsymbol{\xi})=\boldsymbol{A}(a\boldsymbol{\xi})=a\boldsymbol{A\xi}=a\boldsymbol{\sigma}(\boldsymbol{\xi}).$$

满足线性映射的定义，所以 $\boldsymbol{\sigma}$ 是 F^n 到 F^m 的一个线性映射.

例 7.1.3 令 V 和 W 是数域 F 上的向量空间. 对于 V 的每一个向量 $\boldsymbol{\xi}$，令 W 的零向量 $\mathbf{0}$ 与它对应，容易看出这是 V 到 W 的一个线性映射，叫作**零映射**.

证：由 $\forall\boldsymbol{\xi}\in V,\boldsymbol{\sigma}(\boldsymbol{\xi})=\mathbf{0}$，$\boldsymbol{\sigma}$ 是 V 到 W 的一个映射.

设 $\forall a\in F,\forall\boldsymbol{\xi},\boldsymbol{\eta}\in F^n$，则有

$$\boldsymbol{\sigma}(\boldsymbol{\xi}+\boldsymbol{\eta})=\mathbf{0}=\mathbf{0}+\mathbf{0}=\boldsymbol{\sigma}(\boldsymbol{\xi})+\boldsymbol{\sigma}(\boldsymbol{\eta}),$$

$$\boldsymbol{\sigma}(a\boldsymbol{\xi})=\mathbf{0}=a\cdot\mathbf{0}=a\boldsymbol{\sigma}(\boldsymbol{\xi}).$$

满足线性映射的定义，所以 $\boldsymbol{\sigma}$ 是 V 到 W 的一个线性映射.

例 7.1.4 令 V 是数域 F 上一个向量空间，取定 F 的一个数 k，对 $\forall\boldsymbol{\xi}\in V$，定义 $\boldsymbol{\sigma}(\boldsymbol{\xi})=k\boldsymbol{\xi}$. 则 $\boldsymbol{\sigma}$ 是 V 到 W 的一个线性映射.

显然 $\boldsymbol{\sigma}$ 是 V 到自身的一个线性映射，这样的线性映射叫作 V 的一个位似.

特别地，取 $k=1$，那么对 $\forall\boldsymbol{\xi}\in V$，都有 $\boldsymbol{\sigma}(\boldsymbol{\xi})=\boldsymbol{\xi}$，则称 $\boldsymbol{\sigma}$ 是 V 到 V 的恒等映射，或者 V 的单位映射；如果取 $k=0$，那么 $\boldsymbol{\sigma}$ 就是 V 到 V 的零映射.

例 7.1.5 取定 F 的一个 n 元数列$(a_1,a_2,\cdots,a_n)$，对 $\forall\boldsymbol{\xi}=(x_1,x_2,\cdots,x_n)\in F^n$，规定 $\boldsymbol{\sigma}(\boldsymbol{\xi})=a_1x_1+a_2x_2+\cdots+a_nx_n\in F$. 则 $\boldsymbol{\sigma}$ 是 F^n 到 F 的一个线性映射，这个线性映射也叫作 F 上一个 n 元线性函数或 F^n 上一个线性型.

例 7.1.6 对 $\forall f(x)\in F[x]$，令它的导数 $f'(x)$与它对应，即 $\boldsymbol{\sigma}(f(x))=f'(x)$，则 $\boldsymbol{\sigma}$ 是 $F[x]$到自身的一个线性映射.

例 7.1.7 令 $\mathbf{C}[a,b]$是定义在$[a,b]$上一切连续实函数所成的 $\mathbf{R}$ 上向量空间，对于每一 $f(x)\in\mathbf{C}[a,b]$，规定 $\boldsymbol{\sigma}(f(x))=\int_a^x f(t)\mathrm{d}t$. $\boldsymbol{\sigma}(f(x))$仍是$[a,b]$上一个连续实函数，$\boldsymbol{\sigma}$ 是 $\mathbf{C}[a,b]$到自身的一个线性映射.

定义 7.1.2 设 $\boldsymbol{\sigma}$ 是向量空间 V 到 W 的一个线性映射，

(1) 如果 $V'\subseteq V$，那么 $\boldsymbol{\sigma}(V')=\{\boldsymbol{\sigma}(\boldsymbol{\xi})\mid\boldsymbol{\xi}\in V'\}$叫作 V'在 $\boldsymbol{\sigma}$ 之下的象.

(2) 设 $W'\subseteq W$，那么$\{\boldsymbol{\xi}\in V\mid\boldsymbol{\sigma}(\boldsymbol{\xi})\in W'\}$叫作 W'在 $\boldsymbol{\sigma}$ 之下的原象.

定理 7.1.1 设 V 和 W 是数域 F 上的向量空间，$\boldsymbol{\sigma}:V\to W$ 是 V 到 W 的一个线性映射，那么 V 的任意子空间在 $\boldsymbol{\sigma}$ 之下的象是 W 的一个子空间，而 W 的任意子空间在 $\boldsymbol{\sigma}$ 之下的原象是 V 的一个子空间.

证:设 V'是 V 的一个子空间,若 $\forall \bar{\boldsymbol{\xi}},\bar{\boldsymbol{\eta}}\in\boldsymbol{\sigma}(V')$,则总有 $\boldsymbol{\xi},\boldsymbol{\eta}\in V'$,使得

$$\bar{\boldsymbol{\xi}}=\boldsymbol{\sigma}(\boldsymbol{\xi}),\bar{\boldsymbol{\eta}}=\boldsymbol{\sigma}(\boldsymbol{\eta}).$$

因为 $\boldsymbol{\sigma}$ 是线性映射,所以对 $\forall a,b\in F$,$a\bar{\boldsymbol{\xi}}+b\bar{\boldsymbol{\eta}}=a\boldsymbol{\sigma}(\boldsymbol{\xi})+b\boldsymbol{\sigma}(\boldsymbol{\eta})=\boldsymbol{\sigma}(a\boldsymbol{\xi}+b\boldsymbol{\eta})$,又因 V'是 V 的子空间,所以 $a\boldsymbol{\xi}+b\boldsymbol{\eta}\in V'$,因而 $a\bar{\boldsymbol{\xi}}+b\bar{\boldsymbol{\eta}}\in\boldsymbol{\sigma}(V')$,所以 $\boldsymbol{\sigma}(V')$是 W 的子空间.

设 W'是 W 的一个子空间,若 V'是 W'在 $\boldsymbol{\sigma}$ 之下的原象,显然 $\mathbf{0}\in V'$.

若对 $\forall\boldsymbol{\xi},\boldsymbol{\eta}\in V'$,则有 $\boldsymbol{\sigma}(\boldsymbol{\xi}),\boldsymbol{\sigma}(\boldsymbol{\eta})\in W'$.

因为 $\boldsymbol{\sigma}$ 是线性映射,而 W'是 W 的子空间,所以对 $\forall a,b\in F$,

$$\boldsymbol{\sigma}(a\boldsymbol{\xi}+b\boldsymbol{\eta})=\boldsymbol{\sigma}(a\boldsymbol{\xi})+\boldsymbol{\sigma}(b\boldsymbol{\eta})=a\boldsymbol{\sigma}(\boldsymbol{\xi})+b\boldsymbol{\sigma}(\boldsymbol{\eta})\in W',$$

所以 $a\boldsymbol{\xi}+b\boldsymbol{\eta}\in V'$.所以 V'是 V 的一个子空间.

定义 7.1.3 设 V 和 W 是数域 F 上的向量空间,$\boldsymbol{\sigma}$ 是由 V 到 W 的一个线性映射,那么 V 在 $\boldsymbol{\sigma}$ 之下的象是 W 的一个子空间,叫作 $\boldsymbol{\sigma}$ 的象,记作 $\mathrm{Im}(\boldsymbol{\sigma})$;而 W 的零子空间在 $\boldsymbol{\sigma}$ 之下的原象是 V 的一个子空间,记作核 $\ker(\boldsymbol{\sigma})$.

定理 7.1.2 设 V 和 W 是数域 F 上的向量空间,而 $\boldsymbol{\sigma}:V\to W$ 是一个线性映射,那么

(i) $\boldsymbol{\sigma}$ 是满射$\Leftrightarrow\mathrm{Im}(\boldsymbol{\sigma})=W$;

(ii) $\boldsymbol{\sigma}$ 是单射$\Leftrightarrow\ker(\boldsymbol{\sigma})=\{\mathbf{0}\}$.

证:i)显然成立.

(ii) 如果 $\boldsymbol{\sigma}$ 是单射,那么 $\ker(\boldsymbol{\sigma})$只能是含有唯一的零向量.反之,设 $\ker(\boldsymbol{\sigma})=\{\mathbf{0}\}$.

如果 $\boldsymbol{\xi},\boldsymbol{\eta}\in V$,而 $\boldsymbol{\sigma}(\boldsymbol{\xi})=\boldsymbol{\sigma}(\boldsymbol{\eta})$.

那么 $\boldsymbol{\sigma}(\boldsymbol{\xi}-\boldsymbol{\eta})=\boldsymbol{\sigma}(\boldsymbol{\xi})-\boldsymbol{\sigma}(\boldsymbol{\eta})=\mathbf{0}$,从而 $\boldsymbol{\xi}-\boldsymbol{\eta}\in\ker(\boldsymbol{\sigma})$,所以 $\boldsymbol{\xi}=\boldsymbol{\eta}$,即 $\boldsymbol{\sigma}$ 是单射.

线性映射的性质如下.

性质 1 设 U,V,W 都是数域 F 上的向量空间,$\boldsymbol{\tau}:U\to V$,$\boldsymbol{\sigma}:V\to W$ 是线性映射,则合成映射 $\boldsymbol{\sigma}\circ\boldsymbol{\tau}:U\to W$ 是一个线性映射.

证:令 $\boldsymbol{\varphi}=\boldsymbol{\sigma}\circ\boldsymbol{\tau}$,对 $\forall a,b\in F$,$\forall\boldsymbol{\xi},\boldsymbol{\eta}\in U$,有

$$\begin{aligned}\boldsymbol{\varphi}(a\boldsymbol{\xi}+b\boldsymbol{\eta})&=\boldsymbol{\sigma}(\boldsymbol{\tau}(a\boldsymbol{\xi}+b\boldsymbol{\eta}))=\boldsymbol{\sigma}(\boldsymbol{\tau}(a\boldsymbol{\xi})+\boldsymbol{\tau}(b\boldsymbol{\eta}))=\boldsymbol{\sigma}(a\boldsymbol{\tau}(\boldsymbol{\xi})+b\boldsymbol{\tau}(\boldsymbol{\eta}))\\&=\boldsymbol{\sigma}(a\boldsymbol{\tau}(\boldsymbol{\xi}))+\boldsymbol{\sigma}(b\boldsymbol{\tau}(\boldsymbol{\eta}))=a\boldsymbol{\sigma}(\boldsymbol{\tau}(\boldsymbol{\xi}))+b\boldsymbol{\sigma}(\boldsymbol{\tau}(\boldsymbol{\eta}))=a\boldsymbol{\varphi}(\boldsymbol{\xi})+b\boldsymbol{\varphi}(\boldsymbol{\eta}).\end{aligned}$$

所以 $\boldsymbol{\sigma}\circ\boldsymbol{\tau}:U\to W$ 是一个线性映射.

性质 2 设 U,V,W,X 都是数域 F 上的向量空间,$\boldsymbol{\tau}:U\to V$,$\boldsymbol{\sigma}:V\to W$,$\boldsymbol{\rho}:W\to X$ 是线性映射,则$(\boldsymbol{\rho}\circ\boldsymbol{\sigma})\circ\boldsymbol{\tau}=\boldsymbol{\rho}\circ(\boldsymbol{\sigma}\circ\boldsymbol{\tau})$.

性质 3 如果线性映射 $\boldsymbol{\sigma}:V\to W$ 有逆映射 $\boldsymbol{\sigma}^{-1}$,那么 $\boldsymbol{\sigma}^{-1}$是 W 到 V 的一个线性映射.

证:若 $\boldsymbol{\sigma}$ 有逆映射 $\boldsymbol{\sigma}^{-1}$,则对 $\forall a,b\in F$ 和 $\forall\boldsymbol{\xi},\boldsymbol{\eta}\in W$,有 $\boldsymbol{\sigma}^{-1}(\boldsymbol{\xi}),\boldsymbol{\sigma}^{-1}(\boldsymbol{\eta})\in V$,$a\boldsymbol{\sigma}^{-1}(\boldsymbol{\xi})+b\boldsymbol{\sigma}^{-1}(\boldsymbol{\eta})\in V$,又由于 $\boldsymbol{\sigma}:V\to W$ 是一个线性映射,所以

$$\boldsymbol{\sigma}(a\boldsymbol{\sigma}^{-1}(\boldsymbol{\xi})+b\boldsymbol{\sigma}^{-1}(\boldsymbol{\eta}))=\boldsymbol{\sigma}(a\boldsymbol{\sigma}^{-1}(\boldsymbol{\xi}))+\boldsymbol{\sigma}(b\boldsymbol{\sigma}^{-1}(\boldsymbol{\eta}))=a\boldsymbol{\sigma}(\boldsymbol{\sigma}^{-1}(\boldsymbol{\xi}))+b\boldsymbol{\sigma}(\boldsymbol{\sigma}^{-1}(\boldsymbol{\eta}))=a\boldsymbol{\xi}+b\boldsymbol{\eta}.$$

两端同时施行 $\boldsymbol{\sigma}^{-1}$运算,则有 $a\boldsymbol{\sigma}^{-1}(\boldsymbol{\xi})+b\boldsymbol{\sigma}^{-1}(\boldsymbol{\eta})=\boldsymbol{\sigma}^{-1}(a\boldsymbol{\xi}+b\boldsymbol{\eta})$).即 $\boldsymbol{\sigma}^{-1}:V\to W$ 也是线性映射.

习 题 7.1

1. 令 $\boldsymbol{\xi}=(x_1,x_2,x_3)$是 $\mathbf{R}^3$ 的任意向量.下列映射 $\boldsymbol{\sigma}$ 中哪些是 $\mathbf{R}^3$ 到自身的线性映射?

(1) $\boldsymbol{\sigma}(\boldsymbol{\xi})=\boldsymbol{\xi}+\boldsymbol{\alpha}$，$\boldsymbol{\alpha}$ 是 $\mathbf{R}^3$ 的一个固定向量；

(2) $\boldsymbol{\sigma}(\boldsymbol{\xi})=(x_1+x_2,x_2+x_3,x_1+x_3)$.

2. 设 V 是数域 F 上一个一维向量空间. 证明 V 到自身的映射 $\boldsymbol{\sigma}$ 是线性映射的充分必要条件是：对于 $\forall\boldsymbol{\xi}\in V$，都有

$$\boldsymbol{\sigma}(\boldsymbol{\xi})=a\boldsymbol{\xi},$$

其中 a 是 F 中一个常数.

3. 设 $V=\{a_mx^m+a_{m-1}x^{m-1}+\cdots+a_1x+a_0\mid m<n,a_i\in F\}$. $\boldsymbol{\sigma}\in L(V)$，而且

$$\forall f(x)\in V, \boldsymbol{\sigma}(f(x))=xf'(x)-f(x).$$

(1) 求 $\ker(\boldsymbol{\sigma})$ 及 $\mathrm{Im}(\boldsymbol{\sigma})$；

(2) 证明：$V=\ker(\boldsymbol{\sigma})\oplus\mathrm{Im}(\boldsymbol{\sigma})$.

4. 设 V 和 W 都是数域 F 上的向量空间，且 $\dim V=n$，令 $\boldsymbol{\sigma}$ 是 V 到 W 的一个线性映射. 我们如此选取 V 的一个基：

$$\boldsymbol{\alpha}_1,\boldsymbol{\alpha}_2,\cdots,\boldsymbol{\alpha}_s,\boldsymbol{\alpha}_{s+1},\cdots,\boldsymbol{\alpha}_n,$$

使得 $\boldsymbol{\alpha}_1,\boldsymbol{\alpha}_2,\cdots,\boldsymbol{\alpha}_s$ 是 $\ker(\boldsymbol{\sigma})$ 的一个基. 证明：

(1) $\boldsymbol{\sigma}(\boldsymbol{\alpha}_{s+1}),\cdots,\boldsymbol{\sigma}(\boldsymbol{\alpha}_n)$ 组成 $\mathrm{Im}(\boldsymbol{\sigma})$ 的一个基；

(2) $\dim\ker(\boldsymbol{\sigma})+\dim\mathrm{Im}(\boldsymbol{\sigma})=n$.

5. 设 $\boldsymbol{\sigma}$ 是数域 F 上 n 维向量空间 V 到自身的一个线性映射. W_1,W_2 是 V 的子空间，并且

$$V=W_1\oplus W_2.$$

证明：$\boldsymbol{\sigma}$ 有逆映射的充分必要条件是

$$V=\boldsymbol{\sigma}(W_1)\oplus\boldsymbol{\sigma}(W_2).$$

§7.2 线性变换的运算

本节，我们将介绍线性变换的运算及其简单性质.

设 F 是一个数域，V 是 F 上的一个向量空间. 向量空间 V 到自身的映射称为 V 的一个线性变换. 这里用 $L(V)$ 表示 V 的一切线性变换所成的集合.

例 7.2.1 平面上的向量构成实数域上的二维向量空间. 把平面围绕坐标原点按反时钟方向旋转 θ 角，就是一个线性变换，用 $\boldsymbol{\theta}$ 表示. 如果平面上一个向量 $\boldsymbol{\alpha}$ 在直角坐标系下的坐标是 (x,y)，那么象 $\boldsymbol{\theta}(\boldsymbol{\alpha})$ 的坐标，即 $\boldsymbol{\alpha}$ 旋转 θ 角之后的坐标 (x',y') 是按照公式

$$\begin{pmatrix}x'\\y'\end{pmatrix}=\begin{pmatrix}\cos\theta & -\sin\theta\\ \sin\theta & \cos\theta\end{pmatrix}\begin{pmatrix}x\\y\end{pmatrix}$$

来计算的. 同样空间中绕轴的旋转也是一个线性变换.

例 7.2.2 在向量空间 $F[x]$ 或者 $F_n[x]$ 中，求微商是一个线性变换. 通常用 $\mathrm{D}(f(x))$ 代表 $f(x)$ 的微商，即

$$\mathrm{D}(f(x))=f'(x).$$

向量空间的线性变换作为映射的特殊情形,当然可以定义加法和乘法运算.

1. 线性变换的加法运算

定义 7.1.1 设 $\boldsymbol{\sigma},\boldsymbol{\tau}\in L(V)$,定义它们的和 $\boldsymbol{\sigma}+\boldsymbol{\tau}$ 为

$$(\boldsymbol{\sigma}+\boldsymbol{\tau})(\boldsymbol{\xi})=\boldsymbol{\sigma}(\boldsymbol{\xi})+\boldsymbol{\tau}(\boldsymbol{\xi})(\forall\boldsymbol{\xi}\in V).$$

容易证明,线性变换的和是线性变换.事实上:设 $\boldsymbol{\sigma},\boldsymbol{\tau}\in L(V)$,$\forall a,b\in F$,$\forall\boldsymbol{\xi},\boldsymbol{\eta}\in V$,

$$\begin{aligned}(\boldsymbol{\sigma}+\boldsymbol{\tau})(a\boldsymbol{\xi}+b\boldsymbol{\eta})&=\boldsymbol{\sigma}(a\boldsymbol{\xi}+b\boldsymbol{\eta})+\boldsymbol{\tau}(a\boldsymbol{\xi}+b\boldsymbol{\eta})\\&=a\boldsymbol{\sigma}(\boldsymbol{\xi})+b\boldsymbol{\sigma}(\boldsymbol{\eta})+a\boldsymbol{\tau}(\boldsymbol{\xi})+b\boldsymbol{\tau}(\boldsymbol{\eta})\\&=a(\boldsymbol{\sigma}(\boldsymbol{\xi}))+\boldsymbol{\tau}(\boldsymbol{\xi}))+b(\boldsymbol{\sigma}(\boldsymbol{\eta})+\boldsymbol{\tau}(\boldsymbol{\eta}))\\&=a(\boldsymbol{\sigma}+\boldsymbol{\tau})(\boldsymbol{\xi})+b(\boldsymbol{\sigma}+\boldsymbol{\tau})(\boldsymbol{\eta}),\end{aligned}$$

所以 $\boldsymbol{\sigma}+\boldsymbol{\tau}$ 是 V 的一个线性变换.

易知,线性变换的加法满足交换律和结合律,即对 $\forall\boldsymbol{\rho},\boldsymbol{\sigma},\boldsymbol{\tau}\in L(V)$,以下等式均成立:

$$\boldsymbol{\sigma}+\boldsymbol{\tau}=\boldsymbol{\tau}+\boldsymbol{\sigma},$$

$$(\boldsymbol{\rho}+\boldsymbol{\sigma})+\boldsymbol{\tau}=\boldsymbol{\rho}+(\boldsymbol{\sigma}+\boldsymbol{\tau}).$$

令 $\boldsymbol{\theta}$ 表示 V 到自身的零映射,称为 V 的零变换,零变换具有特殊的地位.对任意 $\boldsymbol{\sigma}\in L(V)$,有:$\boldsymbol{\theta}+\boldsymbol{\sigma}=\boldsymbol{\sigma}$.

对 $\forall\boldsymbol{\sigma}\in L(V)$,我们定义 $\boldsymbol{\sigma}$ 的负变换 $-\boldsymbol{\sigma}$:$(-\boldsymbol{\sigma})(\boldsymbol{\xi})=-\boldsymbol{\sigma}(\boldsymbol{\xi})(\forall\boldsymbol{\xi}\in V)$.容易证明,$-\boldsymbol{\sigma}$也是 V 的线性变换.且 $\boldsymbol{\sigma}+(-\boldsymbol{\sigma})=\boldsymbol{\theta}$.

2. 线性变换的数乘运算

定义 7.1.2 数域 F 中的数 k 与 V 的线性变换 $\boldsymbol{\sigma}$ 的数量乘法 $k\boldsymbol{\sigma}$ 定义为

$$(k\boldsymbol{\sigma})(\boldsymbol{\xi})=k\boldsymbol{\sigma}(\boldsymbol{\xi})(\forall\boldsymbol{\xi}\in V).$$

容易证明,$k\boldsymbol{\sigma}$ 都是 V 上的一个线性变换.

显然,线性变换的数乘运算满足下列算律:

$$k(\boldsymbol{\sigma}+\boldsymbol{\tau})=k\boldsymbol{\sigma}+k\boldsymbol{\tau};$$

$$(k+l)\boldsymbol{\sigma}=k\boldsymbol{\sigma}+l\boldsymbol{\sigma};$$

$$(kl)\boldsymbol{\sigma}=k(l\boldsymbol{\sigma});$$

$$1\boldsymbol{\sigma}=\boldsymbol{\sigma}.$$

其中 k,l 是 F 中任意数,$\boldsymbol{\sigma}$ 与 $\boldsymbol{\tau}$ 是 V 中的任意线性变换.

定义 7.1.3 V 的线性变换 $\boldsymbol{\sigma}$ 与 $\boldsymbol{\tau}$ 的差:$\boldsymbol{\sigma}-\boldsymbol{\tau}=\boldsymbol{\sigma}+(-\boldsymbol{\tau})$.在 $L(V)$中,加法的逆运算——减法可以施行.

由线性变换的加法和数乘的性质可得如下结论:

定理 7.2.1 $L(V)$对于如上定义的加法和数乘来说构成数域 F 上一个向量空间.

3. 线性变换的乘法运算

向量空间的线性变换作为映射的特殊情形当然可以定义乘法.

定义 7.1.4 设 $\boldsymbol{\sigma},\boldsymbol{\tau}\in L(V)$,我们把合成映射 $\boldsymbol{\sigma}\circ\boldsymbol{\tau}$ 叫作 $\boldsymbol{\sigma}$ 与 $\boldsymbol{\tau}$ 的积,并且简记作 $\boldsymbol{\sigma\tau}$.即

$$\boldsymbol{\sigma\tau}(\boldsymbol{\xi})=\boldsymbol{\sigma}(\boldsymbol{\tau}(\boldsymbol{\xi}))(\forall \boldsymbol{\xi}\in V).$$

易证,线性变换的乘积是线性变换.事实上,设$\forall \boldsymbol{\sigma},\boldsymbol{\tau}\in L(V)$,$\forall a,b\in F$,$\forall \boldsymbol{\xi},\boldsymbol{\eta}\in V$,

$$\begin{aligned}\boldsymbol{\sigma\tau}(a\boldsymbol{\xi}+b\boldsymbol{\eta})&=\boldsymbol{\sigma}(\boldsymbol{\tau}(a\boldsymbol{\xi}+b\boldsymbol{\eta})\\&=\boldsymbol{\sigma}(a\boldsymbol{\tau}(\boldsymbol{\xi})+b\boldsymbol{\tau}(\boldsymbol{\eta}))\\&=a\boldsymbol{\sigma}(\boldsymbol{\tau}(\boldsymbol{\xi}))+b\boldsymbol{\sigma}(\boldsymbol{\tau}(\boldsymbol{\eta}))\\&=a\boldsymbol{\sigma\tau}(\boldsymbol{\xi})+b\boldsymbol{\sigma\tau}(\boldsymbol{\eta}).\end{aligned}$$

所以 $\boldsymbol{\sigma\tau}$ 是 V 的一个线性变换.

既然一般映射的乘法满足结合律,线性变换的乘法也满足结合律,即$(\boldsymbol{\rho\sigma})\boldsymbol{\tau}=\boldsymbol{\rho}(\boldsymbol{\sigma\tau})$.事实上,设$\forall \boldsymbol{\xi}\in V$,

$$\begin{aligned}((\boldsymbol{\rho\sigma})\boldsymbol{\tau})(\boldsymbol{\xi})&=(\boldsymbol{\rho\sigma})(\boldsymbol{\tau}(\boldsymbol{\xi}))\\&=\boldsymbol{\rho}(\boldsymbol{\sigma}(\boldsymbol{\tau}(\boldsymbol{\xi})))\\&=\boldsymbol{\rho}((\boldsymbol{\sigma\tau}(\boldsymbol{\xi}))\\&=(\boldsymbol{\rho}(\boldsymbol{\sigma\tau}))(\boldsymbol{\xi}).\end{aligned}$$

除上面的性质外,$\boldsymbol{\sigma},\boldsymbol{\tau}$ 还有如下的性质:

$$\boldsymbol{\rho}(\boldsymbol{\sigma}+\boldsymbol{\tau})=\boldsymbol{\rho\sigma}+\boldsymbol{\rho\tau};$$
$$(\boldsymbol{\sigma}+\boldsymbol{\tau})\boldsymbol{\rho}=\boldsymbol{\sigma\rho}+\boldsymbol{\tau\rho};$$
$$(k\boldsymbol{\sigma})\boldsymbol{\tau}=\boldsymbol{\sigma}(k\boldsymbol{\tau})=k(\boldsymbol{\sigma\tau}).$$

对于$\forall k\in F$,$\forall \boldsymbol{\rho},\boldsymbol{\sigma},\boldsymbol{\tau}\in L(V)$成立.

但是线性变换的乘法一般不满足交换律.例如在实数域 $\mathbf{R}$ 上的向量空间 $\mathbf{R}[x]$中,线性变换 $\boldsymbol{\sigma}(f(x))=f'(x)$, $\boldsymbol{\tau}(f(x))=\int_0^x f(t)\mathrm{d}t$, $\boldsymbol{\sigma\tau}(f(x))=f(x)$,但是 $\boldsymbol{\tau\sigma}(f(x))\neq f(x)$.

4. 线性变换的逆与幂

令 $\boldsymbol{\iota}$ 表示 V 到 V 的单位映射,称为 V 的单位变换.

定义 7.1.5 设 $\boldsymbol{\sigma}\in L(V)$,则 $\boldsymbol{\sigma}$ 称为可逆的(或非奇异的),如果$\exists \boldsymbol{\tau}\in L(V)$,使

$$\boldsymbol{\sigma\tau}=\boldsymbol{\tau\sigma}=\boldsymbol{\iota},$$

这时,变换 $\boldsymbol{\tau}$ 称为 $\boldsymbol{\sigma}$ 的逆变换,记为 $\boldsymbol{\sigma}^{-1}$.

显然,如果线性变换 $\boldsymbol{\sigma}$ 是可逆的,那么它的逆变换 $\boldsymbol{\sigma}^{-1}$ 也是线性变换.事实上,对$\forall \boldsymbol{\xi},\boldsymbol{\eta}\in L(V)$,$\forall a,b\in V$,有

$$\begin{aligned}\boldsymbol{\sigma}^{-1}(a\boldsymbol{\xi}+b\boldsymbol{\eta})&=\boldsymbol{\sigma}^{-1}[\boldsymbol{\sigma\sigma}^{-1}(a\boldsymbol{\xi})+(\boldsymbol{\sigma\sigma}^{-1})(b\boldsymbol{\eta})]\\&=\boldsymbol{\sigma}^{-1}[\boldsymbol{\sigma}(\boldsymbol{\sigma}^{-1}(a\boldsymbol{\xi}))+\boldsymbol{\sigma}(\boldsymbol{\sigma}^{-1}(b\boldsymbol{\eta}))]\\&=\boldsymbol{\sigma}^{-1}[\boldsymbol{\sigma}(\boldsymbol{\sigma}^{-1}(a\boldsymbol{\xi})+\boldsymbol{\sigma}^{-1}(b\boldsymbol{\eta}))]\\&=(\boldsymbol{\sigma}^{-1}\boldsymbol{\sigma})(\boldsymbol{\sigma}^{-1})(a\boldsymbol{\xi})+\boldsymbol{\sigma}^{-1}(b\boldsymbol{\eta}))\\&=\boldsymbol{\sigma}^{-1}(a\boldsymbol{\xi})+\boldsymbol{\sigma}^{-1}(b\boldsymbol{\eta}).\end{aligned}$$

既然线性变换的乘法满足结合律,当若干个线性变换 $\boldsymbol{\sigma}$ 重复相乘时,其最终结果是完全确定的,与乘法的结合方法无关.因此当 n 个(n 是正整数)线性变换 $\boldsymbol{\sigma}$ 相乘时,就可以用

$$\boldsymbol{\sigma}^n=\overbrace{\boldsymbol{\sigma}\boldsymbol{\sigma}\cdots\boldsymbol{\sigma}}^{n}$$

来表示,称为 $\boldsymbol{\sigma}$ 的 n 次幂,简记为 $\boldsymbol{\sigma}^n$. 作为定义,令

$$\boldsymbol{\sigma}^0=\boldsymbol{\iota}.$$

根据线性变换幂的定义,可以推出指数法则:

$$\boldsymbol{\sigma}^m\boldsymbol{\sigma}^n=\boldsymbol{\sigma}^{m+n},(\boldsymbol{\sigma}^m)^n=\boldsymbol{\sigma}^{mn}\ (m,n\geqslant 0).$$

当线性变换 $\boldsymbol{\sigma}$ 可逆时,定义 $\boldsymbol{\sigma}$ 的负整数幂为

$$\boldsymbol{\sigma}^{-n}=(\boldsymbol{\sigma}^{-1})^n\ (n\text{ 是正整数}).$$

值得注意的是,线性变换乘积的指数法则不成立,即一般说来

$$(\boldsymbol{\sigma}\boldsymbol{\tau})^n\neq\boldsymbol{\sigma}^n\boldsymbol{\tau}^n.$$

设

$$f(x)=a_mx^m+a_{m-1}x^{m-1}+\cdots+a_0$$

是 $F[x]$ 中一多项式,$\boldsymbol{\sigma}$ 是 V 的一个线性变换,定义

$$f(\boldsymbol{\sigma})=a_m\boldsymbol{\sigma}^m+a_{m-1}\boldsymbol{\sigma}^{m-1}+\cdots+a_0\boldsymbol{\iota}.$$

显然 $f(\boldsymbol{\sigma})$ 是一线性变换,它称为线性变换 $\boldsymbol{\sigma}$ 的多项式.

根据 $L(V)$ 中运算所满足的性质,在 $F[x]$ 中,如果

$$h(x)=f(x)+g(x),p(x)=f(x)g(x),$$

那么

$$h(\boldsymbol{\sigma})=f(\boldsymbol{\sigma})+g(\boldsymbol{\sigma}),p(\boldsymbol{\sigma})=f(\boldsymbol{\sigma})g(\boldsymbol{\sigma}).$$

特别地,

$$f(\boldsymbol{\sigma})g(\boldsymbol{\sigma})=g(\boldsymbol{\sigma})f(\boldsymbol{\sigma}).$$

即同一个线性变换的多项式的乘法是可交换的.

习 题 7.2

1. 在几何空间中,取正交坐标系 O_{xyz}. 以 $\boldsymbol{\sigma}$ 表示空间绕 O_x 轴由 O_y 向 O_z 方向旋转 $90°$ 的变换,以 $\boldsymbol{\tau}$ 表示绕 O_y 轴由 O_z 向 O_x 方向旋转 $90°$ 的变换,以 $\boldsymbol{\rho}$ 表示绕 O_z 轴由 O_x 向 O_y 方向旋转 $90°$ 的变换,证明:$\boldsymbol{\sigma}^4=\boldsymbol{\tau}^4=\boldsymbol{\rho}^4=\boldsymbol{\iota}$,$\boldsymbol{\sigma}\boldsymbol{\tau}\neq\boldsymbol{\tau}\boldsymbol{\sigma}$,但是 $\boldsymbol{\sigma}^2\boldsymbol{\tau}^2=\boldsymbol{\tau}^2\boldsymbol{\sigma}^2$,并检验 $(\boldsymbol{\sigma}\boldsymbol{\tau})^2=\boldsymbol{\sigma}^2\boldsymbol{\tau}^2$ 是否成立?

2. 设 V 是数域 F 上一个有限维向量空间. 证明,对于 V 的线性变换 $\boldsymbol{\sigma}$ 来说,下列三个条件是等价的:

(1) $\boldsymbol{\sigma}$ 是满射;

(2) $\ker(\boldsymbol{\sigma})=\{\mathbf{0}\}$;

(3) $\boldsymbol{\sigma}$ 非奇异.

当 V 不是有限维时,(1)、(2)是否等价?

3. 设 $\boldsymbol{\sigma}\in L(V)$,$\boldsymbol{\xi}\in V$,并且 $\boldsymbol{\xi},\boldsymbol{\sigma}(\boldsymbol{\xi}),\boldsymbol{\sigma}^2(\boldsymbol{\xi}),\cdots,\boldsymbol{\sigma}^{k-1}(\boldsymbol{\xi})$ 都不等于 $\mathbf{0}$,但 $\boldsymbol{\sigma}^k(\boldsymbol{\xi})=\mathbf{0}$,证明:

$$\boldsymbol{\xi},\boldsymbol{\sigma}(\boldsymbol{\xi}),\boldsymbol{\sigma}^2(\boldsymbol{\xi}),\cdots,\boldsymbol{\sigma}^{k-1}(\boldsymbol{\xi})$$

线性无关.

4. 设 V 是数域 F 上一个 n 维向量空间. $\boldsymbol{\sigma}$ 为 V 的可逆线性变换, $\boldsymbol{\sigma}^{-1}$ 表示 $\boldsymbol{\sigma}$ 的逆变换, $\boldsymbol{I}_V$ 表示 V 的恒等变换,证明:

(1) $\ker(\boldsymbol{\sigma}-\boldsymbol{I}_V)=\ker(\boldsymbol{\sigma}^{-1}-\boldsymbol{I}_V)$;

(2) $(\boldsymbol{\sigma}-\boldsymbol{I}_V)(V)=(\boldsymbol{\sigma}^{-1}-\boldsymbol{I}_V)(V)$.

5. 设 $F^n=\{(x_1,x_2,\cdots,x_n)\mid x_i\in F\}$ 是数域 F 上 n 维行空间. 定义

$$\boldsymbol{\sigma}(x_1,x_2,\cdots,x_n)=(0,x_1,x_2,\cdots,x_{n-1}).$$

(1) 证明: $\boldsymbol{\sigma}$ 是 F^n 的一个线性变换,且 $\boldsymbol{\sigma}^n=\boldsymbol{\theta}$;

(2) 求 $\ker(\boldsymbol{\sigma})$ 和 $\mathrm{Im}(\boldsymbol{\sigma})$ 的维数.

§7.3 线性变换和矩阵

设 V 是数域 F 上一个 n 维向量空间. $\boldsymbol{\alpha}_1,\boldsymbol{\alpha}_2,\cdots,\boldsymbol{\alpha}_n$ 是 V 的一组基, $\boldsymbol{\sigma}$ 是 V 的一个线性变换,现在建立线性变换与矩阵的关系.

空间 V 中任意一个向量 $\boldsymbol{\xi}$ 可以被基 $\boldsymbol{\alpha}_1,\boldsymbol{\alpha}_2,\cdots,\boldsymbol{\alpha}_n$ 线性表出,即有关系式

$$\boldsymbol{\xi}=x_1\boldsymbol{\alpha}_1+x_2\boldsymbol{\alpha}_2+\cdots+x_n\boldsymbol{\alpha}_n, \tag{7.1}$$

其中系数是唯一确定的,它们就是 $\boldsymbol{\xi}$ 在这组基下的坐标. 由于线性变换保持线性关系不变,因而在 $\boldsymbol{\xi}$ 的象 $\boldsymbol{\sigma}(\boldsymbol{\xi})$ 与基的象 $\boldsymbol{\sigma}(\boldsymbol{\alpha}_1),\boldsymbol{\sigma}(\boldsymbol{\alpha}_2),\cdots,\boldsymbol{\sigma}(\boldsymbol{\alpha}_n)$ 之间也必然有相同的关系:

$$\begin{aligned}\boldsymbol{\sigma}(\boldsymbol{\xi})&=\boldsymbol{\sigma}(x_1\boldsymbol{\alpha}_1+x_2\boldsymbol{\alpha}_2+\cdots x_n\boldsymbol{\alpha}_n)\\&=x_1\boldsymbol{\sigma}(\boldsymbol{\alpha}_1)+x_2\boldsymbol{\sigma}(\boldsymbol{\alpha}_2)+\cdots+x_n\boldsymbol{\sigma}(\boldsymbol{\alpha}_n)\\&=y_1\boldsymbol{\alpha}_1+y_2\boldsymbol{\alpha}_2+\cdots+y_n\boldsymbol{\alpha}_n\\&=(\boldsymbol{\alpha}_1,\boldsymbol{\alpha}_2,\cdots,\boldsymbol{\alpha}_n)\begin{pmatrix}y_1\\y_2\\\vdots\\y_n\end{pmatrix},\end{aligned} \tag{7.2}$$

这里 $y_i(i=1,2,\cdots,n)$ 如何确定? 设

$$\begin{cases}\boldsymbol{\sigma}(\boldsymbol{\alpha}_1)=a_{11}\boldsymbol{\alpha}_1+a_{21}\boldsymbol{\alpha}_2+\cdots+a_{n1}\boldsymbol{\alpha}_n,\\\boldsymbol{\sigma}(\boldsymbol{\alpha}_2)=a_{12}\boldsymbol{\alpha}_1+a_{22}\boldsymbol{\alpha}_2+\cdots+a_{n2}\boldsymbol{\alpha}_n,\\\cdots\cdots\\\boldsymbol{\sigma}(\boldsymbol{\alpha}_n)=a_{1n}\boldsymbol{\alpha}_1+a_{2n}\boldsymbol{\alpha}_2+\cdots+a_{nn}\boldsymbol{\alpha}_n,\end{cases}$$

记 $\boldsymbol{A}=\begin{pmatrix}a_{11}&a_{12}&\cdots&a_{1n}\\a_{21}&a_{22}&\cdots&a_{2n}\\\vdots&\vdots&&\vdots\\a_{n1}&a_{n2}&\cdots&a_{nn}\end{pmatrix}$,

$$(\boldsymbol{\sigma}(\boldsymbol{\alpha}_1),\boldsymbol{\sigma}(\boldsymbol{\alpha}_2),\cdots,\boldsymbol{\sigma}(\boldsymbol{\alpha}_n))=(\boldsymbol{\alpha}_1,\boldsymbol{\alpha}_2,\cdots,\boldsymbol{\alpha}_n)\boldsymbol{A}.$$

于是
$$\begin{aligned}\boldsymbol{\sigma}(\boldsymbol{\xi})&=\boldsymbol{\sigma}(x_1\boldsymbol{\alpha}_1+x_2\boldsymbol{\alpha}_2+\cdots+x_n\boldsymbol{\alpha}_n)\\&=x_1\boldsymbol{\sigma}(\boldsymbol{\alpha}_1)+x_2\boldsymbol{\sigma}(\boldsymbol{\alpha}_2)+\cdots+x_n\boldsymbol{\sigma}(\boldsymbol{\alpha}_n)\\&=y_1\boldsymbol{\alpha}_1+y_2\boldsymbol{\alpha}_2+\cdots+y_n\boldsymbol{\alpha}_n\\&=(\boldsymbol{\sigma}(\boldsymbol{\alpha}_1),\boldsymbol{\sigma}(\boldsymbol{\alpha}_2),\cdots,\boldsymbol{\sigma}(\boldsymbol{\alpha}_n))\begin{pmatrix}x_1\\x_2\\\vdots\\x_n\end{pmatrix}\\&=(\boldsymbol{\alpha}_1,\boldsymbol{\alpha}_2,\cdots,\boldsymbol{\alpha}_n)\boldsymbol{A}\begin{pmatrix}x_1\\x_2\\\vdots\\x_n\end{pmatrix},\end{aligned}$$

结合(7.2)式,得 $\begin{pmatrix}y_1\\y_2\\\vdots\\y_n\end{pmatrix}=\boldsymbol{A}\begin{pmatrix}x_1\\x_2\\\vdots\\x_n\end{pmatrix}$.

这里,矩阵 $\boldsymbol{A}$ 称为线性变换 $\boldsymbol{\sigma}$ 关于基$\{\boldsymbol{\alpha}_1,\boldsymbol{\alpha}_2,\cdots,\boldsymbol{\alpha}_n\}$的矩阵.

如果我们知道了基$\{\boldsymbol{\alpha}_1,\boldsymbol{\alpha}_2,\cdots,\boldsymbol{\alpha}_n\}$在线性变换下的象,则向量空间中任意一个向量 $\boldsymbol{\xi}$ 的象也就知道了,或者说:

设 $\boldsymbol{\alpha}_1,\boldsymbol{\alpha}_2,\cdots,\boldsymbol{\alpha}_n$ 是向量空间 V 的一个基,如果线性变换 $\boldsymbol{\sigma}$ 和 $\boldsymbol{\tau}$ 在这组基上的作用相同,即 $\boldsymbol{\sigma}(\boldsymbol{\alpha}_i)=\boldsymbol{\tau}(\boldsymbol{\alpha}_i)$,$i=1,2,\cdots,n$,那么 $\boldsymbol{\sigma}=\boldsymbol{\tau}$.

定理 7.3.1 设 V 是数域 F 上的 n 维向量空间,$\boldsymbol{\sigma}$ 是 V 的一个线性变换,$\{\boldsymbol{\alpha}_1,\boldsymbol{\alpha}_2,\cdots,\boldsymbol{\alpha}_n\}$是 V 的一组基,$\boldsymbol{\sigma}$ 关于基$\{\boldsymbol{\alpha}_1,\boldsymbol{\alpha}_2,\cdots,\boldsymbol{\alpha}_n\}$的矩阵

$$\boldsymbol{A}=\begin{pmatrix}a_{11}&a_{12}&\cdots&a_{1n}\\a_{21}&a_{22}&\cdots&a_{2n}\\\vdots&\vdots&&\vdots\\a_{n1}&a_{n2}&\cdots&a_{nn}\end{pmatrix}.$$

$\boldsymbol{\xi}$ 关于基$\{\boldsymbol{\alpha}_1,\boldsymbol{\alpha}_2,\cdots,\boldsymbol{\alpha}_n\}$的坐标为$(x_1,x_2,\cdots,x_n)$,$\boldsymbol{\sigma}(\boldsymbol{\xi})$关于基$\{\boldsymbol{\alpha}_1,\boldsymbol{\alpha}_2,\cdots,\boldsymbol{\alpha}_n\}$的坐标为$(y_1,y_2,\cdots,y_n)$,那么

$$\begin{pmatrix}y_1\\y_2\\\vdots\\y_n\end{pmatrix}=\boldsymbol{A}\begin{pmatrix}x_1\\x_2\\\vdots\\x_n\end{pmatrix}$$

前面已经知道,确定 F 上 n 维向量空间 V 的一个基之后,对于 V 的每一个线性变换,有唯一确定的 F 上 n 阶矩阵与它对应. 反过来,假设给定数域 F 上的一个 n 阶矩阵 $\boldsymbol{A}$,是否存在 F 上的 n 维向量空间 V 的一个线性变换,它关于 V 的一个给定的基的矩阵恰好是 $\boldsymbol{A}$ 呢? 答案是肯定的,我们先来证明如下的一个引理.

引理 7.3.1 设 V 是数域 F 上 n 维向量空间,$\{\boldsymbol{\alpha}_1,\boldsymbol{\alpha}_2,\cdots,\boldsymbol{\alpha}_n\}$是 V 的一组基,对于任

意一组向量$\{\boldsymbol{\beta}_1,\boldsymbol{\beta}_2,\cdots,\boldsymbol{\beta}_n\}$恰有 V 的一个线性变换$\boldsymbol{\sigma}$ 使

$$\boldsymbol{\sigma}(\boldsymbol{\alpha})=\boldsymbol{\beta}_i,i=1,2,\cdots,n.$$

证:设

$$\boldsymbol{\xi}=x_1\boldsymbol{\alpha}_1+x_2\boldsymbol{\alpha}_2+\cdots+x_n\boldsymbol{\alpha}_n$$

是 V 中任意向量.我们如下的定义 V 到自身的一个映射$\boldsymbol{\sigma}$:

$$\boldsymbol{\sigma}(\boldsymbol{\xi})=x_1\boldsymbol{\beta}_1+x_2\boldsymbol{\beta}_2+\cdots+x_n\boldsymbol{\beta}_n,$$

我们证明,$\boldsymbol{\sigma}$ 是 V 的一个线性变换.设

$$\boldsymbol{\eta}=y_1\boldsymbol{\alpha}_1+y_2\boldsymbol{\alpha}_2+\cdots+y_n\boldsymbol{\alpha}_n\in V,$$

那么

$$\boldsymbol{\xi}+\boldsymbol{\eta}=(x_1+y_1)\boldsymbol{\alpha}_1+(x_2+y_2)\boldsymbol{\alpha}_2+\cdots+(x_n+y_n)\boldsymbol{\alpha}_n,$$

于是

$$\begin{aligned}\boldsymbol{\sigma}(\boldsymbol{\xi}+\boldsymbol{\eta})&=(x_1+y_1)\boldsymbol{\beta}_1+(x_2+y_2)\boldsymbol{\beta}_2+\cdots+(x_n+y_n)\boldsymbol{\beta}_n\\&=(x_1\boldsymbol{\beta}_1+x_2\boldsymbol{\beta}_2+\cdots+x_n\boldsymbol{\beta}_n)+(y_1\boldsymbol{\beta}_1+y_2\boldsymbol{\beta}_2+\cdots+y_n\boldsymbol{\beta}_n)\\&=\boldsymbol{\sigma}(\boldsymbol{\xi})+\boldsymbol{\sigma}(\boldsymbol{\eta}).\end{aligned}$$

设 $a\in F$,那么

$$\begin{aligned}\boldsymbol{\sigma}(a\boldsymbol{\xi})&=\boldsymbol{\sigma}(ax_1\boldsymbol{\alpha}_1+ax_2\boldsymbol{\alpha}_2+\cdots+ax_n\boldsymbol{\alpha}_n)\\&=ax_1\boldsymbol{\beta}_1+ax_2\boldsymbol{\beta}_2+\cdots+ax_n\boldsymbol{\beta}_n\\&=a(x_1\boldsymbol{\beta}_1+x_2\boldsymbol{\beta}_2+\cdots+x_n\boldsymbol{\beta}_n)\\&=a\boldsymbol{\sigma}(\boldsymbol{\xi}).\end{aligned}$$

这就证明了$\boldsymbol{\sigma}$ 是 V 的一个线性变换.线性变换$\boldsymbol{\sigma}$ 显然满足定理所要求的条件

$$\boldsymbol{\sigma}(\boldsymbol{\alpha}_i)=\boldsymbol{\beta}_i,i=1,2,\cdots,n.$$

如果$\boldsymbol{\tau}$ 是 V 的一个线性变换,且

$$\boldsymbol{\tau}(\boldsymbol{\alpha}_i)=\boldsymbol{\beta}_i,i=1,2,\cdots,n.$$

那么

$$\forall\,\boldsymbol{\xi}=x_1\boldsymbol{\alpha}_1+x_2\boldsymbol{\alpha}_2+\cdots+x_n\boldsymbol{\alpha}_n\in V,$$

$$\begin{aligned}\boldsymbol{\tau}(\boldsymbol{\xi})&=\boldsymbol{\tau}(x_1\boldsymbol{\alpha}_1+x_2\boldsymbol{\alpha}_2+\cdots+x_n\boldsymbol{\alpha}_n)\\&=x_1\boldsymbol{\tau}(\boldsymbol{\alpha}_1)+x_2\boldsymbol{\tau}(\boldsymbol{\alpha}_2)+\cdots+x_n\boldsymbol{\tau}(\boldsymbol{\alpha}_n)\\&=x_1\boldsymbol{\beta}_1+x_2\boldsymbol{\beta}_2+\cdots+x_n\boldsymbol{\beta}_n\\&=\boldsymbol{\sigma}(\boldsymbol{\xi}),\end{aligned}$$

从而$\boldsymbol{\tau}=\boldsymbol{\sigma}$.

定理 7.3.2 设 V 是数域 F 上 n 维向量空间,$\{\boldsymbol{\alpha}_1,\boldsymbol{\alpha}_2,\cdots,\boldsymbol{\alpha}_n\}$是 V 的一组基,对于 V 的每一个线性变换$\boldsymbol{\sigma}$,令$\boldsymbol{\sigma}$ 关于基$\{\boldsymbol{\alpha}_1,\boldsymbol{\alpha}_2,\cdots,\boldsymbol{\alpha}_n\}$的矩阵 $\boldsymbol{A}$ 与它对应,这样就得到 V 的全体线性变换所成的集合 $L(V)$到 F 上全体 n 阶矩阵所成的集合 $M_n(F)$的一个双射,$\boldsymbol{\sigma},\boldsymbol{\tau}\in L(V)$,而$\boldsymbol{\sigma}\mapsto\boldsymbol{B}$,那么:

$$\boldsymbol{\sigma}+\boldsymbol{\tau}\mapsto\boldsymbol{A}+\boldsymbol{B},a\boldsymbol{\sigma}\mapsto a\boldsymbol{A},\boldsymbol{\sigma}\boldsymbol{\tau}\mapsto\boldsymbol{A}\boldsymbol{B},$$

即:1) 线性变换的和对应于矩阵的和;

2) 线性变换的乘积对应于矩阵的乘积;

3) 线性变换的数量乘积对应于矩阵的数量乘积.

证:设线性变换$\boldsymbol{\sigma}$ 关于基$\{\boldsymbol{\alpha}_1,\boldsymbol{\alpha}_2,\cdots,\boldsymbol{\alpha}_n\}$的矩阵是 $\boldsymbol{A}$,那么

$$\boldsymbol{\sigma} \mapsto \boldsymbol{A}$$

是 $L(V)$ 到 $M_n(F)$ 的一个映射. 反过来,设

$$\boldsymbol{A}=\begin{pmatrix} a_{11} & a_{12} & \cdots & a_{1n} \\ a_{21} & a_{22} & \cdots & a_{2n} \\ \vdots & \vdots & & \vdots \\ a_{n1} & a_{n2} & \cdots & a_{nn} \end{pmatrix}$$

是 F 上任意一个 n 阶矩阵. 令

$$\boldsymbol{\beta}_j = a_{1j}\boldsymbol{\alpha}_1 + a_{2j}\boldsymbol{\alpha}_2 + \cdots + a_{nj}\boldsymbol{\alpha}_n, j=1,2,\cdots,n.$$

由引理 7.3.1,存在唯一的 $\boldsymbol{\sigma}\in L(V)$ 使

$$\boldsymbol{\sigma}(\boldsymbol{\alpha}_j)=\boldsymbol{\beta}_j, j=1,2,\cdots,n.$$

显然 $\boldsymbol{\sigma}$ 关于基 $\{\boldsymbol{\alpha}_1,\boldsymbol{\alpha}_2,\cdots,\boldsymbol{\alpha}_n\}$ 的矩阵就是 $\boldsymbol{A}$. 这就证明了如上建立的映射是 $L(V)$ 到 $M_n(F)$ 的双射.

设 $\boldsymbol{\sigma}\mapsto\boldsymbol{A}=(a_{ij})$, $\boldsymbol{\tau}\mapsto\boldsymbol{B}=(b_{ij})$,我们有

$$(\boldsymbol{\sigma}(\boldsymbol{\alpha}_1),\boldsymbol{\sigma}(\boldsymbol{\alpha}_2),\cdots,\boldsymbol{\sigma}(\boldsymbol{\alpha}_n))=(\boldsymbol{\alpha}_1,\boldsymbol{\alpha}_2,\cdots,\boldsymbol{\alpha}_n)\boldsymbol{A},$$
$$(\boldsymbol{\tau}(\boldsymbol{\alpha}_1),\boldsymbol{\tau}(\boldsymbol{\alpha}_2),\cdots,\boldsymbol{\tau}(\boldsymbol{\alpha}_n))=(\boldsymbol{\alpha}_1,\boldsymbol{\alpha}_2,\cdots,\boldsymbol{\alpha}_n)\boldsymbol{B}.$$

由于 $\boldsymbol{\sigma}$ 是线性变换,所以

$$\boldsymbol{\sigma}\left(\sum_{i=1}^{n} b_{ij}\boldsymbol{\alpha}_i\right)=\sum_{i=1}^{n} b_{ij}\boldsymbol{\sigma}(\boldsymbol{\alpha}_i), j=1,2,\cdots,n,$$

因此

$$\begin{aligned}(\boldsymbol{\sigma\tau}(\boldsymbol{\alpha}_1),\boldsymbol{\sigma\tau}(\boldsymbol{\alpha}_2),\cdots,\boldsymbol{\sigma\tau}(\boldsymbol{\alpha}_n)) &= (\boldsymbol{\sigma}(\boldsymbol{\alpha}_1),\boldsymbol{\sigma}(\boldsymbol{\alpha}_2),\cdots,\boldsymbol{\sigma}(\boldsymbol{\alpha}_n))\boldsymbol{B} \\ &= (\boldsymbol{\alpha}_1,\boldsymbol{\alpha}_2,\cdots,\boldsymbol{\alpha}_n)\boldsymbol{AB}.\end{aligned}$$

所以 $\boldsymbol{\sigma\tau}$ 关于基 $\{\boldsymbol{\alpha}_1,\boldsymbol{\alpha}_2,\cdots,\boldsymbol{\alpha}_n\}$ 的矩阵就是 $\boldsymbol{AB}$, $\boldsymbol{\sigma\tau}\mapsto\boldsymbol{AB}$ 成立.

类似地,可证 $\boldsymbol{\sigma}+\boldsymbol{\tau}\mapsto\boldsymbol{A}+\boldsymbol{B}$, $a\boldsymbol{\sigma}\mapsto a\boldsymbol{A}$, $a\in F$.

进一步可以得到:

推论 7.3.1 设 V 是数域 F 上 n 维向量空间, $\{\boldsymbol{\alpha}_1,\boldsymbol{\alpha}_2,\cdots,\boldsymbol{\alpha}_n\}$ 是 V 的一组基,令 $\boldsymbol{\sigma}$ 关于基 $\{\boldsymbol{\alpha}_1,\boldsymbol{\alpha}_2,\cdots,\boldsymbol{\alpha}_n\}$ 的矩阵为 $\boldsymbol{A}$,那么 $\boldsymbol{\sigma}$ 可逆当且仅当矩阵 $\boldsymbol{A}$ 可逆,且 $\boldsymbol{\sigma}^{-1}$ 关于基 $\{\boldsymbol{\alpha}_1,\boldsymbol{\alpha}_2,\cdots,\boldsymbol{\alpha}_n\}$ 的矩阵为 $\boldsymbol{A}^{-1}$,即:可逆的线性变换与可逆矩阵对应,且逆变换对应于逆矩阵.

证:设 $\boldsymbol{\sigma}$ 可逆. 令 $\boldsymbol{\sigma}^{-1}$ 关于所取定的基的矩阵是 $\boldsymbol{B}$. 由定理 7.3.2 中 3)有,

$$\boldsymbol{\iota}=\boldsymbol{\sigma\sigma}^{-1}\mapsto\boldsymbol{AB},$$

然而单位变换关于任意基的矩阵都是单位矩阵 $\boldsymbol{I}$,所以 $\boldsymbol{AB}=\boldsymbol{I}$. 同理 $\boldsymbol{BA}=\boldsymbol{I}$,所以 $\boldsymbol{B}=\boldsymbol{A}^{-1}$.

反过来,设 $\boldsymbol{\sigma}\mapsto\boldsymbol{A}$,而 $\boldsymbol{A}$ 可逆. 由引理 7.3.1,有 $\exists\,\boldsymbol{\tau}\in L(V)$,使 $\boldsymbol{\tau}\mapsto\boldsymbol{A}^{-1}$,于是

$$\boldsymbol{\sigma\tau}\mapsto\boldsymbol{AA}^{-1}=\boldsymbol{I},$$

所以 $\boldsymbol{\sigma\tau}=\boldsymbol{\iota}$. 所以 $\boldsymbol{\sigma}$ 有逆,而 $\boldsymbol{\tau}=\boldsymbol{\sigma}^{-1}$.

以上说明数域 F 上 n 维向量空间 V 的全体线性变换组成的集合 $L(V)$ 对于线性变换的加法与数量乘法构成 F 上一个向量空间,与数域 F 上 n 阶方阵构成的向量空间 $F^{n\times n}$ 同构.

线性变换的矩阵是与空间中一组基联系在一起的. 一般说来,随着基的改变,同一个线性变换就有不同的矩阵.

设$\{\boldsymbol{\alpha}_1,\boldsymbol{\alpha}_2,\cdots,\boldsymbol{\alpha}_n\}$与$\{\boldsymbol{\beta}_1,\boldsymbol{\beta}_2,\cdots,\boldsymbol{\beta}_n\}$是 n 维向量空间 V 中两组基，它们的关系是

$$\begin{cases}\boldsymbol{\beta}_1=a_{11}\boldsymbol{\alpha}_1+a_{21}\boldsymbol{\alpha}_2+\cdots+a_{n1}\boldsymbol{\alpha}_n,\\ \boldsymbol{\beta}_2=a_{12}\boldsymbol{\alpha}_1+a_{22}\boldsymbol{\alpha}_2+\cdots+a_{n2}\boldsymbol{\alpha}_n,\\ \cdots\cdots\\ \boldsymbol{\beta}_n=a_{1n}\boldsymbol{\alpha}_1+a_{2n}\boldsymbol{\alpha}_2+\cdots+a_{nn}\boldsymbol{\alpha}_n,\end{cases}$$

矩阵

$$\boldsymbol{T}=\begin{pmatrix}a_{11}&a_{12}&\cdots&a_{1n}\\a_{21}&a_{22}&\cdots&a_{2n}\\\vdots&\vdots&&\vdots\\a_{n1}&a_{n2}&\cdots&a_{nn}\end{pmatrix},$$

为由基$\{\boldsymbol{\alpha}_1,\boldsymbol{\alpha}_2,\cdots,\boldsymbol{\alpha}_n\}$到$\{\boldsymbol{\beta}_1,\boldsymbol{\beta}_2,\cdots,\boldsymbol{\beta}_n\}$的过渡矩阵，

$$(\boldsymbol{\beta}_1,\boldsymbol{\beta}_2,\cdots,\boldsymbol{\beta}_n)=(\boldsymbol{\alpha}_1,\boldsymbol{\alpha}_2,\cdots,\boldsymbol{\alpha}_n)\boldsymbol{T},$$

$\boldsymbol{\sigma}$ 关于这两个基$\{\boldsymbol{\alpha}_1,\boldsymbol{\alpha}_2,\cdots,\boldsymbol{\alpha}_n\}$和$\{\boldsymbol{\beta}_1,\boldsymbol{\beta}_2,\cdots,\boldsymbol{\beta}_n\}$的矩阵分别为 $\boldsymbol{A}$ 和 $\boldsymbol{B}$，

$$\boldsymbol{\sigma}(\boldsymbol{\alpha}_1,\boldsymbol{\alpha}_2,\cdots,\boldsymbol{\alpha}_n)=(\boldsymbol{\sigma}(\boldsymbol{\alpha}_1),\boldsymbol{\sigma}(\boldsymbol{\alpha}_2),\cdots,\boldsymbol{\sigma}(\boldsymbol{\alpha}_n))=(\boldsymbol{\alpha}_1,\boldsymbol{\alpha}_2,\cdots,\boldsymbol{\alpha}_n)\boldsymbol{A},$$

$$\boldsymbol{\sigma}(\boldsymbol{\beta}_1,\boldsymbol{\beta}_2,\cdots,\boldsymbol{\beta}_n)=(\boldsymbol{\sigma}(\boldsymbol{\beta}_1),\boldsymbol{\sigma}(\boldsymbol{\beta}_2),\cdots,\boldsymbol{\sigma}(\boldsymbol{\beta}_n))=(\boldsymbol{\beta}_1,\boldsymbol{\beta}_2,\cdots,\boldsymbol{\beta}_n)\boldsymbol{B}.$$

$$\begin{aligned}(\boldsymbol{\beta}_1,\boldsymbol{\beta}_1,\cdots,\boldsymbol{\beta}_n)\boldsymbol{B}&=(\boldsymbol{\sigma}(\boldsymbol{\beta}_1),\boldsymbol{\sigma}(\boldsymbol{\beta}_2),\cdots,\boldsymbol{\sigma}(\boldsymbol{\beta}_n))\\&=(\boldsymbol{\sigma}(\boldsymbol{\alpha}_1),\boldsymbol{\sigma}(\boldsymbol{\alpha}_2),\cdots,\boldsymbol{\sigma}(\boldsymbol{\alpha}_n))\boldsymbol{T}\\&=(\boldsymbol{\alpha}_1,\boldsymbol{\alpha}_2,\cdots,\boldsymbol{\alpha}_n)\boldsymbol{A}\boldsymbol{T}=(\boldsymbol{\beta}_1,\boldsymbol{\beta}_2,\cdots,\boldsymbol{\beta}_n)\boldsymbol{T}^{-1}\boldsymbol{A}\boldsymbol{T},\end{aligned}$$

因此 $\boldsymbol{B}=\boldsymbol{T}^{-1}\boldsymbol{A}\boldsymbol{T}$.

定义 7.3.1 设 $\boldsymbol{A},\boldsymbol{B}$ 为数域 F 上两个 n 阶方阵，若可以找到数域 F 上的 n 阶可逆方阵 $\boldsymbol{T}$，使得 $\boldsymbol{B}=\boldsymbol{T}^{-1}\boldsymbol{A}\boldsymbol{T}$，就说 $\boldsymbol{A}$ 相似于 $\boldsymbol{B}$，记作 $\boldsymbol{A}\sim\boldsymbol{B}$.

相似是矩阵之间的一种等价关系，具有下面三个性质：

1）反身性：$\boldsymbol{A}\sim\boldsymbol{A}$.

2）对称性：如果 $\boldsymbol{A}\sim\boldsymbol{B}$，那么 $\boldsymbol{B}\sim\boldsymbol{A}$.

3）传递性：如果 $\boldsymbol{A}\sim\boldsymbol{B}$，$\boldsymbol{B}\sim\boldsymbol{C}$，那么 $\boldsymbol{A}\sim\boldsymbol{C}$.

显然，线性变换在不同基下所对应的矩阵是相似的；反过来，如果两个矩阵相似，那么它们可以看作同一个线性变换在两个基下所对应的矩阵.

设 $\boldsymbol{A},\boldsymbol{B}$ 是数域 F 上的两个相似矩阵. 由定理 7.3.2 知，存在 F 上的 n 维向量空间 V 的一个线性变换 $\boldsymbol{\sigma}$，使得它关于 V 的一组基$\{\boldsymbol{\alpha}_1,\boldsymbol{\alpha}_2,\cdots,\boldsymbol{\alpha}_n\}$的矩阵就是 $\boldsymbol{A}$，即：

$$\boldsymbol{\sigma}(\boldsymbol{\alpha}_1,\boldsymbol{\alpha}_2,\cdots,\boldsymbol{\alpha}_n)=(\boldsymbol{\sigma}(\boldsymbol{\alpha}_1),\boldsymbol{\sigma}(\boldsymbol{\alpha}_2),\cdots,\boldsymbol{\sigma}(\boldsymbol{\alpha}_n))=(\boldsymbol{\alpha}_1,\boldsymbol{\alpha}_2,\cdots,\boldsymbol{\alpha}_n)\boldsymbol{A}.$$

又因为 $\boldsymbol{A}$ 与 $\boldsymbol{B}$ 相似，由定义 7.3.1，存在一个可逆的矩阵 $\boldsymbol{T}$，使得 $\boldsymbol{B}=\boldsymbol{T}^{-1}\boldsymbol{A}\boldsymbol{T}$.

令$\{\boldsymbol{\beta}_1,\boldsymbol{\beta}_2,\cdots,\boldsymbol{\beta}_n\}=\{\boldsymbol{\alpha}_1,\boldsymbol{\alpha}_2,\cdots,\boldsymbol{\alpha}_n\}\boldsymbol{T}$，所以$\{\boldsymbol{\beta}_1,\boldsymbol{\beta}_2,\cdots,\boldsymbol{\beta}_n\}$也是 V 的一组基. $\boldsymbol{\sigma}$ 关于$\{\boldsymbol{\beta}_1,\boldsymbol{\beta}_2,\cdots,\boldsymbol{\beta}_n\}$的矩阵就是 $\boldsymbol{B}$，事实上，

$$\begin{aligned}\boldsymbol{\sigma}(\boldsymbol{\beta}_1,\boldsymbol{\beta}_2,\cdots,\boldsymbol{\beta}_n)&=(\boldsymbol{\sigma}(\boldsymbol{\beta}_1),\boldsymbol{\sigma}(\boldsymbol{\beta}_2),\cdots,\boldsymbol{\sigma}(\boldsymbol{\beta}_n))\\&=(\boldsymbol{\sigma}(\boldsymbol{\alpha}_1),\boldsymbol{\sigma}(\boldsymbol{\alpha}_2),\cdots,\boldsymbol{\sigma}(\boldsymbol{\alpha}_n))\boldsymbol{T}\\&=\boldsymbol{\sigma}(\boldsymbol{\alpha}_1,\boldsymbol{\alpha}_2,\cdots,\boldsymbol{\alpha}_n)\boldsymbol{T}\\&=(\boldsymbol{\alpha}_1,\boldsymbol{\alpha}_2,\cdots,\boldsymbol{\alpha}_n)\boldsymbol{A}\boldsymbol{T}\\&=(\boldsymbol{\beta}_1,\boldsymbol{\beta}_2,\cdots,\boldsymbol{\beta}_n)\boldsymbol{T}^{-1}\boldsymbol{A}\boldsymbol{T}\end{aligned}$$

$$=(\boldsymbol{\beta}_1,\boldsymbol{\beta}_2,\cdots,\boldsymbol{\beta}_n)\boldsymbol{B}.$$

矩阵的相似对于运算有下面的性质.

如果 $\boldsymbol{B}_1=\boldsymbol{X}^{-1}\boldsymbol{A}_1\boldsymbol{X},\boldsymbol{B}_2=\boldsymbol{X}^{-1}\boldsymbol{A}_2\boldsymbol{X}$,那么

$$\boldsymbol{B}_1+\boldsymbol{B}_2=\boldsymbol{X}^{-1}(\boldsymbol{A}_1+\boldsymbol{A}_2)\boldsymbol{X},\boldsymbol{B}_1\boldsymbol{B}_2=\boldsymbol{X}^{-1}(\boldsymbol{A}_1\boldsymbol{A}_2)\boldsymbol{X},$$

显然,如果 $\boldsymbol{B}=\boldsymbol{X}^{-1}\boldsymbol{A}\boldsymbol{X}$,且 $f(x)$ 是数域 F 上一多项式,那么 $f(\boldsymbol{B})=\boldsymbol{X}^{-1}f(\boldsymbol{A})\boldsymbol{X}$.

利用矩阵相似的这个性质可以简化矩阵的计算.

例 7.3.1 设 V 是数域 F 上一个二维向量空间,$\boldsymbol{\varepsilon}_1,\boldsymbol{\varepsilon}_2$ 是一组基,线性变换 $\boldsymbol{\sigma}$ 在 $\boldsymbol{\varepsilon}_1,\boldsymbol{\varepsilon}_2$ 下的矩阵是 $\begin{pmatrix}2&1\\-1&0\end{pmatrix}$,计算 $\boldsymbol{\sigma}$ 在 $\mathbf{V}$ 的另一组基 $\boldsymbol{\eta}_1,\boldsymbol{\eta}_2$ 下的矩阵,其中

$$(\boldsymbol{\eta}_1,\boldsymbol{\eta}_2)=(\boldsymbol{\varepsilon}_1,\boldsymbol{\varepsilon}_2)\begin{pmatrix}1&-1\\-1&2\end{pmatrix}.$$

习 题 7.3

1. 设 V 是实数域 $\mathbf{R}$ 上三维向量空间,$\boldsymbol{\varepsilon}_1,\boldsymbol{\varepsilon}_2,\boldsymbol{\varepsilon}_3$ 是 V 的一组基,又设线性变换 $\boldsymbol{\sigma}:V\to V$ 满足:$\boldsymbol{\sigma}(\boldsymbol{\varepsilon}_1)=\boldsymbol{\varepsilon}_1,\boldsymbol{\sigma}(\boldsymbol{\varepsilon}_2)=\boldsymbol{\varepsilon}_1+\boldsymbol{\varepsilon}_2,\boldsymbol{\sigma}(\boldsymbol{\varepsilon}_3)=\boldsymbol{\varepsilon}_1+\boldsymbol{\varepsilon}_2+\boldsymbol{\varepsilon}_3$.

试求:

(1) $\boldsymbol{\sigma}$ 在 $\boldsymbol{\varepsilon}_1,\boldsymbol{\varepsilon}_2,\boldsymbol{\varepsilon}_3$ 中的变换公式;

(2) $\boldsymbol{\sigma}$ 的逆 $\boldsymbol{\sigma}^{-1}$ 在 $\boldsymbol{\varepsilon}_1,\boldsymbol{\varepsilon}_2,\boldsymbol{\varepsilon}_3$ 中的变换公式;

(3) $\boldsymbol{\sigma}^{-1}$ 在 $\boldsymbol{\sigma}(\boldsymbol{\varepsilon}_1),\boldsymbol{\sigma}(\boldsymbol{\varepsilon}_2),\boldsymbol{\sigma}(\boldsymbol{\varepsilon}_3)$ 中的变换公式.

2. 设 F 上三维向量空间的线性变换 $\boldsymbol{\sigma}$ 关于基 $\{\boldsymbol{\alpha}_1,\boldsymbol{\alpha}_2,\boldsymbol{\alpha}_3\}$ 的矩阵是

$$\begin{pmatrix}15&-11&5\\20&-15&8\\8&-7&6\end{pmatrix},$$

求 $\boldsymbol{\sigma}$ 关于基

$$\boldsymbol{\beta}_1=\frac{1}{3}(2\boldsymbol{\alpha}_1+2\boldsymbol{\alpha}_2+\boldsymbol{\alpha}_3),$$

$$\boldsymbol{\beta}_2=\frac{1}{3}(2\boldsymbol{\alpha}_1-\boldsymbol{\alpha}_2+2\boldsymbol{\alpha}_3),$$

$$\boldsymbol{\beta}_3=\frac{1}{3}(\boldsymbol{\alpha}_1-2\boldsymbol{\alpha}_2-2\boldsymbol{\alpha}_3)$$

的矩阵.

设 $\boldsymbol{\xi}=3\boldsymbol{\alpha}_1+2\boldsymbol{\alpha}_2+\boldsymbol{\alpha}_3$,求 $\boldsymbol{\sigma}(\boldsymbol{\xi})$ 关于基 $\{\boldsymbol{\beta}_1,\boldsymbol{\beta}_2,\boldsymbol{\beta}_3\}$ 的坐标.

3. 设 $\boldsymbol{A},\boldsymbol{B}$ 是数域 F 上 n 阶矩阵,$\boldsymbol{A}^*,\boldsymbol{B}^*$ 分别是 $\boldsymbol{A},\boldsymbol{B}$ 的伴随矩阵,证明:若 $\boldsymbol{A}$ 与 $\boldsymbol{B}$ 相似,则 $\boldsymbol{A}^*$ 与 $\boldsymbol{B}^*$ 相似.

4. 证明:数域 F 上 n 维向量空间 V 的一个线性变换 $\boldsymbol{\sigma}$ 是一个位似(即单位变换的一个标量倍)当且仅当 $\boldsymbol{\sigma}$ 关于 V 的任意基的矩阵都相等.

5. 设 $\boldsymbol{A}$ 是 n 维向量空间 V 的线性变换 $\boldsymbol{\sigma}$ 关于某基的矩阵,证明:

$$秩(\boldsymbol{A}^2)=秩\,\boldsymbol{A}\Leftrightarrow V=\ker(\boldsymbol{\sigma})\oplus \mathrm{Im}(\boldsymbol{\sigma}).$$

6. 令 $M_n(F)$ 是数域 F 上全体 n 阶矩阵所构成的向量空间. 取定一个矩阵 $\boldsymbol{A}\in M_n(F)$. 对于 $\forall\, \boldsymbol{X}\in M_n(F)$，定义

$$\boldsymbol{\sigma}(\boldsymbol{X})=\boldsymbol{AX}-\boldsymbol{XA}.$$

设

$$\boldsymbol{A}=\begin{pmatrix} a_1 & & & \boldsymbol{0} \\ & a_2 & & \\ & & \ddots & \\ \boldsymbol{0} & & & a_n \end{pmatrix}$$

是一个对角矩阵. 证明：

(1) $\boldsymbol{\sigma}$ 是 $M_n(F)$ 的一个线性变换.

(2) $\boldsymbol{\sigma}$ 关于 $M_n(F)$ 的标准基 $\{\boldsymbol{E}_{ij}\mid 1\leqslant i,j\leqslant n\}$ 的矩阵也是对角矩阵，它的主对角线上的元素是一切 $a_i-a_j(1\leqslant i,j\leqslant n)$. [建议先具体计算一下的情形.]

§7.4 不变子空间

对于给定的 n 维向量空间 V，$\boldsymbol{\sigma}\in L(V)$，如何才能选到 V 的一个基，使 $\boldsymbol{\sigma}$ 关于这个基的矩阵具有尽可能简单的形式. 由于一个线性变换关于不同基的矩阵是相似的，因而问题也可以这样提出：在一切彼此相似的 n 阶矩阵中，如何选出一个形式尽可能简单的矩阵. 这一节介绍不变子空间的概念，来说明线性变换的矩阵的化简与线性变换的内在联系.

定义 7.4.1 设 $\boldsymbol{\sigma}$ 是数域 F 上向量空间 V 的线性变换，W 是 V 的一个子空间. 如果 W 中的向量在 $\boldsymbol{\sigma}$ 下的象仍在 W 中，换句话说，对于 W 中任一向量 $\boldsymbol{\xi}$，有 $\boldsymbol{\sigma}(\boldsymbol{\xi})\in W$，就称 W 是 $\boldsymbol{\sigma}$ 的不变子空间，简称 $\boldsymbol{\sigma}$-子空间.

例 7.4.1 整个空间 V 和零子空间 $\{\boldsymbol{0}\}$，对于每个线性变换 $\boldsymbol{\sigma}$，都是 $\boldsymbol{\sigma}$-子空间.

例 7.4.2 设 $\boldsymbol{\sigma}\in L(V)$，则 $\ker(\boldsymbol{\sigma})$ 与 $\mathrm{Im}(\boldsymbol{\sigma})$ 都是 $\boldsymbol{\sigma}$-子空间.

例 7.4.3 若线性变换 $\boldsymbol{\sigma}$ 与 $\boldsymbol{\tau}$ 是可交换的，则 $\boldsymbol{\tau}$ 的核 $\ker(\boldsymbol{\tau})$ 与象 $\mathrm{Im}(\boldsymbol{\tau})$ 都是 $\boldsymbol{\sigma}$-子空间. 因为 $\boldsymbol{\sigma}$ 的多项式 $f(\boldsymbol{\sigma})$ 和 $\boldsymbol{\sigma}$ 是可交换的，所以 $f(\boldsymbol{\sigma})$ 的值域与核都是 $\boldsymbol{\sigma}$-子空间.

事实上，对 $\forall\,\boldsymbol{\xi}\in\ker(\boldsymbol{\tau})$ 都有 $\boldsymbol{\tau}(\boldsymbol{\xi})=\boldsymbol{0}$，于是

$$\boldsymbol{\tau}(\boldsymbol{\sigma}(\boldsymbol{\xi}))=\boldsymbol{\sigma}(\boldsymbol{\tau}(\boldsymbol{\xi}))=\boldsymbol{\sigma}(\boldsymbol{0})=\boldsymbol{0},$$

所以 $\boldsymbol{\sigma}(\boldsymbol{\xi})\in\ker(\boldsymbol{\tau})$.

对 $\forall\,\boldsymbol{\varepsilon}\in\mathrm{Im}(\boldsymbol{\tau})$，则 $\exists\,\boldsymbol{\xi}\in V$，使得 $\boldsymbol{\tau}(\boldsymbol{\xi})=\boldsymbol{\varepsilon}$，于是

$$\boldsymbol{\sigma}(\boldsymbol{\varepsilon})=\boldsymbol{\sigma}(\boldsymbol{\tau}(\boldsymbol{\xi}))=\boldsymbol{\tau}(\boldsymbol{\sigma}(\boldsymbol{\xi}))\in\mathrm{Im}(\boldsymbol{\tau}),$$

所以 $\boldsymbol{\sigma}(\boldsymbol{\xi})\in\ker(\boldsymbol{\tau})$.

故 $\ker(\boldsymbol{\tau})$ 与 $\mathrm{Im}(\boldsymbol{\tau})$ 都是 $\boldsymbol{\sigma}$-子空间.

由于 $\boldsymbol{\sigma}$ 的多项式 $f(\boldsymbol{\sigma})$ 和 $\boldsymbol{\sigma}$ 是可交换的，类似地，$f(\boldsymbol{\sigma})$ 的值域与核都是 $\boldsymbol{\sigma}$-子空间.

例 7.4.4 任何一个子空间都是数乘变换的不变子空间.

设 W 是 $\boldsymbol{\sigma}$ 的不变子空间. 只考虑 $\boldsymbol{\sigma}$ 在 W 上的作用,即把 $\boldsymbol{\sigma}$ 看成是 W 的一个线性变换,称为 $\boldsymbol{\sigma}$ 在不变子空间 W 上的限制,用符号 $\boldsymbol{\sigma}|_W$ 表示,即对 $\forall \boldsymbol{\xi}\in W$,有

$$\boldsymbol{\sigma}|_W(\boldsymbol{\xi})=\boldsymbol{\sigma}(\boldsymbol{\xi}).$$

但是对于 $\forall \boldsymbol{\eta}\in W$,但 $\boldsymbol{\eta}\notin W$,$\boldsymbol{\sigma}|_W(\boldsymbol{\eta})$没有意义.

例如,任一线性变换在它的核上引起的变换就是零变换.

如果向量空间 V 的子空间 W 是由向量组 $\boldsymbol{\alpha}_1,\boldsymbol{\alpha}_2,\cdots,\boldsymbol{\alpha}_s$ 生成的,即 $W=L(\boldsymbol{\alpha}_1,\boldsymbol{\alpha}_2,\cdots,\boldsymbol{\alpha}_s)$,则 W 是 $\boldsymbol{\sigma}$-不变子空间的充分必要条件为 $\boldsymbol{\sigma}(\boldsymbol{\alpha}_1),\boldsymbol{\sigma}(\boldsymbol{\alpha}_2),\cdots,\boldsymbol{\sigma}(\boldsymbol{\alpha}_s)$全属于 W.

定理 7.4.1 设 V 是数域 F 上的 n 维向量空间,$\boldsymbol{\sigma}\in L(V)$,$W$ 是 V 的子空间,$\{\boldsymbol{\alpha}_1,\boldsymbol{\alpha}_2,\cdots,\boldsymbol{\alpha}_s\}$是 W 的一个基,则 W 是 V 的 $\boldsymbol{\sigma}$-不变子空间$\Leftrightarrow\{\boldsymbol{\sigma}(\boldsymbol{\alpha}_1),\boldsymbol{\sigma}(\boldsymbol{\alpha}_2),\cdots,\boldsymbol{\sigma}(\boldsymbol{\alpha}_s)\}\subset W$.

证:($\Rightarrow$)设 W 是 V 的 $\boldsymbol{\sigma}$-不变子空间,则 $\forall \boldsymbol{\xi}\in W$,$\boldsymbol{\sigma}(\boldsymbol{\xi})\in W$,而$\{\boldsymbol{\alpha}_1,\boldsymbol{\alpha}_2,\cdots,\boldsymbol{\alpha}_s\}\subset W$,所以$\{\boldsymbol{\sigma}(\boldsymbol{\alpha}_1),\boldsymbol{\sigma}(\boldsymbol{\alpha}_2),\cdots,\boldsymbol{\sigma}(\boldsymbol{\alpha}_s)\}\subset W$.

($\Leftarrow$)设$\{\boldsymbol{\sigma}(\boldsymbol{\alpha}_1),\boldsymbol{\sigma}(\boldsymbol{\alpha}_2),\cdots,\boldsymbol{\sigma}(\boldsymbol{\alpha}_s)\}\subset W$,由于$\{\boldsymbol{\alpha}_1,\boldsymbol{\alpha}_2,\cdots,\boldsymbol{\alpha}_s\}$是 W 的一个基,所以 $\forall \boldsymbol{\xi}\in W$,$\exists k_1,k_2,\cdots,k_s\in F$,使得 $\boldsymbol{\xi}=k_1\boldsymbol{\alpha}_1+k_2\boldsymbol{\alpha}_2+\cdots+k_n\boldsymbol{\alpha}_n$.

于是 $\boldsymbol{\sigma}(\boldsymbol{\xi})=k_1\boldsymbol{\sigma}(\boldsymbol{\alpha}_1)+k_2\boldsymbol{\sigma}(\boldsymbol{\alpha}_2)+\cdots+k_n\boldsymbol{\sigma}(\boldsymbol{\alpha}_n)$.

即 $\boldsymbol{\sigma}(\boldsymbol{\xi})\in W$,故 W 是 V 的 $\boldsymbol{\sigma}$-不变子空间.

综上可知结论成立.

推论 7.4.1 设 V 是数域 F 上 n 维向量空间,$\{\boldsymbol{\alpha}_1,\boldsymbol{\alpha}_2,\cdots,\boldsymbol{\alpha}_n\}$是 V 的一个基,$\boldsymbol{\sigma}\in L(V)$,则 $\boldsymbol{\sigma}$ 的值域 $\boldsymbol{\sigma}(V)$是由这个基的象生成的子空间,即

$$\boldsymbol{\sigma}(V)=L\{\boldsymbol{\sigma}(\boldsymbol{\alpha}_1),\boldsymbol{\sigma}(\boldsymbol{\alpha}_2),\cdots,\boldsymbol{\sigma}(\boldsymbol{\alpha}_n)\}.$$

下面讨论不变子空间与线性变换矩阵化简之间的关系.

1) 设 $\boldsymbol{\sigma}$ 是 n 维向量空间 V 的线性变换,W 是 V 的 $\boldsymbol{\sigma}$-不变子空间. 在 W 中取一组基 $\boldsymbol{\alpha}_1,\boldsymbol{\alpha}_2,\cdots,\boldsymbol{\alpha}_k$,并且把它扩充成 V 的一组基

$$\boldsymbol{\alpha}_1,\boldsymbol{\alpha}_2,\cdots,\boldsymbol{\alpha}_k,\boldsymbol{\alpha}_{k+1},\cdots,\boldsymbol{\alpha}_n \tag{7.3}$$

那么,$\boldsymbol{\sigma}$ 在这组基下的矩阵就具有下列形状

$$\begin{pmatrix} a_{11} & \cdots & a_{1k} & a_{1,k+1} & \cdots & a_{1n} \\ \vdots & & \vdots & \vdots & & \vdots \\ a_{k1} & \cdots & a_{kk} & a_{k,k+1} & \cdots & a_{kn} \\ 0 & \cdots & 0 & a_{k+1,k+1} & \cdots & a_{k+1,n} \\ \vdots & & \vdots & \vdots & & \vdots \\ 0 & \cdots & 0 & a_{n,k+1} & \cdots & a_{nn} \end{pmatrix}=\begin{pmatrix} \boldsymbol{A}_1 & \boldsymbol{A}_3 \\ \boldsymbol{0} & \boldsymbol{A}_2 \end{pmatrix}. \tag{7.4}$$

并且左上角的 k 阶矩阵 $\boldsymbol{A}_1$ 就是 $\boldsymbol{\sigma}|_W$ 在基 $\boldsymbol{\alpha}_1,\boldsymbol{\alpha}_2,\cdots,\boldsymbol{\alpha}_k$ 下的矩阵.

2) 设 V 分解成若干个 $\boldsymbol{\sigma}$-不变子空间的直和:

$$V=W_1\oplus W_2\oplus\cdots\oplus W_s.$$

在每一个 $\boldsymbol{\sigma}$-不变子空间 W_i 中取基

$$\boldsymbol{\alpha}_{i1},\boldsymbol{\alpha}_{i2},\cdots,\boldsymbol{\alpha}_{in_j}\ (i=1,2,\cdots,n), \tag{7.5}$$

并把它们合并起来成为 V 的一组基 $\boldsymbol{I}$. 则在这组基下,$\boldsymbol{\sigma}$ 的矩阵具有准对角形状

$$\begin{pmatrix} \boldsymbol{A}_1 & & & \\ & \boldsymbol{A}_2 & & \\ & & \ddots & \\ & & & \boldsymbol{A}_s \end{pmatrix} \tag{7.6}$$

其中 $\boldsymbol{A}_i(i=1,2,\cdots,s)$，就是 $\boldsymbol{\sigma}|_{W_i}$ 在基(7.5)下的矩阵.

反之，如果线性变换 $\boldsymbol{\sigma}$ 在基 $\boldsymbol{I}$ 下的矩阵是准对角形(7.6)，则由(7.5)生成的子空间 W_i 是 $\boldsymbol{\sigma}$-不变子空间.

由此可知，矩阵分解为准对角形与空间分解为不变子空间的直和是相当的.

因此，给了 n 维向量空间 V 的一个线性变换，只要能够将 V 分解成一些在 $\boldsymbol{\sigma}$ 之下不变的子空间的直和，那么就可以适当地选取 V 的基，使得 $\boldsymbol{\sigma}$ 关于这个基的矩阵具有比较简单的形状，显然，这些不变子空间的维数越小，相应的矩阵的形式就越简单. 特别地，如果能够将 V 分解成 n 个在 $\boldsymbol{\sigma}$ 之下不变的一维子空间的直和，那么与 $\boldsymbol{\sigma}$ 相当的矩阵就是对角阵，在下面的两节里，我们将对这个问题进行讨论.

习　题　7.4

1. 设数域 F 上四维向量空间 V 中线性变换 $\boldsymbol{\sigma}$ 在基 $\boldsymbol{\alpha}_1,\boldsymbol{\alpha}_2,\boldsymbol{\alpha}_3,\boldsymbol{\alpha}_4$ 下的矩阵为

$$\boldsymbol{A}=\begin{pmatrix} 1 & 1 & 1 & 1 \\ 1 & 1 & -1 & -1 \\ 1 & -1 & 1 & -1 \\ 1 & -1 & -1 & 1 \end{pmatrix},$$

证明：$L(\boldsymbol{\alpha}_1,\boldsymbol{\alpha}_2,\boldsymbol{\alpha}_3,\boldsymbol{\alpha}_4)$是 $\boldsymbol{\sigma}$-不变子空间.

2. 设 $\boldsymbol{\sigma}$ 是有限维向量空间 V 的一个线性变换，而 W 是 $\boldsymbol{\sigma}$ 的一个不变子空间，证明：如果 $\boldsymbol{\sigma}$ 有逆变换，那么 W 也在 $\boldsymbol{\sigma}^{-1}$之下不变.

3. 设 $\boldsymbol{\sigma}$ 是有限维向量空间 V 的一个线性变换，而 W_1,W_2 是 $\boldsymbol{\sigma}$ 的两个不变子空间，证明：$W_1\cap W_2,W_1+W_2$ 也在 $\boldsymbol{\sigma}$ 之下不变.

4. 令 $\boldsymbol{\sigma}$ 是数域 F 上向量空间 V 的一个线性变换，并且满足条件 $\boldsymbol{\sigma}^2=\boldsymbol{\sigma}$. 证明：

(1) $\ker(\boldsymbol{\sigma})=\{\boldsymbol{\xi}-\boldsymbol{\sigma}(\boldsymbol{\xi})\mid\boldsymbol{\xi}\in V\}$；

(2) $V=\ker(\boldsymbol{\sigma})\oplus\mathrm{Im}(\boldsymbol{\sigma})$；

(3) 如果 $\boldsymbol{\tau}$ 是 V 的一个线性变换，那么 $\ker(\boldsymbol{\sigma})$和 $\mathrm{Im}(\boldsymbol{\sigma})$都在 $\boldsymbol{\tau}$ 之下不变的充分必要条件是 $\boldsymbol{\sigma\tau}=\boldsymbol{\tau\sigma}$.

5. 设 $\boldsymbol{\sigma}$ 是向量空间 V 的一个位似. 证明：V 的每一个子空间都在 $\boldsymbol{\sigma}$ 之下不变.

§7.5　本征值与本征向量

上一节的讨论让我们较关注 1 维不变子空间，而 1 维不变子空间与本征值有着密切

的联系.本节,我们将讨论本征值与本征向量.

定义 7.5.1 设 $\boldsymbol{\sigma}$ 是数域 F 上向量空间 V 的一个线性变换,如果对于数域 F 中一数 λ,存在一个非零向量 $\boldsymbol{\xi}$,使得

$$\boldsymbol{\sigma}(\boldsymbol{\xi})=\lambda\boldsymbol{\xi}. \tag{7.7}$$

那么 λ 称为 $\boldsymbol{\sigma}$ 的一个本征值,而 $\boldsymbol{\xi}$ 叫作 $\boldsymbol{\sigma}$ 的属于本征值 λ 的一个本征向量.

从几何上来看,本征向量的方向经过线性变换后,保持在同一条直线上,这时或者方向不变($\lambda>0$)或者方向相反($\lambda<0$),至于($\lambda=0$)时,本征向量就被线性变换变成 $\mathbf{0}$.

如果 $\boldsymbol{\xi}$ 是线性变换 $\boldsymbol{\sigma}$ 的属于本征值 λ 的本征向量,那么 $\boldsymbol{\xi}$ 的任何一个非零倍数 $k\boldsymbol{\xi}$ 也是 $\boldsymbol{\sigma}$ 的属于本征值 λ 的本征向量.这说明本征向量不是被本征值所唯一决定的.相反,本征值却是被本征向量所唯一决定的,因为,一个本征向量只能属于一个本征值.

设 V 是数域 F 上 n 维向量空间,$\boldsymbol{\alpha}_1,\boldsymbol{\alpha}_2,\cdots,\boldsymbol{\alpha}_n$ 是它的一组基,线性变换 $\boldsymbol{\sigma}$ 在这组基下的矩阵是 $\boldsymbol{A}$.设 λ 是本征值,它的一个本征向量 $\boldsymbol{\xi}$ 在 $\boldsymbol{\alpha}_1,\boldsymbol{\alpha}_2,\cdots,\boldsymbol{\alpha}_n$ 下的坐标是 $x_1,x_2,\cdots,x_n$,则 $\boldsymbol{\sigma}(\boldsymbol{\xi})$ 的坐标是

$$\boldsymbol{A}\begin{pmatrix}x_1\\x_2\\\vdots\\x_n\end{pmatrix},$$

$\lambda\boldsymbol{\xi}$ 的坐标是

$$\lambda\begin{pmatrix}x_1\\x_2\\\vdots\\x_n\end{pmatrix},$$

因此(7.7)式相当于坐标之间的等式

$$\boldsymbol{A}\begin{pmatrix}x_1\\x_2\\\vdots\\x_n\end{pmatrix}=\lambda\begin{pmatrix}x_1\\x_2\\\vdots\\x_n\end{pmatrix} \tag{7.8}$$

或

$$(\lambda\boldsymbol{I}-\boldsymbol{A})\begin{pmatrix}x_1\\x_2\\\vdots\\x_n\end{pmatrix}=\mathbf{0}.$$

这说明本征向量 $\boldsymbol{\xi}$ 的坐标$(x_1,x_2,\cdots,x_n)$满足齐次方程组

$$\begin{cases}a_{11}x_1+a_{12}x_2+\cdots+a_{1n}x_n=\lambda x_1,\\a_{21}x_1+a_{22}x_2+\cdots+a_{2n}x_n=\lambda x_2,\\\cdots\cdots\\a_{n1}x_1+a_{n2}x_2+\cdots+a_{nn}x_n=\lambda x_n,\end{cases}$$

即

$$\begin{cases}(\lambda-a_{11})x_1-a_{12}x_2-\cdots-a_{1n}x_n=0,\\ -a_{21}x_1+(\lambda-a_{22})x_2-\cdots-a_{2n}x_n=0,\\ \cdots\cdots\\ -a_{n1}x_1-a_{n2}x_2-\cdots+(\lambda-a_{nn})x_n=0,\end{cases} \tag{7.9}$$

由于 $\boldsymbol{\xi}\neq\mathbf{0}$，所以它的坐标 $x_1,x_2,\cdots,x_n$ 不全为零，即齐次方程组有非零解. 而齐次方程组有非零解的充分必要条件是它的系数行列式为零，即

$$|\lambda\boldsymbol{I}-\boldsymbol{A}|=\begin{vmatrix}\lambda-a_{11} & -a_{12} & \cdots & -a_{1n}\\ -a_{21} & \lambda-a_{22} & \cdots & -a_{2n}\\ \vdots & \vdots & & \vdots\\ -a_{n1} & -a_{n2} & \cdots & \lambda-a_{nn}\end{vmatrix}=0.$$

定义 7.5.2 设 $\boldsymbol{A}$ 是数域 F 上一个 n 阶矩阵，x 是一个数字. 矩阵 $x\boldsymbol{I}-\boldsymbol{A}$ 的行列式

$$f_{\boldsymbol{A}}(x)=|x\boldsymbol{I}-\boldsymbol{A}|=\begin{vmatrix}x-a_{11} & -a_{12} & \cdots & -a_{1n}\\ -a_{21} & x-a_{22} & \cdots & -a_{2n}\\ \vdots & \vdots & & \vdots\\ -a_{n1} & -a_{n2} & \cdots & x-a_{nn}\end{vmatrix}, \tag{7.10}$$

叫作矩阵 $\boldsymbol{A}$ 的特征多项式，这是数域 F 上的一个 n 次多项式，且 $|x\boldsymbol{I}-\boldsymbol{A}|=0$ 称为 $\boldsymbol{A}$ 的特征方程，$x\boldsymbol{I}-\boldsymbol{A}$ 称为 $\boldsymbol{A}$ 的特征矩阵.

定理 7.5.1 设 V 是数域 F 上 n 维向量空间，$\boldsymbol{\alpha}_1,\boldsymbol{\alpha}_2,\cdots,\boldsymbol{\alpha}_n$ 是它的一组基，线性变换 $\boldsymbol{\sigma}$ 在这组基下的矩阵是 $\boldsymbol{A}$，λ 为 $\boldsymbol{\sigma}$ 的一个本征值当且仅当 λ 是矩阵 $\boldsymbol{A}$ 的特征多项式的一个根. 反过来，如果 λ_0 是矩阵 $\boldsymbol{A}$ 的特征多项式在数域 F 中的一个根，即 $|\lambda_0\boldsymbol{I}-\boldsymbol{A}|=0$，那么齐次方程组(7.9)就有非零解. 这时，如果 $(x_1,x_2,\cdots,x_n)$ 是方程组(7.9)的一个非零解，那么非零向量

$$\boldsymbol{\xi}=x_1\boldsymbol{\alpha}_1+x_2\boldsymbol{\alpha}_2+\cdots+x_n\boldsymbol{\alpha}_n$$

满足(7.7)，即 λ_0 是线性变换 $\boldsymbol{\sigma}$ 的一个本征值，$\boldsymbol{\xi}$ 就是属于本征值 λ_0 的一个本征向量.

因此确定一个线性变换 $\boldsymbol{\sigma}$ 的一个本征值与本征向量的方法可以分成以下几步：

1) 在向量空间 V 中取一组基 $\boldsymbol{\alpha}_1,\boldsymbol{\alpha}_2,\cdots,\boldsymbol{\alpha}_n$，写出 $\boldsymbol{\sigma}$ 在这组基下的矩阵 $\boldsymbol{A}$；

2) 求出 $\boldsymbol{A}$ 的特征多项式 $|\lambda\boldsymbol{I}-\boldsymbol{A}|=0$ 在数域 F 中全部的根，它们也就是线性变换 $\boldsymbol{\sigma}$ 的全部本征值；

3) 把所求得的本征值逐个地代入方程组(7.9)，对于每一个本征值，解方程组(7.9)，求出一组基础解系，它们就是属于这个本征值的几个线性无关的本征向量在基 $\boldsymbol{\alpha}_1,\boldsymbol{\alpha}_2,\cdots,\boldsymbol{\alpha}_n$ 下的坐标，这样，也就求出了属于每个特征的全部线性无关的本征向量.

矩阵 $\boldsymbol{A}$ 的特征多项式在复数域内的根有时也称为 $\boldsymbol{A}$ 的本征值，而相应的线性方程组(7.9)的解也就称为 $\boldsymbol{A}$ 的属于这个本征值的本征向量.

不难得到，矩阵 $\boldsymbol{A}$ 与 $\boldsymbol{A}^{\mathrm{T}}$ 有相同的特征值.

例 7.5.1 在 n 维向量空间中，数乘变换 $\boldsymbol{K}$ 在任意一组基下的矩阵都是 $k\boldsymbol{I}$，它的特征多项式是

$$|\lambda\boldsymbol{I}-k\boldsymbol{I}|=(\lambda-k)^n.$$

因此，数乘变换 $\boldsymbol{K}$ 的本征值只有 k，由定义可知，每个非零向量都是属于数乘变换 $\boldsymbol{K}$ 的本征向量.

例 7.5.2 设线性变换 $\boldsymbol{\sigma}$ 在基 $\boldsymbol{\varepsilon}_1,\boldsymbol{\varepsilon}_2,\boldsymbol{\varepsilon}_3$ 下的矩阵是

$$\boldsymbol{A}=\begin{pmatrix}3&3&2\\1&1&-2\\-3&-1&0\end{pmatrix},$$

求 $\boldsymbol{\sigma}$ 的本征值与本征向量.

解：先写出矩阵 $\boldsymbol{A}$ 的特征多项式

$$\begin{aligned}f_{\boldsymbol{A}}(x)&=\begin{vmatrix}x-3&-3&-2\\-1&x-1&2\\3&1&x\end{vmatrix}\\&=x^3-4x^2+4x-16\\&=(x-4)(x^2+4),\end{aligned}$$

它只有一个实根 $x=4$.

为了求出属于特征根 $\lambda=4$ 的特征向量，我们需要解齐次线性方程组

$$(4\boldsymbol{I}-\boldsymbol{A})\begin{pmatrix}x_1\\x_2\\x_3\end{pmatrix}=\begin{pmatrix}0\\0\\0\end{pmatrix},$$

即

$$\begin{cases}x_1-3x_2-2x_3=0,\\-x_1+3x_2+2x_3=0,\\3x_1+x_2+4x_3=0,\end{cases}$$

这个方程组的解是 $(a,a,-a)(a\in\mathbf{R})$，因此，$\boldsymbol{\sigma}$ 属于本征值 4 的本征向量是

$$a\boldsymbol{\varepsilon}_1+a\boldsymbol{\varepsilon}_2-a\boldsymbol{\varepsilon}_3,a\in\mathbf{R},a\neq0.$$

显然，本征值是被线性变换所决定的. 但是在有限维空间中，任取一组基后，本征值就是线性变换在这组基下矩阵的特征多项式的根. 随着基的不同，线性变换的矩阵一般是不同的，但是这些矩阵是相似的，对于相似矩阵的特征多项式有什么关系？下面来讨论.

设 $\{\boldsymbol{\alpha}_1,\boldsymbol{\alpha}_2,\cdots,\boldsymbol{\alpha}_n\}$ 与 $\{\boldsymbol{\beta}_1,\boldsymbol{\beta}_2,\cdots,\boldsymbol{\beta}_n\}$ 是 n 维向量空间 V 的两组基，T 为由基 $\{\boldsymbol{\alpha}_1,\boldsymbol{\alpha}_2,\cdots,\boldsymbol{\alpha}_n\}$ 到 $\{\boldsymbol{\beta}_1,\boldsymbol{\beta}_2,\cdots,\boldsymbol{\beta}_n\}$ 的过渡矩阵，$\boldsymbol{\sigma}$ 关于这两个基 $\{\boldsymbol{\alpha}_1,\boldsymbol{\alpha}_2,\cdots,\boldsymbol{\alpha}_n\}$ 与 $\{\boldsymbol{\beta}_1,\boldsymbol{\beta}_2,\cdots,\boldsymbol{\beta}_n\}$ 的矩阵分别为 $\boldsymbol{A}$ 和 $\boldsymbol{B}$，它们的关系是：$\boldsymbol{B}=\boldsymbol{T}^{-1}\boldsymbol{A}\boldsymbol{T}$，因为 $\boldsymbol{T}^{-1}\boldsymbol{I}\boldsymbol{T}=\boldsymbol{I}$，因此

$$x\boldsymbol{I}-\boldsymbol{B}=x\boldsymbol{T}^{-1}\boldsymbol{I}\boldsymbol{T}-\boldsymbol{T}^{-1}\boldsymbol{A}\boldsymbol{T}=\boldsymbol{T}^{-1}(x\boldsymbol{I}-\boldsymbol{A})\boldsymbol{T},$$

所以

$$f_{\boldsymbol{B}}(x)=|x\boldsymbol{I}-\boldsymbol{B}|=|\boldsymbol{T}^{-1}(x\boldsymbol{I}-\boldsymbol{A})\boldsymbol{T}|=|x\boldsymbol{I}-\boldsymbol{A}|=f_{\boldsymbol{A}}(x).$$

因此可以很容易得到如下结论.

定理 7.5.2 相似矩阵有相同的特征多项式.

该定理表明，线性变换的矩阵的特征多项式不依赖于基的选取，而是直接由线性变换所决定的. 这样，我们可以定义 V 的线性变换 $\boldsymbol{\sigma}$ 的特征多项式是 $\boldsymbol{\sigma}$ 关于 V 的任意一个基的矩阵的特征多项式，并把 $\boldsymbol{\sigma}$ 的特征多项式记为 $f_{\boldsymbol{\sigma}}(x)$. 且线性变换 $\boldsymbol{\sigma}$ 的特征值也可以称

为矩阵的特征值，而线性变换 $\boldsymbol{\sigma}$ 的特征向量的坐标就是矩阵的特征向量.

但是，特征多项式相同的矩阵不一定是相似的. 例如

$$\boldsymbol{A}=\begin{pmatrix}1 & 0\\ 0 & 1\end{pmatrix},\boldsymbol{B}=\begin{pmatrix}0 & 1\\ -1 & 1\end{pmatrix},$$

它们的特征多项式都是 $(\lambda-1)^2$，但 $\boldsymbol{A}$ 和 $\boldsymbol{B}$ 不相似，因为和 $\boldsymbol{A}$ 相似的矩阵只能是 $\boldsymbol{A}$ 本身.

容易看出，对于线性变换 $\boldsymbol{\sigma}$ 的任一个本征值 λ_0 全部适合条件

$$\boldsymbol{\sigma}(\boldsymbol{\xi})=\lambda_0\boldsymbol{\xi}$$

的向量 $\boldsymbol{\xi}$ 所成的集合

$$\{\boldsymbol{\xi}\in V\,|\,\boldsymbol{\sigma}(\boldsymbol{\xi})=\lambda_0\boldsymbol{\xi}\}$$

也即是 $\boldsymbol{\sigma}$ 的属于 λ_0 的全部本征向量再添上零向量所成的集合，是 V 的一个子空间，称为 $\boldsymbol{\sigma}$ 的一个特征子空间，记为 V_{λ_0}. 显然，V_{λ_0} 的维数就是属于 λ_0 的线性无关的本征向量的最大个数.

矩阵 $\boldsymbol{A}$ 的特征多项式

$$f_{\boldsymbol{A}}(x)=|x\boldsymbol{I}-\boldsymbol{A}|=\begin{vmatrix}x-a_{11} & -a_{12} & \cdots & -a_{1n}\\ -a_{21} & x-a_{22} & \cdots & -a_{2n}\\ \vdots & \vdots & & \vdots\\ -a_{n1} & -a_{n2} & \cdots & x-a_{nn}\end{vmatrix},$$

的展开式是数域 F 上的一个多项式，它的最高次项是 x^n，是主对角线上元素的连乘积

$$(x-a_{11})(x-a_{22})\cdots(x-a_{nn})$$

展开式中的其余项，至多包含 $n-2$ 个主对角线上的元素，它对 x 的次数最多是 $n-2$. 因此特征多项式中含 x 的 n 次与 $n-1$ 次的项只能在主对角线上元素的连乘积中出现，它们是

$$x^n-(a_{11}+a_{22}+\cdots+a_{nn})x^{n-1},$$

在特征多项式中令 $x=0$，即得常数项为 $|-\boldsymbol{A}|=(-1)^n|\boldsymbol{A}|$.

因此，就有

$$f_{\boldsymbol{A}}(x)=x^n-(a_{11}+a_{22}+\cdots+a_{nn})x^{n-1}+\cdots+(-1)^n|\boldsymbol{A}|. \tag{7.11}$$

在 $f_{\boldsymbol{A}}(x)$ 中，x^{n-1} 的系数乘以 (-1) 就是矩阵 $\boldsymbol{A}$ 的主对角线元素的和，叫作矩阵 $\boldsymbol{A}$ 的迹，记作 $\mathrm{tr}\boldsymbol{A}$：$\mathrm{tr}\boldsymbol{A}=a_{11}+a_{22}+\cdots+a_{nn}$.

若 $f_{\boldsymbol{A}}(x)$ 在数域 F 上能分解成一次因式的乘积，即

$$\begin{aligned}f_{\boldsymbol{A}}(x)&=(x-\lambda_1)(x-\lambda_2)\cdots(x-\lambda_n)\\&=x^n-(\lambda_1+\lambda_2+\cdots+\lambda_n)x^{n-1}+\cdots+(-1)^n|\boldsymbol{A}|.\end{aligned}$$

由根与系数的关系可知，有

$$\mathrm{tr}\boldsymbol{A}=\lambda_1+\lambda_2+\cdots+\lambda_n,$$

$$|\boldsymbol{A}|=\lambda_1\lambda_2\cdots\lambda_n.$$

值得注意的是，相似矩阵有相同的迹.

下面，我们指出特征多项式的一个重要性质.

定理 7.5.3（哈密尔顿-凯莱（Hamilton-Cayley）定理） 设 $\boldsymbol{A}$ 是数域 P 上一个 $n\times n$ 矩阵，$f(\lambda)=|\lambda\boldsymbol{I}-\boldsymbol{A}|$ 是 $\boldsymbol{A}$ 的特征多项式，则

$$f(\boldsymbol{A})=\boldsymbol{A}^n-(a_{11}+a_{22}+\cdots+a_{nn})\boldsymbol{A}^{n-1}+\cdots+(-1)^n|\boldsymbol{A}|\boldsymbol{I}=\boldsymbol{0}.$$

由此不难得到：

推论 7.5.1 设 $\boldsymbol{\sigma}$ 是有限维空间 V 的线性变换，$f(\lambda)$ 是 $\boldsymbol{\sigma}$ 的特征多项式，则 $f(\boldsymbol{\sigma})=\boldsymbol{0}$.

习 题 7.5

1. 求下列矩阵在实数域内的特征根和相应的特征向量：

(1) $\begin{pmatrix}1&2&2\\2&1&2\\2&2&1\end{pmatrix}$； (2) $\begin{pmatrix}3&2&-1\\-2&-2&2\\3&6&-1\end{pmatrix}$；

(3) $\begin{pmatrix}4&2&1\\-2&0&-1\\1&1&0\end{pmatrix}$； (4) $\begin{pmatrix}3&6&6\\0&2&0\\-3&-12&-6\end{pmatrix}$.

2. 已知三阶矩阵 $\boldsymbol{A}$ 满足：

$$|\boldsymbol{A}-\boldsymbol{E}|=|\boldsymbol{A}-2\boldsymbol{E}|=|\boldsymbol{A}+\boldsymbol{E}|=\lambda,$$

则

(1) 当 $\lambda=0$ 时，求行列式 $|\boldsymbol{A}+3\boldsymbol{E}|$ 的值；

(2) 当 $\lambda=2$ 时，求行列式 $|\boldsymbol{A}+3\boldsymbol{E}|$ 的值.

3. 设 $\boldsymbol{A}$ 的特征值为 λ，如果 $\boldsymbol{A}$ 可逆，证明：$\boldsymbol{A}^{-1}$ 的特征值为 $\frac{1}{\lambda}$.

4. 设 $\boldsymbol{\sigma},\boldsymbol{\tau}$ 是 n 维向量空间 V 上的两个线性变换，$f_1(\boldsymbol{X}),f_2(\boldsymbol{X})$ 分别表示 $\boldsymbol{\sigma},\boldsymbol{\tau}$ 的特征多项式，如果 $(f_1(\boldsymbol{X}),f_2(\boldsymbol{X}))=1$，则 $\ker(f_2(\boldsymbol{\sigma}))=\{\boldsymbol{0}\}$.

5. 设 $a,b,c\in\mathbf{C}$. 令

$$\boldsymbol{A}=\begin{pmatrix}b&c&a\\c&a&b\\a&b&c\end{pmatrix},\boldsymbol{B}=\begin{pmatrix}c&a&b\\a&b&c\\b&c&a\end{pmatrix},\boldsymbol{C}=\begin{pmatrix}a&b&c\\b&c&a\\c&a&b\end{pmatrix}.$$

(1) 证明 $\boldsymbol{A},\boldsymbol{B},\boldsymbol{C}$ 彼此相似；

(2) 如果 $\boldsymbol{BC}=\boldsymbol{CB}$，那么 $\boldsymbol{A},\boldsymbol{B},\boldsymbol{C}$ 的特征根至少有两个等于零.

6. 设 $\boldsymbol{A}$ 是复数域 $\mathbf{C}$ 上一个 n 阶矩阵.

(1) 证明：存在 $\mathbf{C}$ 上 n 阶可逆矩阵 $\boldsymbol{T}$，使得

$$\boldsymbol{T}^{-1}\boldsymbol{AT}=\begin{pmatrix}\lambda_1&b_{12}&\cdots&b_{1n}\\0&b_{22}&\cdots&b_{2n}\\\vdots&\vdots&&\vdots\\0&b_{n2}&\cdots&b_{nn}\end{pmatrix};$$

(2) 对 n 做数学归纳法证明，复数域 $\mathbf{C}$ 上任意一个 n 阶矩阵都与一个上三角形矩阵

$$\begin{pmatrix} \lambda & * & \cdots & * \\ 0 & \lambda_2 & \cdots & * \\ \vdots & \vdots & & \vdots \\ 0 & 0 & \cdots & \lambda_n \end{pmatrix}$$

相似,这里主对角线以下的元素都是零.

7. 设 $\boldsymbol{A},\boldsymbol{B}$ 是复数域上 n 阶矩阵.证明:$\boldsymbol{AB}$ 与 $\boldsymbol{BA}$ 有相同的特征根,并且对应的特征根的重数也相同.

§7.6 可以对角化的矩阵

形式最简单的矩阵是对角矩阵.本节,我们将研究一个矩阵什么时候与一个对角矩阵相似的问题.

设 V 是数域 F 上 n 维向量空间,$\{\boldsymbol{\alpha}_1,\boldsymbol{\alpha}_2,\cdots,\boldsymbol{\alpha}_n\}$ 是 V 的一组基,令 $\boldsymbol{\sigma}$ 关于基 $\{\boldsymbol{\alpha}_1,\boldsymbol{\alpha}_2,\cdots,\boldsymbol{\alpha}_n\}$ 的矩阵为 $\boldsymbol{A}$,$\boldsymbol{A}$ 为对角形矩阵,即:

$$\boldsymbol{A}=\begin{pmatrix} \lambda_1 & 0 & \cdots & 0 \\ 0 & \lambda_2 & \cdots & 0 \\ \vdots & \vdots & & \vdots \\ 0 & 0 & \cdots & \lambda_n \end{pmatrix}, \tag{7.12}$$

那么就说 $\boldsymbol{\sigma}$ 可以对角化.

类似地,设 $\boldsymbol{A}$ 是数域 F 上的一个 n 阶矩阵,如果存在 F 上的一个 n 阶可逆矩阵 $\boldsymbol{T}$ 使得 $\boldsymbol{T}^{-1}\boldsymbol{AT}$ 具有对角形式,那么就说 $\boldsymbol{A}$ 可以对角化.

定理 7.6.1 令 $\boldsymbol{\sigma}$ 是数域 F 上 n 维向量空间 V 的一个线性变换,如果 $\boldsymbol{\xi}_1,\boldsymbol{\xi}_2,\cdots,\boldsymbol{\xi}_n$ 分别是 $\boldsymbol{\sigma}$ 的属于互不相同的本征值 $\lambda_1,\lambda_2,\cdots,\lambda_n$ 的本征向量,那么 $\boldsymbol{\xi}_1,\boldsymbol{\xi}_2,\cdots,\boldsymbol{\xi}_n$ 线性无关.

证:我们对 n 用数学归纳法来证明这个定理.

当 $n=1$ 时,定理成立.因为本征向量不等于零.设 $n>1$ 并且假设对于 $n-1$ 来说定理成立.现在设 $\lambda_1,\lambda_2,\cdots,\lambda_n$ 是 $\boldsymbol{\sigma}$ 的两两不同的本征值,$\boldsymbol{\xi}_i$ 是属于本征值 λ_i 的本征向量:

$$\boldsymbol{\sigma}(\boldsymbol{\xi}_i)=\lambda_i\boldsymbol{\xi}_i,i=1,2,\cdots,n. \tag{7.13}$$

如果等式

$$a_1\boldsymbol{\xi}_1+a_2\boldsymbol{\xi}_2+\cdots+a_n\boldsymbol{\xi}_n=\boldsymbol{0},a_i\in F \tag{7.14}$$

成立,那么以 λ_n 乘(7.14)的两端得

$$a_1\lambda_n\boldsymbol{\xi}_1+a_2\lambda_n\boldsymbol{\xi}_2+\cdots+a_n\lambda_n\boldsymbol{\xi}_n=\boldsymbol{0}. \tag{7.15}$$

另一方面,对(7.14)式两端施行线性变换 $\boldsymbol{\sigma}$,根据(7.13)式,有

$$a_1\lambda_1\boldsymbol{\xi}_1+a_2\lambda_2\boldsymbol{\xi}_2+\cdots+a_n\lambda_n\boldsymbol{\xi}_n=\boldsymbol{0}. \tag{7.16}$$

(7.16)式减(7.15)式得

$$a_1(\lambda_1-\lambda_n)\boldsymbol{\xi}_1+\cdots+a_{n-1}(\lambda_{n-1}-\lambda_n)\boldsymbol{\xi}_{n-1}=\boldsymbol{0}.$$

根据归纳法假设，$\xi_1,\xi_2,\cdots,\xi_{n-1}$线性无关，所以

$$a_i(\lambda_i-\lambda_n)=0,i=1,2,\cdots,n-1,$$

但$\lambda_1,\lambda_2,\cdots,\lambda_n$两两不同，所以$a_1=a_2=\cdots=a_{n-1}=0$，代入(7.14)，因为$\boldsymbol{\xi}_n\neq\mathbf{0}$，所以$a_n=0$. 这就证明了$\boldsymbol{\xi}_1,\boldsymbol{\xi}_2,\cdots,\boldsymbol{\xi}_n$线性无关.

定理 7.6.2 令$\boldsymbol{\sigma}$是数域F上n维向量空间V的一个线性变换，如果$\lambda_1,\cdots,\lambda_t$是线性变换$\boldsymbol{\sigma}$的不同的本征值，而$\boldsymbol{\xi}_{i1},\cdots,\boldsymbol{\xi}_{is_i}$是属于本征值$\lambda_i$的线性无关的本征向量，$i=1,2,\cdots,t$，那么向量组$\boldsymbol{\xi}_{11},\cdots,\boldsymbol{\xi}_{1s_1},\cdots,\boldsymbol{\xi}_{t1},\cdots,\boldsymbol{\xi}_{ts_t}$也线性无关.

证：先注意这样一个事实：$\boldsymbol{\sigma}$的属于同一本征值λ的本征向量的非零线性组合仍是$\boldsymbol{\sigma}$的属于λ的一个本征向量.

现在设存在F中的数$a_{11},\cdots,a_{1s_1},\cdots,a_{t1},\cdots,a_{ts_t}$，使得

$$a_{11}\boldsymbol{\xi}_{11}+\cdots+a_{1s_1}\boldsymbol{\xi}_{1s_1}+\cdots+a_{t1}\boldsymbol{\xi}_{t1}+\cdots+a_{ts_t}\boldsymbol{\xi}_{ts_t}=\mathbf{0},$$

令

$$\boldsymbol{\eta}_i=a_{i1}\boldsymbol{\xi}_{i1}+\cdots+a_{is_i}\boldsymbol{\xi}_{is_i},i=1,\cdots,t,$$

则

$$\boldsymbol{\eta}_1+\cdots+\boldsymbol{\eta}_t=\mathbf{0}.$$

由上面所说的事实，如果某一$\boldsymbol{\eta}_i\neq\mathbf{0}$，则$\boldsymbol{\eta}_i$是$\boldsymbol{\sigma}$的属于本征值$\lambda_i$的本征向量. 因为$\lambda_1,\cdots,\lambda_t$互不相同，所以由定理7.6.1，必须所有$\boldsymbol{\eta}_i=\mathbf{0},i=1,\cdots,t$，即

$$a_{i1}\boldsymbol{\xi}_{i1}+\cdots+a_{is_i}\boldsymbol{\xi}_{is_i}=\mathbf{0},i=1,\cdots,t,$$

然而$\boldsymbol{\xi}_{i1},\boldsymbol{\xi}_{i2},\cdots,\boldsymbol{\xi}_{is_i}$线性无关，所以

$$a_{i1}=\cdots=a_{is_i}=0,i=1,\cdots,t.$$

则$a_{11}\boldsymbol{\xi}_{11},\cdots,a_{1s_1}\boldsymbol{\xi}_{1s_1},\cdots,a_{t1}\boldsymbol{\xi}_{t1},\cdots,a_{ts_t}\boldsymbol{\xi}_{ts_t}$线性无关.

推论 7.6.1 令$\boldsymbol{\sigma}$是数域F上n维向量空间V的一个线性变换，如果线性变换$\boldsymbol{\sigma}$的特征多项式$f_{\boldsymbol{\sigma}}(x)$在$F$上有$n$个单根，那么存在$V$的一个基，使$\boldsymbol{\sigma}$关于这个基的矩阵为对角形.

证：这时$\boldsymbol{\sigma}$的特征多项式$f_{\boldsymbol{\sigma}}(x)$在$F[x]$内可以分解为线性因式的乘积：

$$f_{\boldsymbol{\sigma}}(x)=(x-\lambda_1)(x-\lambda_2)\cdots(x-\lambda_n),$$

$\lambda_i\in F$且两两不同. 对于每一个λ_i选取一个本征向量$\boldsymbol{\xi}_i,i=1,\cdots,n$，由定理7.6.1，$\boldsymbol{\xi}_1,\boldsymbol{\xi}_2,\cdots,\boldsymbol{\xi}_n$线性无关，因而构成$V$的一个基. $\boldsymbol{\sigma}$关于这个基的矩阵是

$$\begin{pmatrix}\lambda_1 & 0 & 0 & \cdots & 0\\ 0 & \lambda_2 & 0 & \cdots & 0\\ \vdots & \vdots & \vdots & & \vdots\\ 0 & 0 & 0 & \cdots & \lambda_n\end{pmatrix}.$$

推论 7.6.2 令$\boldsymbol{A}$是数域F上一个n阶矩阵，如果$\boldsymbol{A}$的特征多项式$f_{\boldsymbol{A}}(x)$在F上有n个单根，那么存在一个n阶可逆矩阵$\boldsymbol{T}$，使

$$\boldsymbol{T}^{-1}\boldsymbol{A}\boldsymbol{T}=\begin{pmatrix}\lambda_1 & 0 & 0 & \cdots & 0\\ 0 & \lambda_2 & 0 & \cdots & 0\\ \vdots & \vdots & \vdots & & \vdots\\ 0 & 0 & 0 & \cdots & \lambda_n\end{pmatrix}.$$

根据上述理论，对于一个线性变换，求出属于每个本征值的线性无关的本征向量，把它们合在一起还是线性无关的. 如果它们的个数等于空间的维数，那么这个线性变换在一组合适的基下的矩阵是对角矩阵；如果它们的个数少于空间的维数，那么这个线性变换在任何一组基下的矩阵都不能是对角形.

定理 7.6.3 令 $\boldsymbol{\sigma}$ 是数域 F 上 n 维向量空间 V 的一个线性变换，$\boldsymbol{\sigma}$ 可以对角化的充分必要条件为：

(1) $\boldsymbol{\sigma}$ 的特征多项式的根都在 F 内；

(2) 对于 $\boldsymbol{\sigma}$ 的特征多项式的每一根 λ，本征子空间 V_λ 的维数等于 λ 的重数.

证：设条件(1)，(2)成立. 令 $\lambda_1,\lambda_2,\cdots,\lambda_t$ 是 $\boldsymbol{\sigma}$ 的一切不同的本征值. 它们的重数分别是 $s_1,s_2,\cdots,s_t$，我们有

$$s_1+s_2+\cdots+s_t=n,\dim V_{\lambda_i}=s_i,i=1,2,\cdots,t.$$

在每一本征子空间 V_{λ_i} 里选取一组基 $\boldsymbol{\alpha}_{i1},\cdots,\boldsymbol{\alpha}_{is_t}$，于是 $\boldsymbol{\alpha}_{11},\cdots,\boldsymbol{\alpha}_{1i_1},\cdots,\boldsymbol{\alpha}_{t1},\cdots,\boldsymbol{\alpha}_{ti_t}$ 线性无关，因而构成 V 的一组基. $\boldsymbol{\sigma}$ 关于这组基的矩阵是对角阵：

$$\begin{pmatrix}\lambda_1 & & & & & & \mathbf{0}\\ & \ddots & & & & & \\ & & \lambda_1 & & & & \\ & & & \ddots & & & \\ & & & & \lambda_t & & \\ & & & & & \ddots & \\ \mathbf{0} & & & & & & \lambda_t\end{pmatrix}\begin{matrix}\left.\vphantom{\begin{matrix}1\\1\\1\end{matrix}}\right\}s_1\text{个}\\ \\ \left.\vphantom{\begin{matrix}1\\1\\1\end{matrix}}\right\}s_t\text{个}\end{matrix}. \tag{7.17}$$

反过来，设 $\boldsymbol{\sigma}$ 可以对角化，那么 V 有一组由 $\boldsymbol{\sigma}$ 的本征向量所组成的基. 适当排列这一组基向量的次序，可以假设这组基是

$$\boldsymbol{\alpha}_{11},\cdots,\boldsymbol{\alpha}_{1s_1},\cdots,\boldsymbol{\alpha}_{t1},\cdots,\boldsymbol{\alpha}_{ts_t},$$

而 $\boldsymbol{\sigma}$ 关于这组基的矩阵是对角矩阵(7.17)，于是 $\boldsymbol{\sigma}$ 的特征多项式

$$f_{\boldsymbol{\sigma}}(x)=(x-\lambda_1)^{s_1}\cdots(x-\lambda_t)^{s_t},$$

因此 $\boldsymbol{\sigma}$ 的特征多项式的根 $\lambda_1,\lambda_2,\cdots,\lambda_t$ 都在 F 内，并且 λ_i 的重数等于 $s_i,i=1,2,\cdots,t$. 然而基向量 $\boldsymbol{\alpha}_{11},\cdots,\boldsymbol{\alpha}_{1s_1},\cdots,\boldsymbol{\alpha}_{t1},\cdots,\boldsymbol{\alpha}_{ts_t}$ 显然是本征子空间 V_{λ_i} 的线性无关的向量，所以 $s_i\leqslant\dim V_{\lambda_i}$，但 $\dim V_{\lambda_i}\leqslant s_i$，因此

$$\dim V_{\lambda_i}=s_i,i=1,2,\cdots,t.$$

定理 7.6.4 $\mathbf{A}$ 是数域 F 上一个 n 阶矩阵，$\mathbf{A}$ 可以对角化的充分必要条件为：

(1) $\mathbf{A}$ 的特征根都在 F 内；

(2) 对于 $\mathbf{A}$ 的每一特征根 λ，秩$(\lambda\boldsymbol{I}-\mathbf{A})=n-s$，其中 s 是 λ 的重数.

应该看到，当线性变换 $\boldsymbol{\sigma}$ 在一组基下的矩阵 $\mathbf{A}$ 是对角形时：

$$\mathbf{A}=\begin{pmatrix}\lambda_1 & 0 & 0 & \cdots & 0\\ 0 & \lambda_2 & 0 & \cdots & 0\\ \vdots & \vdots & \vdots & & \vdots\\ 0 & 0 & 0 & \cdots & \lambda_n\end{pmatrix},$$

$\boldsymbol{\sigma}$ 的特征多项式就是

$$|\lambda \boldsymbol{I}-\boldsymbol{A}|=(\lambda-\lambda_1)(\lambda-\lambda_2)(\lambda-\lambda_3)\cdots(\lambda-\lambda_n).$$

因此，如果线性变换 $\boldsymbol{\sigma}$ 在一组基下的矩阵是对角形，那么主对角线上的元素除排列次序外是确定的，它们正是 $\boldsymbol{A}$ 的特征多项式的全部的根（重根按重数计算）.

在一个线性变换没有 n 个不同的本征值的情形，要判断这个线性变换的矩阵能不能成为对角形，问题就要复杂些. 一个线性变换的矩阵能不能在某一组基下是对角形的问题就相当于一个矩阵是不是相似于一个对角矩阵的问题.

根据推论 7.6.2，可以归纳出矩阵 $\boldsymbol{A}$ 对角化的步骤如下：

(1) 先求出矩阵 $\boldsymbol{A}$ 的全部特征根.

(2) 如果 $\boldsymbol{A}$ 的特征根都在 F 内，那么对于每一特征根 λ 求出齐次线性方程组

$$(\lambda \boldsymbol{I}-\boldsymbol{A})\begin{pmatrix}x_1\\x_2\\\vdots\\x_n\end{pmatrix}=\begin{pmatrix}0\\0\\\vdots\\0\end{pmatrix}$$

的一个基础解系.

(3) 如果对于每一特征根 λ 来说，相应的齐次线性方程组的基础解系所含解向量的个数等于 λ 的重数，那么 $\boldsymbol{A}$ 可对角化，然后以这些解向量为列，做一个 n 阶矩阵 $\boldsymbol{T}$，由定理 7.6.3 的证明可知，$\boldsymbol{T}$ 的列向量线性无关，因而是一个可逆矩阵，并且 $\boldsymbol{T}^{-1}\boldsymbol{AT}$ 是对角形矩阵.

例 7.6.1 判断矩阵 $\boldsymbol{A}$ 是否可以对角化.

$$\boldsymbol{A}=\begin{pmatrix}1&0\\2&1\end{pmatrix}$$

不能对角化，因为 $\boldsymbol{A}$ 的特征根 1 是二重根，而

$$秩(\boldsymbol{I}-\boldsymbol{A})=1.$$

例 7.6.2 判断矩阵 $\boldsymbol{A}$ 是否可以对角化.

$$\boldsymbol{A}=\begin{pmatrix}3&2&-1\\-2&-2&2\\3&6&-1\end{pmatrix}.$$

解：矩阵的多项式是

$$\begin{vmatrix}x-3&-2&1\\2&x+2&-2\\-3&-6&x+1\end{vmatrix}=x^3-12x+16=(x-2)^2(x+4),$$

特征根是 2，2，-4.

对于特征根 -4，求出齐次线性方程组

$$\begin{pmatrix}-7&-2&1\\2&-2&2\\-3&-6&-3\end{pmatrix}\begin{pmatrix}x_1\\x_2\\x_3\end{pmatrix}=\begin{pmatrix}0\\0\\0\end{pmatrix}$$

的一个基础解系$\left(\frac{1}{3},-\frac{2}{3},1\right)$.

对于特征根 2,求出齐次线性方程组

$$\begin{pmatrix}-1 & -2 & 1\\ 2 & 4 & -2\\ -3 & -6 & 3\end{pmatrix}\begin{pmatrix}x_1\\ x_2\\ x_3\end{pmatrix}=\begin{pmatrix}0\\ 0\\ 0\end{pmatrix}$$

的一个基础解系$\{(-2,1,0),(1,0,1)\}$.

由于基础解系所含解向量的个数都等于对应的特征根的重数,所以 $\boldsymbol{A}$ 可以对角化.取

$$\boldsymbol{T}=\begin{pmatrix}\frac{1}{3} & -2 & 1\\ -\frac{2}{3} & 1 & 0\\ 1 & 0 & 1\end{pmatrix},$$

那么

$$\boldsymbol{T}^{-1}\boldsymbol{A}\boldsymbol{T}=\begin{pmatrix}-4 & 0 & 0\\ 0 & 2 & 0\\ 0 & 0 & 2\end{pmatrix}.$$

习 题 7.6

1. 检验习题 7.5 第 1 题中的矩阵哪些可以对角化.如果可以对角化,求出矩阵 $\boldsymbol{T}$.

2. 设

$$\boldsymbol{A}=\begin{pmatrix}1 & 4 & 2\\ 0 & -3 & 4\\ 0 & 4 & 3\end{pmatrix},$$

求 $\boldsymbol{A}^k$.

3. 设 $\boldsymbol{\sigma}$ 是数域 F 上 n 维向量空间 V 的一个线性变换.令 $\lambda_1,\lambda_2,\cdots,\lambda_t\in F$ 是 $\boldsymbol{\sigma}$ 的两两不同的本征值,V_{λ_i} 是属于本征值 λ_i 的本征子空间.证明:子空间的和

$$W=V_{\lambda_1}+V_{\lambda_2}+\cdots+V_{\lambda_t}$$

是直和,并在 $\boldsymbol{\sigma}$ 之下不变.

4. 设 n 阶方阵 $\boldsymbol{A},\boldsymbol{B}$ 满足 $\boldsymbol{AB}=\boldsymbol{A}-\boldsymbol{B}$,证明:

(1) $\lambda=1$ 不是 $\boldsymbol{B}$ 的特征值;

(2) 若 $\boldsymbol{B}$ 相似于对角阵,则存在可逆矩阵 $\boldsymbol{P}$,使 $\boldsymbol{P}^{-1}\boldsymbol{AP}$ 与 $\boldsymbol{P}^{-1}\boldsymbol{BP}$ 均为对角阵.

5. 数域 F 上 n 维向量空间 V 的一个线性变换 $\boldsymbol{\sigma}$ 叫作一个对合变换,如果 $\boldsymbol{\sigma}^2=\boldsymbol{\iota}$,$\boldsymbol{\iota}$ 是单位变换.设 $\boldsymbol{\sigma}$ 是 V 的一个对合变换.证明:

(1) $\boldsymbol{\sigma}$ 的本征值只能是 ±1;

(2) $V=V_1+V_{-1}$,这里 V_1 是 $\boldsymbol{\sigma}$ 的属于本征值 1 的本征子空间,V_{-1} 是 $\boldsymbol{\sigma}$ 的属于本征值 -1 的本征子空间.

$\left[\text{提示：设 } \boldsymbol{\sigma}\in V\text{，则 } \boldsymbol{\alpha}=\frac{\boldsymbol{\alpha}+\boldsymbol{\sigma}(\boldsymbol{\alpha})}{2}+\frac{\boldsymbol{\alpha}-\boldsymbol{\sigma}(\boldsymbol{\alpha})}{2}.\right]$

6. 数域 F 上一个 n 阶矩阵 $\boldsymbol{A}$ 叫作一个幂等矩阵，如果 $\boldsymbol{A}^2=\boldsymbol{A}$. 设 $\boldsymbol{A}$ 是一个幂等矩阵，证明：

(1) $\boldsymbol{I}+\boldsymbol{A}$ 可逆，并且求 $(\boldsymbol{I}+\boldsymbol{A})^{-1}$；

(2) 秩 $\boldsymbol{A}$ + 秩$(\boldsymbol{I}-\boldsymbol{A})=n$.

7. 数域 F 上 n 维向量空间 V 的一个线性变换 $\boldsymbol{\sigma}$ 叫作幂零的，如果存在一个正整数 m 使 $\boldsymbol{\sigma}^m=\mathbf{0}$. 证明：

(1) $\boldsymbol{\sigma}$ 是幂零变换当且仅当它的特征多项式的根都是零；

(2) 如果一个幂零变换 $\boldsymbol{\sigma}$ 可以对角化，那么 $\boldsymbol{\sigma}$ 一定是幂零变换.

8. 设 $\boldsymbol{\sigma}$ 是数域 F 上 n 维向量空间 V 的一个可以对角化的线性变换. 令 $\lambda_1,\lambda_2,\cdots,\lambda_t$ 是 $\boldsymbol{\sigma}$ 的全部本征值. 证明，存在 V 的线性变换 $\boldsymbol{\sigma}_1,\boldsymbol{\sigma}_2,\cdots,\boldsymbol{\sigma}_t$，使得

(1) $\boldsymbol{\sigma}=\lambda_1\boldsymbol{\sigma}_1+\lambda_2\boldsymbol{\sigma}_2+\cdots+\lambda_t\boldsymbol{\sigma}_t$；

(2) $\boldsymbol{\sigma}_1+\boldsymbol{\sigma}_2+\cdots+\boldsymbol{\sigma}_t=\boldsymbol{\iota}$，$\boldsymbol{\iota}$ 是单位变换；

(3) $\boldsymbol{\sigma}_i\boldsymbol{\sigma}_j=\boldsymbol{\theta}$，若 $i\neq j$，$\boldsymbol{\theta}$ 是零变换；

(4) $\boldsymbol{\sigma}_t^2$，$i=1,2,\cdots,t$；

(5) $\boldsymbol{\sigma}_i(V)=V_{\lambda_i}$，$V_{\lambda_i}$ 是 $\boldsymbol{\sigma}$ 的属于本征值 λ_i 的本征子空间，$i=1,2,\cdots,t$.

9. 令 V 是复数域 $\mathbf{C}$ 上一个 n 维向量空间，$\boldsymbol{\sigma},\boldsymbol{\tau}$ 是 V 的线性变换，且 $\boldsymbol{\sigma\tau}=\boldsymbol{\tau\sigma}$.

(1) 证明：$\boldsymbol{\sigma}$ 的每一本征子空间都在 $\boldsymbol{\tau}$ 之下不变；

(2) $\boldsymbol{\sigma}$ 与 $\boldsymbol{\tau}$ 在 V 中有一公共本征向量.

§7.7 若尔当(Jordan)标准形介绍

由前面的讨论可知，并不是对于每一个线性变换都有一组基，使它在这组基下的矩阵成为对角形. 下面先介绍一下，在适当选择的基下，一般的一个线性变换能化简成什么形状.

在这一节课中，我们的讨论将限制在复数域中.

定义 7.7.1 形式为

$$J(\lambda,t)=\begin{pmatrix}\lambda & 0 & \cdots & 0 & 0 & 0\\ 1 & \lambda & \cdots & 0 & 0 & 0\\ \vdots & \vdots & & \vdots & \vdots & \vdots\\ 0 & 0 & \cdots & 1 & \lambda & 0\\ 0 & 0 & \cdots & 0 & 1 & \lambda\end{pmatrix}_{t\times t}$$

的矩阵称为若尔当(Jordan)块，其中 λ 是复数. 由若干个若尔当块组成的准对角矩阵称为若尔当形矩阵，其一般形状如

$$\begin{pmatrix} \boldsymbol{A}_1 & & & \\ & \boldsymbol{A}_2 & & \\ & & \ddots & \\ & & & \boldsymbol{A}_s \end{pmatrix}, \tag{7.18}$$

其中

$$\boldsymbol{A}_i=\begin{pmatrix} \lambda_i & 0 & \cdots & 0 & 0 & 0 \\ 1 & \lambda_i & \cdots & 0 & 0 & 0 \\ \vdots & \vdots & & \vdots & \vdots & \vdots \\ 0 & 0 & \cdots & 1 & \lambda_i & 0 \\ 0 & 0 & \cdots & 0 & 1 & \lambda_i \end{pmatrix}_{k_i\times k_i},$$

并且 $\lambda_1,\lambda_2,\cdots,\lambda_s$ 中有一些可以相等.

例如

$$\begin{pmatrix} 2 & 0 & 0 \\ 1 & 2 & 0 \\ 0 & 1 & 2 \end{pmatrix},\begin{pmatrix} 0 & 0 & 0 & 0 \\ 1 & 0 & 0 & 0 \\ 0 & 1 & 0 & 0 \\ 0 & 0 & 1 & 0 \end{pmatrix},\begin{pmatrix} i & 0 \\ 1 & i \end{pmatrix}$$

都是若尔当块,而

$$\begin{pmatrix} 1 & 0 & 0 & 0 & 0 & 0 \\ 1 & 1 & 0 & 0 & 0 & 0 \\ 0 & 0 & 4 & 0 & 0 & 0 \\ 0 & 0 & 0 & 4 & 0 & 0 \\ 0 & 0 & 0 & 1 & 4 & 0 \\ 0 & 0 & 0 & 0 & 1 & 4 \end{pmatrix}$$

是一个若尔当形矩阵.

一级若尔当块就是一级矩阵,因此若尔当形矩阵中包括对角矩阵.

在一个线性变换的若尔当标准形中,主对角线上的元素正是特征多项式的全部的根(重根按重数计算).

下面我们来解决若尔当标准形的计算问题.

引理 7.7.1 设有若尔当块 $\boldsymbol{J}_0=\begin{pmatrix} \lambda_0 & 0 & \cdots & 0 & 0 & 0 \\ 1 & \lambda_0 & \cdots & 0 & 0 & 0 \\ \vdots & \vdots & & \vdots & \vdots & \vdots \\ 0 & 0 & \cdots & 1 & \lambda_0 & 0 \\ 0 & 0 & \cdots & 0 & 1 & \lambda_0 \end{pmatrix}_{n\times n}$,

则其初等因子为 $(\lambda-\lambda_0)^n$.

证:考虑它的特征矩阵

$$\lambda\boldsymbol{I}-\boldsymbol{J}_0=\begin{pmatrix}\lambda-\lambda_0 & 0 & \cdots & 0 & 0 & 0\\ -1 & \lambda-\lambda_0 & \cdots & 0 & 0 & 0\\ \vdots & \vdots & & \vdots & \vdots & \vdots\\ 0 & 0 & \cdots & -1 & \lambda-\lambda_0 & 0\\ 0 & 0 & \cdots & 0 & -1 & \lambda-\lambda_0\end{pmatrix}_{n\times n},$$

显然，$|\lambda\boldsymbol{I}-\boldsymbol{J}_0|=(\lambda-\lambda_0)^n$.

由于 $\lambda\boldsymbol{I}-\boldsymbol{J}_0$ 有一个 $n-1$ 阶子式

$$\begin{vmatrix}-1 & \lambda-\lambda_0 & \cdots & 0 & 0\\ 0 & -1 & \cdots & 0 & 0\\ \vdots & \vdots & & \vdots & \vdots\\ 0 & 0 & \cdots & -1 & \lambda-\lambda_0\\ 0 & 0 & \cdots & 0 & -1\end{vmatrix}=(-1)^{n-1},$$

所以它的 $n-1$ 阶行列式因子是 1，从而它以下各阶的行列式全是 1. 因此它的不变因子为 $d_1(\lambda)=d_2(\lambda)=\cdots=d_{n-1}(\lambda)=1$，$d_n(\lambda)=(\lambda-\lambda_0)^n$. 由此即得，$\lambda\boldsymbol{I}-\boldsymbol{J}_0$ 的初等因子为 $(\lambda-\lambda_0)^n$.

定理 7.7.1 设 $\boldsymbol{\sigma}$ 是复数域上向量空间 V 的一个线性变换，则在 V 中必定存在一组基，使 $\boldsymbol{\sigma}$ 在这组基下的矩阵是若尔当形矩阵. 且这个若尔当形矩阵除去其中的若尔当块的排列顺序外，由 $\boldsymbol{\sigma}$ 唯一决定，它称为 $\boldsymbol{\sigma}$ 的矩阵的若尔当标准形.

引理 7.7.2 n 维向量空间 V 上的一个线性变换 $\boldsymbol{\sigma}$ 满足 $\boldsymbol{\sigma}^k=\boldsymbol{0}$，$k$ 是某正整数，就称 $\boldsymbol{\sigma}$ 为 V 上幂零线性变换. 对幂零线性变换 $\boldsymbol{\sigma}$，V 中必有下列形式的一组元素作为基

$$\begin{matrix}\boldsymbol{\alpha}_1 & \boldsymbol{\alpha}_2 & \cdots & \boldsymbol{\alpha}_s\\ \boldsymbol{\sigma\alpha}_1 & \boldsymbol{\sigma\alpha}_2 & \cdots & \boldsymbol{\sigma\alpha}_s\\ \vdots & \vdots & & \vdots\\ \boldsymbol{\sigma}^{k_1-1}\boldsymbol{\alpha}_1 & \boldsymbol{\sigma}^{k_2-1}\boldsymbol{\alpha}_2 & \cdots & \boldsymbol{\sigma}^{k_s-1}\boldsymbol{\alpha}_s\\ (\boldsymbol{\sigma}^{k_1}\boldsymbol{\alpha}_1=\boldsymbol{0}) & (\boldsymbol{\sigma}^{k_2}\boldsymbol{\alpha}_2=\boldsymbol{0}) & \cdots & (\boldsymbol{\sigma}^{k_s}\boldsymbol{\alpha}_s=\boldsymbol{0})\end{matrix}\tag{7.19}$$

于是 $\boldsymbol{\sigma}$ 在这组基下的矩阵

$$\begin{pmatrix} \underbrace{\begin{matrix} 0 & & & \\ 1 & 0 & & \\ & \ddots & \ddots & \\ & & 1 & 0 \end{matrix}}_{k_1} & & & \\ & \underbrace{\begin{matrix} 0 & & & \\ 1 & 0 & & \\ & \ddots & \ddots & \\ & & 1 & 0 \end{matrix}}_{k_2} & & \\ & & \ddots & \\ & & & \begin{matrix} 0 & & & \\ 1 & 0 & & \\ & \ddots & \ddots & \\ & & 1 & 0 \end{matrix} \end{pmatrix}.$$

上述结果用矩阵表示就是：

定理 7.7.2 每个 n 阶复矩阵 $\boldsymbol{A}$ 都与一个若尔当形矩阵相似.

习　题　7.7

1. 设 V 是复数域上的 n 维向量空间，线性变换 $\boldsymbol{\sigma}$ 在基 $\boldsymbol{\varepsilon}_1, \boldsymbol{\varepsilon}_2, \cdots, \boldsymbol{\varepsilon}_n$ 下的矩阵是一个若尔当块. 证明：

(1) V 中包含 $\boldsymbol{\varepsilon}_1$ 的 $\boldsymbol{\sigma}$-子空间只有 V 自身；

(2) V 中任一非零 $\boldsymbol{\sigma}$-子空间都包含 $\boldsymbol{\varepsilon}_n$；

(3) V 不能分解成两个非平凡的 $\boldsymbol{\sigma}$-子空间的直和.

2. 设 $\boldsymbol{A}=\begin{pmatrix} 17 & 0 & -25 \\ 0 & 3 & 0 \\ 9 & 0 & -13 \end{pmatrix}$，求可逆矩阵 $\boldsymbol{P}$，使 $\boldsymbol{P}^{-1}\boldsymbol{AP}$ 为 $\boldsymbol{A}$ 的若尔当标准形.

§7.8　最小多项式

根据哈密尔顿-凯莱定理，任给数域 P 上一个 n 阶矩阵 $\boldsymbol{A}$，总可以找到数域 P 上一个多项式 $f(x)$，使 $f(\boldsymbol{A})=0$. 如果多项式 $f(x)$ 使 $f(\boldsymbol{A})=\boldsymbol{0}$，就称 $f(x)$ 以 $\boldsymbol{A}$ 为根. 当然，以 $\boldsymbol{A}$ 为根的多项式是很多的，其中次数最低的首项系数为 1 的以 $\boldsymbol{A}$ 为根的多项式称为 $\boldsymbol{A}$ 的最

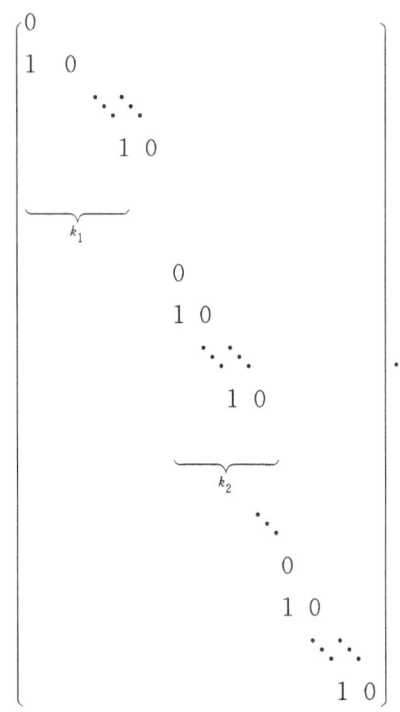

小多项式.这一节讨论应用最小多项式来判断一个矩阵能否对角化的问题.

定理 7.8.1 矩阵 $\boldsymbol{A}$ 的最小多项式是唯一的.

定理 7.8.2 设 $g(x)$ 是矩阵 $\boldsymbol{A}$ 的最小多项式，则 $f(x)$ 以 $\boldsymbol{A}$ 为根的充分必要条件是 $g(x)\mid f(x)$.

由此可知，矩阵 $\boldsymbol{A}$ 的最小多项式是 $\boldsymbol{A}$ 的特征多项式的一个因式.

例 7.8.1 数量矩阵 $k\boldsymbol{I}$ 的最小多项式为 $x-k$，特别地，单位矩阵的最小多项式为 $x-1$. 零矩阵的最小多项式为 x. 另一方面，如果 $\boldsymbol{A}$ 的最小多项式是 1 次多项式，那么 $\boldsymbol{A}$ 一定是数量矩阵.

例 7.8.2 设

$$\boldsymbol{A}=\begin{pmatrix}1&1&0\\0&1&0\\0&0&1\end{pmatrix},$$

则 $\boldsymbol{A}$ 的最小多项式为 $(x-1)$ 的平方.

例 7.8.3 设

$$\boldsymbol{A}=\begin{pmatrix}1&1&&\\&1&&\\&&1&\\&&&2\end{pmatrix},\boldsymbol{B}=\begin{pmatrix}1&1&&\\&1&&\\&&2&\\&&&2\end{pmatrix},$$

$\boldsymbol{A}$ 与 $\boldsymbol{B}$ 的最小多项式都等于 $(x-1)^2(x-2)$，但是它们的特征多项式不同，因此 $\boldsymbol{A}$ 和 $\boldsymbol{B}$ 不是相似的.

定理 7.8.3 设 $\boldsymbol{A}$ 是一个准对角矩阵

$$\boldsymbol{A}=\begin{pmatrix}\boldsymbol{A}_1&\\&\boldsymbol{A}_2\end{pmatrix},$$

并设 $\boldsymbol{A}_1$ 的最小多项式为 $g_1(x)$，$\boldsymbol{A}_2$ 的最小多项式为 $g_2(x)$，那么 $\boldsymbol{A}$ 的最小多项式为 $g_1(x)$，$g_2(x)$ 的最小公倍式 $[g_1(x),g_2(x)]$.

这个结论可以推广到 $\boldsymbol{A}$ 为若干个矩阵组成的准对角矩阵的情形. 即：如果

$$\boldsymbol{A}=\begin{pmatrix}\boldsymbol{A}_1&&&\\&\boldsymbol{A}_2&&\\&&\ddots&\\&&&\boldsymbol{A}_s\end{pmatrix},$$

$\boldsymbol{A}_i$ 的最小多项式为 $g_i(x)$，$i=1,2,\cdots,s$，那么 $\boldsymbol{A}$ 的最小多项式为 $[g_1(x),g_2(x),\cdots,g_s(x)]$.

定理 7.8.4 k 阶若尔当块

$$\boldsymbol{J}=\begin{pmatrix}a&&&\\1&a&&\\&\ddots&\ddots&\\&&1&a\end{pmatrix}$$

的最小多项式为 $(x-a)^k$.

定理 7.8.5 数域 P 上 n 阶矩阵 $\boldsymbol{A}$ 与对角矩阵相似的充分必要条件为 $\boldsymbol{A}$ 的最小多项式是 P 上互素的一次因式的乘积.

推论 7.8.1 复数矩阵 $\boldsymbol{A}$ 与对角矩阵相似的充分必要条件是 $\boldsymbol{A}$ 的最小多项式没有重根.

习 题 7.8

1. 求下列矩阵的最小多项式.

(1) $\begin{pmatrix} 0 & 0 & 1 \\ 0 & 1 & 0 \\ 1 & 0 & 0 \end{pmatrix}$;　　(2) $\begin{pmatrix} 3 & -1 & -3 & 1 \\ -1 & 3 & 1 & -3 \\ 3 & -1 & -3 & 1 \\ -1 & 3 & 1 & -3 \end{pmatrix}$.

总练习题 7

1. 设 $\boldsymbol{A}$ 是 n 阶方阵，$\boldsymbol{A}^*$ 为 $\boldsymbol{A}$ 的伴随矩阵，$|\boldsymbol{A}|=5$，则求方阵 $\boldsymbol{B}=\boldsymbol{A}^*\boldsymbol{A}$ 的特征值和特征向量.

2. 已知矩阵 $\boldsymbol{A}=\begin{pmatrix} 2 & 0 & 0 \\ 0 & 0 & 1 \\ 0 & 1 & x \end{pmatrix}$ 和 $\boldsymbol{B}=\begin{pmatrix} 2 & 0 & 0 \\ 0 & y & 0 \\ 0 & 0 & -1 \end{pmatrix}$ 相似，则 x 和 y 分别取何值?

3. 设 $\boldsymbol{A},\boldsymbol{B}$ 均是 n 阶方阵，且 $r(\boldsymbol{A})+r(\boldsymbol{B})<n$，证明：$\boldsymbol{A},\boldsymbol{B}$ 有公共的特征向量.

4. 证明：每一个 n 维向量空间都可以表示成 n 个一维子空间的直和.

5. 数域 F 上的向量空间 F^4 的线性变换 $\boldsymbol{\sigma}$ 为：

$$\boldsymbol{\sigma}(x_1,x_2,x_3,x_4)=(x_1-x_2,x_2-x_3,x_3-x_4,x_4-x_1),$$

(1) 求 $\boldsymbol{\sigma}$ 在基 $\boldsymbol{\varepsilon}_1=(1,0,0,0)$，$\boldsymbol{\varepsilon}_2=(0,1,0,0)$，$\boldsymbol{\varepsilon}_3=(0,0,1,0)$，$\boldsymbol{\varepsilon}_A=(0,0,0,1)$ 下的矩阵；

(2) 分别求 $\boldsymbol{\sigma}$ 的值域 $\mathrm{Im}(\boldsymbol{\sigma})$ 与核 $\mathrm{Ker}(\boldsymbol{\sigma})$ 的一个基.

6. 令

$$\boldsymbol{A}=\begin{pmatrix} 0 & 1 & 0 & 0 & \cdots & 0 \\ 0 & 0 & 1 & 0 & \cdots & 0 \\ \vdots & \vdots & \vdots & \vdots & & \vdots \\ 0 & 0 & 0 & 0 & \cdots & 1 \\ 0 & 0 & 0 & 0 & \cdots & 0 \end{pmatrix}$$

是一个 n 阶矩阵.

(1) 计算 $\boldsymbol{A}^2,\boldsymbol{A}^3,\cdots,\boldsymbol{A}^{n-1}$；

(2) 求 $\boldsymbol{A}$ 的全部特征根.

第 8 章　欧氏空间和酉空间

在向量空间的讨论中，我们获得了向量的线性运算性质. 当我们把这些性质与几何空间对比一下时，就会发现少了向量的长度、夹角等度量性质，即度量性质在向量空间里没有得到反映. 回顾解析几何的内容知，度量性质是建立在“内积”这个基础上的. 为了在向量空间中研究度量问题，从而可以引入内积这个概念. 引入内积的向量空间就称为欧几里得空间，简称欧氏空间.

§8.1　向量的内积

定义 8.1.1　设 V 是实数域 $\mathbf{R}$ 上一个向量空间，在 V 上定义了一个二元实函数，如果对于 V 中任意一对向量 $\boldsymbol{\xi},\boldsymbol{\eta}\in V$，都有一个唯一确定的记作 $\langle\boldsymbol{\xi},\boldsymbol{\eta}\rangle$ 的实数与它们对应，它们具有以下性质：

1) $\langle\boldsymbol{\xi},\boldsymbol{\eta}\rangle=\langle\boldsymbol{\eta},\boldsymbol{\xi}\rangle$；

2) $\langle\boldsymbol{\xi}+\boldsymbol{\eta},\boldsymbol{\zeta}\rangle=\langle\boldsymbol{\xi},\boldsymbol{\zeta}\rangle+\langle\boldsymbol{\eta},\boldsymbol{\zeta}\rangle$；

3) $\langle a\boldsymbol{\xi},\boldsymbol{\eta}\rangle=a\langle\boldsymbol{\xi},\boldsymbol{\eta}\rangle$；

4) $\langle\boldsymbol{\xi},\boldsymbol{\xi}\rangle\geqslant 0$，等号成立当且仅当 $\boldsymbol{\xi}=\mathbf{0}$，

则称 $\langle\boldsymbol{\xi},\boldsymbol{\eta}\rangle$ 为 $\boldsymbol{\xi}$ 与 $\boldsymbol{\eta}$ 的内积，这里 $\forall\boldsymbol{\xi},\boldsymbol{\eta},\boldsymbol{\zeta}\in V$，$\forall a\in\mathbf{R}$，则向量空间 V 称为对这个内积来说的一个欧氏空间. 其中上四条性质称为内积公理.

例 8.1.1　在向量空间 $\mathbf{R}^n$ 中，对于向量 $\boldsymbol{\xi}=(x_1,x_2,\cdots,x_n)$，$\boldsymbol{\eta}=(y_1,y_2,\cdots,y_n)$，规定

$$\langle\boldsymbol{\xi},\boldsymbol{\eta}\rangle=x_1y_1+x_2y_2+\cdots+x_ny_n,\tag{8.1}$$

则(8.1)满足内积定义中的条件，$\mathbf{R}^n$ 对于这样定义的内积来说构成一个欧氏空间.

在 $n=3$ 时，(8.1)式是几何空间中的向量的内积在直角坐标系中的坐标表达式.

例 8.1.2　在 $\mathbf{R}^n$ 里，对于向量 $\boldsymbol{\xi}=(x_1,x_2,\cdots,x_n)$，$\boldsymbol{\eta}=(y_1,y_2,\cdots,y_n)$，定义内积

$$\langle\boldsymbol{\xi},\boldsymbol{\eta}\rangle=x_1y_1+2x_2y_2+\cdots+nx_ny_n,$$

该内积适合定义(8.1)中的条件，则 $\mathbf{R}^n$ 对于这样定义的内积来说构成一个欧氏空间. 仍用 $\mathbf{R}^n$ 来表示这个欧氏空间.

注：对同一个向量空间可以引入不同的内积，使得它构成欧氏空间.

例 8.1.3　在 $[a,b]$ 上所有连续实函数所成的空间 $\mathbf{C}[a,b]$ 中，对 $\forall f(x),g(x)\in\mathbf{C}[a,b]$，定义内积

$$\langle f,g\rangle=\int_a^b f(x)g(x)\mathrm{d}x. \tag{8.2}$$

对于内积(8.2)，$\mathbf{C}[a,b]$构成一个欧氏空间.

同样地，向量空间 $\mathbf{R}[x]$，$\mathbf{R}^n[x]$对于内积(8.2)也构成欧氏空间.

例 8.1.4 令 H 是一切平方和收敛的实数列$\boldsymbol{\xi}=(x_1,x_2,\cdots,x_n)$，$\sum\limits_{n=1}^{\infty}x_n^2<+\infty$ 所成的集合，对于$\forall\boldsymbol{\alpha},\boldsymbol{\beta}\in H$，$\forall\lambda\in\mathbf{R}$，$\boldsymbol{\alpha}=(x_1,x_2,\cdots,x_n,\cdots)$，$\boldsymbol{\beta}=(y_1,y_2,\cdots,y_n,\cdots)$，赋予加法与数乘：

$$\boldsymbol{\alpha}+\boldsymbol{\beta}=(x_1+y_1,x_2+y_2,\cdots,x_n+y_n,\cdots),\lambda\boldsymbol{\alpha}=(\lambda x_1,\lambda x_2,\cdots,\lambda x_n,\cdots),$$

则 H 是向量空间，赋予内积：$\langle\boldsymbol{\alpha},\boldsymbol{\beta}\rangle=\sum\limits_{n=1}^{\infty}x_ny_n$，则 H 是欧氏空间，通常称为希尔伯特(Hilbert)空间.

不难发现，内积是对称的，并且

$$\langle\boldsymbol{\xi},a\boldsymbol{\eta}\rangle=a\langle\boldsymbol{\xi},\boldsymbol{\eta}\rangle,\langle\boldsymbol{\zeta},\boldsymbol{\xi}+\boldsymbol{\eta}\rangle=\langle\boldsymbol{\zeta},\boldsymbol{\xi}\rangle+\langle\boldsymbol{\zeta},\boldsymbol{\eta}\rangle.$$

由内积的定义，可以获得下面的基本性质.

性质 1 零向量与任一向量的内积等于零. 即$\forall\boldsymbol{\alpha}\in V$，$\langle\boldsymbol{\alpha},\mathbf{0}\rangle=0$.

性质 2 与任一向量的内积等于零的向量只有零向量. 即

$$\forall\boldsymbol{\alpha}\in V,\langle\boldsymbol{\alpha},\boldsymbol{\beta}\rangle=0\Rightarrow\boldsymbol{\beta}=\mathbf{0}.$$

性质 3 线性组合的内积等于内积的线性组合. 即

$$\forall\boldsymbol{\alpha},\boldsymbol{\beta}\in V,\forall k_i\in\mathbf{R},\left\langle\boldsymbol{\alpha},\sum_{i=1}^{n}k_i\boldsymbol{\beta}_i\right\rangle=\sum_{i=1}^{n}k_i\langle\boldsymbol{\alpha},\boldsymbol{\beta}_i\rangle.$$

推广有 $\left\langle\sum\limits_{i=1}^{n}s_i\boldsymbol{\alpha}_i,\sum\limits_{j=1}^{n}t_j\boldsymbol{\beta}_j\right\rangle=\sum\limits_{i=1}^{n}\sum\limits_{j=1}^{n}s_it_j\langle\boldsymbol{\alpha}_i,\boldsymbol{\beta}_j\rangle.$

定义 8.1.2 $\boldsymbol{\xi}$是欧氏空间中的一个向量，非负实数$\sqrt{\langle\boldsymbol{\xi},\boldsymbol{\xi}\rangle}$称为向量$\boldsymbol{\xi}$的长度，记为$|\boldsymbol{\xi}|$.

显然，这样定义的长度符合熟知的性质：

$$|a\boldsymbol{\xi}|=|a||\boldsymbol{\xi}|, \tag{8.3}$$

这里$a\in\mathbf{R}$，$\boldsymbol{\xi}\in V$.

长度为 1 的向量叫作单位向量. 如果$\boldsymbol{\xi}\neq\mathbf{0}$，由(8.3)式，向量$\dfrac{1}{|\boldsymbol{\xi}|}\boldsymbol{\xi}$就是一个单位向量.

用非零向量$\boldsymbol{\xi}$的长度去除向量$\boldsymbol{\xi}$，得到一个与$\boldsymbol{\xi}$成比例的单位向量，通常称为把$\boldsymbol{\xi}$单位化.

定理 8.1.1 在欧氏空间中，对于任意的向量$\boldsymbol{\xi}$，$\boldsymbol{\eta}$，有

$$\langle\boldsymbol{\xi},\boldsymbol{\eta}\rangle^2\leqslant\langle\boldsymbol{\xi},\boldsymbol{\xi}\rangle\langle\boldsymbol{\eta},\boldsymbol{\eta}\rangle,$$

也即

$$|\langle\boldsymbol{\xi},\boldsymbol{\eta}\rangle|\leqslant|\boldsymbol{\xi}||\boldsymbol{\eta}|, \tag{8.4}$$

此不等式称为柯西-布涅柯夫斯基不等式，当且仅当$\boldsymbol{\xi}$，$\boldsymbol{\eta}$线性相关时，等式才成立.

证：如果 $\boldsymbol{\xi}$ 与 $\boldsymbol{\eta}$ 线性相关. 那么或者 $\boldsymbol{\xi}=\mathbf{0}$，或者 $\boldsymbol{\eta}=a\boldsymbol{\xi}$，不论哪一种情况都有

$$\langle\boldsymbol{\xi},\boldsymbol{\eta}\rangle^2=\langle\boldsymbol{\xi},\boldsymbol{\xi}\rangle\langle\boldsymbol{\eta},\boldsymbol{\eta}\rangle.$$

现在设 $\boldsymbol{\xi}$ 与 $\boldsymbol{\eta}$ 线性无关，那么对于任意实数 t 来说，$t\boldsymbol{\xi}+\boldsymbol{\eta}\neq\mathbf{0}$，于是

$$\langle t\boldsymbol{\xi}+\boldsymbol{\eta},t\boldsymbol{\xi}+\boldsymbol{\eta}\rangle>0,$$

即

$$t^2\langle\boldsymbol{\xi},\boldsymbol{\xi}\rangle+2t\langle\boldsymbol{\xi},\boldsymbol{\eta}\rangle+\langle\boldsymbol{\eta},\boldsymbol{\eta}\rangle>0.$$

最后不等式左端是 t 的一个二次三项式. 由于它对于 t 的任意实数值来说都是正数，所以它的判别式一定小于零，即

$$\langle\boldsymbol{\xi},\boldsymbol{\eta}\rangle^2-\langle\boldsymbol{\xi},\boldsymbol{\xi}\rangle\langle\boldsymbol{\eta},\boldsymbol{\eta}\rangle<0$$

或

$$\langle\boldsymbol{\xi},\boldsymbol{\eta}\rangle^2<\langle\boldsymbol{\xi},\boldsymbol{\xi}\rangle\langle\boldsymbol{\eta},\boldsymbol{\eta}\rangle.$$

对于例 8.1.1 的空间 $\mathbf{R}^n$，(8.4)式就是

$$|a_1b_1+\cdots+a_nb_n|\leqslant\sqrt{a_1^2+\cdots+a_n^2}\sqrt{b_1^2+\cdots+b_n^2}.$$

对于例 8.1.2 的空间 $\mathbf{C}[a,b]$，(8.4)式就是

$$\left|\int_a^b f(x)g(x)\mathrm{d}x\right|\leqslant\sqrt{\int_a^b f^2(x)\mathrm{d}x\int_a^b g^2(x)\mathrm{d}x}.$$

定义 8.1.3 非零向量 $\boldsymbol{\xi},\boldsymbol{\eta}$ 的夹角 θ 规定为：

$$\cos\theta=\frac{\langle\boldsymbol{\xi},\boldsymbol{\eta}\rangle}{|\boldsymbol{\xi}||\boldsymbol{\eta}|},0\leqslant\theta\leqslant\pi.$$

根据柯西-布涅柯夫斯基不等式，有三角形不等式 $|\boldsymbol{\xi}+\boldsymbol{\eta}|\leqslant|\boldsymbol{\xi}|+|\boldsymbol{\eta}|$.

定义 8.1.4 如果向量 $\boldsymbol{\xi},\boldsymbol{\eta}$ 的内积为零，即 $\langle\boldsymbol{\xi},\boldsymbol{\eta}\rangle=0$，那么称 $\boldsymbol{\xi},\boldsymbol{\eta}$ 正交，记作 $\boldsymbol{\xi}\perp\boldsymbol{\eta}$. 即

$$\boldsymbol{\xi}\perp\boldsymbol{\eta}\Leftrightarrow\langle\boldsymbol{\xi},\boldsymbol{\eta}\rangle=0.$$

显然，这里正交的定义与解析几何中对于正交的说法是一致的，两个非零向量正交的充分必要条件是它们的夹角为 $\frac{\pi}{2}$.

由正交的定义可以得到，

1）零向量是唯一与自身正交的向量；

2）零向量与任意向量都正交.

在欧几里得空间中同样有勾股定理：当 $\boldsymbol{\xi}\perp\boldsymbol{\eta}$ 时，$|\boldsymbol{\xi}+\boldsymbol{\eta}|^2=|\boldsymbol{\xi}|^2+|\boldsymbol{\eta}|^2$.

事实上，

$$|\boldsymbol{\xi}+\boldsymbol{\eta}|^2=\langle\boldsymbol{\xi}+\boldsymbol{\eta},\boldsymbol{\xi}+\boldsymbol{\eta}\rangle=\langle\boldsymbol{\xi},\boldsymbol{\xi}\rangle+2\langle\boldsymbol{\xi},\boldsymbol{\eta}\rangle+\langle\boldsymbol{\eta},\boldsymbol{\eta}\rangle=|\boldsymbol{\xi}|^2+|\boldsymbol{\eta}|^2.$$

同样勾股定理也可以推广到多个向量的情形，如果向量 $\boldsymbol{\xi}_1,\boldsymbol{\xi}_2,\cdots,\boldsymbol{\xi}_m$ 两两正交，那么

$$|\boldsymbol{\xi}_1+\boldsymbol{\xi}_2+\cdots+\boldsymbol{\xi}_m|^2=|\boldsymbol{\xi}_1|^2+|\boldsymbol{\xi}_2|^2+\cdots+|\boldsymbol{\xi}_m|^2.$$

定理 8.1.2 在一个欧氏空间中，如果向量 $\boldsymbol{\xi}$ 与向量 $\boldsymbol{\eta}_1,\boldsymbol{\eta}_2,\cdots,\boldsymbol{\eta}_r$ 中的每一个正交，则 $\boldsymbol{\xi}$ 与向量 $\boldsymbol{\eta}_1,\boldsymbol{\eta}_2,\cdots,\boldsymbol{\eta}_r$ 的任意线性组合正交.

证：令 $\sum_{i=1}^{r}a_i\boldsymbol{\eta}_i$ 是 $\boldsymbol{\eta}_1,\boldsymbol{\eta}_2,\cdots,\boldsymbol{\eta}_r$ 的一个线性组合. 因为 $\langle\boldsymbol{\xi},\boldsymbol{\eta}_i\rangle=0,i=1,2,\cdots,r$，所以

$$\left\langle\boldsymbol{\xi},\sum_{i=1}^{r}a_i\boldsymbol{\eta}_i\right\rangle=\sum_{i=1}^{r}a_i\langle\boldsymbol{\xi},\boldsymbol{\eta}_i\rangle=0.$$

最后引入距离的概念.

定义 8.1.5 设 V 是数域 $\mathbf{R}$ 上的欧氏空间，$\forall \boldsymbol{\xi},\boldsymbol{\eta}\in V$，定义 $\boldsymbol{\xi}$ 与 $\boldsymbol{\eta}$ 的距离 $d(\boldsymbol{\xi},\boldsymbol{\eta})$ 为 $d(\boldsymbol{\xi},\boldsymbol{\eta})=|\boldsymbol{\xi}-\boldsymbol{\eta}|$.

显然，欧氏空间中定义的距离满足非负性、可交换性和三角不等式，即：

1) $d(\boldsymbol{\xi},\boldsymbol{\eta})\geqslant 0$，且 $d(\boldsymbol{\xi},\boldsymbol{\eta})=0\Leftrightarrow\boldsymbol{\xi}=\boldsymbol{\eta}$；

2) $d(\boldsymbol{\xi},\boldsymbol{\eta})=d(\boldsymbol{\eta},\boldsymbol{\xi})$；

3) $d(\boldsymbol{\xi},\boldsymbol{\zeta})\leqslant d(\boldsymbol{\xi},\boldsymbol{\eta})+d(\boldsymbol{\eta},\boldsymbol{\zeta})$（三角不等式）.

这里 $\boldsymbol{\xi},\boldsymbol{\eta},\boldsymbol{\zeta}$ 是欧氏空间 V 中的任意向量. 当我们给出欧氏空间中的长度、夹角、距离等度量概念后，三维几何空间中有关这些概念的性质都可以对应到欧氏空间中来.

最后提出，欧氏空间的子空间按内积也构成欧氏空间.

习　题　8.1

1. 证明，在一个欧氏空间里，对于任意向量 $\boldsymbol{\xi},\boldsymbol{\eta}$，以下等式成立：

(1) $|\boldsymbol{\xi}+\boldsymbol{\eta}|^2+|\boldsymbol{\xi}-\boldsymbol{\eta}|^2=2|\boldsymbol{\xi}|^2+2|\boldsymbol{\eta}|^2$；

(2) $\langle\boldsymbol{\xi},\boldsymbol{\eta}\rangle=\dfrac{1}{4}|\boldsymbol{\xi}+\boldsymbol{\eta}|^2-\dfrac{1}{4}|\boldsymbol{\xi}-\boldsymbol{\eta}|^2$.

在解析几何里，等式(1)的几何意义是什么？

2. 欧氏空间 $\mathbf{R}^4$ 里找出两个单位向量，使它们同时与向量

$$\boldsymbol{\alpha}=(2,1,-4,0),\boldsymbol{\beta}=(-1,-1,2,2),\boldsymbol{\gamma}=(3,2,5,4)$$

中每一个正交.

3. 设 $\boldsymbol{\alpha}_1,\boldsymbol{\alpha}_2,\cdots,\boldsymbol{\alpha}_n,\boldsymbol{\beta}$ 都是欧氏空间中的向量，且 $\boldsymbol{\beta}$ 是 $\boldsymbol{\alpha}_1,\boldsymbol{\alpha}_2,\cdots,\boldsymbol{\alpha}_n$ 的线性组合. 证明：如果 $\langle\boldsymbol{\beta},\boldsymbol{\alpha}_i\rangle=0$，$i=1,2,\cdots,n$，那么 $\boldsymbol{\beta}=\mathbf{0}$.

4. 设 $\boldsymbol{\alpha}_1,\boldsymbol{\alpha}_2,\cdots,\boldsymbol{\alpha}_n$ 是欧氏空间的 n 个向量. 行列式

$$G(\boldsymbol{\alpha}_1,\boldsymbol{\alpha}_2,\cdots,\boldsymbol{\alpha}_n)=\begin{vmatrix}\langle\boldsymbol{\alpha}_1,\boldsymbol{\alpha}_1\rangle & \langle\boldsymbol{\alpha}_1,\boldsymbol{\alpha}_2\rangle & \cdots & \langle\boldsymbol{\alpha}_1,\boldsymbol{\alpha}_n\rangle\\ \langle\boldsymbol{\alpha}_2,\boldsymbol{\alpha}_1\rangle & \langle\boldsymbol{\alpha}_2,\boldsymbol{\alpha}_2\rangle & \cdots & \langle\boldsymbol{\alpha}_2,\boldsymbol{\alpha}_n\rangle\\ \vdots & \vdots & & \vdots\\ \langle\boldsymbol{\alpha}_n,\boldsymbol{\alpha}_1\rangle & \langle\boldsymbol{\alpha}_n,\boldsymbol{\alpha}_2\rangle & \cdots & \langle\boldsymbol{\alpha}_n,\boldsymbol{\alpha}_n\rangle\end{vmatrix}$$

叫作 $\boldsymbol{\alpha}_1,\boldsymbol{\alpha}_2,\cdots,\boldsymbol{\alpha}_n$ 的格拉姆(Gram)行列式. 证明：$G(\boldsymbol{\alpha}_1,\boldsymbol{\alpha}_2,\cdots,\boldsymbol{\alpha}_n)=0\Leftrightarrow\boldsymbol{\alpha}_1,\boldsymbol{\alpha}_2,\cdots,\boldsymbol{\alpha}_n$ 线性相关.

5. 设 $\boldsymbol{\alpha},\boldsymbol{\beta}$ 是欧氏空间两个线性无关的向量，满足以下条件：

$$\frac{2\langle\boldsymbol{\alpha},\boldsymbol{\beta}\rangle}{\langle\boldsymbol{\alpha},\boldsymbol{\alpha}\rangle}\leqslant 0 \text{ 和 } \frac{2\langle\boldsymbol{\alpha},\boldsymbol{\beta}\rangle}{\langle\boldsymbol{\beta},\boldsymbol{\beta}\rangle}\leqslant 0 \text{ 的整数.}$$

证明：$\boldsymbol{\alpha}$ 与 $\boldsymbol{\beta}$ 的夹角只可能是 $\dfrac{\pi}{2},\dfrac{2\pi}{3},\dfrac{3\pi}{4}$ 或 $\dfrac{5\pi}{6}$.

6. 证明：对于任意实数 $\boldsymbol{\alpha}_1,\boldsymbol{\alpha}_2,\cdots,\boldsymbol{\alpha}_n$，

$$\sum_{i=1}^{n}|\boldsymbol{\alpha}_i|\leqslant\sqrt{n(\boldsymbol{\alpha}_1^2+\boldsymbol{\alpha}_2^2+\cdots+\boldsymbol{\alpha}_n^2)}.$$

§8.2 正交基

在欧氏空间中，由于有了内积，从而获得了向量的长度、夹角等概念. 于是，我们就可以把三维空间中的正交标架引入到欧氏空间中来，并称之为规范正交基.

定义 8.2.1 欧氏空间 V 的一组非零向量 $\{\boldsymbol{\alpha}_1,\boldsymbol{\alpha}_2,\cdots,\boldsymbol{\alpha}_r\}$，如果它们两两正交，就称 $\{\boldsymbol{\alpha}_1,\boldsymbol{\alpha}_2,\cdots,\boldsymbol{\alpha}_r\}$ 为一个正交向量组. 如果正交组 $\{\boldsymbol{\alpha}_1,\boldsymbol{\alpha}_2,\cdots,\boldsymbol{\alpha}_r\}$ 的每一个向量都是单位向量，这个正交组就叫作一个规范正交组.

应当指出，由单个非零向量所构成的向量组也是正交向量组.

例 8.2.1 $\boldsymbol{\alpha}_1=\left(\frac{1}{\sqrt{2}},\frac{1}{\sqrt{2}},0,0\right)$，$\boldsymbol{\alpha}_2=\left(\frac{1}{\sqrt{2}},-\frac{1}{\sqrt{2}},0,0\right)$，$\boldsymbol{\alpha}_3=(0,0,1,0)$，$\boldsymbol{\alpha}_4=(0,0,0,1)$ 是一个规范正交组.

因为

$$|\boldsymbol{\alpha}_1|=|\boldsymbol{\alpha}_2|=|\boldsymbol{\alpha}_3|=|\boldsymbol{\alpha}_4|=1,$$

$$\langle\boldsymbol{\alpha}_1,\boldsymbol{\alpha}_2\rangle=\langle\boldsymbol{\alpha}_1,\boldsymbol{\alpha}_3\rangle=\langle\boldsymbol{\alpha}_1,\boldsymbol{\alpha}_4\rangle=\langle\boldsymbol{\alpha}_2,\boldsymbol{\alpha}_3\rangle=\langle\boldsymbol{\alpha}_2,\boldsymbol{\alpha}_4\rangle=\langle\boldsymbol{\alpha}_3,\boldsymbol{\alpha}_4\rangle=0.$$

例 8.2.2 考虑定义在闭区间 $[0,2\pi]$ 上一切连续函数所构成的欧氏空间 $\mathbf{C}[0,2\pi]$，函数组

$$1,\cos x,\sin x,\cos 2x,\sin 2x,\cdots,\cos nx,\sin nx,\cdots$$

构成 $\mathbf{C}[0,2\pi]$ 的一个正交组.

把上面的每一向量除以它的长度，就得到 $\mathbf{C}[0,2\pi]$ 的一个规范正交组：

$$\frac{1}{\sqrt{2\pi}},\frac{1}{\sqrt{\pi}}\cos x,\frac{1}{\sqrt{\pi}}\sin x,\frac{1}{\sqrt{\pi}}\cos 2x,\frac{1}{\sqrt{\pi}}\sin 2x,\cdots,\frac{1}{\sqrt{\pi}}\cos nx,\frac{1}{\sqrt{\pi}}\sin nx,\cdots.$$

定理 8.2.1 设 $\{\boldsymbol{\alpha}_1,\boldsymbol{\alpha}_2,\cdots,\boldsymbol{\alpha}_n\}$ 是欧氏空间的一个正交组，那么 $\boldsymbol{\alpha}_1,\boldsymbol{\alpha}_2,\cdots,\boldsymbol{\alpha}_n$ 线性无关.

证：设有 $a_1,a_2,\cdots,a_n\in\mathbf{R}$，使得

$$a_1\boldsymbol{\alpha}_1+a_2\boldsymbol{\alpha}_2+\cdots+a_n\boldsymbol{\alpha}_n=\mathbf{0}.$$

当 $i\neq j$ 时，$\langle\boldsymbol{\alpha}_i,\boldsymbol{\alpha}_j\rangle=0$，所以

$$0=\langle\boldsymbol{\alpha}_i,\mathbf{0}\rangle=\left\langle\boldsymbol{\alpha}_i,\sum_{j=1}^{n}a_j\boldsymbol{\alpha}_j\right\rangle=\sum_{j=1}^{n}a_j\langle\boldsymbol{\alpha}_i,\boldsymbol{\alpha}_j\rangle=a_i\langle\boldsymbol{\alpha}_i,\boldsymbol{\alpha}_i\rangle,$$

但 $\langle\boldsymbol{\alpha}_i,\boldsymbol{\alpha}_i\rangle\neq 0$，所以 $a_i=0$，$i=1,2,\cdots,n$，即 $\boldsymbol{\alpha}_1,\boldsymbol{\alpha}_2,\cdots,\boldsymbol{\alpha}_n$ 线性无关.

注：在 n 维欧氏空间中，两两正交的非零向量不能超过 n 个.

在 n 维欧氏空间中，含 n 个向量的正交组 $\{\boldsymbol{\alpha}_1,\boldsymbol{\alpha}_2,\cdots,\boldsymbol{\alpha}_n\}$ 构成 V 的一个基，这样的基叫作 V 的一个正交基，由一个规范正交组组成的基称为规范正交基.

例 8.2.3 欧氏空间 $\mathbf{R}^n$ 的基

$$\boldsymbol{\varepsilon}_i=(0,\cdots,0,1,0,\cdots,0),i=1,2,\cdots,n$$

是 $\mathbf{R}^n$ 的一个规范正交基.

设 $\boldsymbol{\varepsilon}_1,\boldsymbol{\varepsilon}_2,\cdots,\boldsymbol{\varepsilon}_n$ 是一组规范正交基，由定义，有

$$\langle \boldsymbol{\varepsilon}_i,\boldsymbol{\varepsilon}_j\rangle=\begin{cases}1, & i=j,\\ 0, & i\neq j.\end{cases} \tag{8.5}$$

设$\{\boldsymbol{\alpha}_1,\boldsymbol{\alpha}_2,\cdots,\boldsymbol{\alpha}_n\}$是 V 的一个规范正交基，V 中向量 $\boldsymbol{\xi}$ 可以唯一地表成：

$$\boldsymbol{\xi}=x_1\boldsymbol{\alpha}_1+x_2\boldsymbol{\alpha}_2+\cdots+x_n\boldsymbol{\alpha}_n,$$

由$\langle\boldsymbol{\xi},\boldsymbol{\alpha}_i\rangle=x_i$，得：

$$\boldsymbol{\xi}=\langle\boldsymbol{\xi},\boldsymbol{\alpha}_1\rangle\boldsymbol{\alpha}_1+\langle\boldsymbol{\xi},\boldsymbol{\alpha}_2\rangle\boldsymbol{\alpha}_2+\cdots+\langle\boldsymbol{\xi},\boldsymbol{\alpha}_n\rangle\boldsymbol{\alpha}_n. \tag{8.6}$$

在规范正交基下，内积有特别简单的表达式. 设 $\boldsymbol{\eta}=y_1\boldsymbol{\alpha}_1+y_2\boldsymbol{\alpha}_2+\cdots+y_n\boldsymbol{\alpha}_n$，则：

$$\langle\boldsymbol{\xi},\boldsymbol{\eta}\rangle=x_1y_1+x_2y_2+\cdots+x_ny_n, \tag{8.7}$$

由此得

$$|\boldsymbol{\xi}|=\sqrt{x_1^2+x_2^2+\cdots+x_n^2}, \tag{8.8}$$

$$d(\boldsymbol{\xi},\boldsymbol{\eta})=\sqrt{(x_1-y_1)^2+(x_2-y_2)^2+\cdots+(x_n-y_n)^2}. \tag{8.9}$$

这几个表达式正是解析几何里熟知公式的推广. 内积的表达式(8.7)、长度的表达式(8.8)以及距离的表达式(8.9)，对于任一组规范正交基都是一样的. 这说明，所有的规范正交基，在欧氏空间中有相同的地位.

定理 8.2.2 对于 n 维欧氏空间 V 中任意一组线性无关的向量$\{\boldsymbol{\alpha}_1,\boldsymbol{\alpha}_2,\cdots,\boldsymbol{\alpha}_m\}$，则可求出 V 的一个正交组$\{\boldsymbol{\beta}_1,\boldsymbol{\beta}_2,\cdots,\boldsymbol{\beta}_m\}$使得 $\boldsymbol{\beta}_k$ 可以由 $\boldsymbol{\alpha}_1,\boldsymbol{\alpha}_2,\cdots,\boldsymbol{\alpha}_k$ 线性表示，$k=1,2,\cdots,m$.

证：首先，取 $\boldsymbol{\beta}_1=\boldsymbol{\alpha}_1$，那么 $\boldsymbol{\beta}_1$ 是 $\boldsymbol{\alpha}_1$ 的线性组合且 $\boldsymbol{\beta}_1\neq\mathbf{0}$. 其次，取

$$\boldsymbol{\beta}_2=\boldsymbol{\alpha}_2-\frac{\langle\boldsymbol{\alpha}_2,\boldsymbol{\beta}_1\rangle}{\langle\boldsymbol{\beta}_1,\boldsymbol{\beta}_1\rangle}\boldsymbol{\beta}_1,$$

那么 $\boldsymbol{\beta}_2$ 是 $\boldsymbol{\alpha}_1,\boldsymbol{\alpha}_2$ 的线性组合，并且因为 $\boldsymbol{\alpha}_1,\boldsymbol{\alpha}_2$ 线性无关，所以 $\boldsymbol{\beta}_2\neq\mathbf{0}$. 又由

$$\langle\boldsymbol{\beta}_2,\boldsymbol{\beta}_1\rangle=\langle\boldsymbol{\alpha}_2,\boldsymbol{\beta}_1\rangle-\frac{\langle\boldsymbol{\alpha}_2,\boldsymbol{\beta}_1\rangle}{\langle\boldsymbol{\beta}_1,\boldsymbol{\beta}_1\rangle}\langle\boldsymbol{\beta}_1,\boldsymbol{\beta}_1\rangle=0,$$

所以 $\boldsymbol{\beta}_2$ 与 $\boldsymbol{\beta}_1$ 正交.

假设 $1\leqslant k\leqslant m$，而满足定理要求的 $\boldsymbol{\beta}_1,\boldsymbol{\beta}_2,\cdots,\boldsymbol{\beta}_{k-1}$ 都已做出，取

$$\boldsymbol{\beta}_k=\boldsymbol{\alpha}_k-\frac{\langle\boldsymbol{\alpha}_k,\boldsymbol{\beta}_1\rangle}{\langle\boldsymbol{\beta}_1,\boldsymbol{\beta}_1\rangle}\boldsymbol{\beta}_1-\cdots-\frac{\langle\boldsymbol{\alpha}_k,\boldsymbol{\beta}_{k-1}\rangle}{\langle\boldsymbol{\beta}_{k-1},\boldsymbol{\beta}_{k-1}\rangle}\boldsymbol{\beta}_{k-1},$$

由于假设了 $\boldsymbol{\beta}_i$ 是 $\boldsymbol{\alpha}_1,\boldsymbol{\alpha}_2,\cdots,\boldsymbol{\alpha}_i$ 的线性组合，$i=1,2,\cdots,k-1$，所以把这些线性组合代入上式，就得到

$$\boldsymbol{\beta}_k=a_1\boldsymbol{\alpha}_1+a_2\boldsymbol{\alpha}_2+\cdots+a_{k-1}\boldsymbol{\alpha}_{k-1}+\boldsymbol{\alpha}_k,$$

所以 $\boldsymbol{\beta}_k$ 是 $\boldsymbol{\alpha}_1,\boldsymbol{\alpha}_2,\cdots,\boldsymbol{\alpha}_k$ 的线性组合. 由 $\boldsymbol{\alpha}_1,\boldsymbol{\alpha}_2,\cdots,\boldsymbol{\alpha}_k$ 线性无关得出 $\boldsymbol{\beta}_k\neq\mathbf{0}$，又因为假设了 $\boldsymbol{\beta}_1,\boldsymbol{\beta}_2,\cdots,\boldsymbol{\beta}_{k-1}$ 两两正交，所以

$$\langle\boldsymbol{\beta}_k,\boldsymbol{\beta}_i\rangle=\langle\boldsymbol{\alpha}_i,\boldsymbol{\beta}_i\rangle-\frac{\langle\boldsymbol{\alpha}_k,\boldsymbol{\beta}_i\rangle}{\langle\boldsymbol{\beta}_i,\boldsymbol{\beta}_i\rangle}\langle\boldsymbol{\beta}_i,\boldsymbol{\beta}_i\rangle=0,i=1,2,\cdots,k-1,$$

这样 $\boldsymbol{\beta}_1,\boldsymbol{\beta}_2,\cdots,\boldsymbol{\beta}_k$ 也满足定理的要求.

定理的证明实际上给出了一个具体的由一个线性无关的向量组求正交向量组的方

法.如果从任一个非零向量出发,按证明中的步骤最后就得到一组正交基.再单位化,就得到一组规范正交基.该方法称为施密特(Schimidt)正交化方法,简称正交化法.

定理 8.2.3 任意 n 维欧氏空间 V 一定有正交基,因而有规范正交基.

例 8.2.4 在欧氏空间 $\mathbf{R}^3$ 中,将基 $\boldsymbol{\alpha}_1=(1,1,1)$,$\boldsymbol{\alpha}_2=(0,1,2)$,$\boldsymbol{\alpha}_3=(2,0,3)$化为一组规范正交基.

解:取

$$\boldsymbol{\gamma}_1=\frac{\boldsymbol{\alpha}_1}{|\boldsymbol{\alpha}_1|}=\left(\frac{1}{\sqrt{3}},\frac{1}{\sqrt{3}},\frac{1}{\sqrt{3}}\right),$$

取

$$\boldsymbol{\beta}_2=\boldsymbol{\alpha}_2-\frac{\langle\boldsymbol{\alpha}_2,\boldsymbol{\gamma}_1\rangle}{\langle\boldsymbol{\gamma}_1,\boldsymbol{\gamma}_1\rangle}\boldsymbol{\gamma}_1=\boldsymbol{\alpha}_2-\langle\boldsymbol{\alpha}_2,\boldsymbol{\gamma}_1\rangle\boldsymbol{\gamma}_1=(0,1,2)-\sqrt{3}\left(\frac{1}{\sqrt{3}},\frac{1}{\sqrt{3}},\frac{1}{\sqrt{3}}\right)=(-1,0,1).$$

令

$$\boldsymbol{\gamma}_2=\frac{\boldsymbol{\beta}_2}{|\boldsymbol{\beta}_2|}=\left(-\frac{1}{\sqrt{2}},0,\frac{1}{\sqrt{2}}\right),$$

取

$$\begin{aligned}\boldsymbol{\beta}_3&=\boldsymbol{\alpha}_3-\frac{\langle\boldsymbol{\alpha}_3,\boldsymbol{\gamma}_1\rangle}{\langle\boldsymbol{\gamma}_1,\boldsymbol{\gamma}_1\rangle}\boldsymbol{\gamma}_1-\frac{\langle\boldsymbol{\alpha}_3,\boldsymbol{\gamma}_2\rangle}{\langle\boldsymbol{\gamma}_2,\boldsymbol{\gamma}_2\rangle}\boldsymbol{\gamma}_2=\boldsymbol{\alpha}_3-\langle\boldsymbol{\alpha}_3,\boldsymbol{\gamma}_1\rangle\boldsymbol{\gamma}_1=\langle\boldsymbol{\alpha}_3,\boldsymbol{\gamma}_2\rangle\\&=(2,0,3)-\frac{5}{\sqrt{3}}\left(\frac{1}{\sqrt{3}},\frac{1}{\sqrt{3}},\frac{1}{\sqrt{3}}\right)-\frac{1}{\sqrt{2}}\left(-\frac{1}{\sqrt{2}},0,\frac{1}{\sqrt{2}}\right)\\&=\left(\frac{5}{6},-\frac{5}{3},\frac{5}{6}\right).\end{aligned}$$

令

$$\boldsymbol{\gamma}_3=\frac{\boldsymbol{\beta}_3}{|\boldsymbol{\beta}_3|}=\left(\frac{1}{\sqrt{6}},-\frac{2}{\sqrt{6}},\frac{1}{\sqrt{6}}\right),$$

于是$\{\boldsymbol{\gamma}_1,\boldsymbol{\gamma}_2,\boldsymbol{\gamma}_3\}$就是 $\mathbf{R}^3$ 的一组规范正交基.

注:欧氏空间中的规范正交基并不唯一.

定义 8.2.2 设 W 是欧氏空间 V 中的子空间.如果对于 $\boldsymbol{\xi}\in V$,$\forall\boldsymbol{\eta}\in W$,恒有$\langle\boldsymbol{\xi},\boldsymbol{\eta}\rangle=0$,那么就说 $\boldsymbol{\xi}$ 与 W 正交,记为$\langle\boldsymbol{\xi},W\rangle=0$.

令 $W^{\perp}=\{\boldsymbol{\xi}\in V\mid\langle\boldsymbol{\xi},W\rangle=0\}$,可以证明 $W^{\perp}$是 V 的子空间,并称其为 W 的**正交补**.

定理 8.2.4 设 W 是欧氏空间 V 的一个有限维子空间,那么 $V=W\oplus W^{\perp}$.

证:当 $W=\{\mathbf{0}\}$时,定理显然成立,这时 $W^{\perp}=V$.

设 $W\neq\{\mathbf{0}\}$,由于 W 的维数有限,因而可以取 W 的一组规范正交基$\{\boldsymbol{\gamma}_1,\boldsymbol{\gamma}_2,\cdots,\boldsymbol{\gamma}_s\}$,$s=\dim W$,设 $\boldsymbol{\xi}\in V$,令

$$\boldsymbol{\eta}=\langle\boldsymbol{\xi},\boldsymbol{\gamma}_1\rangle\boldsymbol{\gamma}_1+\langle\boldsymbol{\xi},\boldsymbol{\gamma}_2\rangle\boldsymbol{\gamma}_2+\cdots+\langle\boldsymbol{\xi},\boldsymbol{\gamma}_s\rangle\boldsymbol{\gamma}_s,$$

$$\boldsymbol{\zeta}=\boldsymbol{\xi}-\boldsymbol{\eta},$$

那么 $\boldsymbol{\eta}\in W$,而

$$\langle\boldsymbol{\zeta},\boldsymbol{\gamma}_i\rangle=\langle\boldsymbol{\xi}-\boldsymbol{\eta},\boldsymbol{\gamma}_i\rangle=\langle\boldsymbol{\xi},\boldsymbol{\gamma}_i\rangle-\langle\boldsymbol{\eta},\boldsymbol{\gamma}_i\rangle=\langle\boldsymbol{\xi},\boldsymbol{\gamma}_i\rangle-\langle\boldsymbol{\xi},\boldsymbol{\gamma}_i\rangle=0,i=1,2,\cdots,s.$$

由于 $\boldsymbol{\gamma}_1,\boldsymbol{\gamma}_2,\cdots,\boldsymbol{\gamma}_s$ 是 W 的基,所以 $\boldsymbol{\zeta}$ 与 W 正交,即 $\boldsymbol{\zeta}\in W^{\perp}$.这就证明了

$$V=W+W^{\perp}.$$

接下来只需证明这个和是直和，这是显然的，因为如果 $\boldsymbol{\alpha}\in W\cap W^{\perp}$，那么 $\langle\boldsymbol{\alpha},\boldsymbol{\alpha}\rangle=0$，从而 $\boldsymbol{\alpha}=\mathbf{0}$. 定理被证明.

该定理表明，对 $\forall\boldsymbol{\xi}\in V$，$\boldsymbol{\xi}$ 都可以唯一地表示成

$$\boldsymbol{\xi}=\boldsymbol{\eta}+\boldsymbol{\zeta},$$

其中 $\boldsymbol{\eta}\in W$，$\langle\boldsymbol{\zeta},W\rangle=0$. 上式右端的第一个被加项 $\boldsymbol{\eta}$ 叫作向量 $\boldsymbol{\xi}$ 在子空间 W 上的正射影.

定理 8.2.5 设 W 是欧氏空间 V 中的一个有限维子空间，$\forall\boldsymbol{\xi}\in V$，$\boldsymbol{\eta}$ 是 $\boldsymbol{\xi}$ 在子空间 W 上的正射影，那么对于 $\forall\boldsymbol{\eta}'\in W$，$\boldsymbol{\eta}\neq\boldsymbol{\eta}'$，都有：

$$|\boldsymbol{\xi}-\boldsymbol{\eta}|<|\boldsymbol{\xi}-\boldsymbol{\eta}'|.$$

证：对于 $\forall\boldsymbol{\eta}'\in W$，有

$$\boldsymbol{\xi}-\boldsymbol{\eta}'=\boldsymbol{\xi}-\boldsymbol{\eta}+\boldsymbol{\eta}-\boldsymbol{\eta}',$$

$\boldsymbol{\eta}-\boldsymbol{\eta}'\in W$，而 $\boldsymbol{\xi}-\boldsymbol{\eta}\in W^{\perp}$，所以 $\langle\boldsymbol{\xi}-\boldsymbol{\eta},\boldsymbol{\xi}-\boldsymbol{\eta}'\rangle=0$. 于是

$$\begin{aligned}|\boldsymbol{\xi}-\boldsymbol{\eta}'|^2&=\langle\boldsymbol{\xi}-\boldsymbol{\eta}',\boldsymbol{\xi}-\boldsymbol{\eta}'\rangle\\&=\langle\boldsymbol{\xi}-\boldsymbol{\eta}+\boldsymbol{\eta}-\boldsymbol{\eta}',\boldsymbol{\xi}-\boldsymbol{\eta}+\boldsymbol{\eta}-\boldsymbol{\eta}'\rangle\\&=\langle\boldsymbol{\xi}-\boldsymbol{\eta},\boldsymbol{\xi}-\boldsymbol{\eta}\rangle+\langle\boldsymbol{\eta}-\boldsymbol{\eta}',\boldsymbol{\eta}-\boldsymbol{\eta}'\rangle\\&=|\boldsymbol{\xi}-\boldsymbol{\eta}|^2+|\boldsymbol{\eta}-\boldsymbol{\eta}'|^2.\end{aligned}$$

如果 $\boldsymbol{\eta}'\neq\boldsymbol{\eta}$，那么 $|\boldsymbol{\eta}-\boldsymbol{\eta}'|>0$，所以

$$|\boldsymbol{\xi}-\boldsymbol{\eta}'|^2>|\boldsymbol{\xi}-\boldsymbol{\eta}|^2,$$

即

$$|\boldsymbol{\xi}-\boldsymbol{\eta}'|>|\boldsymbol{\xi}-\boldsymbol{\eta}|.$$

设 n 维欧氏空间 V 的两组规范正交基为 $\{\boldsymbol{\alpha}_1,\boldsymbol{\alpha}_2,\cdots,\boldsymbol{\alpha}_n\}$ 和 $\{\boldsymbol{\beta}_1,\boldsymbol{\beta}_2,\cdots,\boldsymbol{\beta}_n\}$，$\boldsymbol{U}=(u_{ij})$ 为 $\{\boldsymbol{\alpha}_1,\boldsymbol{\alpha}_2,\cdots,\boldsymbol{\alpha}_n\}$ 到 $\{\boldsymbol{\beta}_1,\boldsymbol{\beta}_2,\cdots,\boldsymbol{\beta}_n\}$ 的过渡矩阵，那么 $\boldsymbol{U}$ 具有什么性质呢？

$$(\boldsymbol{\beta}_1,\boldsymbol{\beta}_2,\cdots,\boldsymbol{\beta}_n)=(\boldsymbol{\alpha}_1,\boldsymbol{\alpha}_2,\cdots,\boldsymbol{\alpha}_n)\boldsymbol{U},$$

则 $\forall i\in\{1,2,\cdots,n\}$，$\boldsymbol{\beta}_i=u_{1i}\boldsymbol{\alpha}_1+u_{2i}\boldsymbol{\alpha}_2+\cdots+u_{ni}\boldsymbol{\alpha}_n$，且

$$\langle\boldsymbol{\beta}_i,\boldsymbol{\beta}_j\rangle=\begin{cases}1, & i=j,\\0, & i\neq j.\end{cases}$$

又因为

$$\langle\boldsymbol{\alpha}_k,\boldsymbol{\alpha}_l\rangle=\begin{cases}1, & k=l,\\0, & k\neq l,\end{cases}$$

所以

$$\langle\boldsymbol{\beta}_i,\boldsymbol{\beta}_j\rangle=\left\langle\sum_{k=1}^{n}u_{ki}\boldsymbol{\alpha}_k,\sum_{l=1}^{n}u_{lj}\boldsymbol{\alpha}_l\right\rangle=\sum_{k=1}^{n}\sum_{l=1}^{n}u_{ki}u_{lj}\langle\boldsymbol{\alpha}_k,\boldsymbol{\alpha}_l\rangle=\sum_{k=1}^{n}u_{ki}u_{kj},$$

即

$$\sum_{k=1}^{n}u_{ki}u_{kj}=\begin{cases}1, & i=j,\\0, & i\neq j.\end{cases}$$

也即是说，当 $i=j$ 时矩阵 $\boldsymbol{U}$ 的第 i 列与第 j 列的乘积和等于 1，当 $i\neq j$ 时等于 0. 即 $\boldsymbol{U}^{\mathrm{T}}\boldsymbol{U}=\boldsymbol{E}$.

由于 $\boldsymbol{U}$ 作为过渡矩阵是可逆的，$\boldsymbol{U}^{-1}=\boldsymbol{U}^{\mathrm{T}}$，从而有 $\boldsymbol{U}\boldsymbol{U}^{\mathrm{T}}=\boldsymbol{U}^{\mathrm{T}}\boldsymbol{U}=\boldsymbol{E}$.

定义 8.2.3 一个 n 阶实矩阵 $\boldsymbol{U}$ 叫作一个正交矩阵，如果

$$\boldsymbol{U}\boldsymbol{U}^{\mathrm{T}}=\boldsymbol{U}^{\mathrm{T}}\boldsymbol{U}=\boldsymbol{E}.$$

定理 8.2.6 n 维欧氏空间的一组规范正交基到另一组规范正交基的过渡矩阵为一个正交矩阵.

反过来，如果第一组基是规范正交基，同时过渡矩阵是正交矩阵，那么第二组基一定也是规范正交基.

推论 8.2.1 设 $\boldsymbol{U}$ 是一个正交矩阵，则

(1) $\boldsymbol{U}$ 的行列式等于 1 或 -1；

(2) $\boldsymbol{U}$ 的特征根的模等于 1；

(3) 如果 λ 是 $\boldsymbol{U}$ 的一个特征根，那么 $\dfrac{1}{\lambda}$ 也是 $\boldsymbol{U}$ 的一个特征根；

(4) $\boldsymbol{U}$ 的伴随矩阵 $\boldsymbol{U}^*$ 也是正交矩阵.（证明留给读者.）

定义 8.2.4 实数域 $\mathbf{R}$ 上的欧氏空间 V 与 V' 称为同构的，如果由 V 到 V' 有一个映射 f，满足：

$$f \text{ 是 } V \text{ 到 } V' \text{ 的一个双射；} \tag{8.10}$$

$$f(\boldsymbol{\xi}+\boldsymbol{\eta})=f(\boldsymbol{\xi})+f(\boldsymbol{\eta}); \tag{8.11}$$

$$f(k\boldsymbol{\xi})=kf(\boldsymbol{\xi}); \tag{8.12}$$

$$\langle\boldsymbol{\xi},\boldsymbol{\eta}\rangle=\langle f(\boldsymbol{\xi}),f(\boldsymbol{\eta})\rangle. \tag{8.13}$$

其中，$\forall\,\boldsymbol{\xi},\boldsymbol{\eta}\in V$，$\forall\,k\in\mathbf{R}$，这样的映射 f 称为欧氏空间 V 到欧氏空间 V' 的同构映射.

由定义，如果 f 是欧氏空间 V 到 V' 的一个同构映射，那么 f 也是 V 到 V' 作为向量空间的同构映射.

设 V 是一个 n 维欧氏空间，在 V 中取一组规范正交基 $\boldsymbol{\alpha}_1,\boldsymbol{\alpha}_2,\cdots,\boldsymbol{\alpha}_n$，在这组基下，$V$ 的每个向量 $\boldsymbol{\xi}$ 都可表成：

$$\boldsymbol{\xi}=x_1\boldsymbol{\alpha}_1+x_2\boldsymbol{\alpha}_2+\cdots+x_n\boldsymbol{\alpha}_n,$$

令

$$f(\boldsymbol{\xi})=(x_1,x_2,\cdots,x_n)\in\mathbf{R}^n.$$

不难证明，f 是 V 到 $\mathbf{R}^n$ 的一个同构映射，由此可知，每个 n 维的欧氏空间都与 $\mathbf{R}^n$ 同构.

由定义可以直接得到，同构作为欧氏空间之间的关系具有反身性、对称性与传递性.

定理 8.2.7 两个有限维欧氏空间同构$\Leftrightarrow$它们的维数相等.

证：设 V 和 V' 是两个有限维欧氏空间. 如果 V 与 V' 同构，那么 $\dim V=\dim V'$.

反过来，设 $\dim V=\dim V'=n$. 如果 $n=0$，那么 V 与 V' 显然同构，因为零空间中任意两个向量的内积只能是 $\langle\mathbf{0},\mathbf{0}\rangle=0$.

设 $n>0$，在 V 中取一组规范正交基 $\{\boldsymbol{\gamma}_1,\boldsymbol{\gamma}_2,\cdots,\boldsymbol{\gamma}_n\}$，在 V' 中取一组规范正交基 $\{\boldsymbol{\gamma}_1',\boldsymbol{\gamma}_2',\cdots,\boldsymbol{\gamma}_n'\}$，对于 V 的每一向量

$$\boldsymbol{\xi}=x_1\boldsymbol{\gamma}_1+x_2\boldsymbol{\gamma}_2+\cdots+x_n\boldsymbol{\gamma}_n,$$

定义：

$$f(\boldsymbol{\xi})=x_1\boldsymbol{\gamma}_1'+x_2\boldsymbol{\gamma}_2'+\cdots+x_n\boldsymbol{\gamma}_n'.$$

由定理 6.6.3，映射 f 是实数域上向量空间 V 到 V' 的同构映射. 设

$$\boldsymbol{\xi}=\sum_{i=1}^{n}x_i\boldsymbol{\gamma}_i,\boldsymbol{\eta}=\sum_{i=1}^{n}y_i\boldsymbol{\gamma}_i$$

是 V 中任意两个向量,那么

$$f(\boldsymbol{\xi})=\sum_{i=1}^{n}x_i\boldsymbol{\gamma}'_i,f(\boldsymbol{\eta})=\sum_{i=1}^{n}y_i\boldsymbol{\gamma}'_i.$$

由(8.8)得

$$\langle\boldsymbol{\xi},\boldsymbol{\eta}\rangle=x_1y_1+\cdots+x_ny_n=\langle f(\boldsymbol{\xi}),f(\boldsymbol{\eta})\rangle,$$

所以欧氏空间 V 与 V' 同构.

这个定理说明,从抽象的观点看,欧氏空间的结构完全被它们的维数决定.

习 题 8.2

1. 已知

$$\boldsymbol{\alpha}_1=(1,1,0),\boldsymbol{\alpha}_2=(1,0,1),\boldsymbol{\alpha}_3=(0,1,1)$$

是 $\mathbf{R}^3$ 的一组基.对这组基施行正交化方法,求出 $\mathbf{R}^3$ 的一组规范正交基.

2. 在欧氏空间 $\mathbf{R}^4$ 中,给出正交的单位向量 $\boldsymbol{\alpha}_1=\left(\frac{1}{3},\frac{2}{3},\frac{1}{3},0\right)$, $\boldsymbol{\alpha}_2=\left(0,\frac{1}{\sqrt{3}},\frac{-1}{\sqrt{3}},\frac{1}{\sqrt{3}}\right)$,将$\{\boldsymbol{\alpha}_1,\boldsymbol{\alpha}_2\}$扩充为 $\mathbf{R}^4$ 的一组规范正交基.

3. 设 $\boldsymbol{\alpha}_1,\boldsymbol{\alpha}_2,\boldsymbol{\alpha}_3$ 是三维欧氏空间 V 的一组标准正交基,试证:$\boldsymbol{\beta}_1=\frac{1}{3}(2\boldsymbol{\alpha}_1+2\boldsymbol{\alpha}_2-\boldsymbol{\alpha}_3)$,$\boldsymbol{\beta}_2=\frac{1}{3}(2\boldsymbol{\alpha}_1-\boldsymbol{\alpha}_2+2\boldsymbol{\alpha}_3)$,$\boldsymbol{\beta}_3=\frac{1}{3}(\boldsymbol{\alpha}_1-2\boldsymbol{\alpha}_2-2\boldsymbol{\alpha}_3)$也是 V 的一组标准正交基.

4. 设$\{\boldsymbol{\alpha}_1,\boldsymbol{\alpha}_2,\cdots,\boldsymbol{\alpha}_m\}$是欧氏空间 V 的一组规范正交基.证明:对于 $\forall\boldsymbol{\xi}\in V$,以下不等式成立:

$$\sum_{i=1}^{m}\langle\boldsymbol{\xi},\boldsymbol{\alpha}_i\rangle^2\leqslant|\boldsymbol{\xi}|^2.$$

5. 设 V 是一个 n 维欧氏空间.证明:

(1) 如果 W 是 V 的一个子空间,那么$(W^{\perp})^{\perp}=W$;

(2) 如果 W_1,W_2 都是 V 的子空间,且 $W_1\subseteq W_2$,那么 $W_2^{\perp}\subseteq W_1^{\perp}$;

(3) 如果 W_1,W_2 都是 V 的子空间,那么$(W_1+W_2)^{\perp}=W_1^{\perp}\cap W_2^{\perp}$.

6. 证明:如果一个上三角形矩阵

$$\mathbf{A}=\begin{pmatrix}a_{11}&a_{12}&a_{13}&\cdots&a_{1n}\\0&a_{22}&a_{23}&\cdots&a_{2n}\\0&0&a_{33}&\cdots&a_{3n}\\\vdots&\vdots&\vdots&&\vdots\\0&0&0&\cdots&a_{nn}\end{pmatrix}$$

是正交矩阵,那么 $\mathbf{A}$ 一定是对角矩阵,且主对角线上元素 a_{ii} 是 1 或 -1.

§8.3 正交变换

在向量空间里，线性变换是"线性运算的象等于象的线性运算"的变换，即保持了线性运算的变换. 在几何空间里，存在保持向量长度不变的变换，例如 $\mathbf{R}^2$ 中的旋转变换与 $\mathbf{R}^3$ 中的镜面成象变换. 在欧氏空间里，保持向量长度不变的变换无疑是重要的，在这一节里，我们将研究这样的线性变换.

定义 8.3.1 欧氏空间 V 的一个线性变换 $\boldsymbol{\sigma}$ 叫作一个正交变换，如果对 $\forall\boldsymbol{\xi}\in V$，都有

$$|\boldsymbol{\sigma}(\boldsymbol{\xi})|=|\boldsymbol{\xi}|. \tag{8.14}$$

例 8.3.1 令 H 是空间 $\mathbf{V}_3$ 里过原点的一个平面，$\forall\boldsymbol{\xi}\in\mathbf{V}_3$，令 $\boldsymbol{\xi}$ 对于 H 的镜面反射 $\boldsymbol{\xi}'$ 与它对应. $\boldsymbol{\sigma}:\boldsymbol{\xi}\to\boldsymbol{\xi}'$ 是 $\mathbf{V}_3$ 的一个正交变换.

例 8.3.2 设 $\boldsymbol{\sigma}$ 是 $\mathbf{R}^3$ 的一个线性变换，令 $\boldsymbol{\sigma}(\boldsymbol{\xi})=(x_2,x_3,x_1)$，$\forall\boldsymbol{\xi}=(x_1,x_2,x_3)\in\mathbf{R}^3$，则 $\boldsymbol{\sigma}$ 是 $\mathbf{R}^3$ 的一个正交变换.

正交变换可以从几个不同方面加以刻画.

定理 8.3.1 设 $\boldsymbol{\sigma}$ 是 n 维欧氏空间 V 的一个线性变换，于是下面四个命题是相互等价的：

(1) $\boldsymbol{\sigma}$ 是正交变换；

(2) 对 $\forall\boldsymbol{\xi},\boldsymbol{\eta}\in V$，$\langle\boldsymbol{\sigma}(\boldsymbol{\xi}),\boldsymbol{\sigma}(\boldsymbol{\eta})\rangle=\langle\boldsymbol{\xi},\boldsymbol{\eta}\rangle$；

(3) 如果 $\boldsymbol{\gamma}_1,\boldsymbol{\gamma}_2,\cdots,\boldsymbol{\gamma}_n$ 是规范正交基，那么 $\boldsymbol{\sigma}(\boldsymbol{\gamma}_1),\boldsymbol{\sigma}(\boldsymbol{\gamma}_2),\cdots,\boldsymbol{\sigma}(\boldsymbol{\gamma}_n)$ 也是规范正交基；

(4) $\boldsymbol{\sigma}$ 在任意一组规范正交基下的矩阵是正交矩阵.

证：首先证明(1)与(2)等价.

在(2)中取 $\boldsymbol{\xi}=\boldsymbol{\eta}$，就得到 $|\boldsymbol{\sigma}(\boldsymbol{\xi})|^2=|\boldsymbol{\xi}|^2$，从而 $|\boldsymbol{\sigma}(\boldsymbol{\xi})|=|\boldsymbol{\xi}|$.

反过来，设 $\boldsymbol{\sigma}$ 是一个正交变换，那么对于 $\boldsymbol{\xi},\boldsymbol{\eta}\in V$，我们有

$$|\boldsymbol{\sigma}(\boldsymbol{\xi}+\boldsymbol{\eta})|^2=|\boldsymbol{\xi}+\boldsymbol{\eta}|^2,$$

然而

$$\begin{aligned}|\boldsymbol{\sigma}(\boldsymbol{\xi}+\boldsymbol{\eta})|^2&=\langle\boldsymbol{\sigma}(\boldsymbol{\xi}+\boldsymbol{\eta}),\boldsymbol{\sigma}(\boldsymbol{\xi}+\boldsymbol{\eta})\rangle\\&=\langle\boldsymbol{\sigma}(\boldsymbol{\xi})+\boldsymbol{\sigma}(\boldsymbol{\eta}),\boldsymbol{\sigma}(\boldsymbol{\xi})+\boldsymbol{\sigma}(\boldsymbol{\eta})\rangle\\&=\langle\boldsymbol{\sigma}(\boldsymbol{\xi}),\boldsymbol{\sigma}(\boldsymbol{\xi})\rangle+\langle\boldsymbol{\sigma}(\boldsymbol{\eta}),\boldsymbol{\sigma}(\boldsymbol{\eta})\rangle+2\langle\boldsymbol{\sigma}(\boldsymbol{\xi}),\boldsymbol{\sigma}(\boldsymbol{\eta})\rangle;\end{aligned}$$

$$\begin{aligned}|\boldsymbol{\xi}+\boldsymbol{\eta}|^2&=\langle\boldsymbol{\xi}+\boldsymbol{\eta},\boldsymbol{\xi}+\boldsymbol{\eta}\rangle\\&=\langle\boldsymbol{\xi},\boldsymbol{\xi}\rangle+\langle\boldsymbol{\eta},\boldsymbol{\eta}\rangle+2\langle\boldsymbol{\xi},\boldsymbol{\eta}\rangle.\end{aligned}$$

由于 $\langle\boldsymbol{\sigma}(\boldsymbol{\xi}),\boldsymbol{\sigma}(\boldsymbol{\xi})\rangle=\langle\boldsymbol{\xi},\boldsymbol{\xi}\rangle$，$\langle\boldsymbol{\sigma}(\boldsymbol{\eta}),\boldsymbol{\sigma}(\boldsymbol{\eta})\rangle=\langle\boldsymbol{\eta},\boldsymbol{\eta}\rangle$，比较上面两个等式就得到

$$\langle\boldsymbol{\sigma}(\boldsymbol{\xi}),\boldsymbol{\sigma}(\boldsymbol{\eta})\rangle=\langle\boldsymbol{\xi},\boldsymbol{\eta}\rangle.$$

再来证明(1)与(3)等价.

设 $\boldsymbol{\sigma}$ 是 V 的一个正交变换，令 $\{\boldsymbol{\gamma}_1,\boldsymbol{\gamma}_2,\cdots,\boldsymbol{\gamma}_n\}$ 是 V 的任意一组规范正交基，所以，

$$\langle\boldsymbol{\sigma}(\boldsymbol{\gamma}_i),\boldsymbol{\sigma}(\boldsymbol{\gamma}_j)\rangle=\langle\boldsymbol{\gamma}_i,\boldsymbol{\gamma}_j\rangle=\begin{cases}1, & i=j,\\0, & i\neq j,\end{cases}$$

因此,$\{\boldsymbol{\sigma}(\boldsymbol{\gamma}_1),\boldsymbol{\sigma}(\boldsymbol{\gamma}_2),\cdots,\boldsymbol{\sigma}(\boldsymbol{\gamma}_n)\}$是 V 的一组规范正交基.

反过来,假设 V 的一个线性变换 $\boldsymbol{\sigma}$ 把某一规范正交基$\{\boldsymbol{\gamma}_1,\boldsymbol{\gamma}_2,\cdots,\boldsymbol{\gamma}_n\}$变成规范正交基$\{\boldsymbol{\sigma}(\boldsymbol{\gamma}_1),\boldsymbol{\sigma}(\boldsymbol{\gamma}_2),\cdots,\boldsymbol{\sigma}(\boldsymbol{\gamma}_n)\}$. 令

$$\boldsymbol{\xi}=\sum_{i=1}^{n}x_i\boldsymbol{\gamma}_i\in V,$$

我们有

$$\begin{aligned}|\boldsymbol{\sigma}(\boldsymbol{\xi})|^2&=\langle\boldsymbol{\sigma}(\boldsymbol{\xi}),\boldsymbol{\sigma}(\boldsymbol{\xi})\rangle=\left\langle\sum_{i=1}^{n}x_i\boldsymbol{\sigma}(\boldsymbol{\gamma}_i),\sum_{j=1}^{n}x_j\boldsymbol{\sigma}(\boldsymbol{\gamma}_j)\right\rangle\\&=\sum_{i=1}^{n}\sum_{j=1}^{n}x_ix_j\langle\boldsymbol{\sigma}(\boldsymbol{\gamma}_i),\boldsymbol{\sigma}(\boldsymbol{\gamma}_j)\rangle=\sum_{i=1}^{n}x_i^2=|\boldsymbol{\xi}|^2,\end{aligned}$$

所以 $\boldsymbol{\sigma}$ 是正交变换.

最后再来证明(3)与(4)等价.

设 $\boldsymbol{\sigma}$ 是欧氏空间 V 的一个正交变换,取 V 的一组规范正交基$\{\boldsymbol{\gamma}_1,\boldsymbol{\gamma}_2,\cdots,\boldsymbol{\gamma}_n\}$. 令 $\boldsymbol{\sigma}$ 关于这个基的矩阵是 $\boldsymbol{U}=(u_{ij})$. 那么 $\boldsymbol{\sigma}(\boldsymbol{\gamma}_j)=\sum\limits_{i=1}^{n}u_{ij}\boldsymbol{\gamma}_j,j=1,2,\cdots,n$. 由于 $\boldsymbol{\gamma}_1,\boldsymbol{\gamma}_2,\cdots,\boldsymbol{\gamma}_n$ 是规范正交基,所以 $\boldsymbol{\sigma}(\boldsymbol{\gamma}_1),\boldsymbol{\sigma}(\boldsymbol{\gamma}_2),\cdots,\boldsymbol{\sigma}(\boldsymbol{\gamma}_n)$也是规范正交基. 由定理 8.2.6,$\boldsymbol{U}$ 是一个正交矩阵.

反之,如果 n 维欧氏空间 V 的一个线性变换 $\boldsymbol{\sigma}$ 关于某一规范正交基 $\boldsymbol{\gamma}_1,\boldsymbol{\gamma}_2,\cdots,\boldsymbol{\gamma}_n$ 的矩阵 $\boldsymbol{U}=(u_{ij})$是一个正交矩阵,那么 $\boldsymbol{\sigma}(\boldsymbol{\gamma}_j)=\sum\limits_{i=1}^{n}u_{ij}\boldsymbol{\gamma}_j,j=1,2,\cdots,n$, 并且

$$\sum_{k=1}^{n}u_{ki}u_{kj}=\begin{cases}1, & i=j,\\0, & i\neq j,\end{cases}$$

于是

$$\langle\boldsymbol{\sigma}(\boldsymbol{\gamma}_i),\boldsymbol{\sigma}(\boldsymbol{\gamma}_j)\rangle=\left\langle\sum_{k=1}^{n}u_{ki}\boldsymbol{\gamma}_k,\sum_{l=1}^{n}u_{lj}\boldsymbol{\gamma}_l\right\rangle=\sum_{k=1}^{n}u_{ki}u_{kj}=\begin{cases}1, & i=j,\\0, & i\neq j,\end{cases}$$

因此,$\{\boldsymbol{\sigma}(\boldsymbol{\gamma}_1),\boldsymbol{\sigma}(\boldsymbol{\gamma}_2),\cdots,\boldsymbol{\sigma}(\boldsymbol{\gamma}_n)\}$是 V 的一组规范正交基,于是 $\boldsymbol{\sigma}$ 是 V 的一个正交变换.

因为两个向量的夹角由内积完全决定,所以由定理 8.3.1 可以得到:

推论 8.3.1 设 $\boldsymbol{\sigma}$ 是 n 维欧氏空间 V 的一个正交变换,$\boldsymbol{\xi},\boldsymbol{\eta}\in V,\boldsymbol{\theta}$ 是 $\boldsymbol{\xi}$ 与 $\boldsymbol{\eta}$ 的夹角,$\boldsymbol{\theta}'$是 $\boldsymbol{\sigma}(\boldsymbol{\xi})$与 $\boldsymbol{\sigma}(\boldsymbol{\eta})$的夹角,则 $\boldsymbol{\theta}=\boldsymbol{\theta}'$.

因为正交矩阵是可逆的,所以正交变换是可逆的. 由定义看出,正交变换实际上就是一个欧氏空间到自身的同构映射,因而正交变换的乘积与正交变换的逆变换还是正交变换. 在规范正交基下,正交变换与正交矩阵对应,因此,正交矩阵的乘积与正交矩阵的逆矩阵也是正交矩阵.

如果 $\boldsymbol{U}$ 是正交矩阵,那么由推论 8.2.1 可知,正交变换的行列式$|\boldsymbol{U}|=\pm1$,行列式等于 1 的正交变换通常称为旋转,或者称为第一类的;行列式等于-1 的正交变换称为第二

类的.

例如,在欧氏空间中任取一组规范正交基 $\boldsymbol{\varepsilon}_1,\boldsymbol{\varepsilon}_2,\cdots,\boldsymbol{\varepsilon}_n$,定义线性变换 $\boldsymbol{\sigma}$ 为:

$$\boldsymbol{\sigma}(\boldsymbol{\varepsilon}_1)=-\boldsymbol{\varepsilon}_1,\boldsymbol{\sigma}(\boldsymbol{\varepsilon}_i)=\boldsymbol{\varepsilon}_i,i=2,3,\cdots,n,$$

那么,$\boldsymbol{\sigma}$ 就是一个第二类的正交变换.从几何上看,这是一个镜面反射.

习　题　8.3

1. 设 $\boldsymbol{\sigma}$ 是欧氏空间 V 的线性变换,则 $\boldsymbol{\sigma}$ 是正交变换的必要而非充分的条件为(　　)

A. $\forall\boldsymbol{\alpha},\boldsymbol{\beta}\in V,\langle\boldsymbol{\sigma}(\boldsymbol{\alpha}),\boldsymbol{\sigma}(\boldsymbol{\beta})\rangle=\langle\boldsymbol{\alpha},\boldsymbol{\beta}\rangle$

B. $\forall\boldsymbol{\alpha}\in V,|\boldsymbol{\sigma}(\boldsymbol{\alpha})|=|\boldsymbol{\alpha}|$

C. $\forall\boldsymbol{\alpha},\boldsymbol{\beta}\in V,\forall\boldsymbol{\sigma}\in V,\boldsymbol{\sigma}(\boldsymbol{\alpha}),\boldsymbol{\sigma}(\boldsymbol{\beta})$的夹角与 $\boldsymbol{\alpha},\boldsymbol{\beta}$ 的夹角相等

D. $\boldsymbol{\sigma}$ 在 V 中任意一组标准正交基下的矩阵是正交矩阵

2. 设 $\boldsymbol{\sigma}$ 是 n 维欧氏空间 V 的一个正交变换.证明:如果 V 的一个子空间 W 在 $\boldsymbol{\sigma}$ 之下不变,那么 W 的正交补 $W^{\perp}$ 也在 $\boldsymbol{\sigma}$ 之下不变.

3. 设 V 是一个 n 维欧氏空间,$\boldsymbol{\alpha}\in V$ 是一个单位向量.对于 $\forall\boldsymbol{\xi}\in V$,规定

$$\boldsymbol{\tau}(\boldsymbol{\xi})=\boldsymbol{\xi}-\frac{2\langle\boldsymbol{\xi},\boldsymbol{\alpha}\rangle}{\langle\boldsymbol{\alpha},\boldsymbol{\alpha}\rangle}\boldsymbol{\alpha},$$

证明:(1) $\boldsymbol{\tau}$ 是 V 的一个正交变换,且 $\boldsymbol{\tau}^2=\boldsymbol{\iota},\boldsymbol{\iota}$ 是单位变换;

(2) $\boldsymbol{\tau}$ 是第二类正交变换.

4. 设 V 是有限维欧氏空间,设 $\boldsymbol{\sigma}$ 是 V 的一个正交变换,记

$$V_1=\{\boldsymbol{\alpha}|\boldsymbol{\sigma}(\boldsymbol{\alpha})=\boldsymbol{\alpha},\boldsymbol{\alpha}\in V\},V_2=\{\boldsymbol{\alpha}-\boldsymbol{\sigma}(\boldsymbol{\alpha})|\boldsymbol{\alpha}\in V\}.$$

显然 V_1 和 V_2 都是 V 的子空间,试证明:$V=V_1\oplus V_2$.

5. 设$\{\boldsymbol{\alpha}_1,\boldsymbol{\alpha}_2,\cdots,\boldsymbol{\alpha}_n\}$和$\{\boldsymbol{\beta}_1,\boldsymbol{\beta}_2,\cdots,\boldsymbol{\beta}_n\}$是 n 维欧氏空间 V 的两个规范正交基.

(1) 证明:存在 V 的一个正交变换 $\boldsymbol{\sigma}$,使 $\boldsymbol{\sigma}(\boldsymbol{\alpha}_i)=\boldsymbol{\beta}_i,i=1,2,\cdots,n$;

(2) 如果 V 的一个正交变换 $\boldsymbol{\tau}$,使得 $\boldsymbol{\tau}(\boldsymbol{\alpha}_1)=\boldsymbol{\beta}_1$,那么 $\boldsymbol{\tau}(\boldsymbol{\alpha}_2),\boldsymbol{\tau}(\boldsymbol{\alpha}_3),\cdots,\boldsymbol{\tau}(\boldsymbol{\alpha}_n)$生成的子空间与由 $\boldsymbol{\beta}_2,\boldsymbol{\beta}_3,\cdots,\boldsymbol{\beta}_n$ 所生成的子空间重合.

6. 证明:每一个 n 阶非奇异实矩阵 $\boldsymbol{A}$ 都可以唯一地表示成

$$\boldsymbol{A}=\boldsymbol{U}\boldsymbol{T}$$

的形式,这里 $\boldsymbol{U}$ 是一个正交矩阵,$\boldsymbol{T}$ 是一个上三角实矩阵,且主对角线上元素都是正数.

§8.4　对称矩阵和对称变换

对称变换是欧氏空间的另一个重要的线性变换,其理论是泛函分析中的一个内容.在这一节里,我们仅讨论有限维欧氏空间的对称变换,为下一章的实二次型的学习做准备.任意一个对称矩阵都合同于一个对角矩阵,换句话说,都有一个可逆矩阵 $\boldsymbol{T}$ 使 $\boldsymbol{T}^{\mathrm{T}}\boldsymbol{A}\boldsymbol{T}$ 成对角形.现在利用欧氏空间的理论进行进一步讨论.

定义 8.4.1 设 $\boldsymbol{\sigma}$ 是欧氏空间 V 的一个线性变换，如果对 $\forall\,\boldsymbol{\xi},\boldsymbol{\eta}\in V$，等式

$$\langle\boldsymbol{\sigma}(\boldsymbol{\xi}),\boldsymbol{\eta}\rangle=\langle\boldsymbol{\xi},\boldsymbol{\sigma}(\boldsymbol{\eta})\rangle \tag{8.15}$$

成立，那么就称 $\boldsymbol{\sigma}$ 是一个对称变换.

由定义不难发现，设 $\boldsymbol{\sigma},\boldsymbol{\tau}$ 是欧氏空间 V 的两个对称变换，则 $\boldsymbol{\sigma}+\boldsymbol{\tau}$ 也是 V 的对称变换，但是 $\boldsymbol{\sigma}$ 与 $\boldsymbol{\tau}$ 的乘积 $\boldsymbol{\sigma\tau}$ 不一定是对称变换，$\boldsymbol{\sigma\tau}$ 是对称变换一个充分必要条件是 $\boldsymbol{\sigma\tau}=\boldsymbol{\tau\sigma}$.

定理 8.4.1 设 $\boldsymbol{\sigma}$ 是 n 维欧氏空间 V 的一个线性变换，$\boldsymbol{\alpha}_1,\boldsymbol{\alpha}_2,\cdots,\boldsymbol{\alpha}_n$ 是 V 中的任意一组规范正交基，$\boldsymbol{A}=(a_{ij})$ 是 $\boldsymbol{\sigma}$ 关于这个基的矩阵，那么 $\boldsymbol{\sigma}$ 是对称变换的充分必要条件是 $\boldsymbol{A}^{\mathrm{T}}=\boldsymbol{A}$.

证：($\Rightarrow$)因为 $\boldsymbol{\sigma}(\boldsymbol{\alpha}_1,\boldsymbol{\alpha}_2,\cdots,\boldsymbol{\alpha}_n)=(\boldsymbol{\alpha}_1,\boldsymbol{\alpha}_2,\cdots,\boldsymbol{\alpha}_n)\boldsymbol{A}$，则

$$\boldsymbol{\sigma}(\boldsymbol{\alpha}_j)=\sum_{k=1}^{n}a_{kj}\boldsymbol{\alpha}_k,1\leqslant j\leqslant n.$$

因为 $\boldsymbol{\sigma}$ 是对称变换，而 $\boldsymbol{\alpha}_1,\boldsymbol{\alpha}_2,\cdots,\boldsymbol{\alpha}_n$ 是一个规范正交基，所以

$$a_{ji}=\left\langle\sum_{k=1}^{n}a_{ki}\boldsymbol{\alpha}_k,\boldsymbol{\alpha}_j\right\rangle=\langle\boldsymbol{\sigma}(\boldsymbol{\alpha}_i),\boldsymbol{\alpha}_j\rangle=\langle\boldsymbol{\alpha}_i,\boldsymbol{\sigma}(\boldsymbol{\alpha}_j)\rangle=\left\langle\boldsymbol{\alpha}_i,\sum_{k=1}^{n}a_{kj}\boldsymbol{\alpha}_k\right\rangle=a_{ij},$$

即 $\boldsymbol{A}^{\mathrm{T}}=\boldsymbol{A}$.

($\Leftarrow$)设 $\boldsymbol{\sigma}$ 关于 V 的一组规范正交基 $\boldsymbol{\alpha}_1,\boldsymbol{\alpha}_2,\cdots,\boldsymbol{\alpha}_n$ 的矩阵 $\boldsymbol{A}=(a_{ij})$ 是对称的，则对 $\forall\,\boldsymbol{\xi},\boldsymbol{\eta}\in V$，令

$$\boldsymbol{\xi}=\sum_{i=1}^{n}x_i\boldsymbol{\alpha}_i,\boldsymbol{\eta}=\sum_{i=1}^{n}y_i\boldsymbol{\alpha}_i,$$

那么

$$\begin{aligned}\langle\boldsymbol{\sigma}(\boldsymbol{\xi}),\boldsymbol{\eta}\rangle&=\left\langle\sum_{i=1}^{n}x_i\boldsymbol{\sigma}(\boldsymbol{\alpha}_i),\sum_{j=1}^{n}y_j\boldsymbol{\alpha}_j\right\rangle\\&=\left\langle\sum_{i=1}^{n}x_i\left(\sum_{k=1}^{n}a_{ki}\boldsymbol{\alpha}_k\right),\sum_{j=1}^{n}y_j\boldsymbol{\alpha}_j\right\rangle\\&=\left\langle\sum_{k=1}^{n}\left(\sum_{i=1}^{n}a_{ki}x_i\right)\boldsymbol{\alpha}_k,\sum_{j=1}^{n}y_j\boldsymbol{\alpha}_j\right\rangle\\&=\sum_{j=1}^{n}\sum_{i=1}^{n}a_{ij}x_iy_j.\end{aligned}$$

同样

$$\langle\boldsymbol{\xi},\boldsymbol{\sigma}(\boldsymbol{\eta})\rangle=\sum_{j=1}^{n}\sum_{i=1}^{n}a_{ij}x_iy_j.$$

因为 $\boldsymbol{A}$ 是对称矩阵，所以 $a_{ji}=a_{ij}$，于是 $\langle\boldsymbol{\sigma}(\boldsymbol{\xi}),\boldsymbol{\eta}\rangle=\langle\boldsymbol{\xi},\boldsymbol{\sigma}(\boldsymbol{\eta})\rangle$，即 $\boldsymbol{\sigma}$ 是一个对称变换.

由对称变换、正交变换以及单位变换的定义，不难发现，$\boldsymbol{\sigma}$ 是 n 维欧氏空间 V 的一个线性变换，如果 $\boldsymbol{\sigma}$ 满足下列三个条件中的任意两个，那么它必然满足第三个：(1)$\boldsymbol{\sigma}$ 是正交变换；(2)$\boldsymbol{\sigma}$ 是对称变换；(3)$\boldsymbol{\sigma}^2=\boldsymbol{\iota}$ 是单位变换.

由定理 8.4.1 可以看出，用对称变换来反映实对称矩阵，一些性质可以看得更清楚.

定理 8.4.2 实对称矩阵的特征根皆为实数.

证：设 $\boldsymbol{A}=(a_{ij})$ 是一个 n 阶实对称矩阵，令 λ 是 $\boldsymbol{A}$ 在复数域内一个特征根，于是存在不全为零的复数 $c_1,c_2,\cdots,c_n$，使得

$$\boldsymbol{A}\begin{pmatrix}c_1\\c_2\\\vdots\\c_n\end{pmatrix}=\lambda\begin{pmatrix}c_1\\c_2\\\vdots\\c_n\end{pmatrix}, \tag{8.16}$$

令 $\bar{c}_i$ 表示 c_i 的共轭复数，用矩阵 $(\bar{c}_1,\bar{c}_2,\cdots,\bar{c}_n)$ 左乘 (8.16) 式的两边，得

$$(\bar{c}_1,\bar{c}_2,\cdots,\bar{c}_n)\boldsymbol{A}\begin{pmatrix}c_1\\c_2\\\vdots\\c_n\end{pmatrix}=\lambda(\bar{c}_1,\bar{c}_2,\cdots,\bar{c}_n)\begin{pmatrix}c_1\\c_2\\\vdots\\c_n\end{pmatrix},$$

即

$$\sum_{i=1}^{n}\sum_{j=1}^{n}a_{ij}\bar{c}_i c_j=\lambda\sum_{i=1}^{n}\bar{c}_i c_i, \tag{8.17}$$

等式 (8.17) 两端取共轭复数，注意到 a_{ij} 都是实数，我们得到

$$\sum_{i=1}^{n}\sum_{j=1}^{n}a_{ij}c_i\bar{c}_j=\bar{\lambda}\sum_{i=1}^{n}c_i\bar{c}_i. \tag{8.18}$$

又因为 $a_{ij}=a_{ij}$，等式 (8.17) 和 (8.18) 的左端相等，因此

$$\lambda\sum_{i=1}^{n}c_i\bar{c}_i=\bar{\lambda}\sum_{i=1}^{n}c_i\bar{c}_i,$$

然而 c_i 不全为零，所以 $\lambda\sum\limits_{i=1}^{n}c_i\bar{c}_i$ 是一个正实数. 所以 $\lambda=\bar{\lambda}$，即 λ 是实数.

推论 8.4.1 n 阶实对称矩阵有 n 个实特征根（重根按重数计算）.

定理 8.4.3 n 维欧氏空间的一个对称变换的属于不同本征值的本征向量彼此正交.

证：设 $\boldsymbol{\sigma}$ 是 n 维欧氏空间 V 的一个对称变换，λ,μ 是 $\boldsymbol{\sigma}$ 的本征值，且 $\lambda\neq\mu$，令 $\boldsymbol{\alpha}$ 和 $\boldsymbol{\beta}$ 分别是属于 λ 和 μ 的本征向量：

$$\boldsymbol{\sigma}(\boldsymbol{\alpha})=\lambda\boldsymbol{\alpha},\boldsymbol{\sigma}(\boldsymbol{\beta})=\mu\boldsymbol{\beta}.$$

我们有

$$\lambda\langle\boldsymbol{\alpha},\boldsymbol{\beta}\rangle=\langle\lambda\boldsymbol{\alpha},\boldsymbol{\beta}\rangle=\langle\boldsymbol{\sigma}(\boldsymbol{\alpha}),\boldsymbol{\beta}\rangle=\langle\boldsymbol{\alpha},\boldsymbol{\sigma}(\boldsymbol{\beta})\rangle=\langle\boldsymbol{\alpha},\mu\boldsymbol{\beta}\rangle=\mu\langle\boldsymbol{\alpha},\boldsymbol{\beta}\rangle.$$

因为 $\lambda\neq\mu$，所以必须 $\langle\boldsymbol{\alpha},\boldsymbol{\beta}\rangle=0$.

定理 8.4.4 设 $\boldsymbol{\sigma}$ 是 n 维欧氏空间 V 的一个对称变换，那么存在 V 的一组规范正交基，使 $\boldsymbol{\sigma}$ 关于这个基的矩阵是对角形式.

证：对 n 做数学归纳法. $n=1$ 时，结论显然成立. 因为一阶矩阵自然是对角形式.

设 $n>1$ 并且假设对于 $n-1$ 维欧氏空间的对称变换来说定理成立. 现在设 $\boldsymbol{\sigma}$ 是 n 维欧氏空间 V 的一个对称变换. 由定理 8.4.2，$\boldsymbol{\sigma}$ 的本征值都是实数. 令 λ 是 $\boldsymbol{\sigma}$ 的一个本征值，$\boldsymbol{\alpha}_1$ 是 $\boldsymbol{\sigma}$ 的属于 λ 的一个本征向量，并且可设 $\boldsymbol{\alpha}_1$ 是单位向量：

$$\boldsymbol{\sigma}(\boldsymbol{\alpha}_1)=\lambda\boldsymbol{\alpha}_1,|\boldsymbol{\alpha}_1|=1.$$

令 $W=L(\boldsymbol{\alpha}_1)$ 是由 $\boldsymbol{\alpha}_1$ 生成的一维子空间. W 在 $\boldsymbol{\sigma}$ 之下不变. 由定理 8.2.4,

$$V=W\oplus W^{\perp},$$

$W^{\perp}$ 也在 $\boldsymbol{\sigma}$ 之下不变. 事实上,设 $\boldsymbol{\xi}\in W^{\perp}$,对于 $\forall\,\boldsymbol{\eta}\in W$,有

$$\langle\boldsymbol{\sigma}(\boldsymbol{\xi}),\boldsymbol{\eta}\rangle=\langle\boldsymbol{\xi},\boldsymbol{\sigma}(\boldsymbol{\eta})\rangle=0,$$

所以 $\boldsymbol{\sigma}(\boldsymbol{\xi})\in W^{\perp}$. $\boldsymbol{\sigma}$ 在 $W^{\perp}$ 的限制 $\boldsymbol{\sigma}|_{W^{\perp}}$ 也是 $W^{\perp}$ 的一个对称变换,并且 $\boldsymbol{\sigma}|_{W^{\perp}}$ 的本征值都是 $\boldsymbol{\sigma}$ 的本征值. 因为 $\dim W^{\perp}=n-1$,所以由假设,存在 $W^{\perp}$ 的一个规范正交基 $\boldsymbol{\alpha}_2,\cdots,\boldsymbol{\alpha}_n$,使 $\boldsymbol{\sigma}|_{W^{\perp}}$ 关于这个基的矩阵是实对角形式. 而 $\boldsymbol{\alpha}_1,\boldsymbol{\alpha}_2,\cdots,\boldsymbol{\alpha}_n$ 就是 V 的一个规范正交基. $\boldsymbol{\sigma}$ 关于这个基的矩阵是实对角矩阵.

定理 8.4.5 设矩阵 $\boldsymbol{A}=(a_{ij})$ 是一个 n 阶实对称矩阵,那么存在一个 n 阶正交矩阵 $\boldsymbol{U}$,使得 $\boldsymbol{U}^{\mathrm{T}}\boldsymbol{A}\boldsymbol{U}$ 是实对角形.

下面来看看在给定了一个实对称矩阵 $\boldsymbol{A}$ 之后,按什么办法求正交矩阵 $\boldsymbol{U}$ 使 $\boldsymbol{U}^{\mathrm{T}}\boldsymbol{A}\boldsymbol{U}$ 成对角形. 在定理 8.4.4 的证明中看到,求正交矩阵 $\boldsymbol{U}$ 的问题就相当于在 $\mathbf{R}^n$ 中求一组由 $\boldsymbol{A}$ 的本征向量构成的规范正交基. 事实上,设

$$\boldsymbol{\eta}_1=\begin{pmatrix}u_{11}\\u_{21}\\\vdots\\u_{n1}\end{pmatrix},\boldsymbol{\eta}_2=\begin{pmatrix}u_{12}\\u_{22}\\\vdots\\u_{n2}\end{pmatrix},\cdots,\boldsymbol{\eta}_n=\begin{pmatrix}u_{1n}\\u_{2n}\\\vdots\\u_{nn}\end{pmatrix}$$

是 $\mathbf{R}^n$ 的一组规范正交基,它们都是 $\boldsymbol{A}$ 的本征向量. 显然,由 $\boldsymbol{\varepsilon}_1,\boldsymbol{\varepsilon}_2,\cdots,\boldsymbol{\varepsilon}_n$ 到 $\boldsymbol{\eta}_1,\boldsymbol{\eta}_2,\cdots,\boldsymbol{\eta}_n$ 的过渡矩阵就是

$$\boldsymbol{U}=\begin{pmatrix}u_{11}&u_{12}&\cdots&u_{1n}\\u_{21}&u_{22}&\cdots&u_{2n}\\\vdots&\vdots&&\vdots\\u_{n1}&u_{n2}&\cdots&u_{nn}\end{pmatrix},$$

$\boldsymbol{U}$ 是一个正交矩阵,而

$$\boldsymbol{U}^{-1}\boldsymbol{A}\boldsymbol{U}=\boldsymbol{U}^{\mathrm{T}}\boldsymbol{A}\boldsymbol{U}$$

就是对角形.

根据上面的讨论,正交矩阵 $\boldsymbol{U}$ 的求法可以按以下步骤进行:

(1) 求出 $\boldsymbol{A}$ 的特征值,设 $\lambda_1,\lambda_2,\cdots,\lambda_r$ 是 $\boldsymbol{A}$ 的全部不同的特征值.

(2) 对于每个 λ_i,解齐次方程组

$$(\lambda_i\boldsymbol{E}-\boldsymbol{A})\begin{pmatrix}x_1\\x_2\\\vdots\\x_n\end{pmatrix}=\mathbf{0},$$

求出一个基础解系,这就是 $\boldsymbol{A}$ 的特征子空间 V_{λ_i} 的一组基. 由这组基出发,求出 V_{λ_i} 的一组规范正交基 $\boldsymbol{\eta}_{i1},\cdots,\boldsymbol{\eta}_{ik_i}$.

(3) 因为 $\lambda_1,\cdots,\lambda_r$ 两两不同,向量组 $\boldsymbol{\eta}_{11},\cdots,\boldsymbol{\eta}_{1k_1},\cdots,\boldsymbol{\eta}_{r1},\cdots,\boldsymbol{\eta}_{rk_r}$ 还是两两正交的,它

们的个数就等于空间的维数. 因此，它们就构成 $\mathbf{R}^n$ 的一组规范正交基，并且也都是 $\boldsymbol{A}$ 的特征向量. 这样，也就求出了正交矩阵 $\boldsymbol{U}$.

例 8.4.1 已知

$$\boldsymbol{A}=\begin{pmatrix}-1&-3&3&-3\\-3&-1&-3&3\\3&-3&-1&-3\\-3&3&-3&-1\end{pmatrix},$$

求一正交矩阵 $\boldsymbol{U}$ 使 $\boldsymbol{U}^{\mathrm{T}}\boldsymbol{A}\boldsymbol{U}$ 成对角形.

解：首先，求 $\boldsymbol{A}$ 的特征值. 由

$$|\lambda\boldsymbol{E}-\boldsymbol{A}|=\begin{vmatrix}\lambda+1&3&-3&3\\3&\lambda+1&3&-3\\-3&3&\lambda+1&3\\3&-3&3&\lambda+1\end{vmatrix}=(\lambda+4)^3(\lambda-8),$$

即得 $\boldsymbol{A}$ 的特征值为 -4(三重)，8.

其次，求 $\boldsymbol{A}$ 的属于 -4 的特征向量. 把 $\lambda=-4$ 代入

$$\begin{pmatrix}\lambda+1&3&-3&3\\3&\lambda+1&3&-3\\-3&3&\lambda+1&3\\3&-3&3&\lambda+1\end{pmatrix}\begin{pmatrix}x_1\\x_2\\x_3\\x_4\end{pmatrix}=\begin{pmatrix}0\\0\\0\\0\end{pmatrix},\tag{8.19}$$

求得基础解系为

$$\boldsymbol{\alpha}_1=\begin{pmatrix}1\\1\\0\\0\end{pmatrix},\boldsymbol{\alpha}_2=\begin{pmatrix}-1\\0\\1\\0\end{pmatrix},\boldsymbol{\alpha}_3=\begin{pmatrix}1\\0\\0\\1\end{pmatrix},$$

把它正交化，得

$$\boldsymbol{\beta}_1=\boldsymbol{\alpha}_1=\begin{pmatrix}1\\1\\0\\0\end{pmatrix},$$

$$\boldsymbol{\beta}_2=\boldsymbol{\alpha}_2-\frac{\langle\boldsymbol{\alpha}_2,\boldsymbol{\beta}_1\rangle}{\langle\boldsymbol{\beta}_1,\boldsymbol{\beta}_1\rangle}\boldsymbol{\beta}_1=\begin{pmatrix}-\frac{1}{2}\\\frac{1}{2}\\1\\0\end{pmatrix},$$

$$\boldsymbol{\beta}_3=\boldsymbol{\alpha}_3-\frac{\langle\boldsymbol{\alpha}_3,\boldsymbol{\beta}_2\rangle}{\langle\boldsymbol{\beta}_2,\boldsymbol{\beta}_2\rangle}\boldsymbol{\beta}_2-\frac{\langle\boldsymbol{\alpha}_3,\boldsymbol{\beta}_1\rangle}{\langle\boldsymbol{\beta}_1,\boldsymbol{\beta}_1\rangle}\boldsymbol{\beta}_1=\begin{pmatrix}\frac{1}{3}\\-\frac{1}{3}\\\frac{1}{3}\\1\end{pmatrix},$$

再单位化,得

$$\boldsymbol{\eta}_1=\begin{pmatrix}\frac{2}{\sqrt{2}}\\\frac{2}{\sqrt{2}}\\0\\0\end{pmatrix},\boldsymbol{\eta}_2=\begin{pmatrix}-\frac{\sqrt{6}}{6}\\\frac{\sqrt{6}}{6}\\\frac{\sqrt{6}}{3}\\0\end{pmatrix},\boldsymbol{\eta}_3=\begin{pmatrix}\frac{\sqrt{3}}{6}\\-\frac{\sqrt{3}}{6}\\\frac{\sqrt{3}}{6}\\\frac{\sqrt{3}}{2}\end{pmatrix},$$

再求 $\boldsymbol{A}$ 的属于 8 的特征向量. 把 $\lambda=8$ 代入(8.19),求得基础解系为

$$\boldsymbol{\alpha}_4=\begin{pmatrix}1\\-1\\1\\-1\end{pmatrix},$$

把它单位化,得

$$\boldsymbol{\eta}_4=\begin{pmatrix}\frac{1}{2}\\-\frac{1}{2}\\\frac{1}{2}\\-\frac{1}{2}\end{pmatrix}.$$

特征向量 $\boldsymbol{\eta}_1,\boldsymbol{\eta}_2,\boldsymbol{\eta}_3,\boldsymbol{\eta}_4$ 构成 $\mathbf{R}^4$ 的一组规范正交基,以 $\boldsymbol{\eta}_1,\boldsymbol{\eta}_2,\boldsymbol{\eta}_3,\boldsymbol{\eta}_4$ 为列,做一个矩阵

$$\boldsymbol{U}=\begin{pmatrix}\frac{2}{\sqrt{2}}&-\frac{\sqrt{6}}{6}&\frac{\sqrt{3}}{6}&\frac{1}{2}\\\frac{2}{\sqrt{2}}&\frac{\sqrt{6}}{6}&-\frac{\sqrt{3}}{6}&-\frac{1}{2}\\0&\frac{\sqrt{6}}{3}&\frac{\sqrt{3}}{6}&\frac{1}{2}\\0&0&\frac{\sqrt{3}}{2}&-\frac{1}{2}\end{pmatrix},$$

就是正交矩阵 $\boldsymbol{U}$，并且

$$\boldsymbol{U}^{\mathrm{T}}\boldsymbol{A}\boldsymbol{T}=\begin{pmatrix}-4&0&0&0\\0&-4&0&0\\0&0&-4&0\\0&0&0&8\end{pmatrix}.$$

习　题　8.4

1. 设 V_1 是有限维欧氏空间 V 的子空间，$V_1^{\perp}$ 是 V_1 的正交补，即 $V=V_1\oplus V_1^{\perp}$，定义 V 到 V_1 的投影变换 $\boldsymbol{\sigma}$ 如下：对 $\forall\,\boldsymbol{x}\in V$，有 $\boldsymbol{x}=\boldsymbol{x}_1+\boldsymbol{x}_2$，$\boldsymbol{x}_1\in V_1$，$\boldsymbol{x}_2\in V_1^{\perp}$，$\boldsymbol{\sigma}(\boldsymbol{x})=\boldsymbol{x}_1$，证明：

(1) $\boldsymbol{\sigma}$ 是 V 上的线性变换；

(2) $\boldsymbol{\sigma}$ 是满足 $\boldsymbol{\sigma}^2=\boldsymbol{\sigma}$ 的对称变换.

2. 设 $\boldsymbol{\sigma}$ 是 n 维欧氏空间 V 的一个对称变换，且 $\boldsymbol{\sigma}^2=\boldsymbol{\sigma}$. 证明：存在 V 的一个规范正交基，使得 $\boldsymbol{\sigma}$ 关于这个基的矩阵形如：

$$\begin{pmatrix}1&&&&&\boldsymbol{0}\\&\ddots&&&&\\&&1&&&\\&&&0&&\\&&&&\ddots&\\\boldsymbol{0}&&&&&0\end{pmatrix}.$$

3. 设 $\boldsymbol{\varepsilon}_1,\boldsymbol{\varepsilon}_2,\boldsymbol{\varepsilon}_3$ 为 V 的基，且线性变换 $\boldsymbol{A}$ 在此基下的矩阵为

$$\boldsymbol{A}=\begin{pmatrix}1&1&1\\1&1&1\\1&1&1\end{pmatrix}.$$

(1) 求 $\boldsymbol{A}$ 的特征值与特征向量；

(2) $\boldsymbol{A}$ 是否可以对角化？如果可以，求正交矩阵 $\boldsymbol{T}$ 使得 $\boldsymbol{T}^{-1}\boldsymbol{A}\boldsymbol{T}$ 为对角形.

4. 令 $\boldsymbol{A}$ 是一个反对称实矩阵. 证明：$\boldsymbol{I}+\boldsymbol{A}$ 可逆，并且 $\boldsymbol{U}=(\boldsymbol{I}-\boldsymbol{A})(\boldsymbol{I}+\boldsymbol{A})^{-1}$ 是一个正交矩阵.

5. 对于下列对称矩阵 $\boldsymbol{A}$，各求出一个正交矩阵 $\boldsymbol{U}$，使得 $\boldsymbol{U}^{\mathrm{T}}\boldsymbol{A}\boldsymbol{U}$ 成对角形：

(1) $\boldsymbol{A}=\begin{pmatrix}0&0&4&1\\0&0&1&4\\4&1&0&0\\1&4&0&0\end{pmatrix}$； (2) $\boldsymbol{A}=\begin{pmatrix}1&2&2\\2&1&2\\2&2&1\end{pmatrix}$； (3) $\boldsymbol{A}=\begin{pmatrix}2&-2&0\\-2&1&-2\\0&-2&1\end{pmatrix}$.

§8.5　向量到子空间的最小距离·最小二乘法

在解析几何中，两个点 $\boldsymbol{\alpha}$ 和 $\boldsymbol{\beta}$ 之间的距离等于向量 $\boldsymbol{\alpha}-\boldsymbol{\beta}$ 的长度.

定义 8.5.1 长度$|\boldsymbol{\alpha}-\boldsymbol{\beta}|$称为向量$\boldsymbol{\alpha}$和$\boldsymbol{\beta}$的距离，记为$d(\boldsymbol{\alpha},\boldsymbol{\beta})$.

不难证明距离满足长度公理：

1) $d(\boldsymbol{\alpha},\boldsymbol{\beta})=d(\boldsymbol{\beta},\boldsymbol{\alpha})$；

2) $d(\boldsymbol{\alpha},\boldsymbol{\beta})\geqslant 0$，当且仅当$\boldsymbol{\alpha}=\boldsymbol{\beta}$时等号才成立；

3) $d(\boldsymbol{\alpha},\boldsymbol{\beta})\leqslant d(\boldsymbol{\alpha},\boldsymbol{\gamma})+d(\boldsymbol{\gamma},\boldsymbol{\beta})$（三角不等式）.

在中学所学几何中知道一个点到一个平面（一条直线）上所有点的距离以垂线最短.

下面可以证明一个固定向量和一个子空间中各向量间的距离也是以"垂线最短".

先设一个子空间W，$W=L(\boldsymbol{\alpha}_1,\boldsymbol{\alpha}_2,\cdots,\boldsymbol{\alpha}_k)$，说一个向量$\boldsymbol{\alpha}$垂直于子空间$W$，就是指向量$\boldsymbol{\alpha}$垂直于$W$中任何一个向量. 易证$\boldsymbol{\alpha}$垂直于$W$的充分必要条件是$\boldsymbol{\alpha}$垂直于每个$\boldsymbol{\alpha}_i$ $(i=1,2,\cdots,k)$.

现给定$\boldsymbol{\beta}$，设$\boldsymbol{\gamma}\in W$，满足$\boldsymbol{\beta}-\boldsymbol{\gamma}$垂直于$W$. $\boldsymbol{\beta}$到W中各向量的距离以垂线最短，即对于$\forall\boldsymbol{\delta}\in W$，有

$$|\boldsymbol{\beta}-\boldsymbol{\gamma}|\leqslant|\boldsymbol{\beta}-\boldsymbol{\delta}|,$$

由定理 8.2.5 显然成立. 所以，向量到子空间各向量间的距离以垂线最短.

这个几何事实可以用来解决一些实际问题. 其中的一个应用就是解决最小二乘法问题.

例 8.5.1 已知某种材料在生产过程中的废品率y与某种化学成分x有关. 下列表中记载了某工厂生产中y与相应的x的几个数值：

$y(\%)$	1.00	0.9	0.9	0.81	0.60	0.56	0.35
$x(\%)$	3.6	3.7	3.8	3.9	4.0	4.0	4.2

找出y对x的一个近似公式.

最小二乘法问题：线性方程组

$$\begin{cases}a_{11}x_1+a_{12}x_2+\cdots+a_{1s}x_s-b_1=0,\\a_{21}x_1+a_{22}x_2+\cdots+a_{2s}x_s-b_2=0,\\\quad\cdots\cdots\\a_{n1}x_1+a_{n2}x_2+\cdots+a_{ns}x_s-b_n=0\end{cases}$$

可能无解. 即任何一组数$x_1,x_2,\cdots,x_s$都可能使

$$\sum_{i=1}^{n}(a_{i1}x_1+a_{i2}x_2+\cdots+a_{is}x_s-b_i)^2 \tag{8.20}$$

不等于零. 我们设法找$x_1^0,x_2^0,\cdots,x_s^0$使(8.20)最小，这样的$x_1^0,x_2^0,\cdots,x_s^0$称为方程组的最小二乘解. 这种问题就叫最小二乘法问题.

下面利用欧氏空间的概念来表达最小二乘法，并给出最小二乘法解所满足的代数条件. 令

$$\boldsymbol{A}=\begin{pmatrix}a_{11}&a_{12}&\cdots&a_{1s}\\a_{21}&a_{22}&\cdots&a_{2s}\\\vdots&\vdots&&\vdots\\a_{n1}&a_{n2}&\cdots&a_{ns}\end{pmatrix},\boldsymbol{B}=\begin{pmatrix}b_1\\b_2\\\vdots\\b_n\end{pmatrix},$$

$$X=\begin{pmatrix}x_1\\x_2\\\vdots\\x_s\end{pmatrix},Y=\begin{pmatrix}\sum_{j=1}^{s}a_{1j}x_j\\\sum_{j=1}^{s}a_{2j}x_j\\\vdots\\\sum_{j=1}^{s}a_{nj}x_j\end{pmatrix}=AX. \tag{8.21}$$

用距离的概念，(8.20)就是

$$|\boldsymbol{Y}-\boldsymbol{B}|^2.$$

最小二乘法就是找出 $x_1^0,x_2^0,\cdots,x_s^0$ 使 $\boldsymbol{Y}$ 与 $\boldsymbol{B}$ 的距离最短. 但从(8.21)，知道向量 $\boldsymbol{Y}$ 就是

$$\boldsymbol{Y}=x_1\begin{pmatrix}a_{11}\\a_{21}\\\vdots\\a_{n1}\end{pmatrix}+x_2\begin{pmatrix}a_{12}\\a_{22}\\\vdots\\a_{n2}\end{pmatrix}+\cdots+x_s\begin{pmatrix}a_{1s}\\a_{2s}\\\vdots\\a_{ns}\end{pmatrix}.$$

把 $\boldsymbol{A}$ 的各列向量分别记成 $\boldsymbol{\alpha}_1,\boldsymbol{\alpha}_2,\cdots,\boldsymbol{\alpha}_s$，由它们生成的子空间为 $L(\boldsymbol{\alpha}_1,\boldsymbol{\alpha}_2,\cdots,\boldsymbol{\alpha}_s)$. $\boldsymbol{Y}$ 就是 $L(\boldsymbol{\alpha}_1,\boldsymbol{\alpha}_2,\cdots,\boldsymbol{\alpha}_s)$ 中的向量. 于是最小二乘法问题可叙述成：

找 $\boldsymbol{X}$ 使(8.20)最小，就是在 $L(\boldsymbol{\alpha}_1,\boldsymbol{\alpha}_2,\cdots,\boldsymbol{\alpha}_s)$ 中找一向量 $\boldsymbol{Y}$，使得 $\boldsymbol{B}$ 到它的距离比到子空间 $L(\boldsymbol{\alpha}_1,\boldsymbol{\alpha}_2,\cdots,\boldsymbol{\alpha}_s)$ 中其他向量的距离都短.

设

$$\boldsymbol{Y}=\boldsymbol{AX}=x_1\boldsymbol{\alpha}_1+x_2\boldsymbol{\alpha}_2+\cdots+x_s\boldsymbol{\alpha}_s$$

是所求的向量，则

$$\boldsymbol{C}=\boldsymbol{B}-\boldsymbol{Y}=\boldsymbol{B}-\boldsymbol{AX}$$

必须垂直于子空间 $L(\boldsymbol{\alpha}_1,\boldsymbol{\alpha}_2,\cdots,\boldsymbol{\alpha}_s)$，为此只须而且必须

$$(\boldsymbol{C},\boldsymbol{\alpha}_1)=(\boldsymbol{C},\boldsymbol{\alpha}_2)=\cdots=(\boldsymbol{C},\boldsymbol{\alpha}_s)=0.$$

回忆矩阵乘法规则，上述一串等式可以写成矩阵相乘的式子，即

$$\boldsymbol{\alpha}_1'\boldsymbol{C}=\boldsymbol{0},\boldsymbol{\alpha}_2'\boldsymbol{C}=\boldsymbol{0},\cdots,\boldsymbol{\alpha}_s'\boldsymbol{C}=\boldsymbol{0}.$$

而 $\boldsymbol{\alpha}_1',\boldsymbol{\alpha}_2',\cdots,\boldsymbol{\alpha}_s'$ 按行正好排成矩阵 $\boldsymbol{A}'$，上述一串等式合起来就是

$$\boldsymbol{A}'(\boldsymbol{B}-\boldsymbol{AX})=\boldsymbol{0}$$

或

$$\boldsymbol{A}'\boldsymbol{AX}=\boldsymbol{A}'\boldsymbol{B}.$$

这就是最小二乘解所满足的代数方程，它是一个线性方程组，系数矩阵是 $\boldsymbol{A}'\boldsymbol{A}$，常数项是 $\boldsymbol{A}'\boldsymbol{B}$. 这种线性方程组总是有解的.

回到前面的例子，易知

$$A=\begin{pmatrix}3.6&1\\3.7&1\\3.8&1\\3.9&1\\4.0&1\\4.1&1\\4.2&1\end{pmatrix},B=\begin{pmatrix}1.00\\0.90\\0.90\\0.81\\0.60\\0.56\\0.35\end{pmatrix}$$

最小二乘解 a,b 所满足的方程就是

$$\boldsymbol{A}'\boldsymbol{A}\begin{pmatrix}a\\b\end{pmatrix}=\boldsymbol{A}'\boldsymbol{B}=\boldsymbol{0},$$

即为

$$\begin{cases}106.75a+27.3b-19.675=0,\\27.3a+7b-5.12=0,\end{cases}$$

解得

$$a=-1.05,b=4.81(\text{取三位有效数字}).$$

* §8.6 酉空间介绍

定义 8.6.1 设 V 是复数域上一个向量空间，在 V 上定义了一个二元复函数，称为内积，记作 $\langle\boldsymbol{\alpha},\boldsymbol{\beta}\rangle$，它具有以下性质：

1) $\langle\boldsymbol{\alpha},\boldsymbol{\beta}\rangle=\overline{\langle\boldsymbol{\beta},\boldsymbol{\alpha}\rangle}$，$\overline{(\boldsymbol{\beta},\boldsymbol{\alpha})}$是$(\boldsymbol{\beta},\boldsymbol{\alpha})$的共轭复数；

2) $\langle k\boldsymbol{\alpha},\boldsymbol{\beta}\rangle=k\langle\boldsymbol{\alpha},\boldsymbol{\beta}\rangle$；

3) $\langle\boldsymbol{\alpha}+\boldsymbol{\beta},\boldsymbol{\gamma}\rangle=\langle\boldsymbol{\alpha},\boldsymbol{\gamma}\rangle+\langle\boldsymbol{\beta},\boldsymbol{\gamma}\rangle$；

4) $\langle\boldsymbol{\alpha},\boldsymbol{\alpha}\rangle$是非负实数，且$\langle\boldsymbol{\alpha},\boldsymbol{\alpha}\rangle=0$ 当且仅当 $\boldsymbol{\alpha}=\boldsymbol{0}$.

这里 $\boldsymbol{\alpha},\boldsymbol{\beta},\boldsymbol{\gamma}$ 是 V 中任意的向量，k 是任意复数，这样的向量空间称为酉空间.

例 8.6.1 在向量空间 $\mathbf{C}^n$ 中，对向量

$$\boldsymbol{\alpha}=(a_1,a_2,\cdots,a_n),\boldsymbol{\beta}=(b_1,b_2,\cdots,b_n),$$

定义内积为

$$\langle\boldsymbol{\alpha},\boldsymbol{\beta}\rangle=a_1\overline{b}_1+a_2\overline{b}_2+\cdots+a_n\overline{b}_n. \tag{8.22}$$

显然内积(8.22)满足定义 8.6.1 中的条件. 这样 $\mathbf{C}^n$ 就成为一个酉空间.

由于酉空间的讨论与欧氏空间的讨论很相似，有一套平行的理论，因此在这只简单地列出重要的结论，而不详细论证.

1) $\langle\boldsymbol{\alpha},k\boldsymbol{\beta}\rangle=\overline{k}\langle\boldsymbol{\alpha},\boldsymbol{\beta}\rangle$；

2) $\langle\boldsymbol{\alpha},\boldsymbol{\beta}+\boldsymbol{\gamma}\rangle=\langle\boldsymbol{\alpha},\boldsymbol{\beta}\rangle+\langle\boldsymbol{\alpha},\boldsymbol{\gamma}\rangle$；

3) $\sqrt{\langle\boldsymbol{\alpha},\boldsymbol{\alpha}\rangle}$叫作向量 $\boldsymbol{\alpha}$ 的长度，记为$|\boldsymbol{\alpha}|$；

4) 柯西－布涅柯夫斯基不等式仍然成立，即对于任意的向量 $\boldsymbol{\alpha},\boldsymbol{\beta}$ 有

$$|\langle \boldsymbol{\alpha},\boldsymbol{\beta}\rangle| \leqslant |\boldsymbol{\alpha}|\,|\boldsymbol{\beta}|,$$

当且仅当 $\boldsymbol{\alpha},\boldsymbol{\beta}$ 线性相关时等号成立.

注意:酉空间中的内积 $\langle \boldsymbol{\alpha},\boldsymbol{\beta}\rangle$ 一般是复数,故向量之间不易定义夹角.

5) 向量 $\boldsymbol{\alpha},\boldsymbol{\beta}$,当 $\langle \boldsymbol{\alpha},\boldsymbol{\beta}\rangle=0$ 时称为正交的或互相垂直.

在 n 维酉空间中,同样可以定义正交基和规范正交基,并且关于规范正交基也有下述一些重要性质:

6) 任意一组线性无关的向量可以用施密特过程正交化,并扩充为一组规范正交基.

7) 对 n 级复矩阵 $\boldsymbol{A}$,用 $\overline{\boldsymbol{A}}$ 表示以 $\boldsymbol{A}$ 的元素的共轭复数作元素的矩阵. 如 $\boldsymbol{A}$ 满足 $\overline{\boldsymbol{A}}'\boldsymbol{A}=\boldsymbol{A}\overline{\boldsymbol{A}}'=\boldsymbol{E}$,就叫作酉矩阵. 它的行列式的绝对值等于 1.

两组规范正交基的过渡矩阵是酉矩阵.

8) 酉空间 V 的线性变换 $\boldsymbol{\sigma}$,满足

$$\langle \boldsymbol{\sigma}(\boldsymbol{\alpha}),\boldsymbol{\sigma}(\boldsymbol{\beta})\rangle=\langle \boldsymbol{\alpha},\boldsymbol{\beta}\rangle,$$

就称为 V 的一个酉变换. 酉变换在规范正交基下的矩阵是酉矩阵.

9) 如矩阵 $\boldsymbol{A}$ 满足

$$\overline{\boldsymbol{A}}'=\boldsymbol{A},$$

则叫作埃尔米特(Hermite)矩阵. 在酉空间 $\mathbf{C}^n$ 中令

$$\boldsymbol{\sigma}\begin{pmatrix}x_1\\x_2\\\vdots\\x_n\end{pmatrix}=\boldsymbol{A}\begin{pmatrix}x_1\\x_2\\\vdots\\x_n\end{pmatrix},$$

则

$$\langle \boldsymbol{\sigma}(\boldsymbol{\alpha}),\boldsymbol{\beta}\rangle=\langle \boldsymbol{\alpha},\boldsymbol{\sigma}(\boldsymbol{\beta})\rangle,$$

$\boldsymbol{\sigma}$ 也是对称变换.

10) V 是酉空间,V_1 是子空间,$V_1^{\perp}$ 是 V_1 的正交补,则 $V=V_1\oplus V_1^{\perp}$,又设 V_1 是对称变换的不变子空间,则 $V_1^{\perp}$ 也是不变子空间.

11) 埃尔米特矩阵的特征值为实数,它的属于不同的特征值的特征向量必正交.

12) 若 $\boldsymbol{A}$ 是埃尔米特矩阵,则有酉矩阵 $\boldsymbol{C}$,使

$$\boldsymbol{C}^{-1}\boldsymbol{A}\boldsymbol{C}=\overline{\boldsymbol{C}}'\boldsymbol{A}\boldsymbol{C}$$

是对角形矩阵.

13) 设 $\boldsymbol{A}$ 为埃尔米特矩阵,二次齐次函数

$$f(x_1,x_2,\cdots,x_n)=\sum_{i=1}^{n}\sum_{j=1}^{n}a_{ij}x_i\overline{x}_j=\boldsymbol{X}'\boldsymbol{A}\overline{\boldsymbol{X}}$$

叫作埃尔米特二次型. 必有酉矩阵 $\boldsymbol{C}$,当时 $\boldsymbol{X}=\boldsymbol{C}\boldsymbol{Y}$,

$$f(x_1,x_2,\cdots,x_n)=d_1y_1\overline{y}_1+d_2y_2\overline{y}_2+\cdots+d_ny_n\overline{y}_n.$$

总练习题 8

1. 下列说法正确的是(　　).

A. 实对称矩阵 $\boldsymbol{A}$ 的属于不同特征值的特征向量必正交

B. 实对称矩阵 $\boldsymbol{A}$ 的属于相同特征值的特征向量必不正交

C. 实对称矩阵 $\boldsymbol{A}$ 的所有特征向量都正交

D. 以上都不对

2. 设 $\boldsymbol{\sigma}$ 是欧氏空间 V 到自身的一个映射，对 $\forall\boldsymbol{\xi},\boldsymbol{\eta}\in V$，有 $\langle\boldsymbol{\sigma}(\boldsymbol{\xi}),\boldsymbol{\sigma}(\boldsymbol{\eta})\rangle=\langle\boldsymbol{\xi},\boldsymbol{\eta}\rangle$. 证明：$\boldsymbol{\sigma}$ 是 V 的一个线性变换，因而是一个正交变换.

3. 设 $\boldsymbol{\eta}$ 是 n 维欧氏空间 V 的一个单位向量，定义

$$\boldsymbol{\sigma}(\boldsymbol{\alpha})=\boldsymbol{\alpha}-\langle\boldsymbol{\eta},\boldsymbol{\alpha}\rangle\boldsymbol{\eta},\ \forall\boldsymbol{\alpha}\in V,$$

试证明：(1) $\boldsymbol{\sigma}$ 为线性变换；

(2) $\boldsymbol{\sigma}$ 为正交变换；

(3) 存在 V 的一个标准正交基，使得 $\boldsymbol{\sigma}$ 关于这个基的矩阵具有形状

$$\begin{pmatrix} -1 & 0 & \cdots & 0 \\ 0 & 1 & \cdots & 0 \\ \vdots & \vdots & & \vdots \\ 0 & 0 & \cdots & 1 \end{pmatrix}.$$

4. n 维欧氏空间 V 的一个线性变换 $\boldsymbol{\sigma}$ 说是反对称的，如果对 $\forall\boldsymbol{\alpha},\boldsymbol{\beta}\in V$，

$$\langle\boldsymbol{\sigma}(\boldsymbol{\alpha}),\boldsymbol{\beta}\rangle=-\langle\boldsymbol{\alpha},\boldsymbol{\sigma}(\boldsymbol{\beta})\rangle.$$

证明：(1) 线性变换 $\boldsymbol{\sigma}$ 是反对称的$\Leftrightarrow\boldsymbol{\sigma}$ 关于 V 的某一规范正交基的矩阵是反对称的；

(2) 反对称实矩阵的特征根或者是零，或者是纯虚数.

5. $\boldsymbol{\alpha}_1,\boldsymbol{\alpha}_2,\cdots,\boldsymbol{\alpha}_n,\boldsymbol{\beta}$ 都是欧氏空间的向量，证明：如果 $\boldsymbol{\beta}$ 与每一个 $\boldsymbol{\alpha}_i$，$i=1,2,\cdots,n$ 正交，那么 $\boldsymbol{\beta}=\boldsymbol{0}$.

6. 设 $\boldsymbol{\alpha}_1,\boldsymbol{\alpha}_2,\cdots,\boldsymbol{\alpha}_m$ 是 n 维欧氏空间 V 中的一组向量，而

$$\triangleleft=\begin{vmatrix} (\boldsymbol{\alpha}_1,\boldsymbol{\alpha}_1) & (\boldsymbol{\alpha}_1,\boldsymbol{\alpha}_2) & \cdots & (\boldsymbol{\alpha}_1,\boldsymbol{\alpha}_m) \\ (\boldsymbol{\alpha}_2,\boldsymbol{\alpha}_1) & (\boldsymbol{\alpha}_2,\boldsymbol{\alpha}_2) & \cdots & (\boldsymbol{\alpha}_2,\boldsymbol{\alpha}_m) \\ \vdots & \vdots & & \vdots \\ (\boldsymbol{\alpha}_m,\boldsymbol{\alpha}_1) & (\boldsymbol{\alpha}_m,\boldsymbol{\alpha}_2) & \cdots & (\boldsymbol{\alpha}_m,\boldsymbol{\alpha}_m) \end{vmatrix},$$

证明：当且仅当 $\triangleleft\neq\boldsymbol{0}$ 时，$\boldsymbol{\alpha}_1,\boldsymbol{\alpha}_2,\cdots,\boldsymbol{\alpha}_m$ 线性无关.

第9章　二次型

在这一章里，我们将利用矩阵来讨论 n 元二次齐次多项式. 二次齐次多项式也叫作二次型，二次型的理论在数学和物理的许多分支中都有应用.

§9.1　二次型和对称矩阵

定义 9.1.1　设 F 是一个数域，系数在数域 F 中的 $x_1, x_2, \cdots, x_n$ 的一个二次齐次多项式

$$q(x_1, x_2, \cdots, x_n) = a_{11}x_1^2 + a_{22}x_2^2 + \cdots + a_{nn}x_n^2 + 2a_{12}x_1x_2 + 2a_{13}x_1x_3 + \cdots + 2a_{n-1,n}x_{n-1}x_n \tag{9.1}$$

称为数域 F 上的一个 n 元二次型，在不致引起混淆时简称二次型.

例如

$$x_1^2 + x_2^2 + x_3^2 + x_4^2 + x_1x_2 + x_1x_3 + 2x_1x_4 + 3x_2x_3 + x_2x_4 + 3x_3x_4$$

就是有理数域上的四元二次型.

数域 F 上 n 元多项式总可以看成 F 上 n 个变量的函数，所以 n 元二次型也叫 n 个变量的二次型.

令 $a_{ij} = a_{ji}, i < j$，由于 $x_ix_j = x_jx_i$，所以二次型(9.1)可写成

$$\begin{aligned} q(x_1, x_2, \cdots, x_n) &= a_{11}x_1^2 + a_{12}x_1x_2 + \cdots + a_{1n}x_1x_n + \\ &\quad a_{21}x_2x_1 + a_{22}x_2^2 + a_{23}x_2x_3 + \cdots + a_{2n}x_2x_n + \cdots + \\ &\quad a_{n1}x_nx_1 + a_{n2}x_nx_2 + \cdots + a_{n,n-1}x_nx_{n-1} + a_{nn}x_n^2 \\ &= \sum_{i=1}^{n}\sum_{j=1}^{n} a_{ij}x_ix_j, a_{ij} = a_{ji}. \end{aligned} \tag{9.2}$$

把(9.2)的系数排成一个 $n \times n$ 矩阵

$$\boldsymbol{A} = \begin{pmatrix} a_{11} & a_{12} & \cdots & a_{1n} \\ a_{21} & a_{22} & \cdots & a_{2n} \\ \vdots & \vdots & & \vdots \\ a_{n1} & a_{n2} & \cdots & a_{nn} \end{pmatrix}$$

称为二次型(9.2)的矩阵. 因为 $a_{ij} = a_{ji}, i = 1, 2, \cdots, n$，所以

$$\boldsymbol{A}^{\mathrm{T}} = \boldsymbol{A},$$

因此，二次型的矩阵都是对称的. 令

$$X^{\mathrm{T}}AX=(x_1,x_2,\cdots,x_n)\begin{pmatrix}a_{11}&a_{12}&\cdots&a_{1n}\\a_{21}&a_{22}&\cdots&a_{2n}\\\vdots&\vdots&&\vdots\\a_{n1}&a_{n2}&\cdots&a_{nn}\end{pmatrix}\begin{pmatrix}x_1\\x_2\\\vdots\\x_n\end{pmatrix}=\sum_{i=1}^{n}\sum_{j=1}^{n}a_{ij}x_ix_j,$$

因此，二次型(9.2)也可以写成

$$q(x_1,x_2,\cdots,x_n)=(x_1,x_2,\cdots,x_n)A\begin{pmatrix}x_1\\x_2\\\vdots\\x_n\end{pmatrix}. \tag{9.3}$$

二次型(9.1)的矩阵 A 的元素，当 $i\neq j$ 时，$a_{ij}=a_{ji}$ 正是它的 x_ix_j 项的系数的一半，而 a_{ii} 是 x_i^2 项的系数，因此二次型和它的矩阵是相互唯一决定的. 由此可得，若二次型

$$q(x_1,x_2,\cdots,x_n)=X^{\mathrm{T}}AX=X^{\mathrm{T}}BX,$$

且 $A^{\mathrm{T}}=A,B^{T}=B$，则 $A=B$.

定义 9.1.2 二次型 $q(x_1,x_2,\cdots,x_n)=X^{\mathrm{T}}AX$ 的秩就是指矩阵 A 的秩.

在处理很多其他问题时，常常希望通过变量的线性替换来化简有关的二次型.

定义 9.1.3 设 $x_1,x_2,\cdots,x_n$ 和 $y_1,y_2,\cdots,y_n$ 是两组数字，系数在数域 F 中的一组关系式

$$\begin{cases}x_1=p_{11}y_1+p_{12}y_2+\cdots+p_{1n}y_n,\\x_2=p_{21}y_1+p_{22}y_2+\cdots+p_{2n}y_n,\\\cdots\cdots\\x_n=p_{n1}y_1+p_{n2}y_2+\cdots+p_{nn}y_n\end{cases} \tag{9.4}$$

称为由 $x_1,x_2,\cdots,x_n$ 到 $y_1,y_2,\cdots,y_n$ 的一个线性替换，或简称线性替换. $P=(p_{ij})$ 是系数所构成的矩阵，如果系数行列式

$$|p_{ij}|\neq 0,$$

那么线性替换(9.4)就称为非退化的.

以下证明利用非退化线性替换把二次型变成二次型. 事实上，令

$$P=\begin{pmatrix}p_{11}&p_{12}&\cdots&p_{1n}\\p_{21}&p_{22}&\cdots&p_{2n}\\\vdots&\vdots&&\vdots\\p_{n1}&p_{n2}&\cdots&p_{nn}\end{pmatrix},Y=\begin{pmatrix}y_1\\y_2\\\vdots\\y_n\end{pmatrix} \tag{9.5}$$

于是线性替换(9.4)可以写成

$$\begin{pmatrix}x_1\\x_2\\\vdots\\x_n\end{pmatrix}=\begin{pmatrix}p_{11}&p_{12}&\cdots&p_{1n}\\p_{21}&p_{22}&\cdots&p_{2n}\\\vdots&\vdots&&\vdots\\p_{n1}&p_{n2}&\cdots&p_{nn}\end{pmatrix}\begin{pmatrix}y_1\\y_2\\\vdots\\y_n\end{pmatrix} \tag{9.6}$$

或者

$$X=PY,$$

因此将(9.6)式代入(9.3)式，有

$$q(x_1,x_2,\cdots,x_n)=\boldsymbol{X}^{\mathrm{T}}\boldsymbol{A}\boldsymbol{X}=\boldsymbol{Y}^{\mathrm{T}}(\boldsymbol{P}^{\mathrm{T}}\boldsymbol{A}\boldsymbol{P})\boldsymbol{Y},$$

因为 $\boldsymbol{P}^{\mathrm{T}}\boldsymbol{A}\boldsymbol{P}$ 是对称矩阵，因此是一个关于 $y_1,y_2,\cdots,y_n$ 的二次型.

我们可以不加证明地给出如下结论：

定理 9.1.1 设 $\sum_{i=1}^{n}\sum_{j=1}^{n}a_{ij}x_ix_j$ 是数域 F 上一个以 $\boldsymbol{A}$ 为矩阵的 n 元二次型. 对它的变量施行一次以 $\boldsymbol{P}$ 为矩阵的线性替换后所得到的二次型的矩阵是 $\boldsymbol{P}^{\mathrm{T}}\boldsymbol{A}\boldsymbol{P}$.

推论 9.1.1 一个二次型的秩在变量的非奇异线性替换之下保持不变.

值得注意的是，如果不取二次型的矩阵是对称矩阵，则该推论不一定成立.

例如，二次型 $q(x_1,x_2)=2x_1x_2$ 的矩阵是 $\boldsymbol{A}_1=\begin{pmatrix}0&1\\1&0\end{pmatrix}$，而如果取 $\boldsymbol{A}_2=\begin{pmatrix}0&2\\0&0\end{pmatrix}$ 作为该二次型的矩阵，那么经过变量的非奇异线性替换 $x_1=y_1-y_2$，$x_2=y_1+y_2$，就得到二次型 $2y_1^2-2y_2^2$，它的矩阵是 $\begin{pmatrix}2&0\\0&-2\end{pmatrix}$，秩为 2，而 $R(\boldsymbol{A}_2)=1$.

定义 9.1.4 数域 F 上两个 n 阶矩阵 $\boldsymbol{A}$，$\boldsymbol{B}$ 称为合同的，如果有数域 F 上可逆的 $n\times n$ 矩阵 $\boldsymbol{P}$，使得

$$\boldsymbol{B}=\boldsymbol{P}^{\mathrm{T}}\boldsymbol{A}\boldsymbol{P}.$$

合同是矩阵之间的一个关系，具有以下性质：

1）自反性：任意矩阵 $\boldsymbol{A}$ 都与自身合同.

2）对称性：如果 $\boldsymbol{B}$ 与 $\boldsymbol{A}$ 合同，那么 $\boldsymbol{A}$ 与 $\boldsymbol{B}$ 合同.

3）传递性：如果 $\boldsymbol{B}$ 与 $\boldsymbol{A}$ 合同，$\boldsymbol{C}$ 与 $\boldsymbol{B}$ 合同，那么 $\boldsymbol{C}$ 与 $\boldsymbol{A}$ 合同.

显然，合同矩阵具有相同的秩，并且与一个对称矩阵合同的矩阵仍然是对称矩阵.

因此，合同关系是一个等价关系. 经过非退化的线性替换，新二次型的矩阵与原来二次型的矩阵是合同的. 这样把二次型的线性替换通过矩阵表示出来，为以下的讨论提供了有力的工具.

设 q 和 q' 是数域 F 上的两个 n 元二次型，它们的矩阵分别是 $\boldsymbol{A}$ 和 $\boldsymbol{B}$，即

$$q(x_1,x_2,\cdots,x_n)=\boldsymbol{X}^{\mathrm{T}}\boldsymbol{A}\boldsymbol{X},$$
$$q'(y_1,y_2,\cdots,y_n)=\boldsymbol{Y}^{\mathrm{T}}\boldsymbol{B}\boldsymbol{Y},$$

若可以通过变量的非奇异线性替换将二次型 q 变为 q'，则 $\boldsymbol{B}$ 与 $\boldsymbol{A}$ 合同. 反之，设 $\boldsymbol{B}$ 与 $\boldsymbol{A}$ 合同，则存在可逆矩阵 $\boldsymbol{P}$，使得 $\boldsymbol{B}=\boldsymbol{P}^{\mathrm{T}}\boldsymbol{A}\boldsymbol{P}$，则通过以 $\boldsymbol{P}$ 为矩阵的非奇异线性替换可以将二次型 q 化为 q'.

定义 9.1.5 数域 F 上两个二次型叫作等价的，如果可以通过变量的非奇异线性替换将其中一个变成另一个.

定理 9.1.2 数域 F 上两个二次型等价的充分必要条件是它们的矩阵合同.

定理 9.1.3 设 $\boldsymbol{A}=(a_{ij})$ 是数域 F 上一个 n 阶对称矩阵，总存在 F 上一个 n 阶可逆矩阵 $\boldsymbol{P}$，使得：

$$P^{\mathrm{T}}AP=\begin{pmatrix} c_1 & & & \\ & c_2 & & \\ & & \ddots & \\ & & & c_n \end{pmatrix},$$

即 F 上每一个 n 阶对称矩阵都与一个对角形矩阵合同.

证:我们将利用矩阵的初等变换来证明这个定理. 对矩阵 $\boldsymbol{A}$ 的阶数 n 做数学归纳法.

当 $n=1$ 时,定理显然成立. 设 $n>1$ 并且假设对于 $n-1$ 阶矩阵来说,定理成立. 设 $\boldsymbol{A}=(a_{ij})$ 是一个 n 阶矩阵. 如果 $\boldsymbol{A}=\boldsymbol{0}$,这时 $\boldsymbol{A}$ 本身就是对角矩阵. 设 $\boldsymbol{A}\neq\boldsymbol{0}$,我们分两个情形来考虑.

(1) 设 $\boldsymbol{A}$ 的主对角线上的元素不全为零,例如,$a_{ii}\neq 0$. 如果 $i\neq 1$,那么交换 $\boldsymbol{A}$ 的第 1 列与第 i 列,再交换第 1 行与第 i 行,就可以把 a_{ii} 换到左上角. 这样做相当于用初等矩阵 $\boldsymbol{P}_{1i}$ 右乘 $\boldsymbol{A}$,再用 $\boldsymbol{P}_{1i}^{\mathrm{T}}=\boldsymbol{P}_{1i}$ 左乘 $\boldsymbol{A}$,于是 $\boldsymbol{P}_{1i}^{\mathrm{T}}\boldsymbol{A}\boldsymbol{P}_{1i}$ 的左上角的元素不等于零. 因此,我们不妨设 $a_{11}\neq 0$. 用 $-\frac{a_{1j}}{a_{11}}$ 乘 $\boldsymbol{A}$ 的第 1 列加到第 j 列,再用 $-\frac{a_{1j}}{a_{11}}$ 乘第 1 行加到第 j 行,就可以把第 1 行第 j 列和第 j 行第 1 列位置的元素变成零. 这样做相当于用 $\boldsymbol{T}_{1j}\left(-\frac{a_{1j}}{a_{11}}\right)$ 右乘 $\boldsymbol{A}$,用 $\boldsymbol{T}_{1j}\left(-\frac{a_{1j}}{a_{11}}\right)^{\mathrm{T}}=\boldsymbol{T}_{j1}\left(-\frac{a_{1j}}{a_{11}}\right)$ 左乘 $\boldsymbol{A}$. 这样,总可以选取初等矩阵 $\boldsymbol{E}_1,\boldsymbol{E}_2,\cdots,\boldsymbol{E}_s$,使得

$$\boldsymbol{E}_s^{\mathrm{T}}\cdots\boldsymbol{E}_2^{\mathrm{T}}\boldsymbol{E}_1^{\mathrm{T}}\boldsymbol{A}\boldsymbol{E}_1\boldsymbol{E}_2\cdots\boldsymbol{E}_s=\begin{pmatrix} a_{11} & 0 & \cdots & 0 \\ 0 & & & \\ \vdots & & \boldsymbol{A}_1 & \\ 0 & & & \end{pmatrix},$$

这里 $\boldsymbol{A}_1$ 是一个 $n-1$ 阶对称矩阵. 由归纳法假设,存在 $n-1$ 阶可逆矩阵 $\boldsymbol{Q}_1$ 使得

$$\boldsymbol{Q}_1^{\mathrm{T}}\boldsymbol{A}_1\boldsymbol{Q}_1=\begin{pmatrix} c_2 & & & \boldsymbol{0} \\ & c_3 & & \\ & & \ddots & \\ \boldsymbol{0} & & & c_n \end{pmatrix}.$$

取

$$\boldsymbol{Q}=\begin{pmatrix} 1 & 0 & \cdots & 0 \\ 0 & & & \\ \vdots & & \boldsymbol{Q}_1 & \\ 0 & & & \end{pmatrix},$$

$$\boldsymbol{P}=\boldsymbol{E}_1\boldsymbol{E}_2\cdots\boldsymbol{E}_s\boldsymbol{Q},$$

那么

$$\begin{aligned}\boldsymbol{P}^{\mathrm{T}}\boldsymbol{A}\boldsymbol{P}&=\boldsymbol{Q}^{\mathrm{T}}\boldsymbol{E}_s^{\mathrm{T}}\cdots\boldsymbol{E}_2^{\mathrm{T}}\boldsymbol{E}_1^{\mathrm{T}}\boldsymbol{A}\boldsymbol{E}_1\boldsymbol{E}_2\cdots\boldsymbol{E}_s\boldsymbol{Q}\\ &=\boldsymbol{Q}^{\mathrm{T}}\begin{pmatrix} a_{11} & 0 & \cdots & 0 \\ 0 & & & \\ \vdots & & \boldsymbol{A}_1 & \\ 0 & & & \end{pmatrix}\boldsymbol{Q}=\begin{pmatrix} a_{11} & 0 & \cdots & 0 \\ 0 & & & \\ \vdots & & \boldsymbol{Q}_1^{\mathrm{T}}\boldsymbol{A}_1\boldsymbol{Q}_1 & \\ 0 & & & \end{pmatrix}\end{aligned}$$

$$=\begin{pmatrix} c_1 & & & \mathbf{0} \\ & c_2 & & \\ & & \ddots & \\ \mathbf{0} & & & c_n \end{pmatrix},$$

这里 $c_1=a_{11}$.

(2) 如果 $a_{ii}=0, i=1,2,\cdots,n$. 由于 $\boldsymbol{A}\neq\mathbf{0}$,所以一定有某一个元素 $a_{ij}\neq0, i\neq j$. 把 $\boldsymbol{A}$ 的第 j 列加到第 i 列,再把 $\boldsymbol{A}$ 的第 j 行加到第 i 行,这相当于初等矩阵 $\boldsymbol{T}_{ji}(1)$ 右乘 $\boldsymbol{A}$,再用 $\boldsymbol{T}_{ji}(1)^{\mathrm{T}}=\boldsymbol{T}_{ij}(1)$ 左乘 $\boldsymbol{A}$,而经过这样的变换后所得的矩阵第 i 行和第 i 列的元素是 $2a_{ij}\neq0$,于是情景(2)就归结到情景(1).

值得注意的是,在定理 9.1.3 的主对角形矩阵 $\boldsymbol{P}^{\mathrm{T}}\boldsymbol{AP}$ 中,主对角线上的元素 $c_1,c_2,\cdots,c_n$ 的一部分甚至全部可以是零.显然,不为零的 c_i 的个数等于 $\boldsymbol{A}$ 的秩,如果秩 $\boldsymbol{A}$ 等于 $r>0$,那么由定理的证明过程可以知 $c_1,c_2,\cdots,c_r\neq0$,而 $c_{r+1}=c_{r+2}=\cdots=c_n=0$.

给了数域 F 上一个 n 阶对称矩阵 $\boldsymbol{A}$,由定理 9.1.3 的证明过程还可以看出,我们可以具体求出一个可逆矩阵 $\boldsymbol{P}$,使 $\boldsymbol{P}^{\mathrm{T}}\boldsymbol{AP}$ 有对角形式,只要在对 $\boldsymbol{A}$ 施行一种列初等变换或行初等变换的同时,仅对 n 阶单位矩阵 $\boldsymbol{I}$ 施行同样的列初等变换,那么当 $\boldsymbol{A}$ 化为对角形式时,$\boldsymbol{I}$ 就化为 $\boldsymbol{P}$.

例 9.1.1 将矩阵 $\boldsymbol{A}$ 对角化

$$\boldsymbol{A}=\begin{pmatrix} 0 & 2 & 1 & 1 \\ 2 & 0 & 1 & 1 \\ 1 & 1 & 0 & 1 \\ 1 & 1 & 1 & 0 \end{pmatrix}.$$

解:把 $\boldsymbol{A}$ 的第 4 列加到第 1 列,第 4 行加到第 1 行,同时把 $\boldsymbol{I}_4$ 的第 4 列加到第 1 列,这时 $\boldsymbol{A}$ 和 $\boldsymbol{I}_4$ 分别化为:

$$\boldsymbol{A}_1=\begin{pmatrix} 2 & 3 & 2 & 1 \\ 3 & 0 & 1 & 1 \\ 2 & 1 & 0 & 1 \\ 1 & 1 & 1 & 0 \end{pmatrix}, \boldsymbol{P}_1=\begin{pmatrix} 1 & 0 & 0 & 0 \\ 0 & 1 & 0 & 0 \\ 0 & 0 & 1 & 0 \\ 1 & 0 & 0 & 1 \end{pmatrix},$$

以 $-\frac{3}{2}$,-1 和 $-\frac{1}{2}$ 乘 $\boldsymbol{A}_1$ 的第 1 列依次加到第 2 列、第 3 列和第 4 列上,再以 $-\frac{3}{2}$,-1 和 $-\frac{1}{2}$ 乘 $\boldsymbol{A}_1$ 的第 1 行依次加到第 2 行、第 3 行和第 4 行上,同时对 $\boldsymbol{P}_1$ 的列施行同样的初等变换,得

$$\boldsymbol{A}_2=\begin{pmatrix} 2 & 0 & 0 & 0 \\ 0 & -\frac{9}{2} & -2 & -\frac{1}{2} \\ 0 & -2 & -2 & 0 \\ 0 & -\frac{1}{2} & 0 & -\frac{1}{2} \end{pmatrix}, \boldsymbol{P}_2=\begin{pmatrix} 1 & -\frac{3}{2} & -1 & -\frac{1}{2} \\ 0 & 1 & 0 & 0 \\ 0 & 0 & 1 & 0 \\ 1 & -\frac{3}{2} & -1 & \frac{1}{2} \end{pmatrix}.$$

以$-\frac{4}{9}$和$-\frac{1}{9}$乘$\boldsymbol{A}_2$的第2列依次加到第3列和第4列上，再以$-\frac{4}{9}$和$-\frac{1}{9}$乘$\boldsymbol{A}_2$的第2行依次加到第3行和第4行上，同时对$\boldsymbol{P}_2$的列施行同样的初等变换，得

$$\boldsymbol{A}_3=\begin{pmatrix}2&0&0&0\\0&-\frac{9}{2}&0&0\\0&0&-\frac{10}{9}&\frac{2}{9}\\0&0&\frac{2}{9}&-\frac{4}{9}\end{pmatrix},\boldsymbol{P}_3=\begin{pmatrix}1&-\frac{3}{2}&-\frac{1}{3}&-\frac{1}{3}\\0&1&-\frac{4}{9}&-\frac{1}{9}\\0&0&1&0\\1&-\frac{3}{2}&-\frac{1}{3}&\frac{2}{3}\end{pmatrix}.$$

把$\boldsymbol{A}_3$的第3列乘以$\frac{1}{5}$加到第4列，第3行乘以$\frac{1}{5}$加到第4行，同时把$\boldsymbol{P}_3$的第3列乘以$\frac{1}{5}$加到第4列，分别得到：

$$\boldsymbol{A}_4=\begin{pmatrix}2&0&0&0\\0&-\frac{9}{2}&0&0\\0&0&-\frac{10}{9}&0\\0&0&0&-\frac{2}{5}\end{pmatrix},\boldsymbol{P}_4=\begin{pmatrix}1&-\frac{3}{2}&-\frac{1}{3}&-\frac{2}{5}\\0&1&-\frac{4}{9}&-\frac{1}{5}\\0&0&1&\frac{1}{5}\\1&-\frac{3}{2}&-\frac{1}{3}&\frac{3}{5}\end{pmatrix},$$

取$\boldsymbol{P}=\boldsymbol{P}_4$，于是

$$\boldsymbol{P}^{\mathrm{T}}\boldsymbol{A}\boldsymbol{P}=\begin{pmatrix}2&0&0&0\\0&-\frac{9}{2}&0&0\\0&0&-\frac{10}{9}&0\\0&0&0&-\frac{2}{5}\end{pmatrix}.$$

定理9.1.4 数域F上任意一个n元二次型$\sum_{i=1}^{n}\sum_{j=1}^{n}a_{ij}x_ix_j$都可以经过非奇异线性替换化为：

$$c_1y_1^2+c_2y_2^2+\cdots+c_ny_n^2,c_1,c_2,\cdots,c_n\in F.$$

例如，以例9.1.1中对称矩阵$\boldsymbol{A}$为矩阵的二次型是

$$q(x_1,x_2,x_3,x_4)=4x_1x_2+2x_1x_3+2x_1x_4+2x_2x_3+2x_2x_4+2x_3x_4,$$

通过变量的非奇异线性变换

$$\begin{pmatrix} x_1 \\ x_2 \\ x_3 \\ x_4 \end{pmatrix} = \begin{pmatrix} 1 & -\frac{3}{2} & -\frac{1}{3} & -\frac{2}{5} \\ 0 & 1 & -\frac{4}{9} & -\frac{1}{5} \\ 0 & 0 & 1 & \frac{1}{5} \\ 0 & -\frac{3}{2} & -\frac{1}{3} & \frac{3}{5} \end{pmatrix} \begin{pmatrix} y_1 \\ y_2 \\ y_3 \\ y_4 \end{pmatrix},$$

化为 $2y_1^2-\frac{9}{2}y_2^2-\frac{10}{9}y_3^2-\frac{2}{5}y_4^2$.

例 9.1.2 已知二次型

$$f(x_1,x_2,x_3)=x_1^2+2x_2^2+2x_1x_2-2x_1x_3,$$

通过变量的非奇异线性变换

$$\begin{pmatrix} x_1 \\ x_2 \\ x_3 \end{pmatrix} = \begin{pmatrix} 1 & -1 & 2 \\ 0 & 1 & -1 \\ 0 & 0 & 1 \end{pmatrix} \begin{pmatrix} y_1 \\ y_2 \\ y_3 \end{pmatrix}$$

化为 $y_1^2+y_2^2-2y_3^2$.

在变换二次型时,总是要求所做的线性替换是非退化的. 从几何上看,这一点是自然的,因为坐标变换一定是非退化的. 一般地,当线性替换

$$\boldsymbol{X}=\boldsymbol{P}\boldsymbol{Y}$$

是非退化时,由上面的关系即得

$$\boldsymbol{Y}=\boldsymbol{P}^{-1}\boldsymbol{X},$$

这也是一个线性替换,它把所得的二次型还原. 这样就使我们从所得二次型的性质可以推知原来二次型的一些性质.

习 题 9.1

1. 证明:一个非奇异的对称矩阵必与它的逆矩阵合同.

2. 对下列每一矩阵 $\boldsymbol{A}$,分别求一可逆矩阵 $\boldsymbol{P}$,使 $\boldsymbol{P}^{\mathrm{T}}\boldsymbol{A}\boldsymbol{P}$ 为对角矩阵.

(1) $\boldsymbol{A}=\begin{pmatrix} 1 & -2 & 2 \\ -2 & -2 & 4 \\ 2 & 4 & -2 \end{pmatrix}$; (2) $\boldsymbol{A}=\begin{pmatrix} 0 & 2 & 2 \\ 2 & 1 & 2 \\ 2 & 2 & 1 \end{pmatrix}$;

(3) $\boldsymbol{A}=\begin{pmatrix} 0 & 1 & -1 & 1 \\ 1 & 0 & 2 & 1 \\ -1 & 2 & 0 & -1 \\ 1 & 1 & -1 & 0 \end{pmatrix}$.

3. 写出二次型 $f(x_1,x_2,x_3)=2x_1^2+4x_1x_2+2x_2^2+2x_3^2$ 的矩阵和秩,并将这个二次型化为一个与它等价的二次型,使后者只含变量的平方项.

§9.2 复数域和实数域上的二次型

复数域和实数域上的二次型分别叫作复二次型和实二次型.

定理 9.2.1 复数域上两个 n 阶对称矩阵合同的充分必要条件是它们有相同的秩.

证:必要性是显然的.我们只证充分性.

设 $\boldsymbol{A},\boldsymbol{B}$ 是复数域上两个 n 阶对称矩阵,且 $\boldsymbol{A}$ 与 $\boldsymbol{B}$ 有相同的秩 r,由定理 9.1.3,分别存在复数域上的两个可逆矩阵 $\boldsymbol{P}$ 和 $\boldsymbol{Q}$,使得

$$\boldsymbol{P}^{\mathrm{T}}\boldsymbol{A}\boldsymbol{P}=\begin{pmatrix} c_1 & & & & & & \boldsymbol{0} \\ & c_2 & & & & & \\ & & \ddots & & & & \\ & & & c_r & & & \\ & & & & 0 & & \\ & & & & & \ddots & \\ \boldsymbol{0} & & & & & & 0 \end{pmatrix},$$

$$\boldsymbol{Q}^{\mathrm{T}}\boldsymbol{B}\boldsymbol{Q}=\begin{pmatrix} d_1 & & & & & & \boldsymbol{0} \\ & d_2 & & & & & \\ & & \ddots & & & & \\ & & & d_r & & & \\ & & & & 0 & & \\ & & & & & \ddots & \\ \boldsymbol{0} & & & & & & 0 \end{pmatrix},$$

当 $r>0$ 时,$c_i\neq 0,d_i\neq 0,i=1,2,\cdots,r$.取 n 阶复矩阵

$$\boldsymbol{S}=\begin{pmatrix} \frac{1}{\sqrt{c_1}} & & & & & \boldsymbol{0} \\ & \ddots & & & & \\ & & \frac{1}{\sqrt{c_r}} & & & \\ & & & 1 & & \\ & & & & \ddots & \\ \boldsymbol{0} & & & & & 1 \end{pmatrix},$$

$$T=\begin{pmatrix} \frac{1}{\sqrt{d_1}} & & & & & \mathbf{0} \\ & \ddots & & & & \\ & & \frac{1}{\sqrt{d_r}} & & & \\ & & & 1 & & \\ & & & & \ddots & \\ \mathbf{0} & & & & & 1 \end{pmatrix},$$

这里$\sqrt{c_i}$，$\sqrt{d_i}$分别表示复数 c_i 和 d_i 的一个平方根. 那么 $\boldsymbol{S}^{\mathrm{T}}=\boldsymbol{S}$，$\boldsymbol{T}^{\mathrm{T}}=\boldsymbol{T}$，而

$$\boldsymbol{S}^{\mathrm{T}}\boldsymbol{P}^{\mathrm{T}}\boldsymbol{APS}=\boldsymbol{T}^{\mathrm{T}}\boldsymbol{Q}^{\mathrm{T}}\boldsymbol{BQT}=\begin{pmatrix} \boldsymbol{I}_r & \mathbf{0} \\ \mathbf{0} & \mathbf{0} \end{pmatrix},$$

因此，矩阵 $\boldsymbol{A}$，$\boldsymbol{B}$ 都与矩阵

$$\begin{pmatrix} \boldsymbol{I}_r & \mathbf{0} \\ \mathbf{0} & \mathbf{0} \end{pmatrix}$$

合同，所以 $\boldsymbol{A}$ 与 $\boldsymbol{B}$ 合同.

两个复二次型等价的充分必要条件是它们有相同的秩.

推论 9.2.1 复数域上一个 n 阶可逆对称矩阵一定合同于 $\boldsymbol{I}_n$.

推论 9.2.2 复数域上两个 n 阶可逆对称矩阵一定合同.

设 $\boldsymbol{A}$ 是 n 阶可逆复对称矩阵，由定理 9.2.1，复数域上两个 n 阶对称矩阵合同的充分必要条件是它们有相同的秩，而当 $n=2v$ 时，

$$\text{秩}(\mathbf{A})=n=\text{秩}\begin{pmatrix} \mathbf{0} & \boldsymbol{I}_v \\ \boldsymbol{I}_v & \mathbf{0} \end{pmatrix},$$

所以 $\boldsymbol{A}$ 合同于 $\begin{pmatrix} \mathbf{0} & \boldsymbol{I}_v \\ \boldsymbol{I}_v & \mathbf{0} \end{pmatrix}$.

当 $n=2v+1$ 时，

$$\text{秩}(\mathbf{A})=n=\text{秩}\begin{pmatrix} \mathbf{0} & \boldsymbol{I}_v & 0 \\ \boldsymbol{I}_v & \mathbf{0} & 0 \\ 0 & 0 & 1 \end{pmatrix},$$

所以 $\boldsymbol{A}$ 合同于 $\begin{pmatrix} \mathbf{0} & \boldsymbol{I}_v & 0 \\ \boldsymbol{I}_v & \mathbf{0} & 0 \\ 0 & 0 & 1 \end{pmatrix}$.

推论 9.2.3 复数域上一个 n 元二次型一定等价于：

$$y_1^2+y_2^2+\cdots+y_r^2, \tag{$*$}$$

称（$*$）为复二次型的规范形式.

复数域上所有 n 元二次型按等价分类共 $n+1$ 类.

定理 9.2.2 实数域上每个 n 阶对称矩阵 $\boldsymbol{A}$ 都合同于如下形式的一个矩阵：

$$\begin{pmatrix} \boldsymbol{I}_p & \boldsymbol{0} & \boldsymbol{0} \\ \boldsymbol{0} & \boldsymbol{I}_{r-p} & \boldsymbol{0} \\ \boldsymbol{0} & \boldsymbol{0} & \boldsymbol{0} \end{pmatrix},$$

这里 r 等于 $\boldsymbol{A}$ 的秩.

证:由定理 9.1.3,存在实可逆矩阵 $\boldsymbol{P}$ 使得

$$\boldsymbol{P}^{\mathrm{T}}\boldsymbol{A}\boldsymbol{P}=\begin{pmatrix} c_1 & & & & & & \boldsymbol{0} \\ & c_2 & & & & & \\ & & \ddots & & & & \\ & & & c_r & & & \\ & & & & 0 & & \\ & & & & & \ddots & \\ \boldsymbol{0} & & & & & & 0 \end{pmatrix}.$$

如果 $r>0$,必要时交换两列和两行(这相当于右乘 $\boldsymbol{P}_{ij}$,左乘 $\boldsymbol{P}_{ij}^{\mathrm{T}}$),我们总可以假设 $c_1,\cdots,c_p>0,c_{p+1},\cdots,c_r<0,0\leqslant p\leqslant r$,取

$$\boldsymbol{T}=\begin{pmatrix} \frac{1}{\sqrt{|c_1|}} & & & & & \\ & \ddots & & & & \\ & & \frac{1}{\sqrt{|c_r|}} & & & \\ & & & 1 & & \\ & & & & \ddots & \\ & & & & & 1 \end{pmatrix},$$

那么

$$\boldsymbol{T}^{\mathrm{T}}\boldsymbol{P}^{\mathrm{T}}\boldsymbol{A}\boldsymbol{P}\boldsymbol{T}=\begin{pmatrix} \boldsymbol{I}_p & \boldsymbol{0} & \boldsymbol{0} \\ \boldsymbol{0} & -\boldsymbol{I}_{r-p} & \boldsymbol{0} \\ \boldsymbol{0} & \boldsymbol{0} & \boldsymbol{0} \end{pmatrix}.$$

定理 9.2.3 实数域上每个 n 元二次型都与如下形式的一个二次型等价:

$$x_1^2+x_2^2+\cdots+x_p^2-x_{p+1}^2-\cdots-x_r^2, \tag{9.7}$$

这里 r 是所给二次型的秩.(9.7)称为实二次型的规范形式.

定理 9.2.4(惯性定律) 设 $f(x_1,x_2,\cdots,x_n)$ 是一实系数的二次型,且等价于两个典范形式:

$$y_1^2+y_2^2+\cdots+y_p^2-y_{p+1}^2-\cdots-y_r^2, \tag{9.8}$$

$$z_1^2+z_2^2+\cdots+z_{p'}^2-z_{p'+1}^2-\cdots-z_r^2, \tag{9.9}$$

那么 $p=p'$.

证:设(9.8)和(9.9)分别通过变量的非奇异变换

$$y_i=\sum_{j=1}^{n}s_{ij}x_j,i=1,2,\cdots,n. \tag{9.10}$$

$$z_i=\sum_{j=1}^{n}t_{ij}x_j, i=1,2,\cdots,n \tag{9.11}$$

化为所给的二次型 $\sum_{i=1}^{n}\sum_{j=1}^{n}a_{ij}x_ix_j$，如果 $p\neq p'$，不妨设 $p<p'$. 考虑 $p+n-p'$ 个方程的齐次线性方程组

$$\begin{cases}\sum_{j=1}^{n}s_{ij}x_j=0, i=1,\cdots,p,\\ \sum_{j=1}^{n}t_{ij}x_j=0, i=p'+1,\cdots,n.\end{cases} \tag{9.12}$$

因为 $p<p'$，所以 $p+n-p'<n$，因此，方程组(9.12)在 $\mathbf{R}$ 内有非零解. 令 $(c_1,c_2,\cdots,c_n)$ 是(9.12)的一个非零解，把这组值代入 y_i 和 z_i 的表示式(9.10)和(9.11)，记

$$y_i(c)=\sum_{j=1}^{n}s_{ij}c_j, z_i(c)=\sum_{j=1}^{n}t_{ij}c_j, i=1,\cdots,n.$$

我们有

$$\begin{aligned}&y_1(c)^2+\cdots+y_p(c)^2-y_{p+1}(c)^2-\cdots-y_r(c)^2\\ =&z_1(c)^2+\cdots+z_{p'}(c)^2-z_{p'+1}(c)^2-\cdots-z_r(c)^2\\ =&\sum_{i=1}^{n}\sum_{j=1}^{n}a_{ij}c_ic_j,\end{aligned}$$

然而 $y_1(c)=\cdots=y_p(c)=0, z_{p'+1}(c)=\cdots=z_r(c)=0$，所以

$$-y_{p+1}(c)^2-\cdots-y_r(c)^2=z_1(c)^2+\cdots+z_{p'}(c)^2.$$

因为 $y_i(c)^2$ 和 $z_i(c)^2$ 都是非负实数，所以必须

$$y_{p+1}(c)=\cdots=y_r(c)=0, z_1(c)=\cdots=z_{p'}(c)=0.$$

又 $z_{p'+1}(c)=\cdots=z_n(c)=0$，所以 $c_1,c_2,\cdots,c_n$ 是齐次线性方程组

$$\sum_{j=1}^{n}t_{ij}x_j=0, i=1,\cdots,n$$

的一个非零解，这与矩阵 (t_{ij}) 的非奇异性矛盾，这就证明了 $p\geqslant p'$. 同理可证 $p'\geqslant p$，所以 $p=p'$.

规范形(9.7)中，正平方项的个数 p 叫作所给二次型 $q(x_1,x_2,\cdots,x_n)$ 的正惯性指数，负平方项的个数 $r-p$ 称为 $q(x_1,x_2,\cdots,x_n)$ 的负惯性指数；正惯性指数与负惯性指数的差 $p-(r-p)=2p-r$ 称为 $q(x_1,x_2,\cdots,x_n)$ 的符号差.

应该指出，虽然实二次型的标准形不是唯一的，但是由上面化成规范形的过程可以看出，标准形中系数为正的平方项的个数与规范形中正平方项的个数是一致的. 因此，惯性定理也可以叙述为：实二次型的标准形中系数为正的平方项的个数是唯一的，它等于正惯性指数，而系数为负的平方项的个数就等于负惯性指数.

定理 9.2.5 实数域上两个 n 元二次型等价的充分必要条件是它们有相同的秩和符号差.

证：(⇒)设 $q_1(x_1,x_2,\cdots,x_n)$ 和 $q_2(x_1,x_2,\cdots,x_n)$ 是实数域上两个 n 元二次型，令 $\boldsymbol{A}_1$ 和 $\boldsymbol{A}_2$ 分别是它们的矩阵，那么由定理 9.2.2 存在实可逆矩阵 $\boldsymbol{P}$，使得

$$\boldsymbol{P}^{\mathrm{T}}\boldsymbol{A}\boldsymbol{P}=\begin{pmatrix}\boldsymbol{I}_p & \boldsymbol{0} & \boldsymbol{0}\\ \boldsymbol{0} & -\boldsymbol{I}_{r-p} & \boldsymbol{0}\\ \boldsymbol{0} & \boldsymbol{0} & \boldsymbol{0}\end{pmatrix}.$$

如果 q_2 与 q_1 等价，那么 $\boldsymbol{A}_2$ 与 $\boldsymbol{A}_1$ 合同. 于是存在实可逆矩阵 $\boldsymbol{Q}$ 使得 $\boldsymbol{A}_2=\boldsymbol{Q}^{\mathrm{T}}\boldsymbol{A}_1\boldsymbol{Q}$. 取 $\boldsymbol{T}=\boldsymbol{Q}^{-1}\boldsymbol{P}$，那么

$$\begin{aligned}\boldsymbol{T}^{\mathrm{T}}\boldsymbol{A}_2\boldsymbol{T}&=\boldsymbol{P}^{\mathrm{T}}(\boldsymbol{Q}^{\mathrm{T}})^{-1}\boldsymbol{Q}^{\mathrm{T}}\boldsymbol{A}_1\boldsymbol{Q}\boldsymbol{Q}^{-1}\boldsymbol{P}\\&=\boldsymbol{P}^{\mathrm{T}}\boldsymbol{A}_1\boldsymbol{P}=\begin{pmatrix}\boldsymbol{I}_p & \boldsymbol{0} & \boldsymbol{0}\\ \boldsymbol{0} & -\boldsymbol{I}_{r-p} & \boldsymbol{0}\\ \boldsymbol{0} & \boldsymbol{0} & \boldsymbol{0}\end{pmatrix},\end{aligned}$$

因此 q_2 与 q_1 都与同一个典范形式等价，所以它们有相同的秩和符号差.

($\Leftarrow$)如果 q_1,q_2 有相同的秩 r 和符号差 s，那么它们也有相同的正惯性指数 $p=\frac{1}{2}(r+s)$，因此 $\boldsymbol{A}_1,\boldsymbol{A}_2$ 都与矩阵

$$\begin{pmatrix}\boldsymbol{I}_p & \boldsymbol{0} & \boldsymbol{0}\\ \boldsymbol{0} & -\boldsymbol{I}_{r-p} & \boldsymbol{0}\\ \boldsymbol{0} & \boldsymbol{0} & \boldsymbol{0}\end{pmatrix}$$

合同. 由此推出 $\boldsymbol{A}_2$ 与 $\boldsymbol{A}_1$ 合同，从而 q_2 与 q_1 等价.

推论 9.2.4 实数域上一切 n 元二次型可以分成

$$\frac{(n+1)(n+2)}{2}$$

类，属于同一类的二次型彼此等价，属于不同类的二次型互不等价.

证：给定 $0\leqslant r\leqslant n$ 和 $0\leqslant p\leqslant r$，令

$$\mathbf{C}_{r,p}=\begin{pmatrix}\boldsymbol{I}_p & \boldsymbol{0} & \boldsymbol{0}\\ \boldsymbol{0} & -\boldsymbol{I}_{r-p} & \boldsymbol{0}\\ \boldsymbol{0} & \boldsymbol{0} & \boldsymbol{0}\end{pmatrix}.$$

由定理 9.2.3，$\mathbf{R}$ 上每一 n 元二次型恰与一个以 $\boldsymbol{C}_{r,p}$ 为矩阵的典范形式等价. 当 r 取定后，p 可以取 $0,1,\cdots,r$，而 r 又可以取 $0,1,\cdots,n$ 中任意一个数，因此这样的 $\boldsymbol{C}_{r,p}$ 共有

$$1+2+\cdots+(n+1)=\frac{1}{2}(n+1)(n+2)$$

个. 对于每一个 $\boldsymbol{C}_{r,p}$ 就有一个典范形式

$$x_1^2+\cdots+x_p^2-x_{p+1}^2-\cdots-x_r^2$$

与它相当. 把与同一个典范形式等价的二次型放在一类，于是 $\mathbf{R}$ 上一切 n 元二次型恰可分成 $\frac{1}{2}(n+1)(n+2)$ 类，属于同一类的二次型彼此等价，属于不同类的二次型互不等价.

在§8.4 中知道，给定一个实对称矩阵 $\boldsymbol{A}$，可以找到一个正交矩阵 $\boldsymbol{U}$，使得 $\boldsymbol{U}^{\mathrm{T}}\boldsymbol{A}\boldsymbol{U}$ 是对角阵，也可以用二次型的理论来回答这个问题.

定理 9.2.6 设

$$q(x_1,x_2,\cdots,x_n)=\sum_{i=1}^{n}\sum_{j=1}^{n}a_{ij}x_ix_j$$

是实数域上的一个二次型，则总可以通过变量的正交变换

$$\begin{pmatrix} x_1 \\ x_2 \\ \vdots \\ x_n \end{pmatrix} = U \begin{pmatrix} y_1 \\ y_2 \\ \vdots \\ y_n \end{pmatrix}$$

化为 $\lambda_1 y_1^2 + \lambda_2 y_2^2 + \cdots + \lambda_n y_n^2$，其中 $\boldsymbol{U}$ 是一个正交矩阵，而 $\lambda_1, \lambda_2, \cdots, \lambda_n$ 是二次型的矩阵 $\boldsymbol{A} = (a_{ij})$ 的全部特征根.

显然，由该定理可知二次型的秩与它的矩阵的特征根的符号之间的关系.

推论 9.2.5　设

$$q(x_1, x_2, \cdots, x_n) = \sum_{i=1}^{n} \sum_{j=1}^{n} a_{ij} x_i x_j$$

是实数域上的一个 n 元二次型，$\boldsymbol{A} = (a_{ij})$ 是它的矩阵，则二次型 $q(x_1, x_2, \cdots, x_n)$ 的秩等于矩阵 $\boldsymbol{A}$ 的非零特征根的个数，符号差等于正特征根的个数与负特征根的个数之差.

习　题　9.2

1. 设 $\boldsymbol{S}$ 是复数域上一个 n 阶对称矩阵. 证明：存在复数域上一个矩阵 $\boldsymbol{A}$，使得

$$\boldsymbol{S} = \boldsymbol{A}^{\mathrm{T}} \boldsymbol{A}.$$

2. 证明：一个实二次型 $q(x_1, x_2, \cdots, x_n)$ 可以分解成两个实系数 n 元一次齐次多项式的乘积的充分必要条件是：或者 q 的秩等于 1，或者 q 的秩等于 2 并且符号差等于 0.

3. 令

$$\boldsymbol{A} = \begin{pmatrix} 5 & 2 & -4 \\ 2 & 1 & -2 \\ -4 & -2 & 5 \end{pmatrix}, \boldsymbol{B} = \begin{pmatrix} 5 & 0 & -4 \\ 0 & \dfrac{1}{5} & \dfrac{-2}{5} \\ -4 & \dfrac{-2}{5} & 5 \end{pmatrix},$$

证明：$\boldsymbol{A}$ 与 $\boldsymbol{B}$ 在实数域上合同，并且求一可逆实矩阵 $\boldsymbol{P}$，使得 $\boldsymbol{P}^{\mathrm{T}} \boldsymbol{A} \boldsymbol{P} = \boldsymbol{B}$.

4. 设二次型

$$q(x_1, x_2, \cdots, x_n) = 5x_1^2 + 5x_2^2 + cx_2^2 - 2x_1 x_2 + 6x_1 x_3 - 6x_2 x_3$$

的秩为 2，求 c 以及二次型在实数域上的规范形.

§9.3　正定二次型

定义 9.3.1　实二次型称为正定的，如果对于任意一组不全为零的实数 $x_1, x_2, \cdots, x_n$，都有 $q(x_1, x_2, \cdots, x_n) > 0$.

实二次型

$$q(x_1,x_2,\cdots,x_n)=d_1x_1^2+d_2x_2^2+\cdots+d_nx_n^2$$

是正定的$\Leftrightarrow d_i>0,i=1,2,\cdots,n.$

设实二次型

$$q(x_1,x_2,\cdots,x_n)=\sum_{i=1}^{n}\sum_{j=1}^{n}a_{ij}x_ix_j,a_{ij}=a_{ji} \tag{9.13}$$

是正定的，经过非退化实线性替换

$$\boldsymbol{X}=\boldsymbol{PY} \tag{9.14}$$

变成二次型

$$g(x_1,x_2,\cdots,x_n)=\sum_{i=1}^{n}\sum_{j=1}^{n}b_{ij}y_iy_j,b_{ij}=b_{ji}, \tag{9.15}$$

则 $y_1,y_2,\cdots,y_n$ 的二次型 $g(y_1,y_2,\cdots,y_n)$ 也是正定的，或者说，对于任意一组不全为零的实数 $k_1,k_2,\cdots,k_n$，都有 $g(k_1,k_2,\cdots,k_n)>0$.

因为二次型(9.15)也可以经非退化实线性替换

$$\boldsymbol{Y}=\boldsymbol{P}^{-1}\boldsymbol{X}$$

变到二次型(9.13)，所以，当(9.15)正定时(9.13)也正定. 这就是说，非退化实线性替换保持正定性不变.

定理 9.3.1 实数域上二次型 $q(x_1,x_2,\cdots,x_n)$ 是正定的$\Leftrightarrow$它的秩和符号差都等于 n.

证：($\Leftarrow$)设 $\boldsymbol{A}$ 是二次型 $q(x_1,x_2,\cdots,x_n)$ 的矩阵. 如果 $\boldsymbol{A}$ 的秩和符号差都等于 n，那么存在实可逆矩阵 $\boldsymbol{P}$，使得

$$\boldsymbol{P}^{\mathrm{T}}\boldsymbol{AP}=\boldsymbol{E}.$$

令

$$\begin{pmatrix}x_1\\x_2\\\vdots\\x_n\end{pmatrix}=\boldsymbol{P}\begin{pmatrix}y_1\\y_2\\\vdots\\y_n\end{pmatrix}, \tag{9.16}$$

那么

$$\begin{aligned}q(x_1,x_2,\cdots,x_n)&=(x_1,x_2,\cdots,x_n)\boldsymbol{A}\begin{pmatrix}x_1\\x_2\\\vdots\\x_n\end{pmatrix}\\&=(y_1,y_2,\cdots,y_n)\boldsymbol{P}^{\mathrm{T}}\boldsymbol{AP}\begin{pmatrix}y_1\\y_2\\\vdots\\y_n\end{pmatrix}\\&=(y_1,y_2,\cdots,y_n)\boldsymbol{E}\begin{pmatrix}y_1\\y_2\\\vdots\\y_n\end{pmatrix}\end{aligned}$$

$$=y_1^2+y_2^2+\cdots+y_n^2.$$

由(9.16)可以看出 $x_1,x_2,\cdots,x_n$ 不全为零时，$y_1,y_2,\cdots,y_n$ 也不全为零. 因此，对于任意不全为零的实数 $x_1,x_2,\cdots,x_n$，都有

$$q(x_1,x_2,\cdots,x_n)=y_1^2+y_2^2+\cdots+y_n^2>0.$$

(⇒)如果 $r<n$ 或 $r=n$ 而 $p<n$，不论哪一种情况都有 $p<n$，因此存在实可逆矩阵 $\boldsymbol{P}$，使得

$$\boldsymbol{P}^{\mathrm{T}}\boldsymbol{A}\boldsymbol{P}=\begin{pmatrix}\boldsymbol{I}_p & \boldsymbol{0} & \boldsymbol{0}\\ \boldsymbol{0} & -\boldsymbol{I}_{r-p} & \boldsymbol{0}\\ \boldsymbol{0} & \boldsymbol{0} & \boldsymbol{0}\end{pmatrix},0\leqslant p<n.$$

取一组实数 $y_1,y_2,\cdots,y_n$，使得 $y_1=\cdots=y_p=0,y_{p+1},\cdots,y_n$ 不全为零，并且令

$$\begin{pmatrix}x_1\\x_2\\\vdots\\x_n\end{pmatrix}=\boldsymbol{P}\begin{pmatrix}y_1\\y_2\\\vdots\\y_n\end{pmatrix},$$

那么 $x_1,x_2,\cdots,x_n$ 也不全为零，然而

$$q(x_1,x_2,\cdots,x_n)=(y_1,y_2,\cdots,y_n)\begin{pmatrix}\boldsymbol{I}_p & \boldsymbol{0} & \boldsymbol{0}\\ \boldsymbol{0} & -\boldsymbol{I}_{r-p} & \boldsymbol{0}\\ \boldsymbol{0} & \boldsymbol{0} & \boldsymbol{0}\end{pmatrix}\begin{pmatrix}y_1\\y_2\\\vdots\\y_n\end{pmatrix}$$

$$=-(y_{p+1}+\cdots+y_r^2)\leqslant 0,$$

所以二次型 $q(x_1,x_2,\cdots,x_n)$ 不是正定的.

该定理说明，正定二次型 $q(x_1,x_2,\cdots,x_n)$ 的规范形为

$$y_1^2+y_2^2+\cdots+y_n^2. \tag{9.17}$$

推论 9.3.1 设

$$q(x_1,x_2,\cdots,x_n)=\sum_{i=1}^{n}\sum_{j=1}^{n}a_{ij}x_ix_j$$

是实数域上的一个 n 元二次型，$\boldsymbol{A}=(a_{ij})$ 是它的矩阵，则二次型 $q(x_1,x_2,\cdots,x_n)$ 是正定的当且仅当 $\boldsymbol{A}$ 的所有特征根都是正数.

定义 9.3.2 实对称矩阵 $\boldsymbol{A}$ 称为正定的，如果二次型 $\boldsymbol{X}^{\mathrm{T}}\boldsymbol{A}\boldsymbol{X}$ 正定.

因为二次型(9.17)的矩阵是单位矩阵 $\boldsymbol{E}$，所以一个实对称矩阵是正定的⇔它与单位矩阵合同.

推论 9.3.2 正定矩阵的行列式大于零.

定义 9.3.3 设 $\boldsymbol{A}=(a_{ij})_{n\times n}$ 是一个 n 阶实对称矩阵，位于 $\boldsymbol{A}=(a_{ij})$ 前 k 行和前 k 列的子式

$$|\boldsymbol{A}_k|=\begin{vmatrix}a_{11} & a_{12} & \cdots & a_{1k}\\ a_{21} & a_{22} & \cdots & a_{2k}\\ \vdots & \vdots & & \vdots\\ a_{k1} & a_{k2} & \cdots & a_{kk}\end{vmatrix}\ (k=1,2,\cdots,n)$$

叫作矩阵 $\boldsymbol{A}=(a_{ij})_{n\times n}$的 k 阶主子式.

以矩阵 $\boldsymbol{A}=(a_{ij})_{n\times n}$ 为矩阵的二次型 $q(x_1,x_2,\cdots,x_n)$ 的 k 阶主子式指的是 $\boldsymbol{A}=(a_{ij})_{n\times n}$的 k 阶主子式.

定理 9.3.2 实二次型

$$q(x_1,x_2,\cdots,x_n)=\sum_{i=1}^{n}\sum_{j=1}^{n}a_{ij}x_ix_j=\boldsymbol{X}^{\mathrm{T}}\boldsymbol{A}\boldsymbol{X},a_{ij}=a_{ji}$$

是正定的⇔矩阵 $\boldsymbol{A}$ 的一切主子式全大于零.

证:(⇒)如果二次型 $q(x_1,x_2,\cdots,x_n)$的某一 k 阶主子式不大于零,$1<k<n$,令

$$\boldsymbol{A}_k=\begin{pmatrix}a_{11}&a_{12}&\cdots&a_{1k}\\a_{21}&a_{22}&\cdots&a_{2k}\\\vdots&\vdots&&\vdots\\a_{k1}&a_{k2}&\cdots&a_{kk}\end{pmatrix},$$

$\boldsymbol{A}_k$ 是一个 k 阶实对称矩阵,所以存在 k 阶实可逆矩阵 $\boldsymbol{Q}$,使得

$$\boldsymbol{Q}^{\mathrm{T}}\boldsymbol{A}_k\boldsymbol{Q}=\begin{pmatrix}\boldsymbol{I}_s&\boldsymbol{0}&\boldsymbol{0}\\\boldsymbol{0}&-\boldsymbol{I}_t&\boldsymbol{0}\\\boldsymbol{0}&\boldsymbol{0}&\boldsymbol{0}\end{pmatrix}.$$

由于 $\det\boldsymbol{A}_k\leqslant0$,所以 $\det(\boldsymbol{Q}^{\mathrm{T}}\boldsymbol{A}_k\boldsymbol{Q})=(\det\boldsymbol{Q})^2\det\boldsymbol{A}_k\leqslant0$. 因此 $s<k$. 于是由定理 9.3.1,以 $\boldsymbol{A}_k$ 为矩阵的 k 个变量的实二次型 $q(x_1,x_2,\cdots,x_k)$不是正定的,即存在不全为零的实数 $c_1,c_2,\cdots,c_k$,使得

$$q_k(c_1,c_2,\cdots,c_k)\leqslant0,$$

于是对于不全为零的 n 个实数 $c_1,c_2,\cdots,c_k,0,\cdots,0$ 来说,我们有

$$\begin{aligned}q(c_1,c_2,\cdots,c_k,0,\cdots,0)&=(c_1,c_2,\cdots,c_k,0,\cdots,0)\boldsymbol{A}\begin{pmatrix}c_1\\c_2\\\vdots\\c_k\\0\\\vdots\\0\end{pmatrix}\\&=(c_1,c_2,\cdots,c_k)\boldsymbol{A}_k\begin{pmatrix}c_1\\c_2\\\vdots\\c_k\end{pmatrix}\\&=q_k(c_1,c_2,\cdots,c_k)\leqslant0,\end{aligned}$$

所以二次型 $q(x_1,x_2,\cdots,x_n)$不是正定的.

(⇐)设 n 个变量的二次型 $q(x_1,x_2,\cdots,x_n)$的所有主子式都大于零. 我们证明,这个二次型是正定的. 当 $n=1$ 时,论断是正确的,因为当 $a_{11}>0$ 时,对于任意实数 $x_1\neq0$ 都有 $a_{11}x_1^2>0$. 设 $n>1$,并且假定对于 $n-1$ 个变量的实二次型来说,论断成立. 现在设

$$q(x_1,x_2,\cdots,x_n)=\sum_{i=1}^{n}\sum_{j-1}^{n}a_{ij}x_ix_j$$

是一个 n 个变量的二次型，它的矩阵是 $\boldsymbol{A}=(a_{ij})$，并且假设 $\boldsymbol{A}$ 的一切主子式都大于零. 对 $\boldsymbol{A}$ 做如下分块

$$\boldsymbol{A}=\begin{pmatrix}\boldsymbol{A}_1 & \boldsymbol{\alpha}\\ \boldsymbol{\alpha}^{\mathrm{T}} & a_{nn}\end{pmatrix},$$

这里

$$\boldsymbol{A}_1=\begin{pmatrix}a_{11} & \cdots & a_{1,n-1}\\ \vdots & & \vdots\\ a_{n-1,1} & \cdots & a_{n-1,n-1}\end{pmatrix},\boldsymbol{\alpha}=\begin{pmatrix}a_{1n}\\ \vdots\\ a_{n-1,n}\end{pmatrix}.$$

$\boldsymbol{A}_1$ 的一切主子式都大于零. 有归纳假设和定理 9.3.1，存在 $n-1$ 阶可逆矩阵 $\boldsymbol{P}_1$ 使得

$$\boldsymbol{P}_1^{\mathrm{T}}\boldsymbol{A}_1\boldsymbol{P}_1=\boldsymbol{E}_{n-1},$$

$\boldsymbol{E}_{n-1}$ 是 $n-1$ 阶单位矩阵. 取

$$\boldsymbol{Q}=\begin{pmatrix}\boldsymbol{P}_1 & \boldsymbol{0}\\ \boldsymbol{0} & 1\end{pmatrix},$$

则

$$\begin{aligned}\boldsymbol{Q}^{\mathrm{T}}\boldsymbol{A}\boldsymbol{Q}&=\begin{pmatrix}\boldsymbol{P}_1^{\mathrm{T}} & \boldsymbol{0}\\ \boldsymbol{0} & 1\end{pmatrix}\begin{pmatrix}\boldsymbol{A}_1 & \boldsymbol{\alpha}\\ \boldsymbol{\alpha}^{T} & a_{nn}\end{pmatrix}\begin{pmatrix}\boldsymbol{P}_1 & \boldsymbol{0}\\ \boldsymbol{0} & 1\end{pmatrix}\\ &=\begin{pmatrix}\boldsymbol{E}_{n-1} & \boldsymbol{\beta}\\ \boldsymbol{\beta}^{T} & a_{nn}\end{pmatrix},\end{aligned}$$

这里 $\boldsymbol{\beta}=\boldsymbol{P}_1^{\mathrm{T}}\boldsymbol{\alpha}$，再取

$$\boldsymbol{P}=\begin{pmatrix}\boldsymbol{E}_{n-1} & -\boldsymbol{\beta}\\ \boldsymbol{0} & 1\end{pmatrix},$$

则

$$\boldsymbol{P}^{\mathrm{T}}\boldsymbol{Q}^{\mathrm{T}}\boldsymbol{A}\boldsymbol{Q}\boldsymbol{P}=\begin{pmatrix}\boldsymbol{I}_{n-1} & \boldsymbol{0}\\ \boldsymbol{0} & 1\end{pmatrix},$$

这里 $c=-\boldsymbol{\beta}^{\mathrm{T}}\boldsymbol{\beta}+a_{nn}$. 然而

$$\begin{aligned}c&=\begin{vmatrix}\boldsymbol{E}_{n-1} & \boldsymbol{0}\\ \boldsymbol{0} & c\end{vmatrix}=(\det\boldsymbol{P}^{\mathrm{T}})(\det\boldsymbol{Q}^{\mathrm{T}})(\det\boldsymbol{A})(\det\boldsymbol{Q})(\det\boldsymbol{P})\\ &=(\det\boldsymbol{Q})^2(\det\boldsymbol{A})>0,\end{aligned}$$

所以以 $\boldsymbol{P}^{\mathrm{T}}\boldsymbol{Q}^{\mathrm{T}}\boldsymbol{A}\boldsymbol{Q}\boldsymbol{P}$ 为矩阵的二次型 $y_1^2+\cdots+y_{n-1}^2+cy_n^2$ 是正定的，因而与它等价的二次型 $q(x_1,x_2,\cdots,x_n)$ 是正定的.

例 9.3.1 判定二次型

$$f(x_1,x_2,x_3)=5x_1^2+x_2^2+5x_3^2+4x_1x_2-8x_1x_3-4x_2x_3$$

是否正定.

解：二次型的矩阵为

$$\boldsymbol{A}=\begin{pmatrix}5 & 2 & -4\\ 2 & 1 & -2\\ -4 & -2 & 5\end{pmatrix},$$

从而 $\boldsymbol{A}$ 的 1 阶主子式 $A_1=5>0$,2 阶主子式 $A_2=\begin{vmatrix}5&2\\2&1\end{vmatrix}=1>0$,3 阶主子式 $A_3=\begin{vmatrix}5&2&-4\\2&1&-2\\-4&-2&5\end{vmatrix}=1>0$.

由于 $\boldsymbol{A}$ 的各阶主子式都大于 0,由定理 9.3.2,得该实二次型是正定的.

习 题 9.3

1. 判断下列实二次型是不是正定的:

(1) $5x_1^2+5x_2^2+x_3^2-2x_1x_2+6x_1x_3-6x_2x_3$;

(2) $2x_1^2+2x_1x_2-4x_1x_3+6x_2x_3+x_3^2$.

2. t 取什么值时,实二次型

$$f(x_1,x_2,x_3)=t(x_1^2+x_2^2+x_3^2)+2x_1x_2-2x_2x_3$$

是正定的?

3. 设 $\boldsymbol{A}$ 是一个实对称矩阵.如果以 $\boldsymbol{A}$ 为矩阵的实二次型是正定的,那么就说 $\boldsymbol{A}$ 是正定的,证明:若 $\boldsymbol{A}$ 是 $n\times n$ 正定矩阵,证明:$\boldsymbol{A}^6$ 也是正定的.

4. 证明:n 阶实对称矩阵 $\boldsymbol{A}=(a_{ij})$ 是正定的⇔对于 $\forall\, 1\leqslant i_1<i_2<\cdots<i_k\leqslant n$,$k$ 阶子式

$$\begin{vmatrix}a_{i_1i_1}&a_{i_1i_2}&\cdots&a_{i_1i_k}\\a_{i_2i_1}&a_{i_2i_2}&\cdots&a_{i_2i_k}\\\vdots&\vdots&&\vdots\\a_{i_ki_1}&a_{i_ki_2}&\cdots&a_{i_ki_k}\end{vmatrix}>0,k=1,2,\cdots,n.$$

5. 设 $\boldsymbol{A}$ 是 n 阶实对称矩阵,且正定,$\boldsymbol{B}$ 是 $n\times m$ 矩阵,证明:$\boldsymbol{B}^{\mathrm{T}}\boldsymbol{A}\boldsymbol{B}$ 正定⇔秩$(\boldsymbol{B})=n$.

6. 证明:若 $\boldsymbol{A},\boldsymbol{B}$ 是正定矩阵,则 $\boldsymbol{A}\boldsymbol{B}$ 正定⇔$\boldsymbol{A}\boldsymbol{B}=\boldsymbol{B}\boldsymbol{A}$.

7. 设 $\boldsymbol{A}=(a_{ij})$ 是一个 n 阶正定实对称矩阵.证明:

$$\det\boldsymbol{A}\leqslant a_{11}a_{22}\cdots a_{nn}\Leftrightarrow \boldsymbol{A}\text{ 是对角矩阵时,等号成立.}$$

8. 设 n 阶实对称矩阵 $\boldsymbol{A}$ 的特征值分别为 $1,2,\cdots,n$,则当 t 取何值时,$t\boldsymbol{E}-\boldsymbol{A}$ 是正定的?

总练习题 9

1. 已知矩阵 $\boldsymbol{A}=\begin{pmatrix}a&d\\b&c\end{pmatrix}$正定,$k_1,k_2$ 都是正常数,则矩阵 $\boldsymbol{B}=\begin{pmatrix}k_1^2a&k_1k_2b\\k_2k_1b&k_2^2c\end{pmatrix}$ (　　)

A. 不是对称矩阵　　　B. 是正定矩阵

C. 必是正交矩阵　　　D. 是奇异矩阵

2. 用正交变换将下列实二次型化为标准形:

(1) $f(x_1,x_2,x_3)=11x_1^2+5x_2^2+2x_3^2+16x_1x_2+4x_1x_3-20x_2x_3$;

(2) $f(x_1,x_2,x_3)=x_1^2+x_2^2+x_3^2+4x_1x_2+4x_1x_3+4x_2x_3$.

3. 如果 n 阶实对称矩阵 $\boldsymbol{A}$ 与 $\boldsymbol{B}$ 合同,$\boldsymbol{C}$ 与 $\boldsymbol{D}$ 合同,证明 $\begin{pmatrix}\boldsymbol{A} & \boldsymbol{0}\\ \boldsymbol{0} & \boldsymbol{C}\end{pmatrix}$ 与 $\begin{pmatrix}\boldsymbol{B} & \boldsymbol{0}\\ \boldsymbol{0} & \boldsymbol{D}\end{pmatrix}$ 合同.

4. 设 $\boldsymbol{A}$ 为 n 阶实对称矩阵,且满足 $\boldsymbol{A}^3+\boldsymbol{A}^2+\boldsymbol{A}=3\boldsymbol{E}$. 证明:$\boldsymbol{A}$ 是正定矩阵.

5. 设实对称矩阵 $\boldsymbol{A}$ 与 $\boldsymbol{B}$ 合同,若 $\boldsymbol{A}$ 是正定矩阵,证明:$\boldsymbol{B}$ 是正定矩阵.

6. 设 $\boldsymbol{A}$ 为 n 阶实对称矩阵,证明:$r(\boldsymbol{A})=n$ 的充分必要条件为存在一个 n 阶实对称矩阵 $\boldsymbol{B}$,使得 $\boldsymbol{AB}+\boldsymbol{B}^{\mathrm{T}}\boldsymbol{A}$ 是正定矩阵.

7. 设矩阵 $\boldsymbol{A}=\begin{pmatrix}1 & -10 & 10\\ 0 & -2 & 8\\ 0 & 0 & 3\end{pmatrix}$,试判别二次型 $f=\boldsymbol{X}^{\mathrm{T}}(\boldsymbol{A}^{\mathrm{T}}\boldsymbol{A})\boldsymbol{X}$ 是否正定?(其中 $\boldsymbol{X}=(x_1,x_2,x_3)^{\mathrm{T}}$.)